KB271067

백제의 대외 교섭과 교류

노중국

지식산업사

노 중 국
NOH, CHOONG KOOK

1949년 경북 울진에서 태어났다. 계명대학교 인문대학 사학과를 졸업하고, 서울대학교 대학원 국사학과에서 석사와 박사학위를 취득했다. 1979년부터 현재까지 계명대학교 인문대학 사학과 교수로 있으면서 인문대학 학장을 역임하였다. 학회 활동으로 한국고대사학회 1~4대 회장을 맡았고, 대구사학회 회장, 백제학회 회장을 역임했다. 대외활동으로 제1기 한일역사공동연구위원회 위원, 한성백제박물관건립추진단 전시기획실무위원회 위원장을 지냈으며, 현재 문화재위원회 사적분과위원장, 서울특별시사편찬위원회 위원, 공주·부여·익산백제역사유적지구 세계유산등재추진위원회 위원장으로 활동하고 있다.
지은 책으로는 《백제정치사연구》, 《백제부흥운동사》, 《백제사회사상사》, 《개정 증보 역주 삼국사기 Ⅰ·Ⅱ·Ⅲ·Ⅳ·Ⅴ》(공역주), 《대가야의 정신세계》(공저), 《한국고대의 수리시설과 농경》(공저) 등이 있다. 이 밖에도 백제문화사대계 연구총서 15권을 기획·출판하였고, 신라사대계 연구총서·자료집 30권을 기획·진행하고 있다.

백제의 대외 교섭과 교류

초판 1쇄 발행   2012. 12. 24.
초판 2쇄 발행   2017. 3. 30.

지은이   노중국
펴낸이   김경희

펴낸곳   ㈜지식산업사
         본사 ● 경기도 파주시 광인사길 53(문발동)
         전화 (031) 955-4226~7 팩스 (031) 955-4228
         서울사무소 ● 서울시 종로구 자하문로6길 18-7
         전화 (02) 734-1978 팩스 (02) 720-7900
한글문패 지식산업사
영문문패 www.jisik.co.kr
전자우편 jsp@jisik.co.kr
등록번호 1-363
등록날짜 1969. 5. 8.

책값은 뒤표지에 있습니다.

ⓒ 노중국, 2012
ISBN 978-89-423-1161-3(93910)

이 책을 읽고 지은이에게 문의하고자 하는 이는
지식산업사 전자우편으로 연락 바랍니다.

책을 펴내며[*]

　대외 관계는 국제 정세와 거기에 대응하는 각국의 집권 세력들의 입장과 정책 방향에 따라 결정된다. 집권 세력의 입장과 정책 방향은 국내 정치의 역학(力學)관계 및 국제 정세의 변화와 함수관계를 가진다. 각국의 지배 세력은 이러한 조건에 따라 주변국과 정치적·군사적 교섭을 행하였고, 경제적 문화적 교류 활동을 전개하였다. 백제의 경우도 이 범주에서 벗어나는 것은 아니었다.

　4세기에 들어와 중국 대륙과 한반도에서는 큰 정치적 변화가 일어났다. 중국 대륙에서는 서진(西晉)의 쇠약으로 북방 민족이 16국을 세우는 등 혼란과 분열의 시기가 전개되었다. 한반도에서는 낙랑군과 대방군이 고구려에 의해 멸망하면서 이제까지 낙랑·대방군을 중심으로 이루어졌던 중국 대륙–한반도–일본열도를 연결하는 교역 체계에 큰

＊ "이 저서는 2007년 정부(교육인적자원부)의 재원으로 한국학술진흥재단의 지원을 받아 수행된 연구임(KRF-2007-812-A00008)."

　"This work was supported by the Korea Research Foundation Grant funded by the Korean Government(Ministry of Education & Human Resources Development)(KRF-2007-812-A00008)."

4

변화가 생겼다. 이러한 시기에 백제는 마한의 여러 나라들을 통합한 뒤 백제라는 이름으로 대외 교섭과 교류를 본격적으로 시작하였다.

고대 동아시아에는 상대적으로 강한 힘과 문화를 가진 중국 왕조가 자리하여 주변 국가들에 영향을 끼치고 있었다. 중국 역사서는 중국 왕조와 주변 국가의 관계를 조공과 책봉으로 정리하고 있다. 이로 말미암아 고대 동아시아의 국제 관계를 이야기할 때 조공·책봉론이 강조되어 왔다. 이러한 이론은 중국 왕조를 국제질서의 중심에 둔 인식 체계로서 다른 나라들의 주체적인 활동을 주변적인 위치에 있게 한다. 조공·책봉은 중심국의 힘이 강할 때 일정한 규정력을 가진다. 그러나 남북조 시대는 분열의 시대여서 그 규제력은 제한적이었기 때문에 주변국의 움직임이 국제 정세에 큰 영향을 끼치기도 하였다. 백제는 이러한 국제 정세의 여건 속에서 주체적 판단에 따라 대외 교섭과 교류를 행하였다.

대외 교섭과 교류는 국제 관계의 변화 속에서 복잡하고 다양하게 이루어진다. 그러나 그 밑바닥에 깔려 있는 것은 자국의 존립과 이익 추구이다. 백제의 대외 교섭과 교류도 이러한 기조 위에서 행해졌다. 그래서 백제는 수나라나 고구려 어느 쪽에도 치우치지 않는 '실지양단(實持兩端)' 정책을 추진하여 자국의 안전을 도모하였고, 자국의 이익을 위해 한때 치열하게 공방을 벌였던 고구려와 연병(連兵)하기도 하였다.

백제는 서해안과 남해안을 끼고 있을 뿐만 아니라, 예성강에서 영산강·섬진강에 이르기까지 많은 강들이 흐르고 있어 바다와 강의 나라라고 할 수 있다. 이런 자연 조건을 이용하여 백제는 일찍부터 중국 대륙과 일본열도를 연결하는 대외 활동을 활발히 전개하여 선진 문화를 받아들였고, 이를 자기 문화로 소화하여 재정리한 뒤 다른 나라에 널리 퍼뜨리는 개방성과 국제성을 가졌다. 이러한 백제 문화의 자기 개성과 국제성, 개방성은 고대 동아시아가 공유문화권(共有文化圈)을 형성하는 데 중요한 구실을 하였다.

삼국이 중앙집권체제를 이루어 정립(鼎立)하고 국경을 접하게 되면서 삼국 사이에는 갈등과 전쟁이 자주 일어났다. 이 과정에서 중앙집권체제를 먼저 성립시킨 고구려와 백제가 갈등과 대결의 중심축을 형성하였고, 신라는 때로는 고구려 편을, 때로는 백제 편을 드는 모습을 보였다. 그러나 중국 대륙에서 수, 당이라고 하는 통일 제국(帝國)이 성립하자 백제는 고구려와 연화하여 신라에 압박을 가하는 정책을 취하였다. 이는 신라로 하여금 친당(親唐) 외교를 더욱 적극화하는 원인이 되었다.

백제는 한성도읍기에 남조와 교섭과 교류를 행하면서 선진 문물을 받아들였다. 또 5호16국의 하나인 전진(前秦)과도 교섭을 가졌고, 5세기에 들어와서는 북위와도 교섭을 가졌다. 웅진도읍기 이후에는 남조는 물론 북조의 북위, 북제, 북주 등과도 교섭과 교류를 행하였다. 이는 백제의 대(對)중국 교섭과 교류가 다변적으로 다양하게 이루어졌음을 보여주는 것이다.

삼국 사이에 대립과 갈등이 치열하게 되자 백제는 한반도에서 세력 균형을 이루기 위해 왜를 끌어들였다. 이 과정에서 백제는 사상과 종교, 제도, 기술 등 선진 문물을 왜에 전해 주었고, 왜는 그것에 대한 보답으로 군사적 지원을 하기도 하였다. 《일본서기》에는 두 나라 사이에서 이루어진 교섭과 교류의 내용이 많이 나온다. 그러나 《일본서기》의 기사는 백제뿐만 아니라 한반도 여러 나라를 조공국(朝貢國)으로 인식하는 틀 위에서 서술되고 있어 왜곡과 윤색이 심하다. 이 책에서 백제와 왜의 교섭과 교류는 백제를 주체로 하여 《일본서기》의 관련 기사를 비판적으로 활용하였다.

대외 교섭과 교류의 임무를 일선에서 수행하는 이들이 사신단(使臣團)이다. 사신들에 의해 이루어진 대외 교섭을 표현하는 용어는 다양하였다. 이 책에서는 백제가 외국으로 파견한 사신단의 구성, 규모, 활동, 성격 등을 정리하고 두 나라 사이의 관계를 보여주는 '속(屬)', '신속(臣屬)', '조공(朝貢)', '결호(結好)', '빙(聘)', '헌(獻)', '송(送)' 등의 용어를 정리하여 백제 외교의 다양한 모습을 파악하려 하였다.

대외 교섭과 교류는 정치사의 전개 과정과 밀접한 관련을 갖는다. 따라서 대외 교섭과 교류의 내용을 체계적으로 이해하기 위해서는 시기를 구분해 살펴보는 것이 필요하다. 백제 정치사의 전개 과정을 보면 웅진도읍기의 전기는 한성도읍기의 후반부와 연결되고, 후기는 사비도읍기의 전반부와 연결된다. 그렇지만 이 책에서는 서술의 편의를 위해 웅진도읍기를 하나의 시기로 설정하였다. 서술 방식은 장 별로 대외 교섭의 구체적인 모습을 먼저 서술한 뒤 교류와 관련한 내용을 정리하였다.

이 책에서 다룬 교류의 내용은 문헌자료에 나오는 것을 중심으로 하고 고고자료는 필요한 범위 안에서 정리하였다. 고고자료를 전문적으로 다루지 않은 것은 이 작업이 필자의 능력을 벗어날 뿐만 아니라, 고고자료들이 공식적인 교섭과 교류를 통해 들어온 것인지 아닌지도 판단하기 어렵다고 생각하였기 때문이다. 교류의 내용에는 고고자료가 보여주는 물질적인 것은 말할 것도 없고 사상, 종교 등 정신적인 것, 제도적인 것, 법률, 생활 풍속 등도 포함하였다.

처음 이 책을 구상하면서 대외관계사라는 주제로 집필하려고 생각하였다. 그러나 지금까지 대외관계사에 대한 연구 경향을 보면 정치적·외교적·군사적 성격을 강조하는 흐름이 주류를 이루었다. 때문에 문물 교류는 소홀히 다루어진 측면이 없지 않았다. 그러나 문물 교류는 외교적·군사적 측면 못지않게 중요하다. 이런 관점에서 이 책에서는 대외 관계를 크게 교섭과 교류로 나누고, 교섭은 정치적·군사적·외교적 측면에, 교류는 경제적·문화적 측면에 비중을 두는 것으로 정리하였다.

필자는 1981년에 〈고구려·백제·신라의 역관계의 변화〉라는 논문을 발표하였다. 이 글은 삼국의 대외 관계는 책봉체제를 중심으로 해서는 안 되고 삼국을 주체로 두고 파악해야 한다는 학문적 관점에서 쓴 것이었다. 이후 몇 편의 논문을 통해 왜의 지배층 안에서 나타나는 친(親)백제 세력들의 움직임, 정치적 갈등이나 군사적 충돌이 있는 상황에서도 백제는 필요에 따라 적대국과 교섭과 교류를 행하였다는 사실, 백제의 한강 유역 회복과 상실을 둘러싸고 삼국이 자국의 이익을 추구해 가는 모습, 백제 문화의 국제성과 개방성이 동아시아 공유문화권 형성에 기여한 몫, 전쟁도 대외 교섭의 한 과정이며 정보를 얻기 위한 첩보 활동도 대외 교섭의 중요한 부분이라는 점 등을 밝혔다.

이러한 연구를 바탕으로 필자가 백제의 대외 교섭과 교류를 본격적으로 정리할 수 있게 된 것은 2007년에 한국학술진흥재단에서 연구비 지원을 받으면서부터였다. 이후 대외 관계를 보는 기본 관점들을 재검토하고, 종래의 연구에서 미처 다루지 못한 부분들을 보완하면서 백제사의 전개 과정에 따른 교섭과 교류의 내용을 체계적으로 정리해 본 결과, 이 책을 세상에 내놓을 수 있게 되었다. 이 책이 빛을 볼 수 있게 연구비를 지원해 준 한국학술진흥재단에 감사를 표한다. 아울러 변변치 못한 글을 출판하는 데 선뜻 동의해 준 지식산업사 김경희 사장님과 모양 좋은 책으로 만들어준 편집부 직원들에게 고마운 마음을 전한다.

2012년 11월
비슬산을 바라보는 영암관 421호 연구실에서
노중국 삼가 씀

차 례

제1편 사신단의 구성과 역할

제2편 초기백제 시기

제3편 한성도읍기

제4편 웅진도읍기

16

표, 그림 차례

들어가며

1. 교섭과 교류

　나라와 나라 사이의 관계에 대해 종래의 연구에서는 일반적으로 대외 관계라는 항목으로 정리하였다. 그러나 대외 관계라고 하면 정치적·외교적·군사적 성격이 더 강하여 경제적·문화적 관계는 상대적으로 소홀히 다루는 경향을 보였다. 그러나 나라와 나라 사이의 관계에서 정치적·군사적 측면이 중요한 것은 사실이지만, 문화적 교류도 그에 못지않게 중요하다.

　나라와 나라 사이에 이루어지는 대외 관계는 크게 교섭과 교류로 나누어 볼 수 있다. 사전적으로 교섭(交涉)은 어떤 일을 이루기 위해 서로 의논하고 절충하는 것을 말하고, 교류(交流)는 근원이 다른 물줄기가 한데 섞이어 흐르는 것으로서 문화나 사상 따위가 서로 통하는 것을 말한다. 대외 관계에서 교섭은 정치·외교·군사적 문제에 대한 논의나 절충이 주된 내용을 이루고, 교류는 경제적·문화적 관계가 중심을 이룬다. 교섭과 교류는 별개로 이루어지기도 하였지만, 대개는 정치적·외교적·군사적 일이 먼저 논의되고 그에 병행하여 경제적 문화적인 교류도 이루어졌다. 그러나 상황에 따라 경제적·문화적 교류가 강조되는 경우도 없지 않았다. 따라서 이 책에서는 문화적 관계를 강조하는 의미에서 정치적·군사적·외교적 관계를 교섭으로, 문화적·경제적 관계를 교류라는 이름으로 다루기로 하였다.

문화 교류는 원칙적으로 쌍방성(雙方性)을 띠지만, 문화 수준의 차이에 따라 불균등한 쌍방성을 띠기도 한다. 고대 동아시아 세계에서 문화의 중심은 중국 왕조였다. 중국 대륙에서의 변화는 주변 나라들에 정치적·군사적으로 큰 영향을 미쳤다. 이로 말미암아 중국과의 교섭과 교류에는 중국 왕조의 문화가 주변 나라로 들어가는 흐름이 대세를 이루었다. 한편 한반도와 일본열도를 비교할 때 한반도의 문화 수준이 높았다. 따라서 한반도의 문화가 일본열도로 흘러 들어가는 흐름은 일본열도의 문화가 한반도에 들어오는 것과는 비교가 되지 않을 정도로 강하였다. 그렇지만 높은 수준의 문화를 어떻게 받아들일 것이냐의 결정은 각국의 주체적 판단에 따라 이루어졌다.

백제는 지정학적으로 서쪽과 남쪽이 바다로 둘러싸여 있어 중국 대륙과의 해상 접근이 편리하였다. 그래서 일찍부터 중국 왕조에 빈번히 사신을 파견하여 그 문화를 받아들였다. 그러나 중국 문화의 수용은 중국 왕조에 의해 일방적으로 주어진 것이 아니라 백제의 필요와 요청에 따라 이루어졌다. 이는 백제가 자국의 필요에 따라 선진 문물을 수용하였음을 보여주는 것으로서 국제 관계에서 백제의 자주성을 엿볼 수 있게 하는 것이다.

교섭과 교류의 임무를 맡아 수행하는 이가 사신[使行]이다. 사신은 출발하기 전에 해야 할 임무를 부여받고, 상대국의 국왕에게 보내는 국서를 휴대하기도 한다. 사행의 목적이 정치·군사적인 것이 중심이냐, 경제·문화적인 것이 중심이냐를 구분하기 위해서는 국서나 사행의 구체적인 활동 기록이 남아 있어야 한다. 그러나 사신의 활동과 관련한 기록은 거의 없고, 국서도 전문(全文)의 일부 내용만이 전해 오고 있다. 그렇지만 남아 있는 부분은 그 국서의 핵심 사항이므로 그 내용을 검토해 보면 사행의 성격을 짐작할 수 있다.

첫째는 정치적·외교적 성격이 강조된 경우이다. 그 사례로는 개로왕이 458년에 송에 국서를 보내 관군(冠軍)장군 우현왕(右賢王) 여기(餘紀) 등 11명에게 사사로이 제수한[私署] 작호를 정식으로 제수해 줄 것을 요청한 것,1) 남제가 고구려 장수왕을 표기(驃騎)대장군으로 책봉한 소식을 들은 동성왕이 484년에 남제에 국서를 보내 속국으로 복속할[內屬] 것을 요청한 것과2) 495년 이전 어느 시기에 공로를 세운 영삭(寧朔)장군 면중왕(面中王) 저근(姐瑾) 등과 495년에 북위와의 싸움에서 공로를 세운 사법명(沙法名) 등에게 장군호와 왕·후호를 정식으로 제수해 줄 것을 요청한 것,3) 무령왕이 521년에 양나라에 국서를 보내 다시 강국이 되었음을 선언한 것4) 등을 들 수 있다.

둘째는 군사적 성격의 경우이다. 개로왕이 472년에 북위에 국서를 보내 고구려의 무도함을 고발하면서 고구려를 공격해 줄 것을 요청한 것,5) 무왕이 617년에 수에 사신을 보내 고구려를 공격해 줄 것을 요청한 것과6) 621년에 수양제가 고구려를 정벌할 때 군사를 일으킬 날짜를 요청한 것 등은 이 사행들이 군사적 목적 아래서 보내진 것을 보여준다.

셋째는 경제적·문화적 교류가 우선한 경우이다. 비유왕이 송에 사

---

1) 《송서》 권97 열전제57 夷蠻 백제전.
2) 《삼국사기》 권제26 백제본기 동성왕 6년조의 "上表請內屬 許之" 참조.
3) 《남제서》 권58 열전제39 東南夷 백제전.
4) 《삼국사기》 권제25 백제본기 무령왕 20년조.
5) 《위서》 권100 열전제88 백제전.
6) 《삼국사기》 권제26 백제본기 무왕 8년조.

신을 보내 《역림》과 《식점》과 요노를 요청한 것,[7] 성왕이 양나라에 사신을 보내 《열반경의》와 모시박사, 공장(工匠), 화사(畵師) 등을 보내 줄 것을 요청한 것[8] 등이 그 사례가 된다.

넷째는 외교적·군사적 목적과 경제적·문화적 목적이 복합된 경우이다. 이 경우 대개는 정치적·군사적 관계가 우선적이고 경제적·문화적 관계는 부수적인 형태로 나타난다. 《문관사림》에 수록된 당태종이 의자왕에게 보낸 국서에서[9] 이를 엿볼 수 있다. 의자왕이 부여강신(扶餘康信)을 파견하여 백제가 고구려와 협계(協契)하고 있다고 생각한 당태종의 의심을 잘 설명하여 풀었다고 한 것은 외교적 성격을 보여주며, 당이 군대를 발동하여 고구려를 치면 백제도 이에 적극 동참하겠다고 한 것은 군사적 성격을 보여준다. 한편 백제에서 간 학문승(學問僧)들이 관청에 자유롭게 출입할 수 있게 해달라고 요청하여 허락받은 것, 의자왕이 자신의 병을 치료하기 위해 장원창(蔣元昌)이라는 의사를 보내 달라는 것, 승려 지조(智照)를 환국시켜 줄 것을 요청하여 허락받은 것 등은 문화적 교류의 성격을 보여준다.

중국 왕조와 백제 사이에 보이는 이러한 대외 관계는 백제와 왜 사이에서도 살펴볼 수 있다. 366년에 왜와 정식 교섭을 재개한 백제는 남진(南進)의 압력을 가해 오는 고구려와의 대결에서 세력 균형을 이루기 위해 왜의 군사적 도움이 필요하였다. 이에 백제는 선진 문물을 왜에 전해 주면서 반대급부로 군사적 지원을 요청하였다. 553년에 백

---

7) 《송서》 권97 열전제57 이만 백제전의 "表求易林式占腰弩 太祖幷與之" 참조.

8) 《양서》 권54 열전제48 諸夷 백제전의 "幷請涅槃等經義毛詩博士幷工匠畵師等 勅竝給之" 참조.

9) 《문관사림》 소재 〈貞觀年中撫慰百濟王詔一首〉(이기백, 1987, 《신라상대 고문서자료집성》, 일지사, 299~302쪽 참조).

제 성왕이 왜에 의(醫)박사, 역(易)박사, 역(曆)박사 등과 복서(卜書), 역본(曆本) 및 각종 약물을 보내 준 이듬해에 왜가 군대를 파견해 준 것이10) 하나의 사례가 된다. 이는 군사적 교섭과 문화적 교류가 동시에 이루어진 것을 보여주는 것이다.

2. 백제 대외관계사의 시기 구분

한 나라의 대외 관계는 그 나라를 둘러싸고 있는 국제 정세와 이에 대응하는 집권 세력들의 입장과 정책 방향에 따라 결정된다. 집권 세력의 입장은 국내 정치의 역학관계와 함수관계를 가진다. 각국은 이러한 조건에 따라 주변국과 정치적 교섭을 행하거나 경제적·문화적 교류를 행하였다. 백제의 대외 관계도 이러한 범주에서 벗어나는 것은 아니다.

백제의 대외 교섭은 일차적으로 국경을 접하고 있는 고구려·신라 사이에서 이루어졌다. 백제의 대외 교섭과 교류를 살펴보고자 할 때 먼저 고려해야 할 것은 대외 교섭과 교류의 밑바닥에 깔려 있는 기본 입장이다. 이 기본 입장은 다음과 같이 정리할 수 있다.11)

첫째, 독자적인 외교를 추진하였다는 점이다. 대외 관계는 국제 정세의 변화와 국내 정세의 변화의 연동성 속에서 이루어진다. 국내의 필요성이 국제 정세와 맞물린 가운데 외교 정책이 나오게 된다. 국내의 필요성은 당시 지배 세력의 다양한 이해관계의 결합물이다. 그러

---

10) 《일본서기》 권19 흠명기 14년조.
11) 노중국, 1981, 〈고구려, 백제, 신라 사이의 역관계 변화에 대한 일고찰〉,
    《동방학지》 28집, 연세대학교 국학연구원.

므로 백제의 지배 세력들은 국내적인 필요성에 따라 독자적으로 판단하여 외교 정책을 결정하고 그 위에서 외교 행위를 하였던 것이다.

둘째, 자국의 이익과 힘의 균형을 우선하였다는 점이다. 분열의 시기에서는 어느 한 나라도 압도적인 힘을 가지지 못한다. 이러한 상황에서 백제는 자국의 이익과 안전을 보장하기 위해 국제 관계에서 힘의 균형을 유지하려고 하였다. 이 과정에서 신라 및 고구려와 화호(和好)와 갈등의 관계를 되풀이하였다.

셋째, 다변 외교를 펼쳤다는 점이다. 여기에는 국제적 여건이 영향력을 미쳤다. 이 시기에 중국 대륙은 위진남북조 시대라고 하는 분열의 시기였고, 한반도에서는 삼국과 가야가 분립하고 있었으며, 일본 열도에서는 통일 왕국이 형성되지 못한 채 각 지역에는 호족 세력들이 그 힘을 유지하고 있었다. 동아시아 전체가 분열의 상황에 처해 있었으므로 중국 대륙에서건, 한반도에서건 어느 한 세력이 압도적인 힘을 가질 수 없었다. 이에 따라 백제는 자국의 이익을 위해 다변 외교를 펼칠 수 있었던 것이다.

다음으로 고려해야 할 사항은 삼국이 중앙집권체제를 이루는 시기가 달랐다는 점이다. 한반도와 만주지역의 경우 중앙집권체제는 고구려가 먼저 이루었고, 백제가 그 뒤를 이었지만 신라는 상대적으로 그 시기가 늦었다. 따라서 6세기 전반까지 한반도의 상황은 중앙집권체제를 먼저 이룬 고구려와 백제의 대립 관계가 중심이 되고, 여기에 신라가 자국의 이익에 따라 때로는 고구려 편으로 기울기도 하고, 때로는 백제와 우호 관계를 가지는 형태로 전개되었다. 이는 백제와 고구려의 움직임이 주 변수였고 신라는 종 변수였음을 보여준다. 그러나 6세기에 들어와 신라의 급속한 성장으로 삼국 사이에 힘의 균형 관계가 이루어지면서 삼국 관계는 화친과 대립을 되풀이하는 모습을 보였다.

이렇게 전개된 삼국의 관계를 체계적으로 이해하기 위해서는 시기

구분을 하는 것이 필요하다. 이 책에서는 백제사의 전개 과정을 크게 초기국가 시기와 중앙집권체제를 갖춘 시기로 나누고, 중앙집권체제를 갖춘 4세기 전반 이후부터 백제가 멸망한 7세기 중반까지를 여섯 시기로 나누었다. 각 시기의 특징을 간략히 정리하면 다음과 같다.

제1기(기원 전후~3세기 말): 초기백제의 대외 관계와 교류
제2기(4세기 초~4세기 말): 고구려의 남하와 백제·신라의 화호
제3기(4세기 말~5세기 중): 고구려·신라의 연합 대 백제·왜·가야 연합의 대결
제4기(5세기 중~6세기 중): 고구려의 남진 정책 적극화와 백제와 신라의 동맹
제5기(6세기 중~6세기 말): 고구려·신라 대 백제의 대립과 신라의 한강 하류 지역 점령
제6기(6세기 말~7세기 초): 백제의 실지양단(實持兩端) 정책과 신라에 대한 압박
제7기(7세기 초~7세기 중): 백제의 여제연병(麗濟連兵) 정책과 신라·당 연합과의 대결

3. 교섭과 교류를 보는 기본 시각

1) 중국과의 관계와 조공·책봉

고대 동아시아에서 중국과의 관계를 논할 때 핵심이 되는 개념이 조공(朝貢)과 책봉(冊封)이다. 조공과 책봉은 본래 중국에서 천자와 제후국 사이에 맺어진 관계로서, 제후국은 1년에 한 번씩 천자를 조근(朝

觀)하면서 방물(方物)을 바치고 천자는 그것에 대한 반대급부로 사은 (賜恩)을 내리는 형태였다. 이것이 주변 국가와의 사이에까지 확대되어 중국 황제는 주변 국가의 수장에게 특정한 관작과 물품을 사여하고, 주변 국가의 수장은 자신이 몸소 오거나 아니면 사신을 보내 방물을 바치고 조근하는 쪽으로 발전한 것이다. 그래서 중국은 이웃 나라들이 와서 외교적 관계를 맺고 그 관계를 유지해 나가는 것을 조공으로, 그에 대한 반대급부로 이웃 나라의 국왕의 지위를 승인해 주는 것을 책봉이라 하였다.12) 이런 조공과 책봉은 정치적·외교적 관계를 중심으로 하면서 경제적 문화적 교류도 포함하고 있었다.

이를 바탕으로 하여 고대 동아시아 각국의 대외 관계를 설명하려는 것이 '책봉체제론(冊封體制論)'이다.13) 책봉체제론에서는 책봉을 받은 수장은 책봉을 해준 황제에게 조공을 해야 하는 일정한 의무를 졌으며, 이 관계를 세계질서의 중심으로 간주하고 여기에는 강제적인 힘의 규제가 작용하는 것으로 파악하였다. 그리고 한(漢)이나 당(唐)과 같이 강력한 국력을 지녔던 시기의 조공·책봉 관계를 전형으로 내세웠다. 이러한 관점에서 보면, 중국 왕조의 규제력은 강조되고 이웃 국가들의 외교 활동의 자율성은 간과되어, 백제는 물론 고구려, 신라의 대외 관계도 중국 왕조의 대외 정책에 종속적인 형태로 이루어진 것으로 되어 버린다.

조공·책봉 원리의 배경은 힘의 논리이다. 그러나 조공·책봉이 이념 그대로 작동하였느냐 아니냐는 이념의 규제력에 따라 정해지는 것이 아니다. 그 원리가 현실적으로 실행되려면, 책봉국이 피책봉국에 대

---

12) 조공·책봉에 대한 개념 정리는 김한규, 1982, 《고대중국적세계질서연구》, 일조각 참조.

13) 西島定生, 1983, 《中國古代國家と東アジア世界》, 東京大學出版會; 山尾幸久, 1989, 《古代の日朝關係》, 塙書房, 50~56쪽

해 강력한 제재를 가할 수 있는 힘이 있어야 한다. 그러나 남북조 시기에 중국 대륙은 분열되어 있었고 또 왕조 교체도 빈번하여 책봉국으로서의 힘을 제대로 발휘할 수 없었다. 이로 말미암아 주변국들이 조공·책봉의 이념에 어긋나는 행위를 하여도 이에 대해 제재를 할 수 없었다.[14] 개로왕이 북위에 사신을 보내 고구려를 공격해 줄 것을 요청하였다가 북위가 거절하자 사신 파견을 중단해 버렸음에도, 북위가 백제에 대해 아무런 제재 조치를 하지 못한 것이 그 사례가 된다.[15]

이처럼 남북조 시대에 조공·책봉 원리는 실질적인 구속력을 지니지 못하였기 때문에 이 시기의 조공·책봉은 힘의 규제가 뒤따르지 않는 외교적 형식에 지나지 않았다. 따라서 삼국은 각각 자국의 실리를 중심으로 하는 독자적인 외교를 수행하면서 조공·책봉 관계를 이용하여 국제무대에서 자신의 존재를 드러내고 동시에 대내적으로 왕권의 위상을 높이고자 하였다. 이러한 관점에서 이 책에서는 조공과 책봉은 중국 왕조와 행한 외교 교섭의 한 형태로 파악하였다.

2) 왜와의 관계

《삼국사기》에서 삼국과 왜의 관계를 보면 나라마다 큰 편차가 보인다. 신라와 왜의 관계는 왜가 주로 신라를 공격해 오거나 변경 지역을 약탈하고, 신라가 이를 물리쳤다는 것이 대부분이다. 백제와 왜의 관계는 398년에 아신왕이 태자 전지(腆支)를 왜에 파견한 것이 처음이다. 이후 비유왕 대까지 세 차례의 사신 파견 기사가 나오다가 사비

---

14) 책봉체제론과 그것에 대한 비판에 관해서는 菊池英男, 1979, 〈總說〉, 《隋唐帝國と東アジア世界》, 汲古書院 참조.
15) 《삼국사기》 권제25 백제본기 개로왕 18년조.

도읍기인 653년에 왜국과 통호하였다는 기사가 보인다. 무려 250여 년 만이다. 이와 달리 고구려와 왜의 관계, 가야와 왜의 관계에 대해서는 아무런 기록이 없다.

한편, 《일본서기》에는 왜와 한반도 여러 나라[諸國]의 관계, 특히 백제와의 관계를 보여주는 기사가 많이 나오지만 중국의 여러 왕조와의 관계 기사는 매우 드물다. 이러한 사실은 왜의 대외 관계에서 백제가 차지하는 비중이 컸음을 보여준다. 그런데 《일본서기》에는 삼국 및 가야가 왜에 보낸 사신을 모두 조공 사신으로, 그들이 외교 목적에서 가지고 간 물품을 모두 방물(方物)로 표현하고 있다. 이는 《일본서기》 찬자가 천황 중심의 천하관(天下觀)을 바탕으로 삼국과 왜의 관계를 왜곡하고 윤색한 결과이다. 이러한 왜곡과 윤색을 제거하고 보면, 7세기 이전까지 왜의 대외 교섭의 주 대상은 한반도 제국이었고 그 중에서도 백제가 중심적인 구실을 하였으며, 왜는 한반도 제국과의 교섭과 교류를 통해 새로운 문물을 받아들인 것으로 볼 수 있다.

백제와 왜의 관계에 대해 종래의 연구에서는 〈광개토대왕비문〉에 보이는 왜의 성격, 왜 세력 내부의 친백제 세력의 문제, 다이카 개신(大化改新)을 전후한 시기의 백제와 왜의 관계, 백제 멸망 이후 부흥군에 대한 왜의 군사적 지원과 백강구(白江口) 전투 문제 등에 관심이 집중되어 왔다. 이 과정에서 왜를 중심축에 두고 백제는 그 부용국(附庸國)인 것처럼 이해하려는 견해도 있고, 백제와 왜는 오랫동안 화호 관계를 유지한 것처럼 인식한 견해도 나왔다.

그러나 백제와 왜의 관계는 다음과 같은 점들을 염두에 두면서 살펴보아야 한다.[16] 첫째, 백제나 왜나 모두 자국의 이해관계에 따라

---

16) 노중국, 2003, 〈웅진, 사비시대의 백제사〉, 《고대동아세아와 백제》, 충남대 백제연구소.

대외 정책을 결정하고 수행해 나갔다고 하는 점이다. 그러므로 왜를 백제의 부용국인 것처럼 이해한다거나, 반대로 백제가 왜의 속국인 것처럼 이해하여서는 양국 관계를 올바르게 파악할 수 없다.

둘째, 두 나라는 늘 우호적인 관계만 가진 것이 아니라 국내 정치 상황의 변화나 동아시아의 정세 변화에 따라 대립과 갈등을 빚기도 하였다. 따라서 왜국 내에서 집권 세력의 동향과 그들의 대외 정책에 대한 검토가 있어야만 두 나라 사이의 관계를 구체적으로 파악할 수 있는 것이다.

셋째, 백제의 대왜(對倭) 외교를 동태적으로 파악하기 위해서는 백제를 중심축에 놓고 보아야 한다는 점이다. 《일본서기》에 보이는 백제와 왜의 관련 기사는 왜 중심으로 서술되어 있어 백제의 대왜 외교가 왜에 종속된 것처럼 이해될 여지가 크다. 그러므로 《일본서기》에 보이는 기사들은 백제를 중심축에 놓고 재해석해야만 양국 관계를 새롭게 이해할 수 있는 실마리를 얻게 되는 것이다.

4. 전쟁과 첩보

1) 전쟁과 외교 교섭

《삼국사기》에 따르면 백제와 낙랑, 말갈, 마한, 고구려, 신라, 가야 사이에 사신을 주고받은 기사는 매우 적다. 더욱이 백제와 고구려 사이에 서로 사신을 파견한 기사는 보이지 않는다. 그렇다고 하여 백제와 고구려 사이에 사신 파견이 없었다고 할 수는 없다. 이를 해명하는 데 실마리가 되는 것이 전쟁 기사이다. 전쟁은 두 나라 사이에 정치적·군사적·경제적 이해관계가 충돌할 때 일어나게 된다. 그러나 전쟁은 최후의 선택이다. 최후의 선택에 이르기 전까지 두 나라는 최대한 외교적 교섭을 통해 문제를 해결하려 노력하게 마련이다. 따라서 전쟁은 외교적 교섭이 제대로 이루어지지 못한 결과물이라 할 수 있다.

이렇게 볼 때 《삼국사기》에 나오는 전쟁 기사에는 비록 그 전후에 사신 파견 기록이 보이지 않는다고 하더라도, 실제로는 외교 교섭이 행해진 것으로 보아야 할 것이다. 이 외교 교섭이 잘 이루어졌을 경우 전쟁이 일어나지 않기도 하였으며 그렇지 못하면 전쟁으로 비화하였다. 전자의 사례로는 백제가 새로 쌓은 웅천책(熊川柵)을 둘러싸고 일어난 마한과의 갈등을 들 수 있다. 마한이 사신을 파견하여 강력히 항의하자 백제는 웅천책을 허물었다.17) 이로써 두 나라 사이에 전쟁은 일어나지 않았다. 후자의 사례는 백제가 마수성을 축조하고 병산책(瓶山柵)을 세우면서 일어난 낙랑과의 갈등이다. 낙랑은 성(城)과 책(柵)을 세우는 것은 옛 우호를 깨뜨리는 것이라 하면서 이를 허물지 않으면 일전도 불사하겠다고 협박하였다. 이에 대해 백제는 험지에 방어 시설을 설치하여 나라를 지키는 것〔設險守國〕은 고금의 떳떳한 도리〔常道〕라고 하면서 강하게 맞섰다. 이로써 양국은 실화(失和)의 관계로 들어섰다.18) 여기에서 확인되는 것은 전쟁이 일어나기에 앞서 두 나라가 전쟁을 막기 위해 외교적 교섭을 먼저 벌였다는 점이다.

외교 교섭은 전쟁을 진행하는 과정에서도 이루어진다. 전쟁이 장기전으로 들어가거나 한쪽이 매우 화급한 상황에 처하게 될 때 휴전이나 화평을 모색하기 때문이다. 이를 위해 사신이 파견되었다. 그 사례로는 몇 가지를 들 수 있다.

하나는 신라 선덕왕이 황룡사 9층탑을 건립하려고 백제에 대장(大

---

17) 《삼국사기》 권제23 백제본기 온조왕 24년조.
18) 《삼국사기》 권제23 백제본기 온조왕 8년조.

匠)을 요청한 것을 들 수 있다.[19] 이 시기 백제와 신라는 일진일퇴의 공방을 되풀이하고 있었다. 이런 상황에서 신라는 백제에 장인의 파견을 요청하였고, 백제는 그 요청을 받아들여 대장 아비지(阿非知)를 파견하였던 것이다. 이는 갈등의 소용돌이에서도 막후에서 교섭과 교류가 이루어진 것을 보여준다.

다른 하나는 660년에 나당군의 사비성 공격으로 수도 사비가 함락될 상황에 놓이자 백제는 좌평 각가(覺伽)를 보내 퇴병을 요청하였다. 그러나 소정방은 이를 듣지 않았다. 백제 왕자는 다시 상좌평을 시켜 음식을 대접하려 하였지만, 소정방이 거부하자 왕의 서자 궁(躬)과 좌평 6인을 보내 잘못했다고 하면서 철군을 요청하였다.[20] 이처럼 백제는 막바지까지 당군의 압박을 막고자 외교적으로 몸부림을 쳤던 것이다. 이는 전쟁 중에도 외교적 교섭이 이루어진 것을 보여주는 것이다.

2) 요인 포섭과 첩보

대외 관계에서는 상대국 상황에 대한 정확한 정보를 신속하게 얻는 것이 매우 중요하다. 그래서 유효한 정보를 얻고자 각국은 첩자를 활용하였다.[21] 이러한 첩자들은 평상시에는 물론 전쟁시에도 활동하였다. 백제의 첩자와 관련한 사례는 649년 백제와 신라 사이에 일어난 전쟁에서 살펴볼 수 있다. 석토성 등 7성을 공격해 온 백제 장군 은상

---

19) 《삼국유사》 권제4 탑상제4 皇龍寺九層塔조 및 〈皇龍寺九層木塔刹柱本記〉.

20) 《삼국사기》 권제5 신라본기 무열왕 7년조.

21) 삼국 시기의 첩보 활동에 대해서는 김복순, 1992, 〈삼국의 첩보전과 승려〉, 《가산 이지관스님 화갑기념논총》, 가산 이지관스님 화갑기념논총간행위원회 참조.

(殷相)은 도살성 아래에서 잠시 쉬었다. 이때 신라 장군 김유신은 물까마귀〔水鳥〕가 동쪽으로 날아가는 것을 보고 군사들에게 '금일 백제인(百濟人) 첩자가 올 것이니 거짓으로 모른 체하며 수하(誰何)하지 말라'고 하였다. 그러고는 군령을 내리기를, '내일 원군이 올 것이니 원군이 오면 결전을 하자'고 하였다. 백제 첩자는 이를 그대로 은상에게 보고하였다. 이는 신라 군중 안에 백제의 첩자가 파고들어 정보를 수집한 것을 보여준다. 은상은 신라의 원군이 온다는 첩보에 대해 의심하다가 판단을 신속히 내리지 못하였고, 그 사이에 신라군의 공격을 받아 크게 패하고 말았다.22) 김유신은 신라군 안에 백제 첩자가 있다는 것을 알고 역(逆)정보를 흘려 백제 장군 은상의 판단을 흐리게 하였던 것이다.

상대국의 정보를 정확하게 수집하는 데는 두 가지 방법이 가장 확실하다. 하나는 파견된 첩자가 상대국의 왕이나 실권자의 신임을 받는 것이다. 그 사례로는 고구려가 간첩으로 파견한 승려 도림(道琳)의 경우를 들 수 있다. 도림은 바둑을 미끼로 개로왕의 신임을 얻었다. 이후 도림은 개로왕으로 하여금 대규모의 토목공사를 동시다발적으로 일으키도록 하여 백제의 재정을 고갈시키고 민력을 피폐하게 하였다. 그리고 온갖 정보를 가지고 고구려로 되돌아가 보고하였다.23) 도림이 개로왕의 신임을 얻은 후 행한 첩보 활동은 한성이 함락되고 개로왕이 잡혀 죽는 주된 원인이 되었다.

다른 하나는 상대국의 요인(要人)을 자기편으로 만드는 것이다. 신

---

22) 《삼국사기》 권제42 열전제2 김유신 중의 "(庾信)謂衆曰 今日必有百濟人 來諜 汝等佯不知 勿敢誰何 又使徇于軍中曰 堅壁不動 待明日援軍至 然後 決戰 諜者聞之 歸報殷相 殷相等謂有加兵 不能不疑懼 於是庾信等一時奮擊 大克之" 참조.

23) 《삼국사기》 권제25 백제본기 개로왕 21년조.

라가 백제의 요인을 포섭한 사례로는 먼저 좌평 임자(任子)의 포섭을 들 수 있다. 임자는 당시 백제의 실권자였다.24) 665년 신라 부산현령 조미곤(租未坤)은 백제의 포로로 잡혀 임자의 가노(家奴)가 되었다. 그는 성실하게 일하여 임자의 신임을 얻었다. 이에 조미곤은 백제의 백성이 되었으니 마땅히 나라의 풍속을 알아야 한다고 하면서 여러 곳을 다니다가 신라로 와서 김유신에게 백제의 사정을 알렸다. 김유신은 그의 충직함을 믿고 신라가 망하면 자신이 임자에게 기대고 백제가 망하면 임자가 자신에게 기대도록 하는 계책을 조미곤에게 주었다. 다시 백제로 돌아간 조미곤은 임자에게 김유신의 제안을 전했고 마침내 임자가 이 제안을 받아들이도록 하는 데 성공하였다. 이후 임자는 백제의 중앙 및 지방의 정보를 상세히 김유신에게 제공하였다.25) 그가 제공한 정보는 정확한 고급 정보이면서 최신의 정보였다. 임자를 통해 백제의 허실을 훤히 들여다보게 된 신라는 백제를 병탄할 계획을 더욱 서둘렀던 것이다.

다음으로 6세기 중반의 일이지만, 관산성 전투와 관련한 사항도 요인 포섭의 사례이다. 554년에 백제와 신라는 한강 유역의 영유(領有)를 둘러싸고 관산성에서 대회전을 벌였다. 이때 백제 성왕은 최전선에서 고생하고 있는 아들 여창(餘昌)을 위로하고자 보기(步騎) 50여 기를 거느리고 그의 군영을 찾아갔다. 신라는 성왕이 가는 길에 복병을 숨겨 두었다가 기습하여 성왕을 사로잡아 죽였다. 성왕의 죽음 소식은 백제군의 사기를 크게 떨어뜨렸고, 그 결과 백제는 3만 명에 가까운 전사자를 내면서 크게 패하고 말았다.

---

24) 《삼국사기》 권제42 열전제2 김유신 중의 "吾聞任子專百濟之事" 참조.
25) 《삼국사기》 권제42 열전제2 김유신 중의 "遂來說及中外之事 丁寧詳悉" 참조.

신라가 군대를 매복시켜 성왕을 사로잡아 죽일 수 있었던 것은 성왕의 이동 경로와 이동 시간을 정확히 알고 있었기 때문이다. 왕의 이동 경로와 시간은 중요한 비밀 사항이다. 그럼에도 신라가 정확하게 파악한 것은 첩보자의 공로이다. 이 첩보자는 성왕의 행차 사실을 알 수 있는 자리에 있으면서 왕의 신임을 받는 자라고 할 수 있다. 이는 신라가 성왕의 핵심 측근을 첩자로 포섭하였음을 보여주는 것이다.

5. 항해로

백제가 자리를 잡은 경기, 충청, 전라도 지역은 해안선이 발달한 서해안과 남해안을 끼고 있어 만(灣)과 섬[島]이 많다. 이러한 만과 섬은 해양교통로의 발달에 크게 기여하였으므로 백제는 해양의 나라라고 할 수 있다. 따라서 백제의 중국 대륙 및 일본열도와의 교섭과 교류를 이해하려면 항해로 파악도 매우 중요하다.

항해에 가장 큰 영향을 주는 것이 해류와 바람이다. 동아시아 해류에는 쿠로시오(黑潮)와 그 본류에서 갈라져 나온 지류들이 있다. 동중국해의 쿠로시오는 중국 연안에서 시작되어 일본 전역에 걸쳐 중요한 영향을 끼치면서 일본 북륙외해(北陸外海)에서 북태평양을 동쪽으로 흘러가는 난류계의 해류이다. 동중국해에는 쿠로시오 외에 규슈 서안의 쿠로시오 분파가 있고, 이 해류에서 갈라져 황해 중앙부로 북상하는 것과 겨울에는 중국 해안을 남하하는 한류가 있다. 한국 서안에는 연안을 남하하는 한류가 있어 북상한 쿠로시오 일파와 합류하여 쓰시마(對馬) 해류 상층수를 형성하고 있다. 중국 연안을 남하하는 해류는 발해 및 황해 북부에서 기원하며 중국 대륙 연안을 따라 내려오다 남중국해 방면으로 사라지며, 항저우(杭州) 만을 가운데 두고 남쪽에서

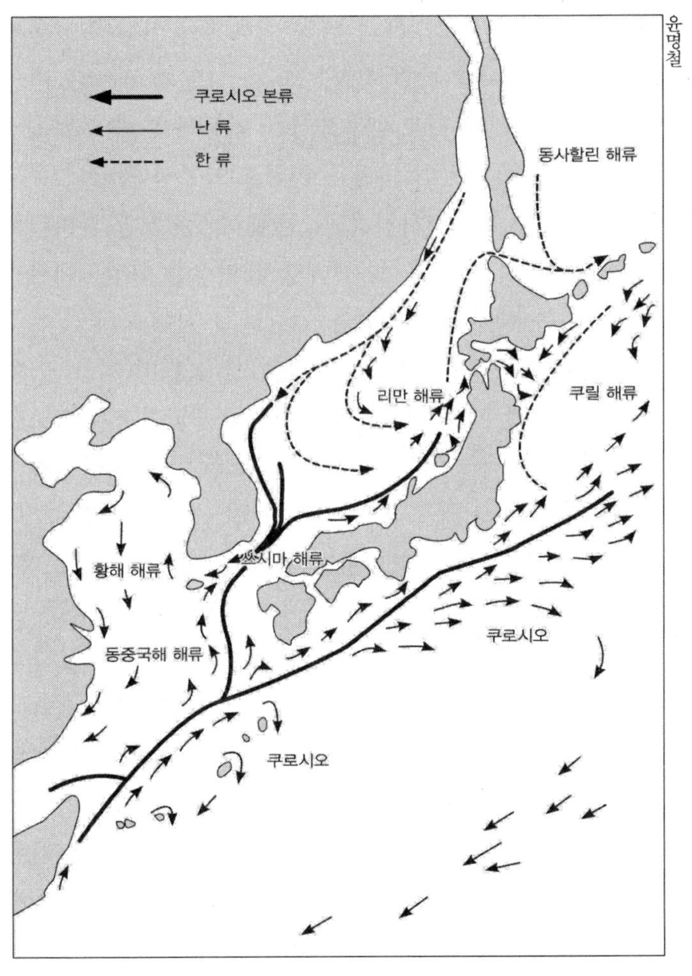

〈도 0-1〉 동아시아의 해류

북상하던 해류는 동쪽으로 꺾은 다음에 동남향하면서 일본열도의 서
부인 고토(五島) 열도 방면으로 흐르다가 사라진다.26)

---

26) 윤명철, 2002, 《한민족의 해양활동과 동아지중해》, 학연문화사.

연안 항해는 물론 근해 항해나 원양 항해에서 바람의 이용은 거의 필수적이다. 봄에서 여름에 걸쳐 부는 남풍 계열의 바람은 중국 남부 해안과 한반도 혹은 일본열도와의 교류를 가능하게 하며 가을에서 겨울에 걸쳐 부는 북풍 계열의 바람은 한반도 북부와 중국의 중부 또는 남부 해안과의 교류를 가능하게 한다. 한편, 남풍 계열의 바람은 일본열도에서 한반도로의 교류를, 북풍 계열의 바람은 한반도에서 일본열도의 남부와 서부 해안과의 교섭을 가능하게 한다.

백제에서 중국으로 가는 항로는 라오톄 산(老鐵山) 항로, 황해 중부 횡단(橫斷)항로, 황해 남부 사단(斜斷)항로, 동중국해 사단항로로 나누어 볼 수 있다. 라오톄 산 항로는 연안 항로를 따라 북상하여 발해만을 거쳐 먀오다오(廟島) 열도를 따라 산둥 반도로 가는 항로였다.《신당서》 지리7 하 가탐(賈耽)의 《道里記》에는 〈등주해행입고려발해도(登州海行入高麗渤海道)〉가 있다. 이 〈고려발해도〉에 나오는 당의 등주(登州)에서 신라의 당은포구(경기도 남양)에 이르는 뱃길이 바로 노철산항로이다. 이 항로는 거리가 멀고 시일이 많이 소요되는 약점이 있지만, 연안의 지형을 표지로 삼아 항해할 수 있고 또 악천후를 만나면 인근 육지로 쉽게 피할 수 있는 장점이 있었다.

황해 중부 횡단항로는 한반도의 중부 지방과 일부 남부 지방의 여러 항구에서 횡단 항해를 하여 산둥 반도의 여러 지역에 도착하는 항로이다. 가장 많이 사용된 출발지는 경기만의 여러 항구이지만, 남양만이나 그 아래 지역에서 출발할 경우에는 직접 횡단하여 등주(登州) 지역이나 그 아래인 칭다오(靑島) 만의 여러 항구에 도착할 수 있다. 태안반도와 금강 하구, 변산반도 등에서 출항할 경우 곧장 바다로 나가 약간 사선으로 항해하면 칭다오 만이나 산둥 반도 남단의 여러 지역에 도착할 수 있다.

황해 남부 사단항로는 전라도 등의 해안에서 출발하여 사단으로 항

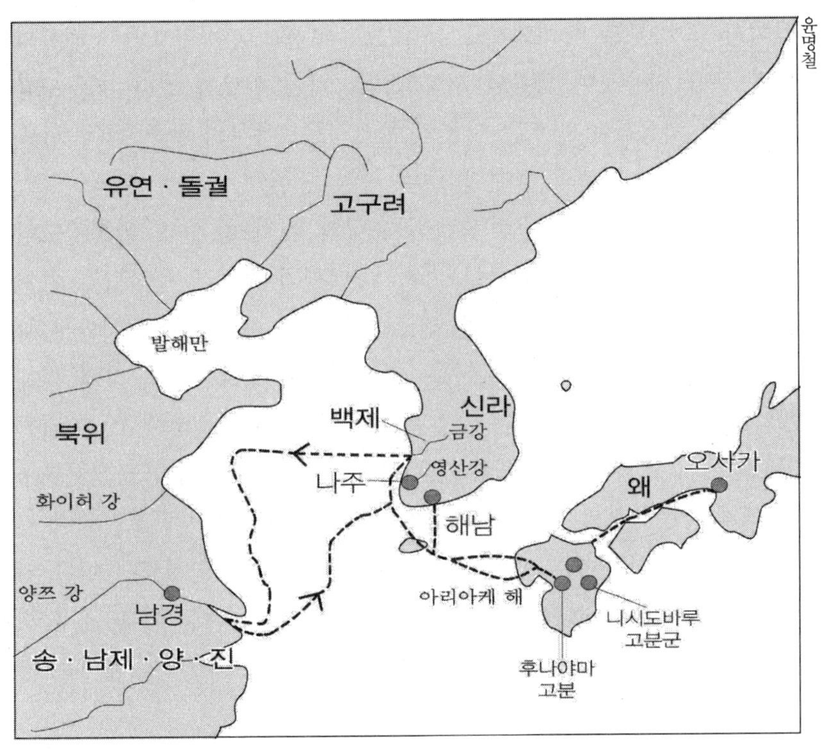

〈도 0-2〉 5~6세기 백제의 대외항로

해한 뒤에 장쑤 성(江蘇省), 저장 성(浙江省) 등의 해안으로 도착하는
것이다. 늦봄에 남풍 계열의 바람이나 남서풍을 타고 해류의 흐름을
이용하면 항저우 만 또는 양쯔 강 하구에서 한반도 남부까지는 항해
가 자연스럽게 이루어진다. 반대로 한반도 남부 지역인 제주도, 해남,
영암, 나주, 군산 등을 출발하여 흑산도를 경유할 경우에 초가을부터
초봄까지 부는 북동 계열의 바람을 이용해서 양쯔 강 하구나 항저우
만 지역에 도착할 수 있다.

백제에서 일본열도로 가는 항로로는 서남해안 혹은 남해 서부해안
에서 출발하여 규슈 서북부로 직항하는 항로가 있고, 쓰시마를 경유

하여 규슈 북부로 상륙하거나, 제주도를 우현으로 바라보면서 해류와 바람 등을 이용하여 규슈의 서북쪽으로 가는 항로가 있다. 제주도를 물표로서 활용하는 항로는 일본의 고토 열도 북부의 우쿠 섬(宇久島), 오지카 섬(小値賀島)과 연결된다.27)

백제는 이러한 항로를 이용하여 중국의 여러 왕조 및 일본열도의 여러 세력들과 교섭과 교류를 가졌다. 백제가 초기에 중국으로 가기 위해 이용한 항로는 라오톄 산 항로였다. 그러나 4세기 초에 와서 고구려가 낙랑군과 대방군을 소멸시킨 이후 이 항로는 고구려에 의해 장악되었다. 때문에 백제는 새로운 항로를 개척하여야 했고, 이러한 필요성에서 개척된 것이 황해 중부 횡단항로이다. 그러나 문헌자료에서 백제와 중국으로 오가는 항로에 관한 기록은 660년에 소정방이 거느린 당군이 산둥 반도의 청산(成山)에서 출발하여 덕적도에 이른 뒤 금강 하구에 들어왔다는 것이28) 유일하다. 따라서 백제가 언제 황해 중부 횡단항로나 황해 남부 사단항로를 개척하였는지에 대해서는 앞으로의 연구에 기대해야 한다.

27) 이상의 백제의 해양교통로에 대해서는 윤명철, 2002, 앞의 책과 2007, 〈해양로〉, 《백제의 기원과 건국》 백제문화사대계 연구총서 2, 충청남도역사문화연구원의 내용을 바탕으로 하여 정리한 것이다.

28) 《삼국사기》 권제28 백제본기 의자왕 31년조 및 《구당서》 권199 상 열전 제149 백제전.

제1편 사신단의 구성과 역할

제1장 외교 관련 용어의 정리

제1절 공(貢)·헌(獻)과 송(送)

백제를 포함한 삼국이 주변 나라들과 외교 관계를 맺고 공식적으로 물품을 주고받는 행위에 대한 표현은 다양하다. 중국 역사서에는 주변 국가가 중국 왕조와 외교 관계를 맺을 때 중국 왕조를 중심에 두고 주변국들이 사신을 파견하여 토산물을 제공하는 것을 공(貢) 또는 헌(獻)으로 표현하고 있다. 신라가 전진(前秦)에 방물을 보낸 것을 '공방물(貢方物)'로, 진(陳)에 방물을 보낸 것을 '헌방물(獻方物)'로, 백제가 당(唐)에 과하마를 보낸 것을 '헌과하마(獻果下馬)'로, 고구려가 북위(北魏)에 말 800필을 보낸 것을 '헌마팔백필(獻馬八百匹)'이라 한 것이 그 사례가 된다. 공의 의미는 지방의 특산물을 중앙에 바치는 일을 말한다. 공과 헌 가운데 헌의 사용 빈도가 높다. 이와 달리 중국 왕조가 삼국에 물건을 줄 때에는 '송(送)'이나 '사(賜)'로 표현하고 있다. 양나라가 신라에 불사리(佛舍利)를, 진나라가 신라에 《석씨경론(釋氏經論)》 1,700권을 송한 것이 그 사례이고, 당나라 고조가 신라 진평왕에게 새서(璽書)와 화병풍(畵屛風) 및 금채(錦彩) 300단을 사한 것은 사의 사례이다. 송과 사 가운데 송의 빈도가 높다.

공이나 헌은 모두 하위자가 상위자에게 물건을 드리는 것을 의미하고, 사는 상위자가 하위자에게 물건을 내리는 것을 말한다. 이 표현들은 두 나라의 관계가 수평적인 것이 아니라 상하 관계였음을 보여준다. 한편 송은 상위자와 하위자 사이에 또는 대등한 나라들 사이에 이루어진 물건의 수수(授受) 관계를 말한다. 중국 역사서는 중국 왕조에 대한 삼국의 행위를 공과 헌으로, 삼국에 대한 중국 왕조의 행위를 사와 송으로 표현하였다. 이 표현은 삼국이 중국 왕조에 대해 하위 관계에 있었다고 인식한 것을 보여준다.

헌과 송에 대한 이러한 의미는 삼국 사이에 그대로 적용할 수 있다. 《삼국사기》에는 삼국 사이에 또는 삼국과 주변국 사이에 공식적으로 물건을 주고받은 것을 송과 헌으로 표현하고 있다. 송의 사례로는 백제가 418년에 왜국에 백금(白錦) 10필을 송한 것, 434년에 백제가 신라에 양마(良馬)와 백응(白鷹)을 송한 것, 493년에 신라가 이벌찬 비지(比智)의 딸을 백제 동성왕에게 송한 것을 들 수 있다. 삼국과 왜 사이의 관계도 역시 송으로 표현하고 있다. 이와 달리 부여, 말갈, 맥, 탐라, 우산국 등이 삼국에 물건을 보낸 것은 헌으로 표현하고 있다. 258년에 말갈 추장 나갈(羅渴)이 양마 10필을 백제왕에게 헌한 것이 그 사례이다. 이는 말갈이 백제에 대해 조공국으로서 외교 형식을 취하였음을 보여주는 것이다.[1]

그러나 《삼국사기》의 기사에는 각국의 처지가 반영된 경우도 없지 않다. 백제 근초고왕이 신라에 양마 2필을 보낸 것을 신라본기 나물왕조에는 '진(進)'으로, 백제본기 근초고왕조에는 '송'으로 표현한 것

---

1) 이영식, 1994, 〈가야제국의 외교형식〉, 《신라말·고려초의 정치·사회변동》, 신서원, 287쪽.

을 그 예로 들 수 있다. 진은 하위자가 상위자에게 물건을 보내는 것을 말한다. 따라서 신라본기의 '진'은 신라를 중심으로, 백제본기의 '송'은 백제를 중심으로 한 표현이라 할 수 있다. 한편, 신라본기에는 신라가 고구려에 실성(實聖)을 인질로 보낸 것을 '송'으로 표현하고 있다. 나물왕 대에 신라와 고구려의 국력 차이는 컸을 뿐만 아니라[2] 신라에는 고구려 군대가 주둔하고 있었다. 그러므로 실성의 파견은 당연히 '헌'이라고 적어야 했지만, '송'으로 표현한 것은 신라 중심의 인식이 반영된 것이다. 이렇게 보면, 가야가 신라에 꼬리가 가는 닭〔細尾鷄〕을 보내면서 '송'이라 한 것도 가야 중심의 인식이 반영된 것이라 하겠다.

제2절 강화(講和)·결호(結好)와 빙(聘)

다음으로 정리하여야 할 것이 삼국과 주변국 사이에 외교 관계가 맺어지는 과정 및 그 이후 이를 유지하는 방식에 대한 표현이다.《삼국사기》에는 삼국이 외교 관계를 맺는 방식에 대한 표현으로 청화(請和), 강화(講和), 결호(結好), 통호(通好), 수호(修好), 빙(聘), 내빙(來聘), 교빙(交聘), 수빙(修聘) 등이 나온다. 이를 다시 정리하면 '화(和)·호(好)'를 공통으로 하는 청화, 강화, 결호, 통호, 수호를 하나의 부류로, '빙(聘)'을 공통으로 하는 빙, 내빙, 교빙, 수빙 등을 하나의 부류로 묶을 수 있겠다.

청화와 강화는 화호를 청하는 것이다. 이는 양국의 관계가 이전까

---

2) 《삼국사기》 권제1 신라본기 나물왕 37년조의 "春正月 高句麗遣使 王以 高句麗强盛 送伊湌大西知子實聖爲質" 참조.

지는 갈등 관계에 있었음을 넌지시 알려 준다. 이러한 갈등 관계를 청산하거나 완화하려고 화호를 요청하거나 도모한 것이다. 결호나 통호의 경우도 마찬가지이다. 따라서 화호, 결호, 통호 등도 종래의 갈등 관계를 끝낸다는 의미에서 정치적·군사적 성격이 강한 외교적 표현이라 할 수 있다.

강화나 결호 등이 맺어졌을 경우, 상대편의 요구에 대해 특별한 사정이 없는 한 그 요구를 들어주어 우호 관계를 깨지 않았다. 그러한 요구로는 군사적 지원 요청, 청혼, 인질 파송 등이 보인다. 백제 동성왕은 고구려의 공격을 받았을 때 신라에 구원군을 요청하였고, 신라는 구원군을 보내 격퇴해 주었다. 이에 대해 백제는 감사의 사신을 보냈다.3) 청혼의 경우 여자를 요청한 쪽이나 보낸 쪽이나 일정한 의무 관계가 형성된다. 대방(帶方)의 왕녀 보과(寶菓)와 결혼한 백제 책계왕이 고구려가 대방을 공격하자, '장인과 사위의 나라[舅甥之國]' 관계를 무시할 수 없다고 하면서 고구려의 보복을 무릅쓰고 대방왕을 도와준 것은4) 혼인에 따른 일종의 의무 수행이라 할 수 있다. 553년 백제 성왕이 신라가 제라(濟羅)동맹을 배반하고 한강 하류 지역을 빼앗았음에도 왕녀를 진흥왕에게 시집보낸 것은5) 신라에 대해 적대적인 행동을 하지 않겠다는 인적 담보의 성격을 띠는 것이다.

강화를 요청할 경우, 상대편은 이를 수용하기도 하고 받아들이지 않기도 하였다. 수용하였을 때는 '종지(從之)'라는 표현이 쓰이기도 했다. 신라 눌지왕이 백제의 청화 요청을 받아들인 것을 '종지'라 한 것

---

3) 《삼국사기》 권제3 신라본기 소지왕 17년의 "秋八月 高句麗圍百濟雉壤城 百濟請救 王命將軍德智 率兵以救之 高句麗衆潰 百濟王遣使來謝" 참조.

4) 《삼국사기》 권제24 백제본기 책계왕 즉위년조.

5) 《삼국사기》 권제4 신라본기 진흥왕 14년조의 "秋七月 取百濟東北鄙 置新州 以阿湌武力爲軍主 冬十月 娶百濟王女爲小妃" 참조.

이6) 그 사례가 된다. 이 과정에서 백웅, 양마, 황금, 명주 등이 교환되었다. 그러나 현재의 자료에는 청화에 대한 상대국의 응답이 거의 기록되어 있지 않다. 그렇지만 청화 이후 두 나라 사이에 사신의 교환(교빙)이 많이 보이므로 청화만 있는 경우 '종지'는 생략된 것으로 보아도 좋을 것이다.

상대방의 화호 요청을 거절한 경우, 양국 사이에 긴장 관계는 높아지게 되거나 군사적 충돌로 이어지기도 한다. 백제 다루왕이 낭자곡성까지 영토를 개척한 후 신라에 사신을 보내 만나기를 요청하였지만 신라가 이를 거절하자 이듬해에 와산성을 공격하고 다시 구양성을 공격한 것,7) 백제가 마수성을 쌓고 병산책을 축조한 것에 대해 낙랑이 강력히 항의했음에도 백제가 그 요구를 들어주지 않아 실화(失和)하게 된 것8) 등이 그 사례가 된다.

상대국의 청혼을 거절하여도 갈등이 일어났다. 비록 신라의 경우지만, 왜의 청혼 요청에 대해 왕녀가 이미 출가하였다고 신라 측에서 거절하자, 왜가 신라와 절교한 후 군대를 보내 공격한 것이9) 그 사례가 된다.

빙, 내빙, 교빙, 수빙 등에서 '빙(聘)'은 화호가 이루어진 뒤의 방문을 말한다. 따라서 이 빙에는 정치적·군사적 목적 이외에 경제적·문화적 교류 등도 중요시되었다. 청화나 빙을 하게 되면 공식적인 글을 전하게 된다. 중국 사서에는 중국 왕조가 주변국에 내리는 글은 모두 '조(詔)'로, 중국의 주변국들이 중국 왕조에 보내는 글이나 주변국과

---

6) 《삼국사기》 권제3 신라본기 눌지왕 17년조.

7) 《삼국사기》 권제23 백제본기 다루왕 36년조.

8) 《삼국사기》 권제23 백제본기 8년조.

9) 《삼국사기》 권제1 신라본기 흘해왕 35년, 36년, 37년조 참조.

주변국 사이에 주고받는 글은 '서(書)'로 표현하였다. 조와 표서(表書)는 모두 행정문서의 일종이다. 문서에는 격식이 있다. 조는 황제가 내리는 문서의 일종이고, 표서는 신하가 천자에게 올리는 문서이다. 이는 조와 서에 격식의 차이가 있었음을 보여준다.10)

제3절 속(屬)과 신속(臣屬)

중국 사서에는 주변국들이 중심국과 맺은 외교 관계를 '속(屬)'으로 표현하고 있다. 우리 역사에서 속의 사례로 가장 빠른 것은, 위만(衛滿)이 나라를 세운 뒤 한(漢)으로부터 병위(兵威)와 재물을 얻어 주변 세력들을 침략하자 진번과 임둔이 모두 와서 속하였다는 것을11) 들 수 있다. 한편, 중국 사서 가운데 《삼국지》 동이전에는 속의 표현이 많이 나온다. 이에 따르면 속은 '속(屬)'과 '신속(臣屬)'으로 나뉜다.

속이나 신속은 독자적인 국명을 가진 나라와 나라 사이에 맺어진 관계를 말한다. 그렇지만 내용상에는 차이가 있다. '속'의 경우를 가장 잘 보여주는 것이 고구려, 부여와 중국 군현의 관계이다. 고구려 궁(宮: 태조왕)은 요동군을 공격하였다가 현토군에 속하였고, 백고(伯固: 신대왕)는 현토 태수의 공격을 받고 난 후 요동군에 속하였지만 가평(嘉平: 172~177) 중에는 다시 현토군에 속하였다.12) 부여는 처음에는

---

10) 이에 대해서는 노중국, 2012b, 〈백제의 문서행정과 관인제〉, 《백제와 주변세계》, 성주탁교수 추모논총, 진인진, 48~51쪽 참조.

11) 《사기》 권115 조선전 제55의 "以故滿得兵威財物 侵降其旁小邑 眞番臨屯 皆來服屬" 참조.

12) 《삼국지》 권30 위서 동이전 고구려전의 "句麗王宮數寇遼東 更屬玄菟… 靈帝建寧二年 玄菟太守耿臨討之 斬首虜數百級 伯固降屬遼東 嘉平中 伯固

현토군에 속하였지만 후한 말에 공손씨 세력이 요동에서 강성하게 되자 다시 요동군에 속하였다.13) 이처럼 고구려와 부여는 때로는 요동군에, 때로는 현토군에 속하는 등 속의 대상이 상황에 따라 변하였다. 그럼에도 중국 군현은 부여와 고구려에 대해 조부(調賦)를 통책(統責)하거나 내정에 간섭하지 않았다. 이러한 속의 모습은 두 나라의 관계가 외교적 관계이지 내정에까지 관여하는 정도의 관계가 아니었음을 보여주는 것이다.

'신속'의 경우는 동옥저와 고구려의 관계 및 읍루와 부여의 관계에서 찾아볼 수 있다. 동옥저가 드디어 고구려에 신속하자 고구려는 대인을 뽑아 사자(使者)로 삼은 뒤 동옥저의 주수(主帥)와 함께 동옥저를 주관하도록 하였다. 그리고 대가(大加)로 하여금 동옥저가 바치는 조부와 맥포, 어염 등을 관장하도록 하였다.14) 이는 고구려가 동옥저의 내정에 깊숙이 관여하고 있음을 보여준다. 읍루의 경우 후한 이래로 부여에 신속하였다. 부여는 읍루에 대해 조부를 무겁게 하였다.15) 이는 부여가 그만큼 읍루의 내정에 깊게 관여하였음을 의미한다.

신속과 비슷한 성격의 표현으로는 '내속(內屬)'이 있다. 484년 백제 동성왕은 남제가 고구려 장수왕을 표기대장군으로 책봉하였다는 소식을 듣고 사신을 남제에 보내 내속을 요청하였고, 남제는 그 요청을 받아들였다.16) 내속은 한(漢)나라 때에는 어느 나라가 국가적 독립성

乞屬玄菟…" 참조.

13) 《삼국지》 권30 위서 동이전 부여전의 "扶餘本屬玄菟 漢末公孫度雄張海東 威服外夷 扶餘王位仇台 更屬遼東" 참조.

14) 《삼국지》 권30 위서 동이전 동옥저전의 "國小迫於大國之間 遂臣屬句麗 句麗復置其中大人爲主者 使相主領 又使大加 統責其租賦貊布魚鹽海中食物 千里擔負致之…" 참조.

15) 《삼국지》 권30 위서 동이전 읍루전의 "自漢以來 臣屬扶餘 扶餘責其租賦 重 以黃初中叛之 扶餘數伐之…" 참조.

을 상실하고 한의 국가체제 안으로 편입되는 것을 의미한다.17) 따라
서 내속은 속의 관계가 더욱 진전되어 상대국에 대한 의존도가 보다
높아진 상황을 보여주는 것이라 할 수 있다. 그렇다면 내속은 신속과
같은 의미로 보아도 좋을 것이다.

위의 사례들을 종합하면, '속(屬)'은 어떤 나라가 독자적인 외교권
과 내정에 대한 자주권을 가지면서 종주국에 대해 일정한 의무를 지
는 의례적 상하 관계이고, '신속(臣屬)'이나 '내속(內屬)'은 종주국으로
부터 외교와 내정에 상당한 정도의 간섭을 받는 형식이라 할 수 있
다.18) 이렇게 볼 때, 진번과 임둔이 위만조선에 속하였다는 것, 대방
군이 설치된 이후 왜와 한이 대방군에 속하였다는 것, 변한 12국이
진왕에 속하였다는 것은 의례적 상하 관계라고 할 수 있다. 따라서
〈광개토대왕비문〉에 '옛적에 백제와 신라가 고구려의 속민이었다'고
한 것도19) 의례적 상하 관계로서의 속으로 볼 수 있다.

속이 비록 의례적 성격을 지니고 있다고 하더라도, 종주국과의 관
계는 기본적으로 상하 관계였다. 그에 따라 속국은 정치적·외교적으
로 독자성을 지녔지만 종주국에 대해 어느 정도 부담은 졌다. 그 부담
은 직공(職貢), 조공(朝貢), 공(貢), 공부(貢賦)로 표현되었다. 이렇게
보면, 삼국이 중국에 대해 조공을 바쳤다는 것도 의례적 상하 관계의
산물이라 할 수 있다.

---

16) 《삼국사기》 권제26 백제본기 동성왕 6년조의 "春二月 王聞南齊祖道成
    冊高句麗巨璉爲驃騎大將軍 遺使上表請內屬 許之" 참조.

17) 김한규, 2005, 《天下國家 — 전통 시대 동아시아 세계 질서》, 소나무,
    97~119쪽.

18) 의례적 상하 관계와 종속적 상하 관계에 대해서는 노태돈, 2003, 〈고대
    한중관계사 연구의 새로운 모색〉, 《한국고대사연구》 32집, 한국고대사학
    회, 8~9쪽 참조.

19) 〈광개토대왕비문〉의 "百殘新羅舊是屬民 由來朝貢" 참조.

의례적 상하 관계나 종속적 상하 관계에서 속국이나 신속국이 종주국에 대해 일정한 의무를 수행하지 않을 경우 종주국은 제재를 가하기도 하였다. 제재의 정도는 종주국과 속국 또는 신속국 사이의 힘의 우열에 따라 결정되었다. 종주국이 제재할 수 있는 힘이 있을 경우 이러한 관계는 그대로 유지될 수 있었다. 동부여가 "중간에 조공을 바치지 않자〔中叛不貢〕" 광개토대왕이 군대를 동원하여 군사적 압박을 가한 것, 읍루가 부여의 지나친 조부 요구에 반란을 일으키자 부여가 군대를 일으켜 정벌한 것이 그 사례가 된다. 이와 달리 속국의 힘이 만만하지 않을 경우 종주국의 군사적 압박도 한계가 있었다. 고구려가 독자적으로 요동군에 속하기도 하고 현토군에 속하기도 한 것이 좋은 사례이다. 이렇게 볼 때 369년에 백제 아신왕이 고구려 광개토대왕에게 귀의하여 목숨을 살려줄 것을 요청한 것〔歸王請命〕은 신속의 관계를, 3년 뒤인 399년에 맹세를 어기고 왜와 화통한 것〔百殘違誓 與倭和通〕은 이 신속 관계를 청산한 것을 의미한다고 하겠다.

제2장 사신단의 조직과 활동

제1절 사신단의 조직과 규모

1. 규모와 조직

정치적 군사적 교섭이든 경제적 문화적 교류이든 그 임무를 맡아 수행하는 사람이 바로 사신(使臣)이다. 그러나 현재의 사료에 기록되어 있는 사신의 이름은 매우 적다. 중국 사서에 보이는 사신은《송서》백제전의 장위와 풍야부,《남제서》백제전의 고달·양무·회매·모유·왕무·장새·진명,《위서》백제전의 여례와 장무,《수서》백제전의 왕변나·연문진·왕효린·국지모,《구당서》백제전의 복신 등이다. 연문진과 왕효린의 경우, 중국 사서에는 이름만 나오지만《삼국사기》에는 연문진의 관등은 한솔로, 왕효린은 좌평으로 나온다. 또 동성왕 대의 사약사(沙若思)는《삼국사기》에만 보인다. 이는 사신단에 관한 백제 고유의 자료가 있었음을 보여준다.

한편,《일본서기》에는 백제가 왜에 보낸 사신들의 이름이 다수 나온다. 사신들에 대한 표기는 효덕기(孝德紀) 이전과 이후에 차이가 난다. 효덕기 이전까지 사신의 표기는 인명—직명 순이거나[20] 부명—씨명—직명 순이었다.[21] 그러나 효덕기 백치(白雉: 650~654) 연간부터 사신단의 직명은 대사(大使)—부사(副使) 등으로[22] 나온다. 이는 사신단이 체계적으로 조직되었음을 보여준다. 대사, 부사라는 표현을 백제가 스스로 사용한 것인지 아니면 《일본서기》 편찬자들이 이런 형식으로 바꾼 것인지를 단정하기는 어렵다. 그러나 대사—부사—판관은 중국에서 일찍부터 사용되고 있었다는 점을 감안하면 이 조직은 백제가 사용한 것으로 보아도 좋을 것이다. 그런데 대개의 경우 사신단의 책임자를 ‘사(使)’라고만 표기한 경우가 많다. 이때의 ‘사’는 대사를 의미함은[23] 물론이다.

백제 사신단의 구성이 대사—부사 체제로 이루어진 시기를 추론하는 데 실마리가 되는 것이 550년에 성왕이 측근인 마무(馬武)를 대사로 삼아 왜에 보냈다는 기사이다.[24] 이 기사는 늦어도 성왕 대에 사신단의 조직이 대사—부사로 이루어졌음을 보여준다. 따라서 대사—부사 체제를 갖춘 것은 성왕 이전이라 할 수 있다. 사신단이 대사—부사 체제로 구성됨으로써 사신단의 서열은 한눈에 알 수 있게 되었다.

사신단 편성에서 핵심은 대사와 부사이다. 그 아래에 참관(參官)이 있었다.[25] 백제의 참관은 왜나 고구려의 판관과 같은 성격의 직책이

---

20) 《일본서기》 권17 계체기 7년조의 姐彌文貴將軍과 洲利卽爾將軍 참조.

21) 《일본서기》 권19 흠명기 4년조의 前部奈率眞牟貴文, 護德己州己婁, 物部施德馬哿牟 참조.

22) 《일본서기》 권26 제명기 원년조의 “是歲 高麗百濟新羅並遣使進調(百濟大使西部達率余宜受 副使東部恩率調信仁 凡一百餘人)” 참조.

23) 권덕영, 1997, 《신라 견당사 연구》, 일조각, 122~123쪽 참조.

24) 《일본서기》 권19 흠명기 11년조.

25) 《일본서기》 권20 민달기 12년조의 “於是百濟國主怖畏天朝 不敢違勅 奉遣以日羅 恩率德爾余怒哥奴知 參官陁師德率次干德 水手等若干人…於是恩

다. 참관이란 표현은 다른 나라에서는 보이지 않으므로 백제 사신단 조직의 특징이라 할 수 있다. 한편, 신라의 경우 판관 아래에 녹사(錄事)가 있었다. 녹사는 일본의 경우에도 보이고, 발해의 경우에도 보인다.26) 이로 미루어 백제에도 참관 아래에 녹사가 있었을 것이다.

사신이 임무를 수행하기 위해서는 통역관이 있어야 한다.《삼국지》 한전의 염사착(廉斯鑡) 사화(史話)에서 보듯이 한어(韓語)는 중국어와 달랐기 때문이다.27)《양서》 신라전에 따르면, 신라 사신은 백제 사신의 통역을 거쳐 양나라와 통교할 수 있었다고 한다.28) 이는 백제 사신단에 통역관이 있었음을 짐작하게 한다. 신라와 발해의 경우 통역관을 통사(通事)라고 하였으므로29) 백제에서도 통역관을 통사라고 하였을 것이다. 이렇게 보면, 백제 사신단은 상층부의 대사-부사와 하층부의 참관-녹사-통사로 구성된 것으로 볼 수 있다.

사신단은 수행원을 거느렸다. 수행원을 겸인(傔人)이라 하였는데30) 겸인은 종자(從者)를 말한다.31) 당과 왜의 경우, 문무 고관을 호위·시종하는 사람을 겸종 혹은 겸인이라 하였다.32) 발해의 사신단에도 겸인이 있었다.33) 이로 미루어 보면, 642년에 왜로 간 백제 조사(弔使)의 겸인도 대사를 수행하는 수행원으로 보아도 좋을 것이다.

率參官臨罷國時(舊本以恩率爲一人 以參官爲一人也)” 참조.

26) 이에 대해서는 권덕영, 1997, 앞의 책, 125쪽 참조.

27)《삼국지》 권30 위서 동이전 한전의 “至王莽地皇時 廉斯鑡爲辰韓右渠帥…見田中驅雀男子一人 其語非韓人…” 참조.

28)《양서》 권54 열전제48 諸夷 신라전의 “言語待百濟而後通焉” 참조.

29) 권덕영, 1997, 앞의 책, 125~126쪽.

30)《일본서기》 권24 황극기 원년조의 “百濟弔使傔人” 참조.

31)《이와나미 강좌 일본서기》 하 41쪽의 두주 26 참조.

32) 이에 대해서는 권덕영, 1997, 앞의 책, 128쪽 참조.

33)《속일본기》 권25 대화 5년 시세조.

바다를 건너는 것은 매우 위험한 일이므로 날씨와 지리를 관측하는 일은 매우 중요하다. 따라서 사신단에는 천문과 지리를 관찰하고 점을 쳐서 앞일을 예견하는 임무를 맡은 자도 있었을 것이다. 왜의 경우, 당나라에 파견한 사신단[遣唐使]에는 항해의 안전을 빌고 제사를 주관하는 복인(卜人) 혹은 복부(卜部)가 있었다.34) 이로 미루어 백제에도 항해의 안전을 담당하는 복인과 같은 임무를 가진 자가 있었을 것이다. 이 밖에 배의 파손을 수리하는 선공(船工), 배의 키를 조작하는 타사(陀師) 또는 수수(水手), 질병을 관리하는 의사 등이 필요했다. 이렇게 보면 왜에 보낸 백제 사신단의 규모가 100~150명에35) 이른 것은 대사, 부사, 판관, 녹사, 통사 등의 관료와 겸인으로 표현된 수행원 및 배를 운행하는 데 필요한 기타 인원들 모두를 합하여 말한 것으로 볼 수 있다.

백제가 중국 왕조에 보낸 사신의 관등으로는 한솔, 좌평 등이 확인되고 있고, 왜로 파견된 사신의 관등으로는 달솔, 은솔, 나솔, 시덕 등이 나온다. 이는 덕계와 솔계 관등이 사신이 지닌 관등의 주류를 이루었음을 보여준다. 그러나 어느 정도의 직급을 가진 자를 사신으로 보낼 것이냐는 사안의 중요도에 따라 결정되었다. 임무가 중대하면 좌평의 관등을 가진 자가 파견되었고, 때로는 대좌평이36) 파견되기도 하였다. 그렇지 않으면 솔계나 덕계 관등을 가진 자들이 사신으로 파견되었을 것이다.

한편, 《위서》 백제전과 《남제서》 백제전에 따르면 백제가 북위나

---

34) 《속일본기》 권1 문무기 4년 3월 기미조.

35) 《일본서기》 권26 제명기 원년조. 백제에 파견된 왜 사신단의 규모는 50명으로 나오는 사례가 있다. 《삼국사기》 권제25 백제본기 비유왕 2년조 참조.

36) 대좌평이 파견된 경우는 砂宅智積이 유일한 사례이다.

남조의 송과 남제에 파견한 사신들은 장사(長史), 사마(司馬), 참군(參
軍)의 직을 가진 것으로 나온다.37) 장사, 마사, 참군은 백제왕이 중국
왕조로부터 장군호를 받은 뒤 개설한 장군부(將軍府)에 설치한 부관
(府官)이다.38) 부관을 맡은 자들의 성씨를 보면 대개는 중국 성씨이
다. 이들은 중국계 백제 관료였다. 이들의 존재는 백제가 개로왕 대에
서 동성왕 대에 이르기까지 중국계 관료를 부관으로 임명하여 대(對)
중국 외교 업무를 수행하도록 한 것을 보여준다.

2. 이역(吏譯)층의 형성

사행에는 통역관의 역할이 중요하다. 현재의 자료에서 통역의 존재
는 《삼국지》에서 확인된다. 246년 낙랑군 부종사 오림(吳林)은 진한
의 8국을 분할하여 낙랑군에 속하게 하였다. 이역(吏譯)이 이 결정을
마한에 통역하는 과정에서 오해가 생겨나 마한과 낙랑·대방군 사이
에 전쟁이 일어났다.39) 이 전쟁에서 마한이 크게 패하였다. 여기서
이역은 낙랑·대방군과 한 사이에 교섭이 이루어질 경우 통역을 담당
한 자를 말한다. 이렇게 보면, 왜가 중역(重譯)을 거쳐 서진과 교섭을
할 때 중역의 업무를 맡은 자들도40) 바로 이들 이역이었을 것이다.
이 이역층은 백제가 중앙집권체제를 갖추면서 제도화되었다. 이 제

---

37) 《남제서》 권56 열전제39 동남이 백제전.
38) 노중국, 2012c, 〈백제의 왕·후호, 장군호제와 그 운영〉, 《백제연구》 55
   집, 충남대 백제연구소.
39) 《삼국지》 권30 위서 동이전 한전의 "部從事吳林 以樂浪本統韓國 分割辰
   韓八國 以與樂浪 吏譯轉有異同 臣智激韓忿 攻帶方郡崎離營" 참조.
40) 《진서》 권97 열전제67 사이 왜인전의 "及文帝作相 又數至 泰始初 遣使
   重譯入貢" 참조.

도화된 직이 바로 통사일 것이다. 통사는 백제 사신이 중국으로 갈 때 통역을 담당하였고, 또 신라 사신들의 통역 업무도 대신해 주었다. 그런데 통역이라고 하는 전문적인 일은 이사(吏事)의 하나였다. 이사의 이(吏)는 관리 가운데 문서행정을 담당한 관리를 말한다. 이를 보여주는 것이 《주서》 백제전의 '능이사(能吏事)'이다.41)

이사(吏事)에 능하다고 하였을 때의 '사'는 관청의 실무를 말하며, 이 일을 처리하는 실무자들이 '이'였다. 이(吏)에는 벼슬아치라는 포괄적인 의미도 있으면서 관아의 속료라는 의미도 있다. 《주서》에 보이는 이를 관아의 속료라고 하면 후대의 아전에 해당하는 실무관료라고 할 수 있다. 따라서 통사도 이에 속한다고 할 수 있다.

백제에서 이층(吏層)이 성립된 시기를 분명히 할 수는 없지만, 필자는 다음과 같은 가설을 제시해 두기로 한다. 백제의 중앙집권체제는 부체제(部體制)의 이원적인 조직을 일원화하면서 이루어졌다. 부체제에서는 왕 휘하에 지배조직이 있었고, 각 부의 장들도 비록 규모는 작지만 독자의 지배조직을 두었다. 고구려의 경우, 오부의 장이 그 휘하에 사자−조의−선인으로 이루어진 조직을 지니고 있었다는 것이 그 사례가 된다.

각 부의 장들 휘하에 두었던 이 조직은 중앙집권체제가 갖추어지면서 소멸되었다. 이 과정에서 이 조직에 속하였던 일부는 중앙집권체제 아래서 일원적인 관등 체계 속으로 흡수되었고, 그렇지 못한 대다수는 관청에서 하급실무를 담당하는 자로 전환되지 않았을까 한다. 이들이 바로 이층 형성의 바탕이 되었을 것이다. 백제가 부체제에서 중앙집권체제로 전환한 시기는 비류왕 대에서 근초고왕 대이다. 이로

---

41) 《주서》 권제81 열전제48 동이 백제전의 "俗尙騎射 讀書史 能吏事" 참조.

미루어 백제에서 이층이 형성되기 시작한 때는 늦어도 근초고왕 대로 볼 수 있다.[42] 그렇다고 하면, 통사도 이 시기에 설치되었을 것이다.

제2절 사신단의 활동

1. 사신단의 종류

사신을 파견할 때는 분명한 목적이 있었다. 따라서 파견된 사신이 무엇을 하였느냐는 사신단의 명칭에서 유추해 볼 수 있다. 백제가 중국 왕조나 왜 등에 보낸 사절단의 명칭은 거의 보이지 않고《일본서기》에는 "조사(弔使)" 정도가 나온다. 그러나 신라의 사례에서 미루어 대략적인 모습은 추정해 볼 수 있다.

사절단의 파견은 정례적으로 파견하는 경우와 특별한 사안이 있을 때 파견하는 경우로 나눌 수 있다. 정례적으로 파견되는 사절단으로는 하정사(賀正使)를 들 수 있다. 하정사는 연말이나 연초에 중국에 가서 중국 황제의 안부를 묻고 왕조의 번영을 기원하는 신년 축하사절이다. 하정사는 하정표(賀正表)와 공헌물을 바쳤다. 백제 의자왕이 644년 정월 초하루에 당에 사신을 보내 조공하였는데[43] 정월 초하루라는 날짜에서 미루어 이 사절단은 하정사라고 할 수 있다.

비정기적인 사절단으로는 여러 유형이 있었다.[44] 먼저 사은사(謝恩使)는 중국 왕조로부터 어떤 시혜를 받았을 경우 그것에 감사하는 뜻

---

42) 노중국, 2012b, 앞의 글, 46~48쪽 참조.

43)《책부원구》권970 외신부 조공 3의 "(貞觀)十八年 正月朔 吐谷渾薛延陀 吐藩高句麗百濟新羅康國于闐國…遣使獻方物" 참조.

44) 비정기적인 사절단의 유형에 대해서는 권덕영, 1997, 앞의 책 참조.

을 전하고자 보내는 사절이다. 의자왕이 당태종에게서 백제왕 책봉을 받은 후 사신을 보내 표를 올리고 사례한 사신단은[45] 사은사라 할 수 있다. 그리고 전왕(前王)의 죽음에 대해 중국 황제가 조문을 하거나 관직을 추증을 하였을 때 그것에 감사하기 위해 보낸 사신단도 사은사로 보아도 좋을 것이다.

고진사(告陳使)는 자국 내 또는 중국 왕조와의 사이에 무슨 일이 생겼을 경우 사건의 진상을 알리고 시비를 밝히고자 파견되는 사신이다. 여기에는 전왕의 죽음과 자신의 즉위를 알리는 고애사(告哀使), 전승(戰勝)을 알리는 고첩사(告捷使), 시비곡직을 자세히 따져 설명하는 고주사(告奏使), 잘못을 시인하고 용서를 구하는 사죄사(謝罪使) 등이 포함된다. 무왕이 죽자 의자왕이 당나라에 표를 올려 고애한 사신은[46] 고애사로, 동성왕이 위로(魏虜)를 격파한 내용을 남제에 알리면서 위로 격파에 공을 세운 자들에게 관직을 수여해 줄 것을 요청한 사신은[47] 고첩사라 할 수 있다. 627년에 당태종이 조서를 내려 신라와 화목하게 지내고 곧장 군사 행동을 중단하도록 요구한 것에 대해 무왕이 사신을 보내 진사한 것은[48] 사죄사라 할 수 있다.

주청사(奏請使)는 중국 왕조에 특정 사안을 요청하기 위해 보내는 사신이다.[49] 개로왕이 457년에 송나라에 사신을 보내 작호 제수를 요청한 것과 458년에 여기(餘紀) 등 11명의 고위 관료들에게 왕호와 장군호를 사서(私署)한 후 정식으로 제수해 줄 것을 요청한 것,[50] 동성

---

45) 《삼국사기》 권제28 백제본기 의자왕 원년조.
46) 《구당서》 권199 상 열전제149 백제전.
47) 《남제서》 권58 열전제39 동남이 백제전.
48) 《삼국사기》 권제27 백제본기 무왕 28년조.
49) 권덕영, 1997, 앞의 책, 163쪽.
50) 《송서》 권97 열전제57 이만 백제전.

왕이 남제에 조서를 보내 7명의 고위 인물들에게 자신이 사서한 관직을 정식으로 제수해 줄 것을 요청한 것[51] 등은 책봉 관련 주청사라 할 수 있다. 비유왕이 450년에 《역림》, 《식점》, 요노(腰弩)를 보내줄 것을 요청한 사신과[52] 성왕이 541년에 《열반경의(涅槃經義)》, 모시박사, 공장, 화사 등을 보내 줄 것을 양나라에 요청한 사신,[53] 무왕이 당의 국학에 자제를 입학시킬 것을 요청한 사신도[54] 주청사로 볼 수 있다.

경하사(慶賀使)는 중국 왕조에 경사스러운 일이 있을 때 축하하고자 파견한 사절이고, 조위사(弔慰使)는 흉사가 있을 때 위문하고자 파견한 사절이다.[55] 경하사의 사례는 확인되지 않는다. 조위사의 사례로는 왜의 서명(舒明)천황이 죽자 그에 대해 조문하려고 보낸 사신을[56] 들 수 있다.

청병사(請兵使)는 이웃 나라에 군사 지원을 요청하기 위해 파견한 사신이다. 개로왕이 472년에 북위에 사신을 보내 고구려를 공격해 줄 것을 요청한 것,[57] 475년에 고구려 공격으로 한성 함락이 임박하게 되자 개로왕이 문주에게 신라에 가서 군대를 요청하도록 한 것,[58] 고

---

51) 《남제서》 권58 열전제39 동남이 백제전.

52) 《송서》 권97 열전제57 이만 백제전.

53) 《양서》 권54 열전제48 諸夷 백제전.

54) 《삼국사기》 권제5 신라본기 선덕왕 9년조 및 권제27 백제본기 무왕 41년조.

55) 권덕영, 1997, 앞의 책, 154쪽.

56) 《일본서기》 권24 황극기 즉위년조의 "春正月 乙酉 百濟使人大仁阿曇連 比羅夫 從筑紫國 乘驛馬來言 百濟國聞天皇薨 奉遣弔使 臣隨弔使 共到筑 紫" 참조.

57) 《위서》 권100 열전제88 백제전.

58) 《삼국사기》 권제25 백제본기 문주왕 즉위년조.

구려가 예(濊)와 모의하여 한북(漢北)의 독산성을 공격해 오자 성왕이 신라에 구원병을 요청한 것은59) 청병사라 할 수 있다. 한편 《일본서기》에는 백제가 왜에 군사 지원을 요청하려고 사신을 파견한 사례가 여러 차례 나온다. 이 사신도 일종의 청병사라 할 수 있다.

2. 사신단의 접대와 활동

1) 사신단의 접대

다른 나라와 교섭과 교류를 하는 과정에서 각국은 다른 나라에서 온 사신들을 접대하기 위해 사신관(使臣館)을 만들었다. 당나라의 경우, 외국 사신들이 머물고 접대를 받는 객관으로 예빈원(禮賓院), 홍려객관(鴻臚客館), 사방관(四方館) 등이 있었다. 이 가운데 황성 안에 위치한 홍려객관은 내관(內館), 황성 밖에 있었던 예빈원은 외관(外館) 혹은 외택(外宅)이라 하였다. 객관에 머무는 외국 사신들에 대한 접대와 연회, 송영, 입조자의 객관(客館) 안치, 음식 공급 등의 일을 맡은 관서는 바로 홍려시(鴻臚寺) 산하의 전객서(典客署)였다.60)

신라의 경우, 외국 사신이 머무는 사신관을 처음에는 왜전(倭典)이라 하였다. 그 뒤 중국 왕조와 교섭이 빈번해지자 진평왕 43년(621)에 왜전을 영객부(領客府)로 고쳤다.61) 왜의 경우, 고구려 사신을 맞이한 고려관, 상락관(相樂館)이 있었고,62) 백제와 신라에서 온 사신들

---

59) 《삼국사기》 권제26 백제본기 성왕 26년조.

60) 권덕영, 1997, 앞의 책, 175~176쪽.

61) 《삼국사기》 권제38 잡지제7 직관 상 영객부조.

62) 《일본서기》 권20 민달기 원년조의 "天皇聞皇子與大臣曰 高麗使人今何在 大臣奉對曰 在於相樂館…乃遣群臣相樂館 撿錄所獻調物 令送京師" 참조.

을 접대하기 위한 삼한관(三韓館)이 있었다. 또 수나라 사신을 맞이하고자 신관(新館)을 만들고 고구려 사신관보다 상위에 두기도 하였다.[63] 그리고 규슈에는 당나라 제도를 모방하여 홍려관을 두었다.

백제에서 사신 관련 업무를 관장하는 부서는 22부와 6좌평의 명칭에서 추정해 볼 수 있다. 이때 눈길을 끄는 것이 내법좌평과 객부(客部)이다. 내법좌평은 예의사(禮儀事)를 맡았는데 예의사에는 의례 관계 업무와 더불어 외교 관계 업무도 포함된다. 이렇게 보면, 내법좌평은 외교 업무와 관련하여 사신의 선발, 국서의 작성, 사행의 파견 등의 업무를 관장한 것으로 볼 수 있다. 객부는 사신의 접대를 맡은 관청이다. 따라서 객부에 속한 관원들은 외국의 사신들을 사신관에 안치하고 접대하는 일들을 수행하였을 것이다.

타국에서 온 사신에 대한 대접은 주빈국의 판단에 따라 달랐다. 왜가 신라 사신을 백제 사신 아래에 배치한 것,[64] 안라(安羅)에 간 백제 사신이 당(堂)에 오르지 못한 채 한 달 이상 머물렀다고 하는 것은[65] 차별 대우를 보여주는 사례이다. 이러한 차별은 이따금 외교적 문제를 야기하기도 하였다. 왜에 파견된 신라 사신 노저(奴氐)가 자신의 자리가 백제 사신 아래에 배치된 것에 분노하여 되돌아갔다고 한 것이[66] 이를 보여준다.

---

63) 《일본서기》 권22 추고기 16년조.
64) 《일본서기》 권19 흠명기 22년조.
65) 《일본서기》 권19 계체기 23년 3월 是月조.
66) 《일본서기》 권19 흠명기 22년조.

2) 사신단의 활동 모습

사행의 임무 수행은 쉬운 것은 아니었다. 몇 개월씩 타국에 머물러야 했고, 오가는 뱃길이 순탄하지 않으면 회항하거나 표류하기도 했다. 근구수왕 대에 동진에 파견된 사신은 폭풍을 만나 되돌아왔으며,[67] 도흔(道欣) 등 10여 명의 백제 승려는 오(吳)로[68] 파견되었지만 내란으로 입국하지 못하고 돌아오다가 폭풍을 만나 왜의 비후국(肥後國)에 표착하였다.[69] 사행 길을 막는 것은 날씨만은 아니었다. 적국이 길목을 막아 방해하기도 하였다. 문주왕이 송에 보낸 사신과 동성왕이 남제에 보낸 내법좌평 사약사가 고구려의 방해로 말미암아 회항한 것이[70] 그 사례가 된다.

목적지에 도착한 사신단은 자신들에게 주어진 책무를 성실히 수행해야 했다. 그러나 대외 관계는 각국의 이해관계가 걸려 있기 때문에 그 직무를 제대로 수행하는 데 많은 어려움이 따랐다. 때에 따라서는 사신단 내부의 갈등으로 정사(正使)가 목숨을 잃기도 하였다. 왜에 파견된 대사 일라(日羅)가 백제의 비밀 사항을 왜 조정에 털어놓았다가 부사인 은솔과 참관 등에 의해 피살된 것을[71] 그 예로 들 수 있다.

이처럼 사행 길이 위험하였기 때문에 사신으로 가는 것을 꺼리는 경우도 없지 않았다. 그래서 유력한 귀족 가문 출신자는 선발에서 빠지고 가문의 격이 낮거나 지위가 낮은 자들이 사신으로 선발되기도 하였다. 비록 신라의 사례이지만, 왜에 왔던 신라 사신 미지기지(彌至

---

67) 《삼국사기》 권제24 백제본기 근구수왕 5년조.

68) 이때의 오(吳)는 수나라를 말한다.

69) 《일본서기》 권22 추고기 17년조.

70) 《삼국사기》 권제26 백제본기 문주왕 2년조 및 동성왕 6년조.

71) 《일본서기》 권20 민달기 12년조.

己知)가 임무를 마친 후 돌아와 "사신은 국가의 귀중한 임무를 맡은 자이고 백성들이 목숨을 걸고 있는 자이므로 양가(良家)의 자제를 사자로 삼아야지 비천한 자를 사자로 삼아서는 안 된다"고 말한 것이[72] 이를 잘 보여준다. 백제의 경우에도 이러한 일이 없지 않았을 것이다.

《삼국사기》에는 어느 나라가 사신을 파견하였을 경우 상대국의 반응을 '종지(從之)' 또는 '부종(不從)' 등으로 기록한 예는 극소수에 지나지 않고 대다수는 응답을 기록하지 않고 있다. '부종'의 사례로는 서기 63년에 낭자곡성에 이른 백제 다루왕이 사신을 보내 신라왕을 만나려 하였지만 신라가 이를 받아들이지 않았다는 것과,[73] 261년에 고이왕이 신라에 사신을 보내 화호를 요청하였지만 신라가 따르지 않은 것을[74] 들 수 있다. 이 경우 백제 사신은 자신의 임무를 성공적으로 수행하지 못한 셈이 된다. 이와 달리 '종지'한 경우에는 상대국에서 보빙사(報聘使)를 보내거나 요청한 사항을 적극적으로 받아들인 것을 의미한다. 보빙사를 보낸 사례로는 434년 2월과 9월에 백제 비유왕이 사신을 보내자 겨울 10월에 신라왕이 양금과 명주를 보내온 것과[75] 고구려의 공격을 받은 백제 동성왕이 사신을 보내 구원을 요청하자 신라가 구원군을 파견한 것을[76] 들 수 있다.

백제가 중국 왕조에 파견한 사신들의 활동 모습은 몇 가지로 정리해 볼 수 있다. 첫째는 《문관사림》에 수록된, 당태종이 의자왕에게 보낸 국서에 보이는 내용이다. 이에 따르면 신라는 백제에 앞서 당나라에 사신을 보내 국서를 올려 "백제가 고구려와 협계(協契)하여 매번

---

72) 《일본서기》 권19 흠명기 21년조.
73) 《삼국사기》 권제23 백제본기 다루왕 36년조.
74) 《삼국사기》 권제24 백제본기 고이왕 28년조.
75) 《삼국사기》 권제25 백제본기 비유왕 8년조.
76) 《삼국사기》 권제26 백제본기 동성왕 17년조.

군대를 일으켜 신라를 함께 공격하였다"고 주장하였다. 당은 신라의 호소를 사실로 받아들여 백제를 의심하였다. 이에 의자왕은 부여강신(扶餘康信)을 파견하고 또 국서를 보내, 고구려와 협계하여 신라를 공격하지 않았을 뿐만 아니라 고구려에 아첨[阿黨]하지도 않았다는 것을 강조하였다. 한 걸음 더 나아가 백제는 당이 고구려를 공격할 때 군대를 동원하여 당나라를 돕겠다는 의사도 밝혔다. 당태종은 사신으로 온 부여강신에게 자초지종을 물어 백제가 고구려에 협계하지 않았음을 확인한 뒤 백제의 제안을 받아들였다.77) 당태종이 백제에 대한 오해를 풀고 백제의 제안을 받아들였다는 것은 부여강신의 외교 활동이 꽤 성공적이었음을 보여준다.

둘째는 북위에 파견된 백제 사신의 활동이다. 이때의 사신은 관군장군 부마도위 불사후 장사 여례(餘禮)와 용양장군 대방태수 사마 장무(張茂)였다. 이름의 기재 순서로 볼 때 여례가 대사이고 장무가 부사였을 것이다. 이들은 북위가 고구려를 공격하도록 고구려의 포학한 모습을 밝히는 증거물을 준비하였다. 그 증거물은 바다에서 발견한 시신에서 찾아낸 의기(儀器)와 안마(鞍馬) 등이었다. 사신단은 북위에 가서 국서를 올리고, "나라에는 초나라·월나라의 급함이 있다[國有楚越之急]"고 한 표현에서 보듯이, 백제의 화급한 상황을 알리면서 고구려 공격을 간곡히 요청하였다. 그러나 북위는 고구려가 선대 이래로 번신(藩臣)을 일컬었다는 것과 고구려가 백제와는 틈이 있다고 하더라도 북위에게는 아무런 허물이 없다는 것을 강조하면서 군사 지원을 약속하지 않았다.78) 사행이 실패로 끝나자 개로왕은 북위와 관계를

---

77) 이기백, 1987, 《韓國上代古文書資料集成》, 일지사, 299쪽에 수록된 《문관사림》의 〈貞觀年中撫慰百濟王詔一首〉.

78) 《위서》 권100 열전제88 백제전.

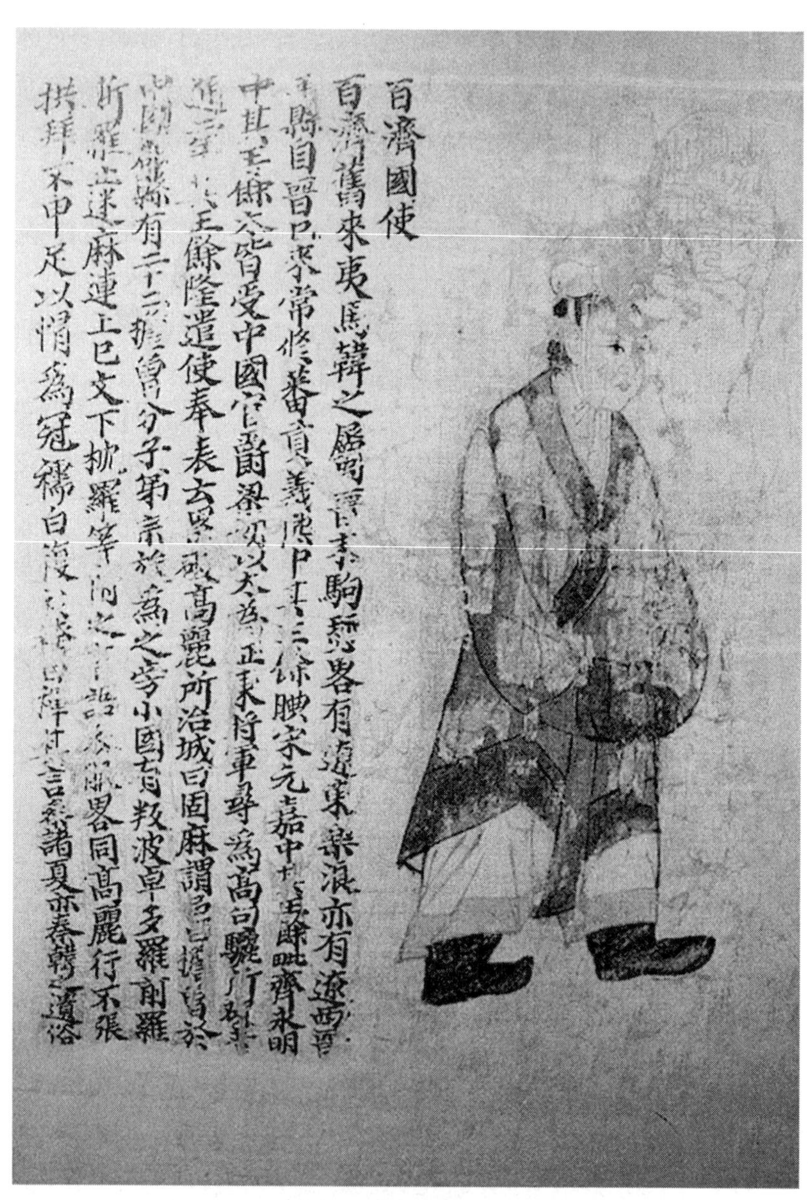

〈도 1-1〉 〈양직공도〉에 그려진 백제국 사신의 모습

단절하였다.79)

셋째로 동성왕이 남제에 파견한 사신이다.《남제서》백제전에 따르면, 동성왕은 몇 차례에 걸쳐 남제에 사신을 파견하여 자신이 사사로이 신하들에게 내린[私署] 작호를 정식으로 제수해 달라고 요청하였다. 남제는 이 요청을 받아들여 사서된 작호를 정식으로 인정해 주었다. 이는 백제 사신이 자신의 임무를 완수하였음을 보여준다.

넷째로 양나라에 파견된 백제 사신의 경우이다. 549년에 파견된 백제 사신은 후경(侯景)이 반란을 일으켜 수도 난징(南京)을 점령하고 양무제를 감금한 상황을 보고는 단문(端門) 밖에서 소리 내어 울었다. 후경의 노여움을 받아 감옥에 갇히게 된 백제 사신은 후경의 난이 평정된 이후에야 환국할 수 있었다.80)

3) 사신단의 응대와 위기

사신단의 목적은 상대국에 가서 주어진 임무를 달성하는 것이었다. 그러나 상대국이 그 요청을 선선히 들어주는 것은 아니었다. 때로는 위협적인 분위기 속에서, 때로는 상대국이 제시하는 까다로운 조건 속에서 주어진 임무를 수행해야 했다. 때문에 사신들은 여의치 못하면 뜻을 이루지 못한 채 돌아와야 했다. 현재의 사료에는 백제 사신단의 활동 모습을 보여주는 자료가 거의 없으므로, 여기서는 다른 나라의 사례를 통해 사신단의 어려움과 임기응변의 모습을 몇 가지로 정리해 두기로 한다.

첫째는 군사적 지원을 요청하고자 파견된 사신단의 경우이다. 이때

---

79)《삼국사기》권제25 백제본기 개로왕 18년조.
80)《삼국사기》권제26 백제본기 성왕 27년조.

상대국은 까다로운 요구 사항을 제시하여 사신을 궁지에 몰아넣기도 하였다. 그 사례로는 642년에 백제의 의자왕이 장군 윤충(允忠)을 보내 대야성을 함락하자 다급해진 신라가 당에 보낸 사신과 당태종 사이에 오간 문답을 들 수 있다. 이때 당태종은 세 가지 계책을 말하였다. 첫 번째 계책은 일부 군대를 요동으로 보내 신라의 위급함을 잠시라도 덜어 주는 것이고, 두 번째 계책은 당나라 군기(軍旗)와 군복을 주어 당군이 마치 신라를 구원하러 온 것처럼 가장하는 것이었으며, 세 번째 계책은 수군으로 백제를 치면서 당나라 종실 인물로 신라 국주를 삼고 그를 호위하는 군대를 보내는 것이었다. 이 제안 가운데 하나를 선택하는 것은 사신이 결정할 수 있는 사항은 아니었다. 그래서 신라 사신이 제대로 대답하지 못하자 당태종은 그가 위급을 고하는 임무를 맡을 재목이 되지 못하였다고 평가하였다.[81]

둘째는 파견된 사신은 상황의 변화에 따라 감옥에 갇히기도 하였다. 그 사례로는 고구려에 들어간 신라 김춘추의 경우를 들 수 있다. 642년 대야성이 백제에 함락되자 이 위기 상황을 극복하려고 김춘추는 고구려에 원병을 청하러 갔다. 이때의 사행은 죽으러 가는 것과 마찬가지였다. 그래서 김춘추는 김유신과 헤어질 때 60일을 넘기면 살아 돌아오지 못한 줄 알라고 하였다. 고구려에 들어가자 보장왕과 연개소문은 신라가 점령한 한강 유역을 되돌려 주어야만 군사 지원을 할 수 있다고 하였다. 김춘추는 영토는 신하가 마음대로 할 수 없다고 하면서 거절하였기 때문에 감옥에 갇히고 말았다.[82]

나라와 나라 사이의 교섭에는 상대방 사신의 기를 꺾어 자국의 의지를 관철하는 경우도 더러 있었다. 첫째는 문장(文章)을 이용하여 기

---

81) 《삼국사기》 권제5 신라본기 선덕왕 12년조.
82) 《삼국사기》 권제41 열전제1 김유신 상.

를 꺾는 방법이다. 그 사례의 하나는 당나라가 신라에 사신을 보내면
서 독해하기 어려운 국서를 보낸 것을 들 수 있다. 이는 신라를 난처
한 입장에 처하게 하려는 속셈이었다. 그러나 이 문제는 강수가 읽기
어려운 곳을 쉽게 읽어냄으로써 해결되고 말았다.[83] 다른 하나는 고
구려가 읽기 어려운 표와 소를 만들거나 까마귀 깃에 표소(表疏)를 써
서 왜에 보낸 것이다. 왜의 여러 선비들은 어려운 표와 소를 사흘 동
안 읽어내지 못하였으나 왕진이(王辰爾)가 읽고 해석하였고, 까마귀
깃에 쓴 표소는 김에 쏘여 비단에 찍어 읽었다고 한다.[84]

　둘째는 무력시위를 통해 기를 꺾는 방법이다. 642년 백제에 의해
대야성을 함락 당한 신라는 군사원조를 요청하고자 김춘추를 고구려
에 사신으로 보냈다. 고구려 보장왕은 김춘추의 명망을 알고 있던 터
라 그의 기를 꺾기 위해 병위를 엄하게 한 뒤에 그를 접견하였다.[85]

　셋째로는 사신 독단으로 대답하기 어려운 질문을 하여 기를 꺾기도
하였다. 642년에 고구려 보장왕이 김춘추에게 마목현(麻木峴)과 죽령
(竹嶺) 이북의 땅을 내놓으라고 조건을 붙인 것이[86] 그 사례가 된다.
영토를 반환하는 문제는 사신 단독으로 결정할 수 있는 사항이 아니
다. 그럼에도 고구려가 이러한 조건을 내건 것은 사신의 기를 꺾으려
는 의도라고 하겠다.

---

83) 《삼국사기》 권제46 열전제6 강수전.

84) 《일본서기》 권20 민달기 원년조의 "元年五月丙辰 天皇執高麗表疏 授於
　　大臣 召聚諸史 令讀解之 是時諸史於三日內 皆不能讀 爰有船史祖王辰爾能
　　奉讀釋…又高麗上表疏 書于烏羽 字隨羽黑 旣無識者 辰爾乃蒸于於飯氣 以
　　帛印羽 悉寫其字 朝廷悉異之" 참조.

85) 《삼국사기》 권제5 신라본기 선덕왕 11년조.

86) 《삼국사기》 권제41 열전제1 김유신 상의 "王欲橫問 因其難對而辱之 謂
　　曰麻木峴與竹嶺 本我國地 若不我還 則不得歸 春秋答曰 國家土地 非臣子
　　所專 臣不敢聞命 王怒囚之 欲戮未果" 참조.

제2편 초기백제 시기

제1장 진한·변한과의 관계와 교류

제1절 진한과의 관계

백제와 진한 및 변한의 관계를 이야기할 때 먼저 정리해 두어야 할 것은, 《삼국사기》 초기 기록에 나오는 신라와 《삼국지》 동이전 한전에 나오는 진한과의 관계이다. 《삼국사기》 초기 기록에는 신라 시조 혁거세왕이 즉위하면서 진한 육부를 장악하였고, 19년(서기전 39)에는 변한이 나라를 들어 항복해 온 것으로 나온다.1) 이 기사대로라면, 진한과 변한은 서기전 1세기 전반에 이미 소멸된 셈이 된다. 그런데 《삼국지》 동이전에는 마한, 진한, 변한의 이른바 삼한이 보이고, 245년에 진한 8국의 교섭 창구를 낙랑군에서 대방군으로 옮기는 바람에 중국 군현과 한(韓) 사이에 전쟁이 일어난 사실이 기록되어 있다. 또 《진서》에는 마한과 진한이 서진에 사신을 보낸 기록이 나온다. 이는 마한, 진한, 변한이 3세기 말까지 존재하였음을 보여준다. 따라서 《삼

---

1) 《삼국사기》 권제1 신라본기 혁거세왕 즉위년조 및 19년조의 "春正月 卞韓以國來降" 참조.

국사기》 초기 기록에 나오는 백제와 신라 관련 기사는 실제로는 마한 연맹체와 진한연맹체의 관계를 보여주는 것으로 볼 수 있다.

《삼국사기》 초기 기록에 나오는 백제와 신라 관련 기사는 다음과 같은 경향성을 보인다. 첫째, 온조왕의 건국(서기전 18) 이후 다루왕 35년(서기 62)에 이르기까지 약 80년 동안 백제와 신라의 관계가 전혀 보이지 않는다.

둘째, 다루왕 36년(서기 63)부터 기루왕 9년(서기 85)까지로 백제와 신라가 공방전을 되풀이한 시기이다. 백제는 다루왕 36년에 낭자곡성 까지 영토를 개척한 후 신라에 사신을 보내 만나기를 청하였지만, 신라가 따르지 않았다.[2] 이는 백제와 신라의 최초 접촉 기사이다. 백제는 이듬해에 신라의 와산성과 구양성을 공격하였고, 신라도 기병 2천 명을 보내 싸웠다.[3] 이후 두 나라 사이에 전투가 일어난 곳은 대체로 청주의 낭자곡성, 보은의 와산성, 진천의 구양성을 잇는 선이었다.[4]

셋째, 기루왕 29년(105)부터 49년(125)까지로서 백제와 신라 사이에 화호가 맺어진 시기이다. 백제는 105년에 신라에 사신을 보내 화호를 청하였고 113년에도 사신을 신라에 보냈다.[5] 두 세력이 화호를 맺게 된 배경의 하나는 말갈의 움직임이었다. 이 시기 말갈은 백제의 북쪽 경계를 자주 공격하였을 뿐만 아니라 신라를 치기도 하였다. 이러한 말갈의 압박에 대응하려고 백제와 신라는 군사동맹 성격의 화호 관계를 맺었다. 그래서 말갈의 침략을 받은 신라가 군사 지원을 요청하자 백제는 그 요청에 응해 군대를 파견해 구원해 주었다.[6]

---

2) 《삼국사기》 권제23 백제본기 다루왕 36년조.

3) 《삼국사기》 권제23 백제본기 다루왕 37년조.

4) 천관우, 1976a, 〈삼한의 국가형성(상)〉, 《한국학보》 2집, 일지사.

5) 《삼국사기》 권제23 백제본기 기루왕 29년조.

6) 《삼국사기》 권제23 백제본기 기루왕 49년조의 "新羅爲靺鞨所侵掠 移書

넷째는 개루왕 28년(155)부터 초고왕 39년(204)까지이다. 이 시기에 십제국은 한강 하류의 미추홀 세력과 지역연맹체를 맺은 뒤 성장하여 국호를 십제에서 백제로 고치고 영역을 확대해 나갔다. 한편 경주의 사로국도 진한연맹체의 중심 세력으로 두각을 나타내고 있었다. 이렇게 두 나라가 성장해 가는 상황에서 155년에 신라에서는 아찬 길선(吉宣)의 모반 사건이 일어났다. 길선은 음모가 발각되자 백제로 도망 갔다. 신라는 길선을 돌려보낼 것을 요청하였지만, 백제가 따르지 않자 백제를 공격하였다.[7] 이후 초고왕 대에 들어오기까지 두 나라는 빈번하게 공방전을 되풀이하였다. 공방전이 일어난 곳은 구양성, 원산향, 부곡성, 와산성, 요거성, 사현성 등의 지역이었다.

다섯째, 초고왕 45년(210)부터 구수왕 16년(229)까지이다. 이 시기에 백제는 한편으로는 말갈과 싸우면서 한편으로는 신라와 싸우고 있었다. 말갈과의 전투가 일어난 지역은 사도성과 적현성 및 우곡이었고, 신라와의 싸움은 장산성(獐山城), 우두진, 봉산 등의 지역에서 주로 이루어졌다.

그러나 이 시기에 백제는 마한의 한 구성원이었고 신라도 진한연맹체의 한 구성원이었다. 때문에 한강 유역에 자리를 한 백제국과 경주에 자리를 잡은 사로국이 직접 충돌하였을 가능성은 없다. 따라서 초기 기록에 보이는 백제와 신라 사이의 전쟁이나 화호는 마한연맹체와 진한연맹체 사이에 있었던 일을 뒷날 역사서를 편찬하면서 마한을 통합한 백제와 진한을 통합한 신라 사이에 일어난 일처럼 정리한 결과라 할 것이다.

다음으로 초기 기록에서 정리해야 할 것의 하나는 다루왕 36년(서

請兵 王遣五將軍救之” 참조.
7)《삼국사기》 권제23 백제본기 개루왕 28년조.

기 63)에서 초고왕 39년(204)까지 무려 140여 년 동안 낙랑군과의 충돌이나 화호 기사가 하나도 없다는 점이다. 이 시기에 백제는 말갈이나 낙랑과 우호적인 관계를 유지한 것만은 아니었다. 《삼국지》 한전에 따르면 후한의 환제·영제(140~189) 말기에는 한과 예가 강성하여 군현의 백성들이 한국(韓國)으로 많이 흘러들어 갔고, 또 건안(196~219) 시기에는 요동에서 패권을 잡은 공손강이 대방군을 설치하여 한국에 압박을 가하였다. 그럼에도 《삼국사기》 초기 기록에는 낙랑이나 말갈과의 충돌에 대해 아무런 언급이 없다. 이것은 기록의 누락으로 보아야 할 것이다.

제2절 변한과의 관계

마한연맹체가 형성된 이후 어느 시기에 경상도 지역에서는 진한과 변한이 성립되었다. 진한과 변한이 성립될 당시 마한은 이들이 정착할 수 있도록 동쪽 경계의 땅을 떼어 주었다.8) 이처럼 진한과 변한은 성립 당초부터 마한의 도움을 받았기 때문에 마한에 대해 일정한 직공(職貢)을 바쳤다. 이후 진한은 정치적·경제적으로 성장하여 마한의 영향권에서 차츰 벗어났지만,9) 변한은 여전히 마한에 대해 신속(臣屬) 관계를 맺고 있었다. 이를 입증해 주는 것이 《삼국지》 동이전 한전에 나오는 "臣智或加優號臣雲遣支報安邪踧支濆臣離兒不例拘邪秦支廉之號"

---

8) 《삼국지》 권30 위서 동이전 한전의 "其耆老傳世自言 古之亡人避秦役 來適韓國 馬韓割其東界地與之" 참조.

9) 《삼국사기》 권제1 신라본기 혁거세왕 38년조의 "辰卞二韓爲我屬國 比年不輸職貢 事大之禮 其若是乎 對曰 我國自二聖肇興 人事修 天時和 倉庾充實 人民敬讓…" 참조.

란 우호(優號) 기사이다.

이 기사는 종래 해독하기 어려운 문장으로 알려져 왔는데, 대개는 '신지혹가우호(臣智或加優號), 신운견지보(臣雲遣支報), 안야축지(安邪踧支), 분신리아불례(濆臣離兒不例), 구야진지렴(拘邪秦支廉)'으로 끊어 읽은 뒤 신운(臣雲)·안야(安邪)·분신리아(濆臣離兒)·구야(拘邪)는 국명으로, 견지·축지·불례·진지는 관명으로, 보와 염은 인명으로 파악하였다.10) 이렇게 끊어 읽으면, 어떤 경우에는 국명, 관명, 인명이 모두 표기되고 어떤 경우에는 국명과 관명만 나오는 등 일관성이 없게 된다. 그러나 이 문장에서 국명과 관명은 2자로, 수장의 이름은 외자로 되어 있다고 전제하면 신운(국명)–견지(관명)–보(인명), 안야(국명)–축지(관명)–분(인명), 신리(국명)–아불(관명)–례(인명), 구야(국명)–진지(관명)–렴(인명)으로 읽을 수 있다.11)

목지국의 신지 즉 진왕(辰王)으로부터 우호를 받은 국(國)은, 마한에서는 신운신국과 신리국(신미국)이고, 변한에서는 안야국과 구야국이다. 이 시기 변한연맹체는 12국으로 이루어졌는데 안야국과 구야국이 핵심 세력이었다. 이 세력들이 목지국의 신지로부터 우호를 받았다는 것은 진왕과 변한연맹체 사이의 긴밀한 관계를 말해 준다.《삼국지》진변한전에 "12국이 진왕에 속하였다〔十二國屬辰王〕"고 한 것은 이러한 관계를 표현한 것이다. 그런데 3세기 중엽 무렵 마한연맹체의 맹주국은 뒤에서 보듯이 백제국이었다. 이렇게 보면 이 시기에 변한은 마한연맹체의 맹주국인 백제국에 대해 부용(附庸) 관계에 있었다고 하겠다.

---

10) 이병도, 1975,《한국고대사연구》, 박영사, 278~279쪽.

11) 노중국, 2002,〈마한과 낙랑·대방군과의 군사충돌과 목지국의 쇠퇴 — 정시연간(240~248)을 중심으로〉,《대구사학》71집, 대구사학회.

제3절 문물 교류

1. 관직과 칭호

1) 보신제(輔臣制)

초기국가 시기 삼국 사이에 공통으로 보이는 관제는 대보(大輔), 좌보(左輔), 우보(右輔) 등이다. 고구려의 경우 대보는 서기 3년의 대보 협보에서, 좌보와 우보는 123년의 패자 목도루가 좌보로, 고복장이 우보로 된 것에서 확인된다.12) 백제의 경우 온조왕이 즉위 원년(서기전 18)에 족부 을음을 우보로 삼았다. 다루왕은 서기 38년에 흘우를 좌보로, 북부 진회를 우보로 삼았다. 이로써 좌·우보제가 성립되었다.13) 신라의 경우 서기 8년에 남해왕이 탈해를 대보로 삼은 것이 처음이다.14) 이 대보 직은 탈해왕 대에는 호공이 맡았고,15) 그 후 알지가 맡았다.16)

대보, 우보, 좌보에서 공통점은 보(輔)이다. 보는 보신(輔臣)이라는 의미를 가진다.17) 이들의 명칭에서 미루어 볼 때 보에서 분화된 것이

---

12) 《삼국사기》 권제13 고구려본기 유리왕 22년조 및 권제15 고구려본기 태조왕 71년조.

13) 《삼국사기》 권제23 백제본기 온조왕 2년조 및 권제23 백제본기 다루왕 11년조.

14) 《삼국사기》 권제1 신라본기 남해차차웅 7년조의 "秋七月 以脫解爲大輔 委以軍國政事" 참조.

15) 《삼국사기》 권제1 신라본기 탈해이사금 2년조의 "春正月 拜瓠公爲大輔" 참조.

16) 《삼국사기》 권제1 신라본기 남해차차웅 7년조와 권제1 신라본기 탈해이사금 2년조 및 권제2 신라본기 미추이사금 즉위년조.

좌보와 우보이고, 좌·우보에서 격상된 것이 대보라 할 수 있다. 따라서 대보는 보신 가운데 최고의 지위였다. 보라는 용어는 속되지 않게 만든[雅化] 표현이다. 그런데 위만조선의 경우 중앙의 유력한 지배자들을 조선상, 이계상에서 보듯이 '상(相)'으로 표기하였다. 이에 대해 안사고(顔史古)는 "오랑캐들[戎狄]이 관기(官紀)를 몰라 이러한 용어를 쓴 것"18)으로 폄하하고 있다. 동예의 경우 중국 군현의 영향을 받아, 읍군, 삼로 등과 같은 중국식 관명을19) 사용하였다. 그렇다면 고구려를 비롯한 삼국이 초기국가 시기에 보와 같은 아화된 관명을 사용하였을 가능성을 배제할 필요는 없을 것이다.

보를 공통으로 하는 보신제(輔臣制)는 삼국에 모두 보이지만, 고구려의 경우 대보, 좌보, 우보 모두가, 백제에서는 좌보와 우보만, 신라에서는 대보만 나온다. 이로 미루어 보신제의 기원은 고구려였다고 할 수 있다. 백제는 고구려에서 파생되어 나왔다. 또 고구려에서 대보의 직에 있던 협보(陜父)는 왕이 자신의 간언을 듣지 않자 남한(南韓: 백제)으로 왔다.20) 따라서 초기백제 시기의 보신제는 고구려의 영향을 받은 것으로 보아도 좋을 것이다. 신라의 경우 초기국가 시기에는 고구려보다는 백제와의 접촉이 잦았다. 그렇지만 대보가 백제에는 보이지 않는다. 따라서 신라의 보신제는 고구려의 영향을 받았을 가능성이 크다.

---

17) 《삼국사기》 권제1 신라본기 유리이사금 34년조의 "脫解身聯國戚 位處輔臣" 참조.

18) 《사기》 권115 조선열전제55의 "朝鮮相路人 相韓陰…(漢書音義曰凡五人也 戎狄不知官紀 故皆稱相 陝音頰)" 참조.

19) 《삼국지》 권30 위서 동이전 예전.

20) 《삼국사기》 권제13 고구려본기 유리명왕 22년조의 "十二月 王田于質山陰 五日不返 大輔陜父諫曰 王移都邑 民不安堵…王聞之震怒 罷陜父職 俾司官園 陜父慣去之南韓" 참조.

2) 어라하(於羅瑕)-가(加)와 길지(吉支)-길사(吉師)

《삼국사기》 백제본기에는 백제의 최고지배자를 가리키는 용어로 '왕(王)'만 나온다. 그러나 백제가 처음부터 중국식 왕호를 일컬은 것이 아니라 백제식 고유의 칭호가 있었다. 《주서》 백제전에 지배층에서는 왕을 불러 '어라하(於羅瑕)'라 하였고, 피지배층에서는 '건길지(鞬吉支)'라고 불렀으며, 왕비는 '어륙(於陸)'이라고 한 것이21) 이를 보여준다. 그런데 지배층이 부른 칭호와 피지배층이 부른 칭호가 달랐다. 이는 지배층과 피지배층이 종족적 계통과 문화적 전통을 달리하였음을 보여준다.

널리 알려진 바와 같이, 백제의 지배층은 부여-고구려 계통이었다. 따라서 '어라하'는 부여-고구려와 연관성을 가진다고 할 수 있다. 부여의 경우 중요 관직자를 마가, 우가, 저가, 구가 하듯이 '가(加)'로 불렀고, 고구려도 대소 귀족들을 세력의 크기에 따라 대가, 소가, 고추가로 불렀다. 이처럼 가(加)는 부여계 국들에서 공통으로 사용되고 있다. 그런데 어라하의 '하(瑕)'는 음운상에서 '가'와 연결된다. 또 백제 왕실은 고구려에서 분파해 나왔다. 따라서 '어라하'는 고구려-부여계의 '가'에서 영향을 받아 이루어진 것으로 볼 수 있다.

한편, 건길지의 건은 '큰', '크다'의 의미이다. 따라서 건길지는 '길지' 앞에 '건(큰)'이 붙은[冠稱] 것이다. 그런데 《일본서기》에는 왕을 'コニキシ' 또는 'コキシ'로 표기하고 있다. 'キシ'는 왕을 의미하고, 'コニ'는 우리말 '큰'과 음운이 상통한다.22) 따라서 'コニキシ'는 '건

---

21) 《주서》 권49 열전제41 이역 상 백제전의 "王姓扶餘氏 號於羅瑕 民呼爲 鞬吉支 夏言竝王也 妻號於陸 夏言妃也" 참조.

22) 이병도, 1977, 《역주 삼국사기》, 을유문화사, 357쪽 주1.

길지'로서 대왕이라 할 수 있다. 건길지가 대왕이라고 하면 길지는 왕을 일컫는 용어가 된다.

이 길지는 민(民)들이 왕을 부를 때 사용한 칭호였다. 백제를 구성한 민들은 한인(韓人)들이 주류를 이루었다. 따라서 길지는 마한 사회에서 사용된 한계(韓系) 칭호라고 할 수 있다. 그런데 신라의 경우 17관등 하나로 '길사(吉士)'가 있다. 이 길사는 '계지(稽知)' 또는 '길차(吉次)'로도 표기되었는데,[23] 일본식 음은 'キシ'로서 길지와 같다. 따라서 길사도 처음에는 왕을 일컫는 칭호인 'キシ'였다고 할 수 있다. 이렇게 보면 신라에서의 길사는 마한─백제의 영향을 받은 것으로 볼 수 있겠다.

2. 유물을 통해 본 문물 교류

1) 고구려와의 문물 교류

초기백제 시기 고구려와 문물 교류를 보여주는 문헌자료는 별로 없다. 다만, 고고자료의 경우 백제 건국집단이 고구려에서 출자(出自)하였다는 기록과 연관시켜 볼 때 적석총을 들 수 있다. 적석총은 돌을 덮고 쌓은 돌무지무덤으로 압록강 중하류 유역과 그 지류에 집중 분포하고 있는 고구려 전기를 대표하는 묘제(墓制)이다.

한반도 중부 지방의 적석총은 춘천 중도, 양평 문호리, 제원(제천) 양평리·도화리, 연천 삼곶리·학곡리 등지에서 확인되었다. 무덤은 자연 구릉이나 강가의 사구(砂丘)를 택하여 지면을 정리하고 수평면을

---

23) 《삼국사기》 권제38 잡지제7 직관 상 17관등조의 "十四曰吉士(或云稽知 或云吉次)" 참조.

만든 후 축조하였는데, 주검은 목관이나 목곽 혹은 석곽에 넣었다. 돌무지 중간에 매장부가 있고 돌을 쌓은 것은 고구려와의 관련성을 보여준다.24)

2) 진한·변한과의 문물 교류

초기백제 시기 마한과 진한 및 변한 사이에 이루어진 문물 교류는 고고자료를 통해 살펴볼 수 있다. 먼저 청동환, 청동추, 8자형 청동기 등이다. 이러한 청동기는 초기백제 시기에 해당하는 진천 송두리 널무덤 유적 1호묘에서 출토되었다. 이 유적의 연대는 2세기 중후반으로 추정되고 있다. 그런데 이 8자형 청동기와 청동환은 경주 황성동 46호묘, 울산 하대 43호묘, 김해 양동리 55호묘에서 나온 출토품으로 알려져 있다. 이는 진천 지역 집단과 진·변한 집단 사이에 유기적인 교류가 있었음을 보여준다.25)

둘째로는 마형대구(馬形帶鉤)를 들 수 있다. 이 대구는 경기도 안성, 충남 천안 청당동, 충북 송원 송대리, 청주 봉명동 등 주로 미호천을 중심으로 한 지역에서 집중적으로 발견되고 있다. 제작 연대는 대체로 3세기 후반~5세기 전반대로 편년되며 마한 유력자의 부장품이라고 한다. 이 마형대구가 경북 성주 예산리, 영천 어은동, 경주 조양동, 경북 상주 성동리 고분 등에서 출토되고 있다. 이 가운데 상주 성동리 출토 마형대구는 연대가 미호천 수계 출토품과 비슷하다. 이 마형대구는 마한의 일부인 미호천 수계 세력과 진한의 일부인 상주 지역 세

---

24) 강현숙, 2007, 〈고구려와의 문물교류〉, 《백제의 문물교류》 백제문화사대계 연구총서 10, 충청남도역사문화연구원, 36~37쪽.

25) 홍보식, 2007, 〈신라와의 문물교류〉, 《백제의 문물교류》 백제문화사대계 연구총서 10, 충청남도역사문화연구원, 70~76쪽.

〈도 2-1〉 천안 청당동 고분 출토 말모양 허리띠 장식(위: 출토 당시)

력 사이에 교류가 있었음을 보여준다.26) 교류의 통로는 진천-청주-
상주-대구-영천-경주로 연결되며 그 끝에는 김해 대성동 고분군이
있었다.27)

셋째로는 금박유리옥이다. 금박유리옥은 유리옥을 제작하면서 그
위에 금박을 입히고 다시 이 금박 위에 투명한 유리를 입혀 전체적으
로 금으로 만든 구슬처럼 보이게 한 것을 말한다. 3~4세기 전반 대의
금박유리옥은 천안 청당동 2·5호묘에서 출토되었다. 이 금박유리옥은
평양 정백동 37호묘에서도 나오고 있으므로 낙랑을 거쳐 마한 지역으
로 들어왔을 가능성이 크다. 이후 주변으로 퍼져 나가 김해 양동리

---

26) 홍보식, 2007, 앞의 글, 76~80쪽.

27) 이성주, 2007, 〈가야와의 문물교류〉,《백제의 문물교류》백제문화사대계
연구총서 10, 충청남도역사문화연구원, 138~139쪽.

462호분, 산청 옥산리 79호묘, 부산 복천동 80호묘 등 변한 지역에서도 출토되고 있다. 이는 마한과 변한의 교류 관계를 보여준다. 두 세력의 접촉 경로는 마형대구처럼 내륙을 통해 퍼져갔을 가능성도 있고 서해안을 따라 내려갔을 가능성도 있다.[28]

---

28) 최종규, 1992, 〈濟羅耶의 文物交流: 百濟金工, 2〉, 《백제연구》 23집, 충남대 백제연구소; 이성주, 2007, 앞의 글, 139~140쪽.

제2장 말갈(예)과의 관계

제1절 '북유말갈 동유낙랑(北有靺鞨 東有樂浪)'과 한북예(漢北濊)

《삼국사기》 초기 기록에는 말갈에 대한 기사가 많다. 이 말갈의 실체에 대해서는 수·당 시기의 말갈족이 아니라 예족(濊族)을 가리킨다는 것이[29] 일반적으로 받아들여지고 있다. 예족의 분포 지역은 예성(濊城)이 있었고 또 〈예왕지인(濊王之印)〉이 출토된 부여가 자리한 만주의 농안·장춘 지역, 〈부조예군인(夫租濊君印)〉에 보이는 부조(옥저)를 비롯하여 불내예 등 영동 7현이 자리한 함경도 지역, 〈예왕지인(濊王之印)〉이 발견되었고 또 예지고국(濊地古國)으로 알려진 강릉, 〈'진솔선예백장' 동인(晉率善濊伯長銅印)〉[30]이 출토된 포항시 신광면 등 동해안 일대이다.

그런데 여기에서 정리해 두어야 할 것이 《삼국사기》 온조기에 나

---

29) 유원재, 1979, 〈삼국사기 위말갈고〉, 《사학연구》 29집, 한국사학회 참조. 말갈에 대한 연구사 검토는 문안식, 2003, 《한국고대사와 말갈》, 혜안, 22쪽 참조.

30) 梅原末治, 1967, 〈晉率善穢佰長銅印〉, 《考古美術》 8집.

오는 "우리나라 동쪽에는 낙랑이 있고 북쪽에는 말갈이 있다〔國家東有 樂浪 北有靺鞨〕"31)는 기사이다. 이 기사에 대해 낙랑은 평양에 자리한 낙랑군이고 말갈(예)은 함경도와 영동 지역에 위치하였다는 것에 근거하여 '동유낙랑'은 '동유말갈'로, '북유말갈'은 '북유낙랑'으로 고쳐보아야 한다는 견해가 일찍부터 제기되었다.32) 그러나 《삼국사기》 초기 기록에는 말갈이 주로 백제의 북쪽을 공격한 것으로 나오므로, 초기 기록의 말갈은 백제의 북쪽에 자리한 것으로 보아야 한다. 말갈이 북쪽에 있었다고 하면 낙랑은 동쪽에 있는 것이 된다.

이 말갈(예)의 분포 지역에 대해 종래에는 강원도 동해안 일대에 분포한 영동예와 북한강과 남한강 상류 일대에 분포한 영서예로 나누어 왔다.33) 이러한 구분은 어느 정도 타당하지만 이 용어만으로는 예(말갈)의 분포 지역을 모두 포괄할 수 없다. 영동은 대체로 대관령을 기준으로 하여 태백산맥 이동, 고성 이남의 강원도 동해안 일대를 의미하고, 영서는 태백산맥 이서, 춘천 이남 일대를 가리킨다. 그러나 함경도 지역과 경기 북부 지역 및 황해도 남부 지역은 이 범위에 들지 않는다. 따라서 함경도 지역 예(말갈)와 경기 북부 및 황해도 지역의 예는 각각 별도의 분포권으로 보아야 한다. 이러한 관점에서 보면 경기 북부 및 황해 남부 일대의 예는 '한북예'로, 강원도 동해안 일대의 예는 '영동예'로, 북한강 및 남한강 일대의 예는 '영서예'로, 함경도 일대의 예는 '동북예(東北濊)'로 그 분포권을 설정할 수 있겠다.34)

---

31) 《삼국사기》 권제23 백제본기 온조왕 13년조.

32) 이병도, 1976, 《한국고대사연구》, 박영사, 357쪽 주 1) 참조.

33) 박순발, 2001, 《한성백제의 탄생》, 서경문화사.

34) 노중국, 2007, 〈백제의 성씨와 귀족가문의 출자〉, 《대구사학》, 대구사학회, 66~70쪽.

제2절 말갈(예) 세력과의 관계

예의 분포권을 이렇게 볼 때 함경도 지역의 '동북예'는 옥저 등을 중심으로 연맹체를 형성하였고, '영동예'는 〈진흥왕창녕척경비〉에 우추(울진군), 실지(삼척시), 하서아가 함께 묶여 나오는 것에서 보듯이 강릉의 예국을 중심으로 연맹을 형성하고 있었다. 한편, 영서 지역의 예도 춘천의 맥국과 더불어 지역연맹체를 형성하지 않았을까 한다. 그렇다고 하면 '한북예'도 연맹체를 형성한 것으로 보아야 할 것이다. '한북예연맹체'의 범위는 대방군의 남계와 마한의 북계 사이로 볼 수 있다.

대방군은 2세기 후반에 낙랑군 둔유현 이남의 황무지를 개척하여 설치되었다. 둔유현의 치소는 황주로 비정되고 있다.[35] 그런데 황해도 지역에는 대방군 이전에 진번군이 설치되어 있었다. 최초의 진번군은 15현으로 구성되었지만, 그 뒤 8현은 폐지되고 대방, 열구, 남신, 함자 등 7현만[36] 남았다가 다시 낙랑군에 합쳐졌다. 이 진번 7현이 뒷날 대방군을 이루었는데 그 위치는 해주를 포함하여 멸악산맥 이북 지역이 된다.[37] 한편 《삼국사기》 온조왕 13년(서기 6)조에는 마한의 북계가 패하(예성강)로 나온다.[38] 이렇게 보면 폐지된 진번 8현의 범위는 멸악산맥 이남에서 예성강 이북이 된다.[39] 한북예는 바로 이 지역에 자리한 것으로 볼 수 있다.

---

35) 이병도, 1976, 앞의 책, 118쪽.
36) 《진서》 권14 지제4 지리 상 대방군의 "帶方郡(公孫度置 統縣七 戶四千九百) 帶方 列口 南新 長岑 提奚 含資 海冥" 참조.
37) 이병도, 1976, 앞의 책, 120~124쪽.
38) 《삼국사기》 권제23 백제본기 온조왕 13년조.
39) 이병도, 1976, 앞의 책, 124쪽.

《삼국사기》 초기 기록에 따르면 초기백제의 대외 정책은 말갈에는 강력하게 대응하고 낙랑군과 마한에는 우호적인 관계를 맺는 형태로 전개되었다. 낙랑과의 우호 관계는 낙랑의 문화적 우월성 때문이었고, 마한과의 관계는 십제국이 성립될 당시 마한이 100리의 땅을 할양해 준 것에서 보듯이 그 도움을 크게 받았기 때문이다. 이와 달리 말갈은 백제의 북쪽과 경계를 접하였고 또 그 사람들은 매우 용감하였기 때문에[40] 초기백제와 먼저 충돌하였다. 따라서 말갈의 공격은 십제에게는 매우 골칫거리였다. 초기백제가 하남 위례성으로 도읍을 옮긴 까닭의 하나가 말갈의 침략이라고 한 것도 이를 보여준다.

말갈의 백제 공격은 말갈 단독으로 이루어진 것이 대부분이었지만 때로는 낙랑의 사주를 받아 이루어지기도 하였다. 백제와 말갈 사이의 전투 지역은 곤미천(예성강 유역), 청목산(청목령: 개성), 부현성(평강), 술천성(여주) 등이다. 이 넓은 공간에서 백제와 싸운 말갈을 영서예로 보는 견해도 있다.[41] 그러나 예성강 유역이나 평강 및 개성 지역은 영서라는 개념에 포함되지 않는다. 따라서 예성강 유역, 개성, 평강 지역에서의 전투는 한북예와 벌인 전투로, 여주 지역에서의 전투는 영서예와 벌인 전투로 파악하는 것이 타당할 것이다.

---

40) 《삼국사기》 권제23 백제본기 온조기 2년조의 "春正月 王謂群臣曰 靺鞨 連我北境 其人勇而多詐 宜繕兵積穀 爲拒守之計" 참조.

41) 문안식, 2003, 앞의 책, 24~26쪽.

제3장 낙랑·대방군과의 교섭과 교류

제1절 낙랑군과의 관계

낙랑군은 서기전 108년에 한무제가 위만조선을 멸망시키고 설치한 한사군(漢四郡) 가운데 하나였으며 313년에 소멸되었다. 무려 400여 년 동안 존속한 낙랑군은 고대 동아시아에서 정치적·경제적·문화적 교류 관계에서 중요한 구실을 하였을 뿐만 아니라 한반도의 여러 정치체에 많은 영향을 끼쳤다. 설치 당시 낙랑군의 수현(首縣)은 조선현이었고 그 아래에 패수현, 점제현 등 11현이 있었다.

그러나 서기전 82년에 임둔군과 진번군이 폐지되면서 진번군에 소속되었던 현은 낙랑군에 편입되었다. 이로써 낙랑군에 소속된 현은 16개가 되었다. 서기전 75년에 이맥(夷貊)으로 표현되는 고구려의 반발에 밀려 현도군의 군치(郡治)가 흥경·노성 방면으로 옮겨지자 현도군 관할 아래의 현들도 모두 낙랑군에 편입되었다. 이렇게 낙랑군에 소속된 군현의 수가 늘자 소명(昭明)·대방(帶方)·함자(含資) 등 7현에는 남부도위부가, 불이(不而)·잠태(蠶台)·화려(華麗) 등 7현에는 동부도위부가 설치되었다.42)

후한이 들어선 직후인 서기 25년에 낙랑군에서는 왕조(王調)가 반란을 일으켰다. 그는 태수 유헌을 죽이고 대장군 낙랑태수(大將軍樂浪太守)를 일컬으면서 낙랑군을 지배하였다. 후한은 서기 30년에 왕준(王遵)을 태수에 임명하여 반란을 진압하게 하였다. 이후 왕조는 한인 속관들에 의해 죽임을 당하였다. 이로써 왕조의 반란은 끝나고 말았다.43) 이 난으로 동부도위는 폐지되었고, 그에 따라 도위 산하의 7현은 후국(侯國)이 되었다.44)

초기백제와 낙랑군과의 교섭과 교류의 구체적인 전개 과정은 《삼국사기》 백제본기 초기 기록에서 추정해 볼 수밖에 없다. 초기 기록에 보이는 낙랑과 관련되는 기사는 온조왕 대에 집중되어 있다. 그런데 《삼국지》 한전에 따르면 한강 이북 지역에는 모수국, 상외국, 우휴모탁국 등이 자리해 있었다.45) 이 국들은 지리적인 측면에서 볼 때 낙랑과 충돌하였을 가능성이 크다. 이렇게 보면, 온조왕 대 낙랑과의 충돌·화호 기사는 한강 이북에 자리하였던 세력들과 낙랑군 사이에 일어났던 것을 뒷날 백제 중심으로 역사서를 편찬하면서 온조왕 대의 일로 정리한 결과라 할 것이다.

온조왕 대의 낙랑 관련 기사는 초기백제의 성장 단계와 연결시켜 보면 두 시기로 나누어 정리할 수 있다. 제1기는 건국 후 개루왕 대까지이다. 건국 초기 십제국은 자국의 안전을 꾀하고자 낙랑과의 충돌은 되도록 피하였다. 온조왕이 4년(서기전 15)에 "낙랑에 사신을 보내 우호를 닦았다[遣使樂浪修好]"고 한 것은 이를 상징적으로 보여준다.

---

42) 낙랑군의 변화에 대해서는 권오중, 1997, 《樂浪郡研究》, 일조각; 오영찬, 2006, 《낙랑군연구》, 사계절 참조.

43) 《후한서》 권76 循吏열전 제66 王景전.

44) 《삼국지》 권30 위서 동이전 동옥저전.

45) 천관우, 1995, 《古朝鮮史·三韓史 研究》, 일조각.

　제2기는 초고왕에서 사반왕까지이다. 초고왕 대에 와서 백제는 비류 세력을 대신하여 한강 유역을 중심으로 하는 지역연맹체의 맹주국이 되면서 그 세력을 확대하였다. 이 토대 위에서 초기백제는 한강 이북 지역의 국들을 지역연맹체로 편입하였다. 백제국의 성장은 낙랑군과의 사이에 긴장을 불러일으켰다. 이러한 긴장 관계는 백제가 마수성과 병산책을 축조하면서 촉발되었다.[46] 낙랑군은 백제가 성을 쌓은 것은 자신의 영역을 잠식할 의도에서 나온 것으로 보고 이를 허물도록 요구하였다. 그러나 백제가 듣지 않자 양국은 실화(失和)하였고, 낙랑은 말갈을 부추겨서 백제를 공격하도록 하였다. 이에 대응하여 백제는 독산책과 구천책을 쌓아 낙랑으로 가는 길목[樂浪之路]을 장악하였다.[47]

제2절 낙랑·대방군과의 관계

1. 공손씨 세력의 대방군 설치와 조위(曹魏) 시기 기리영 전투

　2세기 후반에 들어오면서 낙랑군 남쪽에서는 한(韓)과 예(濊)가 그 세력을 키워 오고 있었다. 이와 달리 후한에서는 환관의 난이 일어나 정치질서가 문란해지고, 지방 군벌들이 대두하여 중앙정부가 통제할 수 없는 상태가 되었다. 이로 말미암아 후한이 낙랑군을 지원할 수 없게 되자 낙랑군에 속해 있던 민들이 한과 예로 이탈해 갔다. 이러한

---

46) 마수성과 병산책은 경기도 연천 부근이나 그보다 남쪽의 포천 부근으로 추정되고 있다. 이에 대해서는 정구복 외, 1997, 《역주 삼국사기》 주석편 4, 한국정신문화연구원 참조.
47) 《삼국사기》 권제23 백제본기 온조왕.

상황에서 요동 지역의 패자가 된 공손씨 세력은 현도군과 낙랑군을 지배 아래 두고, 둔유현 이남의 땅에 대방군을 설치하였다. 그리고 공손모(公孫模)와 장창(張敞) 등을 보내 유민을 수습하게 하면서 또 군대를 보내 한과 예 세력을 공격하였다. 이후로 한과 왜는 대방에 속하게 되었다.[48]

공손씨 세력을 멸망시킨 조위(曹魏)는 경초(237~239) 시기에 대방태수 유흔과 낙랑태수 선우사를 보내 낙랑군과 대방군을 평정하였다. 그리고 마한의 신지에게는 읍군의 인수(印綬)를, 그 다음 세력에게는 읍장의 인수를 수여하여 이들을 회유하였다. 그러나 부종사(部從事)[49] 오림은 진한 12국 가운데 8국을 분할하여 그 교섭창구를 낙랑군으로 바꾸도록 하였다.[50] 이것이 빌미가 되어 마한연맹체와 중국 군현 사이에 충돌이 일어났다. 이 사건에서 주목되는 것은 관리들이 통역하는 과정에서 오해를 불러일으켰다는 사실이다. 이는 한의 여러 나라와 중국 군현의 교섭에 통역관이 참여하고 있다는 것과 통역의 내용 여부가 충돌을 일으킬 수 있다는 점을 보여준다.

245년에 일어난 마한과 중국 군현의 전쟁에서 공격을 주도한 세력에 대해 목지국으로 보는 견해, 백제국으로 보는 견해,[51] 신분고국으

---

48) 《삼국지》 권30 위서 동이전 한전.

49) 부종사는 대개 매 군(郡) 1인씩 배치되었는데 군 내의 행정 전반을 규찰하고, 주(州)의 정령(政令)을 전달·집행하였던 주의 중직(重職)이었다. 이에 대해서는 嚴耕望, 1963, 《中國地方行政制度史》, 中央研究院歷史語言研究所, 148~149쪽 참조.

50) 오림이 이러한 조치를 취하게 된 배경에 대해 낙랑에서 진한 8국에 이르는 교역로를 개설하여 중간 교역층을 배제하려는 의도로 보는 견해(윤용구, 1999, 〈삼한의 대중교섭과 그 성격 — 조위의 동이경략과 관련하여 —〉, 《국사관논총》 85집, 국사편찬위원회), 내륙교역로를 새로이 확보하려는 의도로 보는 견해(임기환, 2000, 〈3~4세기초 위진의 동방정책〉, 《역사와 현실》 36집, 한국역사연구회) 등이 있다.

로 보는 견해[52] 등이 있다. 백제국이 중심적인 구실을 하였다는 견해는 백제국이 마한 가운데 가장 강성한 국이었다는 것과 246년에 유주자사 관구검과 낙랑태수 유무, 대방태수 궁준 등이 고구려를 치는 틈을 타서 낙랑의 변방을 공격하여 백성을 빼앗은〔襲取〕 사실에[53] 근거하였다. 그러나 《삼국사기》 백제본기의 내용과 《삼국지》 한전의 내용을 비교해 보면 차이가 난다.

첫째, 백제의 낙랑군 변경 공격은 낙랑군과 대방군이 유주자사와 더불어 군사를 동원하여 고구려를 공격하자 그 틈을 타서 감행한 것이지만, 한 세력이 대방군을 공격한 것은 부종사 오림이 진한 8국을 분할하여 낙랑군에 소속시키려 한 것이 발단이 되었다. 둘째, 백제의 공격 지역은 낙랑군의 변경이었으나, 한의 공격 지역은 대방군의 기리영(崎離營)이었다. 셋째, 백제는 낙랑의 변민(邊民) 일부를 습취하였지만, 한 세력은 대방태수 궁준을 전사시켰다.[54] 넷째, 백제는 낙랑군의 공격을 받을까 두려워 습취한 변민을 돌려주었으나, 한 세력은 나해국(那奚國) 등 수십 국이 이탈하는 손실을 입었다. 이처럼 두 사건은 전쟁의 배경, 과정, 결과가 일치하지 않으므로 이 전쟁의 주체를 백제국으로 볼 수 없다.

신분고국설은 남송 대 판본인 《삼국지》 소흥본(紹興本)에 "신책점한이 분노하여 대방군 기리영을 공격하였다〔臣幘沾韓忿 攻帶方郡崎離

51) 천관우, 1975a, 〈삼한의 성립과정 — 삼한고 제일부 —〉, 《사학연구》 26집, 한국사학회.

52) 윤용구, 1998, 〈3세기 이전 중국사서에 나타난 한국고대사상〉, 《한국고대사연구》 14집, 한국고대사학회; 윤선태, 2001, 〈마한의 진왕과 신분고국〉, 《백제연구》 34집, 충남대 백제연구소; 권오영, 2002, 〈백제국에서 백제로의 전환〉, 《역사와 현실》 40집, 한국역사연구회.

53) 《삼국사기》 권제24 백제본기 고이왕 13년조.

54) 《삼국지》 권30 위서 동이전 한전.

쒈]"는 기사에 근거한 것이다. 그러나 신분고국은 이 전쟁이 일어나게 된 계기를 제공하였지만 전쟁의 주체로 볼 수 없다. 왜냐하면 이 전쟁은 한 세력과 중국 군현이 벌인 최대의 전쟁이었으므로 마한에서도 많은 병력을 동원해야 했기 때문이다. 대규모의 병력 동원은 맹주국이 중심적인 구실을 하기 마련이다. 이 시기 마한의 맹주국은 목지국이었다. 따라서 이 전쟁에서 주도적인 역할은 맹주였던 목지국의 진왕이 한 것으로 보는 것이 타당하다.55) 그렇다면, 백제국은 마한의 일원으로서 이 전투에 참여하였지만, 낙랑 변민을 습취하는 정도의 구실을 한 것으로 보아야 할 것이다.

2. 서진(西晉) 시기 낙랑군·대방군과의 화호와 갈등

245년의 전투에서 마한은 대방군 기리영을 공격하여 대방태수 궁준을 전사시키는 전과를 올렸지만, 결국은 패배하고 말았다. 이 패배의 결과로 전쟁을 주도하였던 목지국 진왕의 위상은 크게 위축되었다. 더욱이 나해국 등 수십 국의 이탈이56) 주는 충격은 컸다. 온조가 마한의 상황에 대해 '상하가 마음이 떠나 있고 그 형세가 오래가지 못할 것이다'라고 한 말은57) 이러한 상황을 반영해 준다.

그러나 중국 군현의 군사적 압력은 한편으로는 마한 세력의 통합을 자극하였다. 이에 따라 마한 내에서 목지국의 영도권에 도전하는 세력들이 나왔다.58) 이 도전 대열에 합류한 백제국은 다른 세력보다 먼

---

55) 노중국, 1988,《백제정치사연구》, 일조각, 91~92쪽.

56)《삼국지》권제4 위서 三少帝紀 제4 齊王芳의 "(正始)七年 春二月 幽州 刺史毌丘儉討高句麗 夏五月 討濊貊 皆破之 韓那奚等數十國 各率種落降" 참조.

57)《삼국사기》권제23 백제본기 온조왕 26년조.

저 행동을 개시하여 마침내 목지국을 멸망시키고,59) 새로이 마한연맹
체의 맹주국이 되었다. 이때가 바로 고이왕 대이다.60) 맹주국이 된
고이왕은 마한 통합책을 적극 추진하였다. 이리하여 고이왕은 북으로
는 패하(浿河: 예성강), 남으로는 웅천(熊川: 안성), 동으로는 주양(走
壤: 춘천), 서로는 대해(서해)에 이르는 영역을 확보하였다.61)

  백제가 이렇게 영역을 확대한 시기에 중국 대륙에서는 265년에 조
위가 망하고 진(晉)이 들어섰다. 마한은 함령(275~279) 연간에서 태강
(280~289) 연간을 거쳐 태희 원년(290)에 이르기까지 진에 빈번히 사
신을 보냈다. 사신을 보낸 주체는 마한주(馬韓主)인데 바로 백제 고이
왕을 말한다. 그렇지만 이때의 견사는 마한주가 단독으로 보낸 것이
아니라 '수십 국'62) 운운하는 형태의 집단 교섭이었다. 이는 백제국이
아직 연맹체의 틀에서 벗어나지 못한 것을 보여준다.

  백제국 중심의 마한이 서진과 교섭과 교류를 하게 됨에 따라 마한
과 낙랑·대방군과의 관계도 우호적인 관계로 바뀌었다. 여기에는 중
국 군현에 대한 고구려의 압력이 작용하였다. 고구려는 286년에 대방
을 공격하였다. 그렇지만 이 시기 서진 왕조는 먼 변방에 위치한 낙랑
군과 대방군을 적극 지원할 수 있는 형편이 아니었다. 때문에 중국 군
현으로서는 고구려의 압력을 저지하려면 백제의 도움이 필요하였다.

---

58) 《삼국사기》 권제23 백제본기 온조왕 26년조의 "馬韓漸弱 上下離心 其勢
    不能久…" 참조.
59) 《삼국사기》 권제23 백제본기 온조왕 26년조의 "冬十月 王出師 陽言田獵
    潛襲馬韓 遂幷其國邑" 참조.
60) 노중국, 1988, 앞의 책, 93~94쪽.
61) 《삼국사기》 권제23 백제본기 온조왕 13년조.
62) 이에 대해서는 《진서》 권3 재기제3 무제 함령 2년, 태강 원년·2년, 태희
    원년조 참조.

이러한 필요 속에서 대방군은 왕녀 보과(寶菓)를 백제 책계왕과 혼인시켰다.63)

대방군과 혼인 관계를 맺은 백제는 고구려가 대방을 공격하였을 때 대방군의 요청을 받아들여 원군을 보내 주었다. 백제의 이러한 조치는 도리어 고구려와의 관계에서 갈등을 일으켰다. 백제는 앞으로 있을지도 모를 고구려 공격에 대비하고자 아차성과 사성을 수리하였다.

그렇지만 낙랑군과 대방군의 처지에서 볼 때 백제국의 성장은 부담스러운 것이었다. 북으로는 고구려가 압력을 가하고 있는 상황에서 남쪽에서 백제가 새로운 위협 세력이 될 수 있었기 때문이다. 그래서 중국 군현은 백제가 더 이상 성장하지 못하도록 하려고 맥인(貊人)까지 동원하여 백제를 공격하여 마침내 책계왕을 죽였다.64)

책계왕의 죽음은 백제와 대방군의 관계를 매우 악화시켰다. 그 결과 분서왕은 304년에 몰래 군사를 동원하여 낙랑 서쪽의 현을 습격해 차지하였다. 이에 대응하여 낙랑에서는 자객을 보내 분서왕을 죽여 버렸다.65) 이로써 백제와 낙랑·대방군의 관계는 악화되었다. 그 결과 313년과 314년에 낙랑군과 대방군이 고구려에 의해 멸망할 때 백제는 이들을 지원하지 않았던 것이다.

---

63) 《삼국사기》 권제24 백제본기 책계왕 즉위년조.

64) 《삼국사기》 권제24 백제본기 책계왕 13년조.

65) 《삼국사기》 권제24 백제본기 분서왕 7년조.

제3절 문물 교류

1. 관호와 인수·의책

초기백제 시기는 삼한(三韓) 시기에 해당한다. 삼한 각국의 수장은 세력의 크기에 따라 신지나 읍차로 불렸다. 이 시기에 삼한 여러 나라〔諸國〕는 낙랑·대방군과 긴밀한 접촉을 하였고, 중국 왕조는 이 수장들에게 중국식 관호를 수여하였다. 삼한 제국의 수장들이 받은 관호는 읍군, 읍장, 귀의후, 중랑장, 도위, 백장 등이었다.66)

중국 군현은 이러한 관호를 받은 이들에게 그 징표로서 의책(衣幘)과 인수(印綬)를 주었다. 인수의 사례로는 포항시 신광면에서 출토된 〈'진솔선예백장(晉率善濊佰長)' 동인〉과 상주에서 출토된 〈'위솔선한백장(魏率善韓佰長)' 동인〉을 들 수 있다. 초기백제도 중국 군현으로부터 관호를 받은 뒤 인수와 의책도 받았을 것이다.

이 시기 인수와 의책은 두 가지 기능을 하였다. 하나는 받은 자의 권위를 나타내는 것이고, 다른 하나는 군현 내에서 교역을 할 수 있는 출입증과 같은 기능이었다.67) 인수와 의책을 받을 수 있는 자들은 삼한 제국의 수장이나 그 휘하의 유력자였다. 공식적으로 신표(信標)를 받은 이들은 출입이 자유로웠다. 그러나 하호(下戶)는 인수와 의책을 받을 수 있는 존재가 아니었다. 그래서 이들은 의책과 조복을 빌려 입고 갔다.68) 이렇게 하여 중국 군현에 드나든 하호의 수는 1천여 명이나 되었다. 이는 삼한 제국의 수장이나 그 휘하의 유력자들이 하호들

---

66) 《삼국지》 권30 위서 동이전 한전.
67) 윤용구, 2007, 〈중국 군현 및 말갈과의 관계〉, 《백제의 기원과 건국》 백제문화사대계 연구총서 2, 충청남도역사문화연구원.
68) 《삼국지》 권30 위서 동이전 한전.

〈도 2-2〉〈'진솔선예백장' 동인〉(왼쪽)과 도장 글씨

에게 인수와 의책을 빌려주어 교역을 수행케 한 것을 보여준다. 이로 미루어 볼 때, 백제국과 중국 군현 사이의 교섭과 교류도 이러한 모습에서 크게 벗어나지는 않았을 것이다.

2. 유물을 통해 본 문물 교류

초기백제 시기에 백제와 서진의 교류를 보여주는 유물로는 중국제 도자를 들 수 있다. 서진 전문(錢文)도기는 풍납토성과 몽촌토성을 비롯하여 홍성 신금성 등의 지역에서 출토되었다. 이 전문도기들의 연대는 중국에서 출토된 기년명이 있는 시유(施釉)도기들과 비교해 보면 3세기 후반에서 4세기 전반 무렵에 해당한다.[69]

중국에서도 도자는 일반인이 사용하기 힘든 고급 공예품의 하나였다. 그래서 황실에서는 자기의 생산과 수요를 독점하고 있었으며 고급자기는 신분을 나타내는 위신품(威身品)의 성격도 띠고 있었다. 따

---

69) 한지수, 2011, 〈196호 유구 출토 중국 도기류〉, 《풍납토성XII — 경당지구 196호 유구에 대한 보고 —》한신대학교박물관총서 제37책, 한성백제박물 관·한신대학교박물관, 122~133쪽.

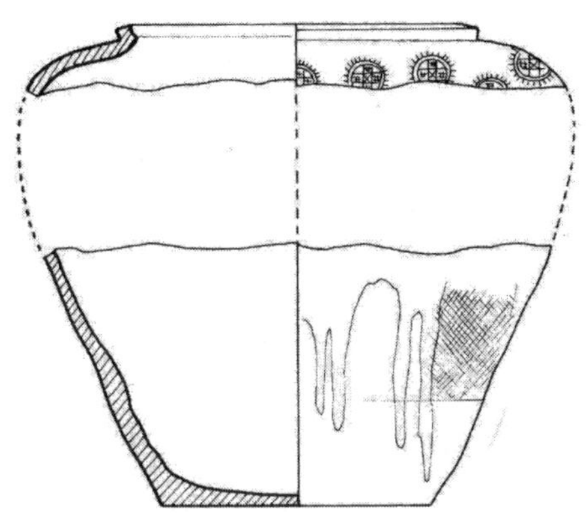

〈도 2-3〉 풍납토성 출토 시유도기(왼쪽)와 난징 출토 흑유전문도기

라서 이런 고급자기는 중국 황제가 조공무역에 따른 답례품으로 또는 주변국의 수장들에 내린 선물의 일종으로 볼 수 있다.[70] 《진서》에 따르면 마한과 서진의 교섭 관련 기사는 태희 원년(290)까지 나오고 있다. 그런데 몽촌토성에서 출토된 전문도기는 원강 8년(298)이 새겨진 것과 비슷하다. 이는 근초고왕 이전에 백제와 서진 사이에 교섭이 있었음을 보여주는 것이다.[71]

초기백제와 낙랑의 문물 교류를 보여주는 사례의 하나로는 낙랑연 (樂浪練)을 들 수 있다. 낙랑연은 낙랑에서 생산된 견직으로서 가잠사 (家蠶絲)를 이용한 평견(平絹)이다. 평견은 그 짜임새가 정교하여 연견 (練絹)으로도 불렀다. 낙랑의 평견은 정교한 것으로 평가받았다.[72]

---

70) 이종민, 1997, 〈백제시대 수입도자의 영향과 도자사적 의의〉, 《백제연구》 27집, 충남대 백제연구소, 183쪽.

71) 권오영, 1988, 〈4세기 백제의 지방통제방식 일례〉, 《한국사론》 18집, 서울대학교 국사학과.

72) 윤용구, 2007, 앞의 글, 377~379쪽 참조.

이 낙랑연은 예, 삼한, 왜에서 원사(原絲)를 공급받아 직조한 것으로 이해되고 있다.73) 실제 낙랑의 고분과 토성에서의 유물 조사 결과, 잠태현(蠶台縣)에서 사육된 잠은 예부터 화북에서 많이 사육된 삼면계(三眠系) 품종과 같은 계통의 것이고, 이것은 지금도 계통이 보존되고 있는 산둥 삼면과 같은 품종으로 추정되고 있다.74)《삼국지》동이전에 마한에서는 누에치기를 알고 있었다고 한다.75) 이는 마한에서 생산된 원사가 낙랑에 공급된 것을 추정하게 한다.

화성 기안리 제철 유적에서는 낙랑의 기와 제작술을 이용하여 만든 원통형의 송풍관이 출토되었다. 이 유적의 연대는 3세기 중반 무렵에 해당한다. 여기에서 출토된 토기의 경우 기종, 기형, 제작술 등에서 낙랑계가 60퍼센트 이상을 차지한다. 따라서 이 유적은 낙랑에서 이주해온 집단과 관련이 있는 것으로 볼 수 있다.76)

서울 풍납토성은 백제 왕성인데, 성벽 발굴 결과 3세기 후반에 만들어진 것으로 확인되었다. 이 토성의 축조에는 판축(版築)기법과 부엽(敷葉)공법이 활용되었다. 판축기법은 대방군과 관련되는 봉산 지탑리 토성과 온천 성현리 토성에서 확인되고 있다. 또 낙랑 출신인 왕경(王景)은 여강태수가 되어 후한 건초 8년(서기 83)에 작피당(芍陂塘)을 수리하면서 부엽공법을 활용하였다.77) 이로 미루어 볼 때 풍납토성의 판축법과 부엽공법은 낙랑·대방군의 영향을 받은 것으로 볼 수 있다.

---

73) 민길자, 1991, 〈한국전통직물의 역사〉,《한국민속종합조사보고서》22(직물공예 편), 문화재관리국, 17~20쪽.

74) 布目順郎, 1992,《養蠶の起源と古代絹》, 雄山閣, 271~273쪽.

75)《삼국지》권30 위서 동이전 한전의 "其民土著種植 知蠶桑作縣布" 참조.

76) 김무중, 2004, 〈고고자료를 통해 본 백제와 낙랑의 교섭〉,《백제시대의 대외관계》, 호서고고학회.

77) 노중국·권오영, 2008,《백제 역사와 문화》, 충남역사문화연구원, 290~291쪽.

제4장 왜와의 교섭과 교류

제1절 왜와의 교섭

 3세기 중엽 무렵에 이르기까지 백제는 마한연맹체의 일원이었다. 연맹체 단계에서는 연맹장을 중심으로 하여 대외 교섭이 이루어졌다. 따라서 이 단계에서 백제와 왜 사이의 교섭과 교류도 마한의 이름으로 행해진 것으로 볼 수 있다. 《삼국지》 왜전에 따르면, 왜 여왕은 이도국(伊都國)에 일대솔(一大率)을 설치하여 여러 나라를 검찰(檢察)하였다. 이들의 검찰 활동은 왜왕이 조위의 수도와 대방군 및 제한국에 보내는 사신 및 대방군에서 왜국에 보낸 사신의 문서와 물건들을 조사하여 착오가 없도록 하는 것이었다.[78]

 여기에서 눈길을 끄는 것이 왜 여왕이 한의 여러 나라에도 사신을 보냈다고 한 사실이다. 왜가 한의 여러 나라에 사신을 파견한 목적은 진한과 변한에 와서 철을 구입해 가려는 것이었다.[79] 이때 마한에서

---

78) 《삼국지》 권30 위서 동이전 왜전.
79) 《삼국지》 권30 위서 동이전 진변한전의 "國出鐵 韓濊倭皆從取之" 참조.

도 진한과 변한에 사신을 파견하여 철을 교역해 갔다. 이 과정에서 마한(백제)과 왜 사이에도 교섭과 교류가 이루어졌을 가능성이 크다.

조위가 망하고 진(晉)이 들어서자 왜는 266년에 서진에 사신을 파견하였다.[80] 왜와 진과와의 교섭 과정에서 눈길을 끄는 것이 "거듭 통역하여 입공하였다[重譯入貢]"는 사실이다.[81] 중역(重譯)이란 제3국이 두 나라 사이의 통교에 통역을 해주는 것을 말한다. 이 시기에 마한은 여러 차례에 걸쳐 서진에 사신을 보낸 경험이 있어 뱃길도 잘 알고 통역에 능통한 자도 많았다. 그렇다고 하면, 왜와 서진 사이에 중역의 역할을 맡은 것은 마한(백제)으로 보아도 큰 무리는 없을 것이다. 마한(백제)이 이러한 구실을 한 배경에는 중개무역을 통한 이득도 한몫을 하였을 것이다.

제2절 문물 교류

왜가 진에 사신을 보낸 266년은 백제 고이왕 33년이다. 이 시기에 고이왕은 목지국을 병합하여 백제가 새로운 맹주국으로 두각을 나타내었고, 진과의 교섭과 교류도 백제국 중심으로 편제하여 나갔다. 이러한 상황에서 백제는 진과 왜 사이에서 중역을 맡아 중개무역의 이익을 누렸다. 이 과정에서 한의 문물이 왜로 들어가고 또 왜의 문물이 백제에 전해지기도 하였다.

이를 보여주는 것이 스에키(須惠器)이다. 몽촌토성에서는 스에키 뚜

---

80) 《진서》 권10 제기10 載紀 무제기 태시 2년조.

81) 《진서》 권97 열전제67 四夷 왜전. 《일본서기》 권9 신공기 66년조에는 晉起居注를 인용하여 "晉起居注云 武帝泰初二年十月 倭女王遣重譯貢獻"으로 적고 있다.

〈도 2-4〉 몽촌토성 출토 왜계 토기(위)와 신봉동 출토 왜계 토기

껑 접시가 출토되었고, 청주 신봉동에서는 스에키 또는 스에키계의
영향을 받아 만들어진 뚜껑 접시가 다수 확인되었다. 그리고 영산강
유역에서는 스에키가 많이 출토되었다.[82] 스에키는 왜에서 발전시킨
토기다. 따라서 백제 지역에서 출토되는 스에키는 백제와 왜 사이에
교류가 있었음을 보여준다.

---

82) 노중국·권오영, 2008, 앞의 책, 313~314쪽.

제3편 한성도읍기

제1장 고구려, 신라, 가야제국과의 교섭과 교류

제1절 남방 경략의 단행과 신라, 가야와의 관계

1. 《일본서기》 신공기 49년조의 주요 논점

백제는 4세기 전반 근초고왕 대에 중앙집권체제를 갖추었다. 그런데 《삼국사기》 백제본기를 보면, 근초고왕 3년부터 20년까지 18년 동안이 공백으로 나온다. 이는 기록의 누락일 뿐이다. 이 공백의 시기에 일어난 일을 보여주는 것이 《일본서기》 신공기 49년조에 나오는 다음의 기사이다.

봄 3월에 황전별과 녹아별을 장군으로 삼고 구저 등과 더불어 군대를 거느리고 바다를 건너 탁순국에 이르러 신라를 습격하려 하였다. 이때 어떤 사람이 말하기를, 군대의 수가 적어 신라를 공격할 수 없다고 하였다. 다시 사백개로를 받들어 올려 군사를 증원해 줄 것을 청하였다. 곧 목라근자와 사사노궤(이 두 사람은 성씨를 모른다. 단 목라근자는 백제 장군이다)에게 명하여 정병을 거느리고 사백개로와 함께 보냈다. (이들은) 탁순국에 함께 모여 신라를 쳐서 격파하고 이를 계기로 하여 비자발, 남가라, 탁국, 안라, 다라, 탁순, 가라 7국을 평정하였다. 그리고 곧 군대를 이동하여 서쪽으로 돌아 고해진에 이르러 남만 침미다례를 도륙하여 백제에 하사하였다. 이에 백제 초고왕과 왕자 귀수 또한 군대를 거느리고 왔다. 이때 비리, 벽중, 포미지, 반고 4읍이 자연히 항복하였다.[1]

이 기사에는 왜가 신라를 치고 다시 가야 7국을 평정하고 나아가 침미다례까지 평정한 것으로 나온다. 이 기사의 내용과 관련하여 여러 가지 논쟁점이 제기되었다. 첫째로 군사 활동의 주체 문제이다. 이에 대해 일제 시기 일본인 사학자들은 이 기사의 문장을 그대로 받아들여, 왜가 신라와 가야 및 영산강 유역 세력을 정복하였고 이것이 바로 임나일본부의 시작인 것으로 파악하였다.[2] 그러나 이 군사 활동에서 핵심적인 구실을 한 사람은 백제 장군 목라근자였다. 또 이 시기 왜는 아직 일본열도도 통일하지 못한 상황인데 한반도 남부에서 이러한 군사작전을 할 능력이 없었다. 이와는 달리 침미다례를 평정할 때 백제 근초고왕과 태자 근구수는 함께 군대를 이끌고 참여하였다. 이로 미루어 이 군사작전의 주체는 백제로 보는 견해가[3] 타당하다. 그

---

1) 《일본서기》 권9 신공기 49년조의 "春三月 以荒田別鹿我別爲將軍 則與久氐等 共勒兵而度之 至卓淳國 將襲新羅 時或曰 兵衆少之 不可破新羅 更復奉上沙白蓋盧 請增軍士 卽命木羅斤資沙沙奴跪(是二人不知其姓人也 但木羅斤資者 百濟將也) 領精兵 與沙白蓋盧共遣之 俱集于卓淳 擊新羅而破之 因以平定比自㶱南加羅㖨國安羅多羅卓淳加羅七國 仍移兵西廻至古奚津 屠南蠻忱彌多禮 以賜百濟 於是其王肖古及王子貴須 亦領軍來會 時比利辟中布彌支半古四邑 自然降服" 참조.

2) 末松保和, 1956, 《任那興亡史》, 吉川弘文館.

3) 천관우, 1978, 〈복원가야사(하)〉, 《문학과 지성》 9-2, 문학과 지성사.

렇다면 이 군사작전은 백제의 남방 경략이라고 부를 수 있다.4)

둘째로 이러한 군사작전이 일어난 시기이다. 《일본서기》의 기년대로 하면 신공기 49년은 249년이 된다. 그러나 신공기와 응신기의 기년은 2주갑 인하하여 보아야 한다는 것이 학계의 공통적인 견해이므로 이 기사의 연대를 수정하면 369년으로서 근초고왕 대가 된다. 그런데 《일본서기》 응신기 25년조에는 목라근자(木羅斤資)의 아들인 목만치(木滿致)가 구이신왕 대에 전권을 휘두른 것으로 나온다. 응신 25년은 수정연대로는 415년이 된다. 이 목만치를 475년에 개로왕이 죽고 문주왕이 웅진으로 천도할 때 보좌하는 신하(輔臣)로 나오는 목협만치(木劦滿致)와 동일 인물로 보고 그 연대를 일치시키고자 신공기 49년의 연대를 3주갑 내려 429년으로 보는 견해도 나왔다.5) 그러나 목협만치와 목만치를 동일 인물로 보면 구이신왕과 개로왕 사이는 약 60여 년의 시간 차이가 있다. 따라서 475년 당시 목만치의 나이는 80세가 넘는다. 따라서 목만치와 목협만치는 동일 인물로 볼 수 없다. 필자는 목협만치와 목만치는 동명이인으로서 목만치는 구이신왕 대에, 목협만치는 개로왕 대에 활동한 인물로 보는 입장이다.6)

셋째는 군사작전의 대상이다. 이 남방 경략은 신라에 대한 공격, 가라 7국에 대한 공격, 침미다례에 대한 공격 순으로 행해졌다. 백제는 신라와 가야에 대해 군사작전을 펼친 이후 이 나라들과 우호 관계를

---

4) 신공기 49년조의 기사 자체를 6세기 전반기 성왕 대의 역사적 사실이 과거에 투영되어 만들어진 허구라고 보면서 부정하는 입장도 있다. 이에 대해서는 연민수, 1990, 《고대한일관계사》, 혜안; 김태식, 1993, 《가야연맹사》, 일조각; 이영식, 1993, 《加耶諸國と任那日本府》, 吉川弘文館 참조.

5) 山尾幸久, 1978, 〈任那に關する一考察〉, 《古代東アジア史論集》 하권, 吉川弘文館.

6) 노중국, 2011a, 〈문헌기록 속의 영산강유역〉, 《백제학보》 6집, 백제학회.

맺었다. 심미다례는 영산강 유역을 중심으로 한 세력이었다. 이 세력에 대한 군사작전에는 목라근자뿐만 아니라 근초고왕과 왕자 근구수도 군대를 이끌고 함께 참전하였다. 이 작전 이후 영산강 유역에는 독자적인 국명을 가진 나라가 존재하지 않았다. 이는 이 지역이 백제의 영역으로 편입되었음을 의미한다.

넷째는 백제의 대왜(對倭) 교통로 확보이다. 《일본서기》 신공기 47년(367)조에 따르면 백제의 사신이 왜로 갈 때 사비신라(沙比新羅)에서 신라의 협박을 받아 물건을 바꿔치기 당하였다.7) 이 사건은 백제로 하여금 대왜 교통로의 안전을 확보하는 것이 시급함을 깨닫게 하였다. 안전한 교통로의 확보에는 신라와 가야 세력의 협조가 필요하였다. 이에 백제는 군사적 압박을 통해 안전한 교통로의 확보를 계획하였고, 그 계획에 따라 백제의 남방 경략이 이루어졌던 것이다. 그 결과 백제는 371년에 대왜 교통의 요충지인 다사진 즉 섬진강 하구의 하동 지역을 확보할 수 있었다. 이는 신공기 49년의 백제의 군사작전이 교통로 확보와도 관련 있음을 보여준다.

2. 신라와의 우호 관계 수립: '약위형제(約爲兄弟)'

1) 백제와 신라의 최초 전투 시기

《삼국지》 동이전에 따르면 백제국은 3세기 중반까지 마한연맹체의 일원으로, 신라(사로국)는 진한연맹체의 일원으로 존재하였다. 이에

---

7) 《일본서기》 권9 신공기 47년조의 "對曰 臣等失道 至沙比新羅 則新羅人捕臣等 禁囹圄 經三月而欲殺 時久氐等 向天呪詛之 新羅人怖其呪詛而不殺 則奪我貢物 因以爲己國之貢物 以新羅賤物 相易爲臣國之貢物…" 참조.

따라 이 시기까지 백제와 신라의 대외 관계는 마한 및 진한의 이름으로 행해졌다. 그러면 백제와 신라가 언제부터 백제와 신라라는 이름으로 대외 교섭을 하였을까. 이와 관련하여 눈길을 끄는 것이 《삼국유사》 왕력에 신라 걸해(乞解) 니질금 대에 백제가 처음으로 침략해 왔다는 기사이다.8) 걸해왕(흘해왕: 310~355)의 시기는 백제로서는 비류왕 대(304~343)이다. 이때 백제가 "처음으로[始]" 신라를 공격해 왔다는 것은 이전까지의 신라에 대한 공격은 마한의 이름으로 이루어진 것임을 의미한다.

《삼국사기》에 따르면 307년에 신라는 국호를 '계림'에서 '신라'로 고쳤다.9) 계림에서 신라로 국호를 고치기 전까지 두 나라의 관계를 보면 백제 고이왕은 266년에 신라의 봉산성을 공격하였다가 패배하였고, 272년에는 신라를 공격하였으며, 278년에는 신라의 괴곡성을 포위하였고, 283년에는 신라의 변경을 침략하였다.10) 그러나 286년에는 신라에 사신을 보내 화호를 청하였다.11) 이후 한동안 두 나라 사이에 접촉이 없다가 337년에 신라가 사신을 백제에 파견하였다.12) 이렇게 보면, 걸해왕 대에 백제가 처음으로 신라를 공격해 왔다고 하는 사건은 337년 이전의 어느 시기였고, 이 공격 때문에 신라는 337년 백제에 사신을 보내 빙문하였던 것이다.

---

8) 《삼국유사》 권제1 왕력 신라 제16 乞解尼叱今조의 "是王代 百濟兵始來侵" 참조.

9) 《삼국사기》 권제2 신라본기 기림이사금 10년조의 "復國號新羅" 참조.

10) 《삼국사기》 권제24 백제본기 고이왕 33년, 39년, 45년, 50년조 참조.

11) 《삼국사기》 권제24 백제본기 고이왕 53년조의 "春正月 遣使新羅請和" 참조.

12) 《삼국사기》 권제24 백제본기 비류왕 34년조의 "春二月 新羅遣使來聘" 참조.

337년 이전 어느 시기에 백제의 신라에 대한 공격과 관련하여 눈길을 끄는 것이 비류왕이 330년 김제에 벽골지(碧骨池)라는 거대한 저수지를 축조하였다는 사실이다. 저수지의 축조로 백제는 농업생산력을 높였고 또 대규모 노동력을 동원할 수 있는 체제를 갖추었다.13) 이를 바탕으로 중앙집권력을 강화한 비류왕은 마한이 아닌 백제라는 이름으로 대외 교섭을 행하면서 신라에 대한 공격도 단행하였던 것 같다. 그렇다고 하면,《삼국유사》의 이 기사는 백제와 신라가 각각 백제와 신라라는 국호로서 싸운 최초의 전투 기사라고 할 수 있겠다.

2) 약위형제 관계 수립

369년에 단행된 백제의 남방 경략은 신라에 대한 선제공격으로 시작되었다. 백제가 신라를 먼저 공격한 배경은 신라의 동향과 연관된다.《삼국사기》에 따르면, 337년에 신라가 사신을 보내 빙문한 이후14) 양국은 화호 관계에 들어갔다. 이후 근초고왕은 21년(366)에 교빙사를 신라에 보냈다.15) 그런데《일본서기》에 따르면 신라는 367년에 왜로 가던 백제 사신이 길을 잃어 사비신라(泗沘新羅: 양산)에 도착하자 이를 붙잡아 3년이나 억류하였다.16) 신라의 이러한 행위는 366년에 우호 관계를 맺고자 하는 백제의 의도를 받아들이지 않은 것을 보여준다.

신라가 백제에 대해 이러한 조치를 취하게 된 배경에는 고구려와의

---

13) 이에 대해서는 노중국, 2011, 〈백제의 수리시설과 김제 벽골제〉,《백제학보》4집, 백제학회 참조.
14)《삼국사기》권제2 신라본기 흘해이사금 28년조.
15)《삼국사기》권제25 백제본기 근초고왕 21년조.
16)《일본서기》권9 신공기 47년조.

관계가 작용하였다. 4세기 중반에 들어오면 신라는 동해안을 따라 올라가 삼척을 넘어 강릉 지역까지 진출하여 고구려와 국경을 접하였다.17) 이로 말미암아 신라는 고구려의 동향에 신경을 쓰지 않을 수 없었다. 이에 신라는 백제와 우호 관계를 맺게 되면 고구려와의 관계가 악화될 수도 있다고 판단하여 백제가 내민 화해의 손길을 선뜻 받아들이지 않았던 것으로 보인다.

그러나 백제로서는 신라의 이러한 태도는 매우 실망스러운 것이었다. 더욱이 367년 왜로 가는 백제 사신의 길을 막고 물건을 바꿔치기한 사건은 백제를 크게 자극하였을 것이다. 그렇지만 백제는 신라가 고구려에 기울지 않도록 하고 또 대왜 교역을 방해하지 않도록 하고자 368년에 또 사신을 보내고 양마도 두 필 보냈다.18) 이러한 백제의 조치에 대해 신라가 어떠한 반응을 보였는지는 분명하지 않지만, 이듬해 백제가 남방 경략을 단행한 것에서 미루어 볼 때 신라는 백제의 화호 요청을 받아들이지 않았던 것 같다.

신라가 화호 요청을 받아들이지 않자, 백제는 369년에 신라에 대한 군사 활동을 단행하였다. 이 전투가 어디서 어떻게 벌어졌는지 알 수 없지만 백제는 저항하는 신라군을 격파하는 데 성공하였다. 이 전투 이후 두 나라 사이의 관계를 추론하는 데 실마리가 되는 것이 373년에 백제 독산성주가 신라에 항복한〔來投〕 사건이다. 이 기사는 시간적으로 두 개의 사건으로 이루어져 있다.

하나는 373년 이전에 백제와 신라는 "양국이 화호하여 형제가 되기를 약속한〔兩國和好 約爲兄弟〕" 관계였다는 것이다. 이 표현은 두 나라

---

17) 《삼국사기》 권제3 신라본기 나물왕 40년조에는 실직(삼척)이, 42년조에는 하슬라(강릉)가 신라의 영역으로 나온다. 이는 이 지역들이 이보다 이른 시기에 신라의 영역이 된 것을 보여준다.

18) 《삼국사기》 권제25 백제본기 근초고왕 23년조.

가 그만큼 밀접한 우호를 맺고 있었음을 보여준다. 다른 하나는 373
년에 백제의 독산성주가 신라로 망명하자 백제는 양국의 화호관계를
들먹이며 그의 송환을 요구하였지만, 신라가 들어주지 않자 두 나라
의 관계가 소원하게 되었다는 것이다.[19)

그러면 백제와 신라는 언제 어떻게 하여 형제와 같은 화호 관계를
맺게 되었을까. 종래의 연구에서는 《삼국사기》의 366년과 368년에
근초고왕이 신라에 사신을 파견한 것을 이와 연계시켜 본 것이 일반
적이었다. 이러한 견해에서는 367년에 신라가 왜로 가는 백제 사신을
억류한 사건은 거의 다루지 않았다. 그러나 366년에 백제가 빙문사를
보냈지만 신라가 보빙사를 보내지 않았다는 것과 367년에 왜로 가는
백제 사신을 신라가 억류한 사건은 이 시기에 백제와 신라가 갈등 관
계에 있었음을 보여준다. 그래서 백제는 369년에 남방 경략을 단행하
였고 신라는 백제의 공격을 막아내지 못하였다. 이에 신라는 백제의
요구에 따라 백제를 형으로 하는 화호 관계를 맺었다. 신라가 고구려
에 기울지 않게 함으로써 백제는 한반도 안에서 고구려와 힘의 균형
을 이룰 수 있게 되었다.

3. 가야제국과의 우호 관계: '후결친호 이위자제(厚結親好 以爲子弟)'

한편, 4세기에 들어오면서 낙동강 서쪽 지리산 이동의 서부경남 지
역에 위치한 변한 사회는 가야 사회로 전환해 나갔다. 이 시기 가야연
맹체를 구성한 핵심 세력은 김해의 구야국을 비롯하여 함안의 안라

---

19) 《삼국사기》 권제3 신라본기 나물왕 18년조의 "百濟禿山城主 率人三百來
   投 王納之 分居六部 百濟王移書曰 兩國和好 約爲兄弟 今大王納我逃民 甚
   乖和親之意 非所望於大王也 請還之…" 참조.

국, 고령의 반파국, 합천의 다라국 등이었다. 이 가운데 맹주국은 중국 군현이나 마한, 왜, 예 등에 철을 수출하는 등 무역 중개지 구실을 하면서 성장한 구야국(가락국)이었다.

가야 세력이 이렇게 성장해 가자 백제는 이 세력이 신라에 기울지 않도록 백제 쪽에 묶어 두는 것이 필요하였다. 이에 백제는 369년에 신라와 화호 관계를 성립시킨 이후 곧장 가야제국에 대한 작전을 전개하였다. 이때 군사작전의 대상이 된 나라는 비자발, 남가라, 탁국, 안라, 다라, 탁순, 가라 7국이었다.[20] 이 7국의 위치는 비자발은 창녕, 남가라는 김해, 안라는 함안, 다라는 합천, 가라는 고령에 비정되고 있다. 백제군은 먼저 낙동강 동안에 자리한 창녕의 비자발을 친 뒤, 낙동강을 따라 내려가 김해의 남가라를 치고, 다시 탁국을 친 다음, 다시 남강을 거슬러 올라가 함안의 안라국과 합천의 다라국을 치고 나서 탁순국으로 돌아왔다가 마지막으로 고령의 가라를 평정하였다.[21]

그런데 가야 7국은 백제의 군사 활동 이후에도 그 이름이 나오고 있는 것에서 보듯이 독립적인 정치체로 계속 존재하고 있었다. 따라서 백제의 이번 군사 활동의 목적은 가야제국을 영토로 편입하는 것이 아니라 이들을 자신의 영향권 안에 두려는 것이었다. 이 군사 활동 이후 백제와 가야 세력과의 관계를 보여주는 것이 성왕의 회고담이다.[22] 이 회고담의 내용은 가야 사회의 핵심적인 세력이 안라, 가라, 탁순이라고 하는 점, 이 세력들이 근초고왕 대에 처음으로 사신을 보내 통교를 하였다는 점, 백제와 가야제국 사이의 친호는 부형–자제처럼 매우 두터웠다는 점 등이다. 이 회고담은 369년 이후 백제와 가야가 우호 관계

---

20) 《일본서기》 권9 신공기 49년조.

21) 노중국, 2006, 〈4세기 가야제국과 백제의 관계〉, 《부대사학》 30집, 부산 대학교 사학회.

22) 《일본서기》 권19 흠명기 2년조.

로 들어간 것을 보여준다.

백제는 가야제국과 친호 관계를 맺은 뒤 그들의 정치적 독립을 인정하는 대신 필요할 경우 정치적 군사적으로 백제를 지원하도록 하였다. 이를 보여주는 것이 〈광개토대왕비문〉이다. 이에 따르면 400년에 가야 세력은 왜군과 더불어 신라를 공격하였다. 이 공격에는 백제가 배후에서 움직이고 있었다. 이때 가야는 369년에 백제와 맺은 친호 관계 때문에 군대를 일으켰던 것이다. 그러나 이 전투는 신라를 돕기 위해 파견된 5만의 고구려군에 의해 실패로 돌아가고 말았다.

제2절 고구려의 남진과 백제의 북진 정책의 대결

1. 백제의 평양성 공격과 고국원왕의 전사

백제는 369년에 남방 지역에 대한 군사작전을 성공적으로 수행함으로써 후방을 안정시켰고, 또 영산강 유역을 영역으로 확보하여 물적 기반도 확대하였다. 이때가 3월이었다. 한편 이 시기 고구려는 342년에 전연 모용황(慕容皝)의 공격을 받아 미천왕의 무덤이 파헤쳐지고 왕모가 포로로 잡혀가는 위기의 상황에 처하였다. 고국원왕은 343년에 신하를 칭하면서 사신을 보내[入朝稱臣] 아버지의 시체를 돌려받았고, 355년에는 인질을 보내고 공물을 바쳐 왕모를 돌려받았다.23)

왕모가 인질로 잡혀 있는 동안 서쪽으로의 진출을 포기할 수밖에 없었던 고구려는 대신 남쪽으로 진출을 적극 추진하였다. 369년 가을 9월에 고국원왕은 몸소 보기 2만 명을 거느리고 치양(雉壤)에 진을 친

---

23) 《삼국사기》 권제18 고구려본기 고국원왕 13년조 및 25년조.

뒤 군대를 나누어 백제의 민호를 침탈하였다.24) 이에 근초고왕은 태자로 하여금 군대를 거느리고 몰래 샛길로 치양으로 가서 기습 공격하게 하여, 고구려 군대를 격파하고 5천여 명을 포로로 잡았다.

백제군은 도망가는 고구려군을 추격하여 수곡성의 서북에 이르렀다. 근구수가 더 진격하려 하자 장군 막고해는《도덕경》44장의 "만족함을 알면 욕되지 않고 그칠 줄을 알면 위태하지 않다[知足不辱 知止不殆]"를 인용하면서 북진을 만류하였다.25) 태자는 그 간언을 듣고 진격을 중단하고 그곳에 돌을 쌓아 표를 만들어 두고 돌아왔다. 이리하여 백제의 영토는 황해도 신계 지역까지 이르게 되었다.

고구려와의 첫 대결인 치양성 전투에서 거둔 대승은 근초고왕의 위상을 더욱 높였다. 근초고왕은 포로들을 장사(將士)들에게 나누어 주어 그 공로를 포상하고, 겨울 11월에 한수 남쪽에서 전승을 기념하는 열병식을 거행하였다. 이때 군대의 깃발은 모두 황색이었다. 황색은 오행에서 중앙을 나타낸다. 이를 통해 근초고왕은 백제국이 천하의 중심이고 백제군은 국왕의 군대임을 과시하였던 것이다.

한편, 369년 9월 백제 공격에서 실패한 고구려 고국원왕은 371년에 다시 군대를 일으켜 백제를 공격해 왔다. 근초고왕은 이 소식을 듣고 패하가에 군대를 매복해 두었다가 고구려 군대가 오는 것을 기다려 재빨리 쳐서 물리쳤다. 이 전투에서도 백제는 승리를 거두었다. 내친 김에 근초고왕은 그해 겨울에 친히 태자와 함께 고구려 공격에 나섰다. 이때 동원된 군대는 정예 군사 3만이었다. 고구려 고국원왕은 친히 군대를 거느리고 평양성에 주둔하여 싸웠지만 백제군의 화살에 맞아 죽었다. 그러나 근초고왕은 더 이상 진군하지 않고 회군하였다. 그

---

24)《삼국사기》권제24 백제본기 근초고왕 24년조.

25)《삼국사기》권제24 백제본기 근구수왕 즉위년조.

리고 혹시 있을지도 모를 고구려의 반격에 대비하여 수도를 한산성 즉 남한산성으로 옮겼다.26)

백제는 근초고왕과 왕자 근구수가 평양성 전투에서 고국원왕을 죽이고 승리를 거둔 것을 매우 자랑스러워하였다. 개로왕이 북위에 보낸 국서에서 "근구수왕은 군대를 정비하여 전격적으로 공격해 돌과 화살이 잠시 교차하는 사이에 고국원왕의 목을 베어 창에 걸어 고구려가 다시는 남쪽으로 내려오지 못하도록 하였다"고 한 표현이27) 이를 잘 말해 준다. 유시(流矢)에 맞아 죽은 고국원왕을 "효참(梟斬)"으로 표현한 것은 승리를 과장한 것이지만,28) 그만큼 백제는 이 승리에 대해 자부심을 가졌던 것이다. 이와 달리 고국원왕의 죽음은 고구려로서는 치욕적인 것이어서 백제에 대한 원한이 깊었다. 장수왕이 북위의 사신 소안(邵安)에게 "여경(개로왕)과는 옛날부터 원수졌다"고 한 것은29) 고구려의 감정을 그대로 보여주는 것이다. 이로 말미암아 백제와 고구려의 대립은 더욱 깊어지게 되었다.

2. 고구려 광개토대왕의 공격과 백제의 곤경

고국원왕의 뒤를 이어 소수림왕이 즉위하였다. 소수림왕은 고국원왕의 전사에 따른 정치적 불안과 위기를 극복하여 왕권과 국가체제를

---

26) 《삼국유사》에는 북한산성으로 옮긴 것으로 나온다. 그러나 고구려의 반격을 염려하였다면 한산성으로 도읍을 옮긴[移都] 것으로 보는 것이 타당하다.

27) 《위서》 권100 열전제88 백제전.

28) 《삼국사기》 권제18 고구려본기 고국원왕 41년조의 "百濟蓋鹵王表魏曰 梟斬釗首 過辭也" 참조.

29) 《위서》 권100 열전제88 백제전.

안정시켜야 했다. 이를 위해 소수림왕은 2년(372)에 불교를 받아들이고, 태학을 설치하였다. 3년(373)에는 율령을 반포하였다.[30] 불교의 공인은 왕권 중심의 지배이념을 확립하는 것이며, 태학의 설치는 국왕에게 충성하는 인재를 양성하기 위한 것이었다. 율령의 반포는 일원적인 법질서에 따라 국가를 통치하는 것을 가능하게 하였다.

　이러한 일련의 개혁적인 정책에 힘입어 왕권을 확립한 소수림왕은 백제에 대한 반격에 나섰다. 이리하여 백제와 고구려 사이에 공방전이 되풀이되었다. 375년 7월 고구려는 수곡성을 공격하여 함락시켰다. 근초고왕은 장수를 파견하였으나 이를 막는 데 실패하였고, 또다시 대규모의 군대를 일으켜 보복하려 하였지만 흉년이 들어 단행하지 못한 채[31] 죽었다. 근구수왕이 왕위에 오른 이듬해인 376년에 고구려는 백제의 북방을 공격해 왔다. 이 공격은 고구려가 근초고왕의 죽음, 근구수왕의 즉위라는 틈을 타서 한 것으로 보인다. 이에 맞서 근구수왕은 377년 10월에 친히 군사 3만을 거느리고 평양성을 침략하자 고구려는 이해 11월에 또 백제를 공격하였다.

　고구려와의 공방은 진사왕 대에도 계속되었다. 진사왕은 고구려의 공격에 대비하여 386년 봄에 15세 이상의 남자를 동원하여 청목령(青木嶺)에서부터 북으로 팔곤성(八坤城)을 거쳐 서해에 이르는 관방(關防)을 설치하였다. 이에 대응하여 고구려는 이해 8월에 백제를 공격하였다. 387년 9월에 백제는 말갈의 공격을 받았다. 그러나 백제는 조금도 굴하지 않고 389년에 고구려의 남쪽 경계를 공격하여 부락을 함락하였고,[32] 390년에는 달솔 진가모로 하여금 고구려를 공격하게 하여

---

30) 《삼국사기》 권제18 고구려본기 소수림왕 2년, 3년, 4년, 5년조 참조.

31) 《삼국사기》 권제25 백제본기 근초고왕 30년조의 "秋七月 高句麗來攻北鄙水谷城陷之 王遣將拒之 不克 王又將大擧兵報之 以年荒不果" 참조.

32) 《삼국사기》 권제18 고구려본기 고국양왕 6년조.

도곤성을 함락하고 포로 200여 명을 붙잡았다. 이렇게 보면, 이 시기까지 백제와 고구려 사이에 전개된 전투는 일진일퇴의 공방이었다고 할 수 있다.

이러한 두 나라 사이의 공방은 고구려 광개토대왕이 즉위하면서 급격히 변하였다. 광개토대왕은 즉위한 해인 391년 7월에 곧바로 백제에 대한 공격을 단행하였다. 왕은 친히 4만의 군대를 거느리고 백제의 북쪽 경계를 공격하여 석현 등 10여 성을 함락하였다. 백제 진사왕은 광개토대왕의 용병술에 기가 질려 감히 나와 싸우지도 못하였다. 그 결과 한강 이북의 여러 부락들이 고구려에 함락되었다.[33] 이 해 10월에 광개토대왕은 또 군대를 보내 백제의 관미성을 함락하였다. 이 관미성은 북방의 요충지로서 사면이 깎아지른 듯하고 바닷물이 사방으로 둘러싼 매우 험준한 곳이었다.[34]

관미성의 함락은 백제의 위기를 더욱 고조시켰다. 이에 아신왕은 393년에 장인 진무로 하여금 1만의 군대를 거느리고 가서 관미성을 탈환하게 하였다. 진무는 먼저 관미성을 에워싸고 몸소 사졸들 앞에 서서 싸움을 독려하였지만, 고구려 군대가 성문을 굳게 닫고 지키는 바람에 실패하였다. 394년 7월에는 고구려군과 수곡성에서 싸웠으나, 광개토대왕이 친히 5천의 군대를 거느리고 와서 맞아 싸움으로써 역시 실패하였다. 이 전투 뒤 광개토대왕은 나라 남쪽에 7성을 쌓아 백제의 공격에 대비하였다.

그러나 백제의 고구려에 대한 공격은 멈추지 않았다. 395년 8월 아신왕은 좌장 진무로 하여금 고구려를 공격하게 하였다. 광개토대왕은 친히 7천의 군대를 거느리고 패수가에 진을 치고 백제군을 막았다.

---

33) 《삼국사기》 권제25 백제본기 진사왕 8년조.
34) 《삼국사기》 권제18 고구려본기 광개토대왕 즉위년조.

이 전투에서 백제는 크게 패하여 전사자만 8천 명이 되었다. 패수 전투에서의 패배를 만회하고자 아신왕은 이해 1월에 몸소 군대 7천 명을 거느리고 한강을 건너 청목령에 도착하였지만, 때마침 큰 눈을 만나 많은 사졸들이 얼어 죽는 바람에 회군하고 말았다. 이런 형편임에도 불구하고 아신왕은 399년 8월 고구려를 공격하려고 크게 병마를 징발하였다. 고역을 견디지 못한 많은 백성들이 신라로 도망갔다. 이 탈해 간 백성들의 규모는 "호구가 급감하였다〔戶口衰滅〕"35)는 표현에서 보듯이 대규모였다.

백제와 고구려 사이에 벌어진 공방전에 대해 〈광개토대왕비문〉에서는 영락 6년(396)조에 종합하여 기록하였다. 그러나 백제가 고구려를 공격한 것에 대해서는 아무런 언급이 없다. 이는 광개토대왕의 위업을 과시하기 위한 의도적인 누락이라 할 수 있다. 그 결과 고구려의 승리만이 기록되었던 것이다.

396년 고구려의 백제 공격은 광개토대왕의 친정(親政)이었다. 고구려군은 일단 배를 타고 와서 한강 하구에 상륙한 뒤 공격에 나서 마침내 58성 700촌을 함락하였다. 그리고 마지막으로 아리수(한강) 도강 작전을 펼쳤다. 고구려군이 한강을 건너 왕도 한성을 압박해 오자 이 위기에서 벗어나기 위해 아신왕은 고구려왕에게 항복하고 충성의 대가로 왕제와 대신, 장사 등 10명을 인질로 보내고 세포 1천 필을 바치면서 "살려줄 것〔歸王請命〕"을 요청하였다. 이처럼 아신왕 대의 백제는 고구려의 공격으로 말미암아 매우 곤핍한 상황에 처해 있었다.

---

35) 《삼국사기》 권제25 백제본기 아신왕 8년조.

제3절 백제·가야·왜 연합 대 고구려·신라 연합 세력의 대결

1. 가야를 둘러싼 백제와 신라의 갈등과 신라의 친고구려 정책

백제는 369년 치양 전투에서 고구려의 공격을 격퇴하여 영역을 황해도 신계 지역까지 넓히고, 371년 평양성 전투에서는 고국원왕을 전사시켜 명성을 날렸다. 이 시기 신라는 진한연맹체의 여러 국들에 대한 복속 사업을 마무리 짓고, 최고지배자의 칭호를 종래의 이사금에서 마립간으로 바꾸는 등 집권력 강화와 영역의 확대를 꾀하였다. 이러한 신라의 발전 과정을 집약해 표현한 것이 382년에 전진에 간 사신 위두(衛頭)가 전진왕 부견(苻堅)과 나눈 대화이다. 부견이 "해동의 일이 예와 같지 않다"고 하자, 위두는 "시대 변혁(時代變革)"과 "명호 개역(名號改易)"으로 압축하여 대답하였다.36) 시대 변혁은 사로국이 진한의 여러 국들을 통합하여 넓은 영역을 차지하고 집권력을 강화시켜 나간 것을, 명호 개역은 집권력의 강화로 위상이 높아진 최고지배자의 칭호를 이사금에서 마립간으로 바꾼 것을 의미한다.

신라가 이렇게 성장을 거듭하면서 백제와의 사이에 갈등이 생기기 시작하였다. 갈등의 계기는 두 가지로 나누어 볼 수 있다. 첫째는 앞에서 말한 바이지만, 373년 백제 독산성주가 신라로 망명한 사건이다. 백제는 369년에 맺어진 형제와 같은 친호 관계를 들먹이면서 그의 송환을 요구하였으나, 신라는 거부하였다. 신라의 이러한 태도는 백제와의 우호 관계가 깨지는 것도 감수하겠다는 입장을 보여주는 것이

---

36) 《태평어람》 권781 동이 신라조의 "秦書曰 苻堅建元十八年 新羅國王樓寒 遣使衛頭 獻美女…又曰 苻堅時 新羅國王樓寒 遣使衛頭朝貢 堅曰 卿言海東之事 與古不同 何也 答曰 亦有中國時代變革 名號改易" 참조. 그러나 《삼국사기》에는 신라 나물왕 26년(381)조에 수록하고 있다.

다. 이 사건은 비록 군사적 충돌까지 이어지지 않았지만 우호 관계에 금이 생기게 한 것은 분명하다.

둘째는 가야 지역을 둘러싼 대립이다. 이 시기 백제는 이미 가야제국을 영향권에 두고 공납 관계를 맺고 있었다. 그리고 지리적으로 낙동강과 연결된 군사적 요충지인 고령의 가라국을 거점으로 하여 가야 지역으로 뻗어 오는 신라를 견제하려 하였다. 이런 상황을 신라로서는 좌시할 수 없었다. 그 결과 두 나라 사이에 갈등이 일어났다. 이를 보여주는 것이 《일본서기》 신공기 62년조의 기사이다.

이 기사에 따르면, 신라를 공격하려던 왜 장군 사지비궤(沙至比跪)가 신라의 미인계에 빠져 도리어 가라국을 공격하자 위기에 처한 가라국왕은 자녀들을 거느리고 백제에 의지하며 구원을 요청하였고, 왜는 다시 목라근자를 보내 가라국의 사직을 복구하였다.37) 사지비궤를 왜가 보냈다든가, 그가 신라를 공격하지 않고 도리어 가라를 공격하였다는 것은 《일본서기》 찬자의 왜곡과 윤색이다. 따라서 왜는 백제로, 사지비궤는 백제인으로 바꾸어 보아야 한다.

이렇게 주체를 바꾸어 보면 이 기사의 실제적인 내용은 다음과 같이 정리해 볼 수 있다. 이 시기 백제 조정에서는 가야와의 관계를 둘러싸고 사지비궤 세력과 목라근자 세력이 대립하고 있었다. 신라는 이러한 상황을 이용하여 사지비궤와 연통하여 가라국을 공격하도록 하였다. 사지비궤의 공격으로 나라가 망할 상황에 놓이게 된 가라왕은 백제에 구원을 요청하였다. 이 요청을 받아들여 백제는 목라근자를 보내 가라국을 원상복구하게 하였다.38) 이리하여 두 나라의 관계

---

37) 《일본서기》 권9 신공기 62년조.

38) 이문기, 1995, 〈대가야의 대외관계〉, 《가야사연구 — 대가야의 정치와 문화》, 경상북도.

는 차츰 대결 관계로 들어가게 되었다.

독산성주의 망명 사건과 가라국을 둘러싼 갈등으로 백제와의 사이에 긴장이 조성되자, 신라는 고구려의 힘을 빌려 백제에 대항하려 하였다. 신라 자신의 힘만으로는 전성기를 구가하고 있는 백제를 감당하기 어려웠기 때문이다. 이보다 앞서 고구려는 고국원왕이 백제군과 싸우다가 평양성에서 전사함으로 말미암아 일시적으로 위기를 맞았지만, 소수림왕이 불교를 공인하고, 태학을 세우며, 율령을 반포하는 등 제도 정비를 추진하여 체제를 안정시켰다. 고구려의 강성한 힘을 확인한 신라는 고구려에 기대는 정책을 취하는 것이 더 유리할 것으로 판단하여 친고구려 정책으로 돌아섰다. 고구려도 백제에 대항하기 위해 신라의 접근을 받아들였다. 나물왕이 392년에 이찬 대서지의 아들 실성(實聖)을 고구려에 인질로 보낸 것은[39] 신라의 친고구려 정책을 잘 보여주는 것이다.

2. 백제와 왜의 연합

1) 태자 전지의 파견

앞에서 말한 것처럼, 신라가 고구려에 기운 것은 한반도에서 세력 균형을 깨는 것이었다. 이러한 불균형 관계를 극복하기 위해 백제가 군사적 지원을 받을 수 있는 곳은 가야 세력과 왜(倭)밖에 없었다. 그런데 이 시기 백제와 왜의 관계는 소원하였다. 이를 보여주는 것이 두 가지이다. 하나는 《일본서기》 응신기에 "이 해에 백제 진사왕이 왕위에 오른 후 귀국천황(貴國天皇)에게 실례하였다"[40]는 기사이고, 다른

---

39) 《삼국사기》 권제3 신라본기 나물왕 37년조.

하나는 《일본서기》에 인용된 《백제기》에 "아화왕이 왕위에 올랐는데 귀국(貴國)에 무례하였다"는 기사이다.41)

이 기사에 나오는 "귀국천황", "실례", "무례" 등은 《일본서기》 편찬자가 윤색하거나 과장한 표현이다. 그렇지만 이 기사에서 백제와 왜의 관계가 좋지 않았다는 것은 짐작해 볼 수 있다. 진사왕 대의 '실례'는 진사왕이 즉위한 뒤 침류왕이 추진하던 대왜(對倭) 우호정책을42) 따르지 않은 것에 대한 불만의 표현일 수 있다. 아신왕 대의 상황은 왜가 391년에 신라에 대해 백제의 죄를 알린 사건에서43) 추론해 볼 수 있다. 왜왕이 고하였다는 '백제의 죄'란 신라를 공격하려는 백제의 계획이나 행동을 말한다. 왜는 '백제의 죄'라는 것을 꼬투리로 삼아 신라에 접근하였고, 그에 응하여 신라는 미해(美海: 미사흔)를 인질로 보냈다. 이리하여 신라와 왜의 관계가 화호 관계로 들어서게 되었다. 신라를 견제해야 할 처지에 있는 백제로서는 왜가 신라에 접근하는 일은 바람직한 것이 아니었다. 이에 아신왕은 왜의 움직임에 제동을 걸었다. '무례(无禮)'는 이런 상황을 표현한 것으로 보인다.

이처럼 왜와 갈등 관계에 있던 백제의 대왜 정책에 변화를 가져온 것은 고구려의 압박이었다. 396년 고구려 광개토대왕은 한강 이북의

---

40) 《일본서기》 권10 응신기 3년조의 "是歲 百濟辰斯王立之 失禮於貴國天皇" 참조.

41) 《일본서기》 권10 응신기 8년조의 "百濟記云 阿花王立 无禮於貴國…" 참조.

42) 침류왕이 왜와의 우호 관계를 추진하였다는 것은 근초고왕이 손자 침류에게 왜와 교류를 중단하지 말라고 당부한 말에서 확인된다. 이에 대해서는 《일본서기》 권9 신공기 52년조의 "乃謂孫枕流王曰 今我所通 海東貴國 是天所啓 是以垂天恩 割海西而賜我 由是 國基永固 汝當善修和好 聚斂土物 奉貢不絶…" 참조.

43) 《삼국유사》 권제1 기이제1 나물왕 김제상조의 "那密王即位三十六年庚寅 倭王遣使來朝曰 寡君聞大王之神聖 使臣等以告百濟之罪於大王也 願大王遣一王子 表誠心於寡君也 於是王使第三子美海(一作未吐喜) 以聘於倭…" 참조.

여러 성을 함락한 뒤 아리수를 건너 수도 한성을 압박하였다. 위기에
처한 백제 아신왕은 광개토대왕에게 살려줄 것을 요청하면서 "지금부
터는 영원히 노객이 되겠다"고 맹세하여 겨우 국맥을 유지할 수 있었
다. 그러나 아신왕은 이 수모를 마냥 받고 있을 수는 없었다. 이에 아
신왕은 왜와 결호를 추진하고자 태자 전지를 파견하였다.[44]

태자는 다음 왕위 계승자이다. 따라서 태자 전지의 파견은 백제가
대왜 우호 정책을 적극 추진한 것을 잘 보여준다. 이를 계기로 왜는
친백제적 입장을 취하였다. 이는 두 가지 사실에서 확인된다. 하나는
〈광개토대왕비문〉에 "(영락) 9년 기해에 백제가 맹세를 어기고 왜와
화통하였다[九年己亥 百濟違誓 與倭和通]"고 한 기사이다. 이는 백제와
왜가 화호 관계를 맺은 것을 보여준다.

다른 하나는 《삼국사기》 박제상 열전에 "백제인이 왜에 가서 신라
가 고구려와 모의하여 왜를 치려고 한다는 정보를 제공하였다. 왜는
그 정보에 따라 군사를 보내 신라의 해상 경계선을 순라하게 하였다.
때마침 고구려가 침략해 와서 왜의 순라병을 죽인 사건이 일어났다.
이로 말미암아 왜는 신라가 고구려와 모의하여 자신을 공격하려고 한
다는 정보를 더욱 사실로 믿게 되었다"고[45] 한 기사이다. 이 기사는
왜가 백제 쪽으로 기울었음을 분명히 보여준다.

백제가 왜와 결호하자, 신라는 고구려와의 관계를 돈독히 하면서
한편으로는 왜를 자기편으로 끌어들이기 위해 미사흔을 인질로 파견
하였다. 그 시기는 402년이다.[46] 이렇게 보면 백제는 고구려에 대항
하려고, 신라는 백제를 견제하려고 왜에 인질을 보내는 등 대왜 외교

---

44) 《삼국사기》 권제25 백제본기 아신왕 6년조.
45) 《삼국사기》 권제45 열전제5 박제상전.
46) 《삼국사기》 권제3 신라본기 실성왕 원년조. 그러나 《삼국유사》 권제1
　　기이제1 나물왕 김제상조에는 391년으로 나온다.

를 강화하였다. 이러한 외교가 전개될 수 있었던 것은 한반도가 삼국으로 분열되어 있었기 때문이었다. 따라서 백제와 신라가 왜에 인질을 파견한 것은 한반도 안에서 세력 균형을 이루려는 외교 방법에서 나온 조치라고 할 수 있겠다.

2) 백제·가야·왜 연합 대 고구려·신라 연합의 대결과 그 영향

백제는 태자 전지를 왜에 파견하여 적극적인 대왜 우호정책을 추진한 결과, 마침내 왜로부터 군사적 지원을 약속받았다. 이리하여 399년에는 백제·가야·왜 연합 세력이 고구려·신라 연합 세력에 대항하는 전선이 형성되었다. 두 세력의 대결 모습은 〈광개토대왕비문〉의 영락 9년(399)조와 10년(400)조 기사에서 살펴볼 수 있다. 399년에 백제의 후원 하에 백제-가야-왜 연합군은 신라를 공격하였다. 연합군은 신라의 성지(城池)를 허물어 격파하였고, 왜군은 신라 국경에 가득하였다. 위기에 처한 신라가 황급히 군사 지원을 요청하자 광개토대왕은 400년에 보병과 기병 5만을 보냈다. 구원군의 수가 5만 명이나 되었다는 것은 신라를 공격한 연합 세력의 군세가 매우 강하였음을 보여준다. 고구려군은 남거성에서 신라성에 이르기까지 가득한 왜군을 격퇴하고, 달아나는 왜군을 쫓아 임나가라의 종발성에까지 이르렀다. 이리하여 백제·가야·왜 세력의 신라 공격은 실패로 끝나고 말았다.

399년에서 400년에 걸친 전투는 당시 중국 대륙을 제외한 만주-한반도-일본열도에 성립한 국가들 모두가 관련된 국제 전쟁이었다. 따라서 이 전쟁의 여파가 작지 않아 전쟁에 참여한 나라에서는 큰 정치적 변화가 일어났다. 백제에서 일어난 변화를 보면, 첫째는 고구려에 대한 대항 정책을 수정하지 않을 수 없게 되었다. 《삼국사기》에 전지왕 대에 백제가 고구려를 공격하였다는 기사가 보이지 않는 것이 이를 말해준다. 둘째는 병권을 관장하였던 진무가 좌장에서 병관좌평으로 옮겨지고, 대신 사두(沙豆)가 좌장이 된 것에서 보듯이 지배 세력 안에도 변화가 생겨났다. 이것이 계기가 되어 전지왕의 즉위 과정에서는 진씨 세력이 밀려나고 해씨 세력이 새로이 집권 세력이 되었다.

가야 사회에도 이 전쟁은 심대한 영향을 주었다. 이 전쟁에 주도적으로 참여하였던 임나가라(금관가야)의 위상은 약화되었고, 그 틈을 타서 대가야 세력이 새로운 맹주로 떠올랐다. 왜에서도 이 전쟁의 패배로 세력 교체가 일어났다.

한편 고구려는 이 전쟁에서의 승리로 확실히 동북아시아에서 패자로서의 지위를 확립하였다. 〈충주고구려비〉에 따르면, 고구려는 신라를 '동이(東夷)'로 부르고 그 왕과 신하에게 의복을 하사하는 등 제후국으로 간주하였다. 이리하여 고구려는 광개토대왕의 시호를 '국강상광개토경평안호태왕(國岡上廣開土境平安好太王)'이라 하였고, 〈모두루묘묵서(牟頭婁墓墨書)〉에는 "천하 사방으로 하여금 이 나라가 가장 신성한 나라임을 알게 한다"47)라고 하면서 천하의 중심임을 자부하였다. 이와 달리 신라는 고구려의 도움을 크게 받았기 때문에 신라왕이 직접 고구려에 가서 조공하고 국사를 논의해야 하였고,48) 신라 영토 안에는 고구려군이 주둔하여49) 내정에 간섭하게까지 되었다. 이리하여 신라는 고구려의 속국과 같은 존재로 떨어지게 되었다.

---

47) 〈모두루묵서〉의 "使天下四方知此國鄕最聖鄕" 참조.

48) 〈광개토대왕비문〉의 "昔新羅寐錦未有身來論事 △國罡上廣開土境好太王 △△△△寐錦△△僕勾△△△△朝貢" 참조.

49) 〈중원고구려비〉의 "新羅土內幢主"와 《일본서기》 권14 웅략기 8년조의 "自天皇卽位 至于是歲 新羅國背誕 苞苴不入 於今八年 而大懼中國之心 脩好於高麗 由是高麗王遣精兵一百人 守新羅" 참조.

제4절 고구려의 남진 재개와 제라동맹의 결성

1. 백제와 고구려 사이의 소강상태

광개토대왕에게 귀왕청명(歸王請命)하였던 백제 아신왕은 405년에 죽었다. 이때 태자 전지는 왜에 머물고 있었다. 왕의 둘째 아우 훈해 (訓解)는 일시적으로 섭정을 하면서 태자가 귀국하기를 기다렸지만, 막내 아우 설례(碟禮)50)가 훈해를 죽이고 스스로 왕위에 올랐다. 이로 말미암아 백제 지배 세력들은 전지를 지지하는 세력과 설례를 지지하는 세력으로 나뉘어 왕위 계승전을 벌였다. 왕족인 여신과 해씨 세력이 설례 세력을 제압함으로써 전지는 왕위에 오를 수 있었다.

즉위 후 전지왕은 해충에게 한성의 조(租)를 포상으로 내리고, 여신을 내신좌평으로, 해수를 내법좌평으로, 해구를 병관좌평으로 삼았으며, 또 해씨 출신의 여자를 왕비로 맞이하였다. 이리하여 해씨 세력은 왕실의 인척으로서 정치적 지위를 높였다. 새로이 집권 세력이 된 해씨 세력은 고구려에 대한 무리한 군사 활동을 감행하기보다는 민생 안정에 주력하려고 하였다. 이에 따라 고구려에 대한 선제공격을 자제하였던 것이다.

한편, 고구려 장수왕은 광개토대왕이 정복한 지역들을 안정되게 다스리면서 왕권의 전제화를 추구하는 방향으로 정책을 전환하였다. 이 과정에서 추진된 것이 평양 천도이다. 이 천도를 성공적으로 이루기 위해서는 천도를 반대하는 세력들을 억압하고, 새로운 수도를 건설하는 데 필요한 막대한 재정을 확보하며, 대규모의 토목공사에 필요한

___

50) 필자는 이전의 논문에서 '碟禮'를 '혈례'로 읽었는데 여기서는 '설례'로 고쳐 읽는다.

많은 노동력을 무리 없이 동원하는 것이 필요했다. 이 때문에 장수왕은 정치적 불안을 불러일으키거나 재정을 어렵게 할 가능성이 있는 대외정복 활동을 자제하였다.

이처럼 백제에서는 새로이 집권 세력이 된 해씨 세력이 고구려와 전쟁을 자제하였고, 고구려 장수왕도 평양 천도를 원활히 추진하고자 백제와 대결을 자제하였다. 이로써 전지왕 즉위 이후 약 20여 년 동안 두 나라 사이에는 군사적 충돌이 없는 소강상태가 유지되었다.

2. 고구려의 남진 재개와 제라동맹의 결성

427년에 평양 천도를 단행한 장수왕은 안으로는 천도를 반대한 세력들을 과감히 숙청하여[51] 강력한 전제왕권을 수립하였고, 밖으로는 435년에 북위에 밀린 북연왕 풍홍(馮弘)의 망명을 받아들여 국제적인 위세를 높였다. 이에 장수왕은 평양 천도 때문에 일시적으로 자제하였던 백제에 대한 압박을 재개하였다. 개로왕이 북위에 보낸 국서에서 추악한 무리[醜類: 고구려]가 풍홍의 무리를 받아들여 그 세력이 크게 됨에 따라 백제는 능욕과 핍박을 받게 되었다고 한 것이 이를 보여준다.[52]

한편 이 시기 신라에는 400년 전투를 계기로 하여 고구려군이 주둔하고 있었다. 고구려군은 왕위 계승에도 깊숙이 관여하였다. 고구려군이 실성왕을 죽임으로써 눌지가 왕위에 오를 수 있었다는 것이 이를 보여준다.[53] 그러나 고구려군의 존재는 도리어 왕권 확립에 걸림

---

51) 《위서》 권100 열전제88 백제전의 "今璉有罪 國自魚肉 大臣彊族 戮殺無已…" 참조.

52) 《위서》 권100 열전제88 백제전의 "自馮氏數終 餘燼奔竄 醜類漸盛 遂見凌逼" 참조.

돌이 되었다. 이에 눌지왕은 고구려의 내정간섭에 가까운 상황에서 벗어나고자 하였다.

비유왕은 신라가 처한 이러한 상황을 이용하여 433년에 사신을 신라에 보내 화친을 요청하였고, 434년에도 양마 2필과 백응을 신라에 보냈다. 신라는 그 요청을 받아들여 양금과 명주를 보내 화답하였다. 이로써 백제와 신라는 동맹을 맺게 되었다. 이때 맺어진 백제와 신라의 동맹을 종래에는 나제(羅濟)동맹이라 불렀다. 이는 신라 중심의 역사 인식에 지나지 않는다. 두 나라 사이에 동맹이 맺어졌을 때 그 명칭은 동맹을 적극적으로 주도한 나라의 이름을 앞에 붙이는 것이 타당하다. 백제와 신라가 동맹을 맺었을 때 백제 비유왕이 주도적인 역할을 하였다. 따라서 이 동맹은 제라(濟羅)동맹으로 불러야 할 것이다.

제라동맹이 맺어진 이후 《삼국사기》에는 개로왕 즉위년(455)까지 고구려와 백제 사이에 충돌 기사가 없고 또 신라가 백제를 구원해 주었다는 기사도 없다. 이로 말미암아 제라동맹의 무용론이 나오기도 하고 동맹 관계가 아니라는 견해도 나왔다.[54] 그러나 동맹 관계는 꼭 군사적 행동을 같이 하여야만 성립되는 것은 아니다. 서로 공격하지 않는 것과 다른 나라를 편들지 않는 것도 동맹의 중요한 기능이다. 이를 방증해 주는 것이 '나당(羅唐)동맹'이다. 나당동맹은 648년에 맺어졌지만, 군사적 행동을 같이 한 것은 무려 12년이나 지난 660년 백제 공격이 처음이었다. 그렇지만 신라는 나당동맹을 맺음으로써 당나라가 백제를 지원하는 움직임을 차단할 수 있었다. 이렇게 보면, 433년에 맺어진 제라동맹도 부정할 수 없는 것이다.

이 동맹의 성격은 고구려가 두 나라 가운데 한 나라를 공격하면 공

---

53) 《삼국사기》 권제3 신라본기 눌지마립간 즉위년조.

54) 김병주, 1984, 〈나제동맹에 관한 연구〉, 《한국사연구》 46집, 한국사연구회.

격을 받지 않은 쪽에서 구원군을 파견한다고 하는 '공수(共守)' 동맹의
성격을 띠었다. 개로왕이 즉위한 해인 455년에 고구려가 백제를 공격
해 오자 신라가 구원군을 파견하여 고구려군의 공격을 물리쳤다는 것
이 그 사례가 된다.55) 제라동맹을 맺음으로써 백제는 한반도에서 고
구려와 어느 정도 세력 균형을 이룰 수 있었다. 그러나 30여 년 동안
계속된 강대한 고구려의 압력이 주는 부담은 만만치 않았다. 이로 말
미암아 백제의 형편은 재물과 힘이 다하는 등 어려운 상황에 처하게
되었다.56)

3. 《송서》 왜전이 보여주는 백제와 고구려의 충돌

433년에 제라동맹이 맺어진 이후 백제와 고구려 사이에 벌어진 충
돌을 보여주는 자료의 하나가 《송서》 왜전에 실려 있는 왜왕 무(武)
의 상표문이다. 이 상표문에는 "고구려가 무도하여 집어삼키려고 변
예(邊隷)를 초략(抄掠)하고 죽이기를 그치지 않았다"고 한 기사가 나
온다.57) 왜왕 무의 상표문은 자기 과시적 성격이 강하지만 5세기 전
반 무렵의 한반도 상황을 어느 정도 반영하고 있다. 이 기사에서 백제
와 관련되는 것의 하나가 변예이다. 이 변예의 실체에 대해 왜국을 중
심으로 송이 군사권을 부여한 한반도 남부 여러 지역으로 보는 견해
도 있다.58) 그러나 백제에 와서 배를 수리[治裝]한 뒤 송으로 가려던

---

55) 《삼국사기》 권제3 신라본기 눌지마립간 39년조.

56) 《위서》 권100 열전제88 백제전의 "自馮氏數終 餘燼奔竄 醜類漸盛 遂見
凌逼 構怨連禍 三十餘載 財殫力竭 轉自孱踏" 참조.

57) 《송서》 권97 열전제57 夷蠻 왜전의 "道經百濟 裝治船舫 而句麗無道 圖
欲見吞 抄掠邊隷 虔劉不已…" 참조.

58) 鈴木英夫, 1987, 《古代の倭國と朝鮮諸國》, 青木書店, 96~97쪽.

왜의 사신이 고구려가 변예를 초략하는 바람에 시일이 걸리고 순풍을 놓치기도 하였다는 사실에서 미루어 볼 때, 이 변예는 백제를 가리키는 것이 분명하다.59)

고구려가 변예(백제)를 초략하였다는 것은 두 나라 사이에 군사적 충돌이 있었음을 의미한다. 초략한 시기는 왜왕 무의 아버지인 제(濟)가 고구려를 공격하려고 한 사실에서 추론해 볼 수 있다. 왜왕 제는 442년에 송에 사신을 보냈고 그가 죽은 후 세자 흥(興)이 462년에 송에 사신을 보내 책봉을 받았다. 이를 종합해 보면, 제는 442년 이전의 어느 시기에 왕위에 올라 462년이나 그 이전의 어느 시기에 죽었다.

왜왕 제는 고구려가 백제를 초략하며 왜가 송으로 가는 길을 막았기 때문에 고구려를 공격하려는 계획을 세웠다. 그러나 이 계획은 그의 죽음으로 불발되었다.60) 이렇게 보면, 고구려의 백제 초략은 442년 전후에서 462년 이전에 일어난 것으로 볼 수 있다. 그 기간은 비유왕 16년(442)에서 개로왕 8년(462) 사이이다. 이 기간 동안 고구려가 변예로 표현된 백제를 초략하고 죽이는 것을 그치지 않았다는 것은, 433년에 제라동맹이 맺어진 이후, 고구려의 백제에 대한 공격이 여러 차례 있었음을 보여준다. 《위서》 백제전에 "원망을 얽고 화를 이은 것이 30여 년이나 되었다[構怨連禍 三十餘載]"는 표현은 이를 반영하는 것이다.

---

59) 노중국, 2005a, 〈5세기 한일관계사의 성격 개관〉, 《왜5왕 문제와 한일관계》, 경인문화사, 20~22쪽 참조.

60) 《송서》 권97 열전제57 夷蠻 왜전.

제5절 고구려의 한성 함락과 제라동맹의 작동

1. 개로왕의 대(對)고구려 포위망 형성과 북위에의 접근

평양성 천도 이후 재개된 고구려의 남진 압박의 상황에서 30년 가까이 고구려와 긴장 관계를 가졌던 비유왕은 455년에 죽었다. 비유왕의 죽음은 "흑룡이 한강에 나타났다가 곧 구름을 타고 컴컴한 속에서 날아가 버렸다"[61]고 한 기사와 "왕의 무덤이 제대로 조영(造營)되지 못하였다"고 한 사실[62] 등에서 미루어 볼 때, 정치적 음모에 의한 것이었을 가능성이 크다. 고구려는 백제 내부의 이러한 정치적 혼란을 틈타 개로왕 즉위년인 455년에 백제를 공격하였다. 다급해진 개로왕은 신라에 도움을 요청하였고, 신라는 그 요청에 응해 군사를 파견하여 고구려의 공격을 물리쳤다.[63] 이는 백제와 신라의 공수동맹 관계가 일정하게 작동하고 있음을 보여준다.

개로왕은 재위 4년인 458년에 송에 사신을 보내 관군장군 우현왕 여기(餘紀)와 정로장군 좌현왕 여곤(餘昆), 여휘(餘暈) 등이 "문무양보(文武良輔)로서 대대로 조정의 작호를 받았을 뿐만 아니라 충근함이 현달한 지위에 있을 만하다"고 하면서 이들에게 사서한 작호를 정식으로 제수해 줄 것을 요청하였다. 송은 개로왕의 요청을 그대로 받아들였다.[64] 개로왕이 문무의 신하에게 왕호와 장군호를 수여하였다는

---

61) 《삼국사기》 권제5 백제본기 비유왕 29년조.

62) 《삼국사기》 권제25 백제본기 개로왕 21년조의 "先王之骸骨 權攢於露地" 참조.

63) 《삼국사기》 권제3 신라본기 눌지왕 39년조의 "冬十月 高句麗侵百濟 王 遣兵救之" 참조.

64) 《송서》 권97 열전제57 이만 백제전.

것과 개로왕 초기에 부왕의 무덤이 제대로 조영되지 못하였다는 사실 등을 종합해 보면, 개로왕 초기에는 실권 귀족들의 영향력이 강하였던 것 같다. 실권 귀족 가운데 좌현왕 여기와 우현왕 여곤의 지위가 가장 높다. 따라서 이들은 최고 실권자로서 군림하지 않았을까 한다.

그러나 개로왕은 13년(467) 이후 친위정변을 단행하여 왕권 중심의 정치 운영을 본격적으로 도모하였다.[65] 이때 개로왕의 왕권 강화 정책을 지지한 세력은 부마도위 여례 등 왕족과 장사 장위(張威)로 대표되는 중국계 관료 및 재증걸루나 고이만년과 같은 신진 귀족들이었다. 이렇게 안으로 지지기반을 넓힌 개로왕은 밖으로 고구려에 대립각을 세웠다. 그래서 469년에는 고구려의 남쪽 변방을 공격한 뒤, 고구려의 반격에 대비하여 쌍현성을 보수[修葺]하고 청목령에 큰 목책을 세워 북한산성에 주둔한 군대로 하여금 지키도록 하였다.

그러나 고구려와 대결은 백제의 힘만으로는 어려웠다. 이에 개로왕은 기존의 제라동맹을 더 강화하면서 가야제국과의 우호 관계도 다졌고, 461년에는 왜에 동생 곤지를 보내 왜와의 우호도 새로이 다졌다.[66] 또 471년에는 남조의 송에 사신을 파견하여 우호 관계를 확인하였다. 이를 바탕으로 하여 개로왕은 472년에 북위에 사신을 보내 고구려를 견제해 줄 것을 요청하였다. 이 시기 북위는 고구려 왕녀를 현조(顯祖)의 후궁으로 삼는 문제로 고구려와 갈등을 빚고 있었다.[67] 개로왕은 이러한 상황을 이용하여 북위에 접근하였던 것이다.

북위로부터 군사원조를 이끌어 내고자 개로왕은 두 가지 작전을 구사하였다. 하나는 북위의 자존심을 건드리는 것이었다. 고구려가 남

---

65) 김수태, 2000a, 〈백제 개로왕대의 대고구려전〉, 《백제사상의 전쟁》, 서경문화사, 226쪽.

66) 《일본서기》 권14 웅략기 5년조.

67) 《위서》 권100 열전제88 고려전.

으로 유송(劉宋)과 통하고 북으로 연연(蠕蠕)과 통하고 있으므로 응징되어야 하며, 고구려가 북위의 사신을 물에 빠뜨려 죽였으므로 마땅히 공격받아야 한다고 강조한 것이 그것이다. 다른 하나는 고구려 내부 정세가 혼란하다는 것을 강조하는 것이었다. 그래서 개로왕은 고구려가 대신과 유력 귀족들을 무수히 죽여 내분에 빠졌을 뿐만 아니라, 낙랑 유민과 북연의 무리[馮族]들도 고구려에 심복하고 있지 않다는 사실을 들어 지금이 바로 공격할 시기임을 강조하였다.[68]

그러나 북위는 고구려가 예로부터 자국의 뜻을 거스른 적이 없다는 것과 백제와 고구려는 사이좋게 지내야 한다는 당위론만 내세우며 백제의 요청에는 끝내 응하지 않았다. 이로 말미암아 신라-가야-왜-남조 송-북조 북위로 이어지는 고구려 포위망을 형성하려던 개로왕의 구상은 그저 구상으로 끝나고 말았다. 이에 개로왕은 곧 북위와 외교 교섭을 중단해 버렸다.[69]

2. 고구려의 한성 함락과 개로왕의 죽음

신라, 가야, 왜, 남조와 우호 관계를 형성하고 나아가 북위에까지 접근하여 전방위 포위망을 구축하려는 백제의 움직임은 고구려로서는 묵과할 수 없었다. 이에 대한 고구려의 대응은 두 가지로 이루어졌다. 하나는 북위가 백제 쪽에 기울지 않도록 하는 것이었다. 그래서 고구려는 472년에 북위에 두 차례에 걸쳐 사신을 파견하였고, 공헌도 배로 늘렸다.

---

68) 《위서》 권100 열전제86 백제전의 "今璉有罪 國自魚肉 大臣彊族 戮殺無已 罪盈惡積 民庶崩離 是滅亡之期 假手之秋也…馮族士馬 有鳥畜之戀 樂浪諸郡 懷首丘之心 天威一擧 有征無戰…" 참조.

69) 《삼국사기》 권제25 백제본기 개로왕 18년조.

다른 하나는 백제를 먼저 공격하여 화근을 사전에 차단하는 것이었다. 선제공격이 성공을 거두려면 백제 내부 사정을 정확히 탐지하는 것이 필요하였다. 이때 승려 도림(道琳)이 이 책무를 자임하고 나섰다. 장수왕은 그에게 백제의 내정 정탐이라는 중대한 임무를 맡겼다.[70) 도림이 백제로 들어간 시기는 개로왕이 북위에게 고구려를 공격해 줄 것을 요청한 사건과 연관시켜 볼 때 472년 무렵일 가능성이 크다.[71)

백제로 잠입한 도림은 바둑으로 개로왕의 마음을 사로잡았다. 그러나 도림이 왕의 신임을 얻는 데는 다음과 같은 요인들도 작용하였던 것 같다. 첫째, 도림은 고구려에서 죄를 면하려고 도망해 온 것처럼 위장하였다는 점이다. 특정한 목적을 가지고 다른 나라로 망명할 때 이러한 위장술을 쓰는 것은 비일비재하다. 신라의 박제상이 미사흔을 구출하려고 왜로 들어갈 때 죄를 지은 것처럼 위장한 것이[72) 방증 사례가 될 것이다. 둘째로 그가 승려로서 백제에 들어왔다고 하는 점이다. 승려는 일단 속세를 떠난 몸이므로 개로왕은 도림이 아무런 욕심이 없는 인물로 판단하였을 수도 있다. 셋째로 도림은 개로왕이 왕권 확립을 도모하려 하는 속내를 꿰뚫어 보고 그 실천 방안을 왕에게 조언하였다는 점이다.

개로왕의 깊은 신임을 받은 도림은 대규모의 토목공사를 추진하였다. 그가 내세운 명분은 현재처럼 성곽은 보수되지 않고, 궁실도 수리되지 않으며, 선왕의 해골도 노지에 임시로 묻어 두고, 백성들의 가옥이 빈번히 강물에 떠내려가는 상태를[73) 그대로 두고서는 도저히 왕실

---

70) 《삼국사기》 권제25 백제본기 개로왕 21년조.

71) 김수태, 2000a, 앞의 글, 226쪽.

72) 《삼국사기》 권제45 열전 박제상전.

73) 《삼국사기》 권제25 백제본기 개로왕 21년조의 "而城郭不葺 宮室不修 先王之骸骨 權攢於露地 百姓之屋廬 屢壞於河流" 참조.

의 숭고한 위엄과 부유한 모습을 보여줄 수 없다는 것이었다. 그 이면에는 백제의 재정을 고갈시키고 민력을 피폐시키려는 의도가 숨어 있었다. 그러나 개로왕은 도림의 숨은 의도를 간파하지 못한 채 백성들을 동원하여 증토축성(烝土築城)하였고,[74] 궁궐과 누각과 대사를 장려하게 꾸몄으며, 욱리하에서 큰 돌을 가져다가 아버지의 무덤을 새로 만들었고, 숭산에서 사성에 이르는 한강 변에 제방을 쌓았다.[75]

개로왕은 이러한 대규모의 토목 사업들을 짧은 시간에 동시다발로 추진하였다. 그 결과 백제의 재정은 파탄이 나고 민력은 극도로 피폐하게 되었다.[76] 이에 도림은 고구려로 도망쳐 와서 장수왕에게 백제의 내부 상황을 상세히 보고하였다. 이 정보를 바탕으로 장수왕은 3만의 군대를 동원하여 친히 정벌에 나섰다. 평양에서 출발한 장수왕은 아차성에 교두보를 확보한 뒤 대로 제우(齊于)와 백제에서 도망해 온 고이만년과 재증걸루를 선봉으로 삼아 백제를 공격하였다.[77] 고구려군은 먼저 평지성(平地城)이면서 규모가 큰 북성 즉 풍납토성을 네 길로 나누어 공격하여 7일 만에 함락하였다. 남성인 몽촌토성에 있던 개로왕은 목숨을 구하려고 성을 나와 도망하다가 고구려군에 붙잡혀 아차성 아래에서 죽임을 당하였다. 그리고 곧 몽촌토성도 함락되고 말았다. 이러한 상황은 백제로서는 망국에 버금가는 것이었다.

---

74) 증토축성의 기법에 대해서는 심광주, 2010, 〈한성 백제의 ‘증토축성’에 대한 연구〉, 《향토서울》 76집, 서울특별시사편찬위원회 참조.

75) 《삼국사기》 권제25 백제본기 개로왕 21년조의 “沿河樹堰 自蛇城之東 至 崇山之北” 참조.

76) 《삼국사기》 권제25 백제본기 개로왕 21년조의 “是以倉庾虛竭 人民窮困 邦之陧杌 甚於累卵” 참조.

77) 《삼국사기》 권제25 백제본기 개로왕 21년조.

3. 신라의 백제 구원

고구려가 한성을 포위하려고 할 즈음에 사태의 심각성을 파악한 개로왕은 동생 문주로 하여금 신라로 가서 구원병을 요청하게 하였다.[78] 그 시기에 대해《삼국사기》백제본기에는 475년 9월로, 신라본기에는 474년 7월로 나와 약 10개월의 차이가 난다. 그러나 문주가 고구려 공격이 있기 10개월 전에 신라에 구원을 요청하러 갔다고 하는 것은 상식적으로 받아들이기 어렵다. 따라서 문주의 구원병 요청 시기는 475년 9월로 보는 것이 타당하다.

문주에게서 백제의 위급한 상황을 보고받은 신라는 1만의 군대를 파견하기로 하였다. 그러나 문주가 신라의 원군을 이끌고 한성에 도달하였을 때 이미 한성은 함락되고 왕은 피살되어 모든 상황이 끝나 있었다. 신라 구원군이 한성 함락을 막지 못한 상황이 벌어지게 된 까닭은 몇 가지로 생각해 볼 수 있다. 하나는 한성과 신라 수도 경주까지 오가는 시간이 많이 걸렸기 때문일 가능성이다. 다른 하나는 신라 조정이 구원군 파견 여부와 보낸다면 어느 정도 규모의 원군을 보낼지를 결정하는 데 시간이 걸렸을 가능성이다. 여기에 더하여 파병을 결정한 뒤에도 군대를 소집하는 데도 시간이 걸렸을 것이다.

전쟁은 시간과의 싸움이다. 그러나 시간이 지체되다 보니 신라군이 한성에 이르렀을 때 상황은 이미 종료된 이후였다. 그렇지만 신라가 1만의 구원군을 파견하였다는 것은 제라 공수동맹이 어느 정도 작동하고 있었음을 보여주는 것이다. 그리고 결과적으로 이 신라군은 백제 중앙군이 궤멸된 상황에서 문주왕을 뒷받침해 주는 군사적 지원세력이 되었다.

---

78)《삼국사기》권제3 신라본기 자비마립간 17년조.

4. 고구려군의 추격 중단의 배경

475년 당시 한성을 함락시키고 개로왕을 죽인 기세에서 미루어 볼 때 고구려는 백제를 충분히 멸망시킬 수 있었다. 그럼에도 장수왕은 문주왕을 더 이상 추격하지 않은 채 많은 포로들을 이끌고 귀환하였다. 그 까닭은 다음과 같이 생각해 볼 수 있다.[79]

첫째, 장수왕의 공격 목적은 백제 수도 함락과 일정한 지역을 차지하는 것이었지 백제를 멸망시키는 것이 아니었다는 점이다. 멸망시키는 것이 주된 목적이었다면 장수왕은 곧바로 문주왕을 추격하였을 것이다.

둘째, 백제는 개로왕의 실정으로 변변히 싸워 보지도 못한 채 한성을 함락당하였지만, 백제의 저항력이 본래 만만한 것은 아니었다. 이 점은 660년 백제가 망한 뒤 곧바로 각 지역에서 부흥군이 일어나 나당 점령군을 맹렬히 공격한 것에서 짐작할 수 있다. 장수왕은 백제의 이러한 잠재력을 과소평가하지 않았기 때문에 무리한 추격을 자제하지 않았을까 한다.

셋째는 신라의 동향이다. 이 시기 백제와 신라는 공수동맹 관계를 맺고 고구려의 압력에 공동으로 대응하고 있었다. 더구나 문주왕은 1만의 신라 원군을 이끌고 한성으로 왔다. 고구려가 문주왕을 추격하면 결국 신라군과 대결하게 되고 그에 따라 백제와 신라는 공동으로 고구려에 대항하게 된다. 이렇게 보면, 백제와 신라의 공동 전선 형성의 가능성도 장수왕의 추격 의도에 어느 정도 제동 역할을 하지 않았을까 한다.

---

79) 이하의 설명은 노중국, 2004, 〈한성백제의 몰락과 수도 이전〉, 《향토서울》 64집, 서울시사편찬위원회, 65~67쪽의 내용을 요약한 것이다.

넷째, 왜군의 동향이다. 친왜적인 입장을 지녔던 백제의 멸망은 왜에게도 커다란 위협이 된다. 따라서 왜는 이러한 위협을 막기 위해 군사를 파견할 가능성이 있다. 왜의 참전 가능성은 5세기에 왜왕 제가 고구려의 대송(對宋)외교 방해에 민감하게 반응하여 고구려 공격 계획을 세우기도 하였다든가,80) 663년에 왜가 백제부흥군을 지원하기 위해 2만 7천 명이나 되는 대군을 보낸 것 등에서 입증이 되리라 본다. 따라서 왜의 동향도 고구려의 군사 행동에 일정한 제약을 가한 것으로 볼 수 있다. 이는 《일본서기》 웅략기에 '고구려 장수들이 백제를 멸망시키자고 건의하자 왕은 백제가 왜와 긴밀한 관계를 맺고 있다고 하면서 그 건의를 받아들이지 않았다'고 한 것에서81) 추론해 볼 수 있다.

다섯째는 북위의 동향이다. 장수왕은 백제 공격을 위해 3만의 대군을 발동하였지만,82) 그 규모는 광개토대왕이 400년에 신라를 구원할 때 동원한 5만 명의 군대보다 훨씬 적었다. 장수왕이 광개토대왕 때보다 적은 수의 군대를 동원한 것은 북위와의 긴장 관계 때문이었다. 이로 말미암아 장수왕은 대군을 남쪽으로 보내면서도 북쪽의 방어 문제를 걱정하지 않을 수 없었다. 이는 고구려의 남진에 제약을 가하였을 가능성이 크다고 본다.83)

이러한 제반 상황을 고려한 장수왕은 한성을 함락하고 그 이남의 일정한 지역까지를 영역으로 확보한 것에 만족하고, 문주왕을 더 이

---

80) 《송서》 권97 열전제57 夷蠻 왜전.

81) 《일본서기》 권14 웅략기 20년조의 "於是高麗諸將言於王曰 百濟心計非常…請遂除之 王曰不可矣 寡人聞百濟國者 日本國之官家 所由來遠久矣 又其王入仕天皇 四隣之所共識耶 遂止之" 참조.

82) 《삼국사기》 권제25 백제본기 개로왕 21년조.

83) 노태돈, 1999, 《고구려사연구》, 사계절, 312쪽.

상 추격하지 않았다. 그 덕분에 문주왕은 웅진으로 천도하여 나라의
명맥을 이어갈 수 있었다.

제6절 삼국 사이의 문물 교류

1. 지방통치조직과 도사

삼국은 중앙집권체제를 갖추면서 중앙관제와 지방통치조직을 마련
하였다. 이러한 관제 가운데 삼국 공통으로 나오는 것이 지방관으로
서의 도사(道使)이다. 고구려의 지방통치조직은 대성(大城)—제성(諸
城)—제소성(諸小城)—성(城)으로 이루어졌다. 대성에는 욕살(褥薩)이
파견되었는데 중국의 도독에 비견되었고, 제성에는 처려근지(處閭近
支)가 파견되었는데 도사라고도 하였다. 도사의 치소는 비(備)라고 하
였다. 욕살과 도사 아래에는 각각 보좌직이 설치되었다. 제소성에는
중국의 장사(長史)에 비견되는 가라달(可羅達)이, 성에는 현령에 비견
되는 누초(婁肖)가 파견되었다.84) 이러한 지방관의 명칭은 모두 토착
적인 성격의 칭호이다.
　백제의 도사는 《한원》의 “군현치도사(郡縣置道使)”85)에서 확인된다.
이 기사를 ‘군과 현에는 도사를 두었다’고 해석하는 견해도 있지만,
군의 장관은 군장(郡將) 또는 군령(郡令)이므로 이러한 해석은 성립할
수 없다. 따라서 이 기사는 ‘군의 현, 즉 군 아래의 현에 도사를 두었
다’고 보는 것이 타당하다. 즉 도사는 현의 장관이었다.86)

---

84) 《한원》 권30 번이부 고려조; 《구당서》 권199 하 동이열전 고려전.
85) 《한원》 권30 번이부 백제조.

신라의 도사는 441년에 만들어진 〈포항중성리비〉에 나오는 "나소독지 도사(奈蘇毒只道使)"가 가장 빠르다. 이후 503년에 만들어진 〈영일냉수리신라비〉에는 "탐수 도사 심자공(貪須道使深訾公)"이, 523년에 만들어진 〈울진봉평리신라비〉에는 "실지 도사(悉支道使)"와 "거벌모라 도사(居伐牟羅道使)"가 보인다. 실지 도사와 거벌모라 도사는 실지 군주의 관할 아래에 있었다.

이처럼 도사는 고구려, 백제, 신라 모두에 보인다. 이 가운데 도사의 파견 시기가 분명한 경우는 신라이다. 〈포항중성리비〉가 441년에87) 만들어졌으므로 신라에서 도사는 늦어도 5세기 전반 무렵에는 설치되었다. 한편, 고구려의 지방관 명칭은 봉상왕 대(292~300)부터 태수나 재(宰) 등이 나온다.88) 태수나 재는 중국식 명칭이다. 그런데 관명은 처음에는 토착적인 명칭을 사용하다가 차츰 중국식의 아화된 명칭으로 바뀌는 것이 일반적이다. 그렇다면 도사는 처음에는 처려근지로 불렸을 것이고, 그 후 어느 시기에 아화된 명칭인 도사로 개칭되지 않았을까 한다. 그 시기는 고구려가 중앙집권적 지배체제를 갖추기 시작한 미천왕 대에서 율령을 반포하여 체제 정비를 이룬 소수림왕 대의 어간(於間)이 아닐까 한다.

---

86) 이종욱, 1977, 〈백제왕국의 성장 — 통치체제의 강화와 전제왕권의 성립 —〉, 《대구사학》 12·13합집, 대구사학회; 노중국, 1988, 《백제정치사연구》, 일조각, 257쪽.

87) 노중국, 2010, 〈포항중성리비를 통해 본 마립간시기 신라의 분쟁처리 절차와 육부체제의 운영〉, 《한국고대사연구》 59집, 한국고대사학회. 〈중성리비〉의 건립 시기에 대한 다양한 견해에 대해서는 문화재청·국립경주문화재연구소, 2009, 《포항 중성리신라비》, 발견기념 학술심포지엄 및 한국고대사학회, 2010, 《한국고대사연구》 59집 참조.

88) 《삼국사기》 권제17 고구려본기 봉상왕 2년조의 "新城宰", 5년조의 "新城太守" 참조.

백제의 도사는 방령, 군장(군령)과 함께 나오므로 사비도읍기의 관명인 것은 분명하다. 사비도읍기의 지방통치조직인 방–군–성제는 웅진도읍기의 담로 조직을 분화·격상시키는 형태로 이루어졌다. 따라서 방의 장관인 방령과 군의 장관인 군장(군령)은 사비도읍기에 방과 군이 설치되면서 만들어진 지방관명이다.

그러면 도사는 언제 설치되었을까. 이를 추정하는 데 실마리가 되는 것이 능산리 사지에서 출토된 〈'지약아식미기' 목간〉의 제3면에 나오는 도사이다.[89] 이 목간의 제작 시기는 6세기 전반에서 중후반 무렵으로 추정되고 있으므로,[90] 도사는 늦어도 사비 천도 이전에 설치되었다고 할 수 있다. 사비천도 이전 백제의 지방통치조직은 담로제였다. 따라서 도사는 바로 담로의 장이라고 할 수 있다. 담로제는 근초고왕 대에 만들어졌다.[91] 그렇다면 도사도 근초고왕 대에 담로에 파견된 것으로 볼 수 있다.

삼국에서 도사제가 실시된 시기를 보면, 고구려가 상대적으로 빠르고 그 다음이 백제이며, 그 다음이 신라이다. 백제는 고구려에서 분파해 나왔으므로 백제의 도사제는 고구려의 영향이었을 가능성이 크다. 신라의 도사제와 관련하여 고려해야 할 사항은 두 가지이다. 하나는 지방통치조직에서 고구려의 도사는 제2위의 지방관인 것과 달리, 신

---

89) 〈'지약아식미기' 목간〉 제3면의 "△道使△次如逢小吏猪耳其身者如黑也 道使復△彌耶方…" 참조.

90) 이 목간의 작성 시기에 대해서는 6세기 전반으로 보는 견해(박중환, 2002, 〈부여 능산리발굴 목간 예보〉, 《한국고대사연구》 28집, 한국고대사학회), 527년 무렵으로 보는 견해(近藤浩一, 2004, 〈부여 능산리 나성축조 목간의 연구〉, 《백제연구》 39집, 충남대 백제연구소), 6세기 중후반 무렵으로 본 견해(이병호, 2008, 〈부여 능산리 출토 목간의 성격〉, 《한국고대 목간과 고대 동아시아세계의 문화교류》, 한국목간학회) 등이 있다.

91) 노중국, 1988, 앞의 책, 240~244쪽.

라의 도사는 최하위 조직이라는 점이다. 최하위 조직이라는 점에서는 백제와 공통성을 갖는다. 다른 하나는 백제와 신라는 433년에 제라동맹을 맺어 고구려의 압박에 공동으로 대응하였다는 점이다. 이 동맹으로 두 나라 사이에는 정치적·군사적 교섭은 물론, 경제적·문화적 교류도 더 활발하게 이루어졌다. 이로 미루어 볼 때, 신라는 백제의 도사제를 본보기로 하여 도사를 설치하고 운영하지 않았을까 한다.

2. 문물 교류품

1) 고구려와의 문물 교류

현재의 자료에는 한성도읍기 백제와 고구려 사이에 사신 파견을 통한 문물 교류는, 백제 아신왕이 아리수(한강)를 건너 수도 한성으로 압박해 들어오는 광개토대왕에게 귀왕청명한 뒤 남녀 생구 1천 명과 세포 1천 필을 바치고, 또 왕제와 대신 10명을 인질로 보냈다는 〈광개토대왕비문〉의 기록이 유일하다. 이후 백제는 고구려에 대한 신속에서 벗어나기 전까지 일정 기간 동안 신속의 표시로 고구려에 공물을 바쳤을 것이고, 고구려도 회사품(回謝品)을 보냈을 것이다. 그러나 공물이나 회사품의 내용은 알 수 없다. 따라서 백제와 고구려 사이의 문물 교류는 고고학 자료로 추정해 볼 수밖에 없다.

백제와 고구려 사이에 이루어진 문물 교류를 보여주는 대표적인 사례가 적석총(돌무지무덤)이다. 적석총은 졸본 시기 및 국내성 시기 고구려 왕실과 귀족의 무덤이었다. 이 적석총은 무기단(無基壇)식에서 차츰 계단식으로 발전해 나갔다. 백제의 경우 서울 송파구 석촌동에 적석총이 있다. 이 적석총은 고구려 적석총과 매우 비슷한 모습을 보인다. 일제 시기에 조사된 것을 보면, 석촌동 일대에는

66기의 봉토분과 23기의 적석총을 포함하여 약 290여 기의 고분이 있었다고 한다.[92] 그러나 현재 정비된 적석총은 석촌동 1~5호분과 4호분과 5호분 사이의 3기가 알려져 있다. 이 적석총의 축조 시기는 3세기 중반에서 5세기 전반 무렵에 해당한다.[93]

서울 지역 적석총은 평지에 독립분의 형태로 자리하고 자연 사구(砂丘)를 이용하여 무덤의 고대화(高大化)를 꾀하였고, 계단의 최하 단에 버팀돌을 세웠다는 점에서 고구려의 4~5세기 초대형 적석총과 비슷하여 고구려와의 관련성을 부정할 수 없다. 그러나 점토로 판축한 유형은 고구려 지역에서 발견되지 않았고, 또 출토 유물을 보아도 고구려와 연결될 만한 것이 거의 없다. 그래서 서울 지역 적석총에 대해서는 고구려 주민의 이동에 의한 것이지만 3~5세기 이전에 이미 백제화한 것으로 보는 견해,[94] 백제가 고구려와의 경쟁 관계 속에서 고대(高大)한 적석총을 축조한 것으로[95] 보는 견해 등이 있다. 어느 견해이든 서울 지역의 적석총이 고구려와 관련된다는 것은 부정할 수 없다. 이는 백제와 고구려 사이의 문물 교류를 보여주는 것이다.

다음으로 들 수 있는 것이 석실봉토분(돌칸흙무덤)이다. 석실봉토분은 합장이 가능하도록 무덤에 돌로 방을 만들고 통로를 낸 것이다. 공

---

92) 朝鮮總督府, 1935, 《昭和二年 古蹟調査報告》 제2책, 27쪽; 梅原末治, 1972, 《朝鮮古代の墓制》, 國書刊行會, 64~65쪽; 조가영, 2012, 〈석촌동 고분군의 축조 양상 검토 — 고분분포를 중심으로 —〉, 《한국상고사학보》 75집, 한국상고사학회.

93) 김원룡·임효재·임영진, 1989, 《석촌동 1·2호분》, 서울대학교박물관.

94) 임영진, 1995, 〈백제 한성시대 고분 연구〉, 서울대 박사학위논문 및 2007a, 〈백제식 적석총의 발생 배경과 의미〉, 《한국상고사학보》 57호, 한국상고사학회; 김승옥, 1998, 〈한성백제의 형성과정과 대외관계〉, 《백제 사상의 전쟁》, 충남대 백제연구소.

95) 박순발, 2001, 〈백제의 국가형성과 백제토기〉, 《제2회 백제사 정립을 위한 학술세미나》, 백제문화개발연구원.

주 송산리 1~5호분이나 화성 마하리, 원주 법천리, 청주 주성리 등의 봉토분의 현실은 방형 현실(널방)의 궁륭상(穹窿狀) 천장인데, 이는 고구려의 영향이다.[96]

다음으로 마구(馬具)이다. 백제의 기승용(騎乘用) 마구로는 안교, 재갈, 등자가 있다. 백제의 철제 표비(鑣轡: 재갈과 고삐)는 4세기부터 사용되었다. 청원 송대리의 30호, 50호, 7-1호 출토 철제 표비는 고구려의 칠성산 96호와 계통을 같이 하므로 고구려의 영향이라 할 수 있다. 등자는 화성 마하리, 원주 법천리, 천안 용원리, 청원 주성리 등의 지역에서 출토되었는데, 목심(木心)에 부분적으로 혹은 전면적으로 철판을 댄 등자는 고구려와 관련이 있다.[97]

2) 신라와의 문물 교류

문헌자료에서 백제와 신라 사이에 이루어진 교류의 사례로는 제라동맹을 맺으면서 주고받은 물건을 들 수 있다. 백제 비유왕은 고구려가 427년에 평양으로 천도한 뒤 남진의 압박을 가해 오는 것에 대응하기 위해 신라와 화호를 도모하였다. 그래서 사신을 파견하여 양마와 흰 매를 방물로 보냈다. 매는 백제의 별칭이 응준(鷹隼)인 것에서[98] 보듯이 백제 왕실을 상징하는 새였다. 이런 상징성을 지닌 매를 신라에 보냈다는 것은 백제가 신라와의 관계를 돈독히 하겠다는 의지의 표현이라 할 수 있다. 이에 대한 화답으로 신라는 사신을 파견하여 황금과 명주를 보냈다.[99] 이렇게 하여 제라동맹이 맺어졌다.

---

96) 강현숙, 2007, 〈고구려와의 문물교류〉, 《백제의 문물교류》 백제문화사대계 연구총서 10, 충청남도역사문화연구원, 40~42쪽.

97) 강현숙, 2007, 앞의 글, 48~51쪽.

98) 《제왕운기》 권下의 "百濟始祖名溫祚…後王或號南扶餘 或稱鷹隼" 참조.

이후 두 나라 사이에 문물 교류는 빈번히 이루어졌을 것이지만 구체적인 자료가 없어 알 수 없다. 따라서 문물 교류의 모습은 고고학 자료를 통해 살펴볼 수밖에 없다. 교류품으로 먼저 들 수 있는 것은 철제품이다. 백제의 제철 유적으로는 석장리 제철 유적이 대표적이다. 4~5세기 대에 만들어진 이 제철 유적에서는 용해로, 송풍관, 철 찌꺼기를 비롯하여 이곳에서 일한 사람들이 사용한 여러 종류의 토기가 출토되었다.[100] 이러한 토기 가운데 굽다리 접시 1점은 경주에서 주로 출토되는 것이다. 이 경주계 굽다리 접시는 제철 기술을 매개로 백제와 신라 사이에 교류가 있었음을 보여준다.

다음으로 덩이쇠[鐵鋌]이다. 대전 구성동 유적은 원삼국기에서 삼국시대 초기에 걸쳐 있는 유적인데, 이곳 D-2, 6, 9호묘에서는 덩이쇠가 출토되었다. 덩이쇠를 부장하는 것은 신라, 가야에서 특징적으로 보이는 모습이다. 또한 이 유적에서는 긴 목에 2줄의 돌대(突帶)가 있고, 몸통은 역제형(逆梯形)에 가까우며, 높은 온도로 구운 신라계 목항아리도 나왔다. 따라서 구성동 유적의 신라계 목항아리와 덩이쇠는 대전 지역과 신라 사이에 교류가 이루어진 것을 보여준다.

셋째는 쇠창이다. 백제의 창 가운데 자루 끝 부분에 타원형의 테를 끼워 놓은 쇠창을 반부쇠창이라 한다. 이 반부쇠창은 서산 부장리와 천안 용원리 고분에서 출토되었다. 신라에서 이 쇠창은 경주 월성로 가-13호분에서 출토되었는데 신라 최고 지배층의 권위를 상징하는 위신품의 하나이다. 따라서 반부쇠창도 백제와 신라의 문물 교류를 보여주는 하나의 사례가 된다.

---

99) 《삼국사기》 권제25 백제본기 비유왕 8년조 및 권제3 신라본기 눌지왕 18년조 참조.

100) 국립청주박물관·포항산업과학연구소, 2004, 《진천 석장리 철생산유적》 학술조사보고서 제9책, 115~225쪽.

넷째로 등자이다. 천안 용원리 9호분에서 출토된 등자는 병부(柄部)와 윤부(輪部)의 측면과 병 상반부의 앞뒷면을 철판으로 보강하고, 병 하반부와 윤 상반부의 앞면과 뒷면에 역 Y자 모양의 철봉으로 보강한 것이 특징이다. 이러한 등자는 동래 복천동 22호묘와 합천 옥전 68호묘에서도 출토되었다. 따라서 이 등자도 백제와 신라 사이에 문물 교류가 있었음을 보여준다.[101]

3) 가야와의 문물 교류

4세기 이후로 오면 백제와 가야의 문물 교류는 빈번하게 된다. 가야 세력 가운데 백제와 문물 교류를 활발히 한 것은 대가야였다. 첫째는 철제 모형 농공구이다. 모형 농공구는 낫, 살포, 따비, 도끼 등 농공구의 원형을 실제보다 축소하여 제작한 것으로서 실용성이 없는 제의적 성격의 철기이다. 이 철제 모형 농공구는 고령 쾌빈동에서 집중 출토되었다.[102] 이런 모형 농공구가 청주 신봉동, 서천 오석리·봉선리 고분군에서도 출토되었다. 이는 고령 대가야와 백제의 교류를 보여주는 것이다.

둘째로 금동관과 같은 위신품과 장신구이다. 백제의 금동관은 천안 용원리 1호분, 공주 수촌리 2-1·2-4호분, 서산 부장리 6호분, 고흥 길두리 고분에서 출토되었다. 이 가운데 천안 용원리 1호분에서 출토된 관은 합천 옥전 M3호에서 출토된 삼엽문이 투조된 고깔 모양의 금동모에 날개 모양의 금동판을 대고 봉상의 장식을 정부(頂部)에 세

---

101) 이상의 설명은 홍보식, 2007, 〈신라와의 문물교류〉, 《백제의 문물교류》 백제문화사대계 연구총서 10, 충청남도역사문화연구원 참조.
102) 안순천, 1996, 〈소형철제모형농공구 부장의 성격〉, 《영남고고학》 18집, 영남고고학회.

운 것과 매우 비슷하다.[103)

셋째는 장신구로서의 이식(귀고리)이다. 옥전 23호에서 출토된 원판형의 중간식을 가진 이식은, 천안 용원리 9호 석곽과 청주 신봉동 54호 출토 이식과 맥을 같이 한다.

넷째로는 장식대도이다. 합천 옥전 67-A호, 고령 지산동 32NE-1호 출토 장식대도에는 환두부에 상감 문양이 되어 있다. 이러한 상감 문양은 천안 화성리 A-1호 및 용원리 1호분에서 출토된 장식대도와 맥을 같이 한다.[104)

다섯째는 등자이다. 합천에서 출토된 등자는 병부와 윤부 안팎의 측면과 병부 상반부를 철판으로 씌우고 병부 하위에서 윤부 중간까지 철봉을 대어 보강하였다. 이러한 등자는 용원리 9호 석곽에서도 출토되었다.[105)

여섯째는 초두(鐎斗)이다. 초두는 술을 데우는 데 사용하는 그릇으로 제기의 기능도 하였다. 백제의 풍납토성에서는 낙랑의 청동초두의 영향을 받아 만든 매우 정교하고 세련된 청동초두가 발견되었다.[106) 그런데 고령에서도 전고령 출토로 알려진 청동초두가 있다. 이 초두의 모양은 풍납토성 출토 초두와 매우 비슷하다. 따라서 고령에서 출토된 것으로 알려진 초두는 백제를 거쳐 대가야에 전해진 것으로 볼 수 있다.

---

103) 이한상, 2009, 《장신구 사여체제로 본 백제의 지방지배》, 서경문화사, 136~140쪽.

104) 이상의 설명은 이한상, 2011, 《동아시아 고대 금속제 장신구문화》, 도서출판 고고 참조.

105) 이성주, 2007, 〈가야와의 문물교류〉, 《백제의 문물교류》 백제문화사대계 연구총서 10, 충청남도역사문화연구원, 150~162쪽 참조.

106) 김태식, 2001, 《풍납토성, 500년 백제를 깨우다》, 김영사.

〈도 3-1〉 풍납토성 출토 청동초두(왼쪽)와 전고령 출토 청동초두

그런데 이 시기의 가야는 통일왕국이 아니었다. 따라서 백제와 소가야와의 문물 교류도 이루어졌다. 그 사례로는 첫째, 노형(爐形)토기를 들 수 있다. 백제의 노형토기는 천안 두정동 1지구 3호 주거지에서 출토되었다. 이 토기는 고령 쾌빈동과 고성 송학동에서 출토된 노형토기와 매우 비슷하다. 둘째는 고배(高杯)이다. 풍납토성에서는 방사상의 점열문이 있는 뚜껑 3점과 고배 2점이 출토되었다. 이 토기는 소가야계 토기이다. 소가야계 토기가 풍납토성에서 출토되었다는 것은 이 시기에 백제와 소가야의 교섭을 보여준다.107) 셋째는 수평구연호(水平口緣壺)이다. 청주 신봉동 92-107호 토광묘에서 출토된 수평구연호는 마산 현동 64호 석곽묘 출토 토기와 비슷하다. 이러한 토기들은 백제와 소가야 사이의 교류를 보여준다.108)

---

107) 권오영, 2000, 〈풍납토성 출토 외래유물에 대한 검토〉, 《백제연구》 36집, 충남대 백제연구소.

108) 이성주, 2007, 앞의 글, 150~162쪽.

제2장 중국 여러 왕조와의 교섭과 교류

제1절 진·송과의 교섭

1. 동진과의 교섭

백제는 3세기 중엽 무렵에 목지국을 대신하여 마한연맹체의 맹주국이 되었지만, 3세기 말까지는 마한의 이름으로 진(晉)과 교섭을 하였다. 백제가 백제라는 이름으로 중국 왕조와 교섭한 시기를 추론하는 데 실마리가 되는 것이 두 가지이다. 하나는 《통전》에 진무제 함령 연간(275~279)까지는 마한이 조공하였지만 그 뒤 삼한은 모두 백제와 신라에 의해 병합되었다고 한 기사이고,109) 다른 하나는 《양서》백제전에 조위(曹魏) 대까지는 마한, 진한이라는 이름으로 중국과 교섭이 행해졌지만 동진 대[晉過江]에 백제라는 이름으로 교섭이 이루어졌다고 한 기사이다.110) 동진(東晉)의 시작은 317년부터이다. 이로 미

---

109) 《통전》 권185 변방제1 변한조의 "晉武帝咸寧中　馬韓王來朝　自後無聞 三韓皆爲百濟新羅所呑幷" 참조.

루어 백제는 4세기에 들어와 백제라는 이름으로 중국 왕조와 교섭을 하였음을 알 수 있다.

현재의 자료에서 4세기에 들어와 백제가 동진에 사신을 파견하여 방물을 보낸 것은 372년이 처음이다. 이때의 백제왕은 여구(餘句)였다. 여구는 바로 근초고왕이다. 동진은 근초고왕에게 '진동장군영낙랑태수(鎭東將軍領樂浪太守)'의 작호를 수여하였다.111) 근초고왕이 받은 진동장군은 4진(四鎭)장군의 하나로서 정3품인데, 이는 고구려 고국원왕이 355년에 전연으로부터 받은 정동대장군에 대응된다. 백제왕이 중국 왕조로부터 작호를 받은 것은 현재의 자료에서는 이것이 최초이다. 책봉이 이루어진 시점은 백제가 371년에 평양성 전투에서 고구려의 고국원왕을 전사시키는 승리를 거둔 직후이다. 동진은 백제의 이러한 국력과 위상을 평가하여 진동장군의 작호를 내린 것 같다. 작호 속에 보이는 "영낙랑태수"는 백제가 이때 낙랑 지역을 차지하였다는 것을 인정하여 수여한 것으로 보인다.

근초고왕의 뒤를 이어 즉위한 근구수왕은 379년에 동진에 사신을 보냈다. 그러나 이 사신은 해상에서 악풍을 만나 도달하지 못하고 돌아왔다. 《삼국사기》에는 이 기사 말고는 백제가 동진에 사신을 파견했다는 기록은 없다. 그러나 《양서》 백제전에 따르면, 진 태원 중에 백제왕 수(須: 근구수왕)가 동진에 사신을 파견하여 포로[生口]를 보냈다는 내용이 나온다.112) 태원은 동진 효무제의 연호로서 376~396년

---

110) 《양서》 권54 열전제48 諸夷 백제전의 "魏時朝鮮以東馬韓辰韓之屬 世通中國 自晉過江泛海 東使有高句麗百濟 而宋齊間常通職貢 梁興又有加焉" 참조.

111) 《진서》 권9 제기제9 간문제 함안 2년조의 "春正月 百濟林邑王各遣使貢方物…六月 遣使拜百濟王餘句爲鎭東將軍領樂浪太守" 참조.

112) 《양서》 권54 열전제48 諸夷 백제전의 "晉太元中王須 義熙中王餘映 宋元嘉中王餘毗 竝遣使獻生口" 참조.

까지이며, 이는 근구수왕의 재위 기간(375~384)에 해당한다. 수가 사신을 보냈다는 문장 구조는 후대의 여영(餘映: 전지왕)과 여비(餘毗: 비유왕)가 동진에 사신을 보냈다는 문장 구조와 일치한다. 따라서 근구수왕이 동진에 또다시 사신을 보내 생구를 바친 것은 확실하다. 그 시기는 379년에 파견한 사신이 악풍으로 되돌아온 해에서 근구수왕이 죽은 384년 사이라고 할 수 있다.

그런데 《진서》 제기(帝紀)에 따르면, 382년에 동이 5국이 사신을 보내 방물을 바친 것으로113) 나온다. 이 다섯 나라 가운데 백제가 포함된다고 하면 근구수왕이 사신을 보낸 시기는 382년이라 할 수 있다. 백제로부터 생구를 받은 동진이 백제왕에게 준 책봉호가 무엇인지는 알 수 없지만, 근초고왕의 사례에서 미루어 볼 때 진동장군이었을 가능성이 크다.

이후 386년에 백제 왕세자 여휘(餘暉)가 동진에 사신을 보냈다.114) 386년은 진사왕 2년이다. 진사왕은 형 침류왕이 재위 2년 만에 죽자 조카 아신을 제치고 왕위에 올랐다. 그런데도 《진서》에는 왕세자로 나온다. 아마도 침류왕이 죽은 뒤 진사와 조카 아신 사이에 왕위 계승을 둘러싸고 암투가 있어 곧바로 즉위하지 못하였기 때문에 왕세자의 이름으로 사신을 파견하지 않았을까 한다.115) 동진은 휘(暉: 진사왕)에게 "사지절(使持節) 도독(都督) 진동장군(鎭東將軍) 백제왕(百濟王)"

___

113) 《진서》 권9 제기제9 효무제 태원 7년조의 "九月 東夷五國遣使來貢方物" 참조.

114) 《진서》 권9 제기제9 효무제 태원 11년조의 "夏四月 以百濟王世子餘暉 爲使持節都督鎭東將軍百濟王" 참조.

115) 왕위에 오르지 않은 채 왕세자의 자격으로 사신을 파견한 예로는, 비록 왜의 경우지만, 왜왕 濟가 죽자 세자 興이 송에 사신을 보낸 것을 들 수 있다. 이에 대해서는 《송서》 권97 열전제57 夷蠻 왜국전의 "濟死 世子興 遣使貢獻" 참조.

을 수여하였다. 백제왕 가운데 이러한 체제로 갖추어진 책봉호를 받은 것은 진사왕이 최초이다.116)

이후 백제 전지왕은 416년에 와서 동진에 사신을 파견하여 진사왕과 동일한 작호를 받았다. 백제왕은 중국 여러 왕조로부터 이러한 형식의 작호를 받음으로써 밖으로는 국제사회에서 두각을 나타내고, 안으로는 왕권의 위상을 높였다.

2. 송과의 교섭

중국 사서에서 백제전이 나오는 것은 《송서》 백제전이 처음이다. 송무제(363~422)는 건국 후 정동장군 고구려왕 고련(高璉: 장수왕)을 정동대장군으로, 진동장군 백제왕 여영(전지왕)을 진동대장군으로 진호(進號)하였다. 이때 진호된 자는 모두 7명이었는데 5명은 송의 신하였고, 나머지는 고구려왕과 백제왕이었다. 백제가 고구려와 더불어 대장군으로 진호되었다는 것은 송나라가 백제에 대해 각별한 관심을 가지고 있었음을 보여준다. 그런데 송이 진호한 시기인 420년은 백제에서는 전지왕이 이미 죽고 구이신왕이 즉위한 해였다. 그럼에도 송이 죽은 전지왕에게 작호를 내린 것은 구이신왕이 즉위한 것을 모른 채 건국을 자축하고 이를 주변 국가에 널리 알리고자 일방적으로 진호를 행하였기 때문으로 보인다.

424년 백제는 장사 장위를 파견하여 예궐하고 조공하였다. 이때 사신을 보낸 주체를 《송서》는 영(映: 전지왕)으로 적고 있다.117) 그러나

---

116) 필자는 이전에 사지절-도독제군사-장군호-왕호로 이루어진 작호는 전지왕이 처음으로 받았다고 보았는데(노중국, 2010a, 〈고대동아시아의 문화교류와 백제의 위치〉, 《충청학과 충청문화》 11집, 충청남도역사문화연구원), 여기에서 그 견해를 수정해 두는 바이다.

424년은 구이신왕 5년이어서 연대가 맞지 않는다. 그런데 송은 이듬해인 425년에 백제왕을 '사지절 도독 백제제군사 진동대장군 백제왕'으로 책봉하면서 "왕위를 이어 바야흐로 임무를 맡았다[故嗣位方任]"는 표현을118) 쓰고 있다. 사위(嗣位)는 왕위 계승을 의미한다. 그런데 이 시기에 전지왕은 이미 죽었으므로 왕위 계승자는 구이신왕이다. 이로 미루어 424년에 사신을 보낸 주체는 영(전지왕)이 아니라 구이신왕으로 보는 것이 타당하다고 생각한다.

424년 7월 송에서는 창업공신이면서 고명대신인 서섬지(徐羨之)와 부량(傅亮) 등이 소제를 폐위시키고 18세의 문제를 옹립하였다. 문제는 424년 8월에 연호를 원가로 고쳤다. 그럼에도 백제가 송의 황제를 소제로 적은 것은 사신을 파견한 시기가 원가로 개원한 8월 이전이었음을 보여준다.119) 백제 사신 장사 장위가 예궐하여 조공하자 송은 알자 여구은자(閭丘恩子)와 부알자 정경자(丁敬子) 등을 보내 위로하였다. 이후 백제는 매년 송에 사신을 파견하고 방물을 보냈다.120)

439년 백제 비유왕은 송에 사신을 보냈고 송에서는 전왕의 작호인 사지절 도독 백제제군사 진동장군 백제왕을 이어 받도록 하였다. 450년 비유왕은 사신을 보내 방물을 바치면서 《역림》, 《식점》, 요노(腰弩)를 요청하였다. 이때 사행의 임무를 맡은 사람은 사가대사(私假臺使) 서하태수 풍야부(馮野夫)였다. 송은 이 요청에 따라 《역림》, 《식

---

117) 《송서》 권97 열전제57 夷蠻 백제전의 "少帝景平二年 映遣長史張威 詣闕朝貢" 참조.

118) 《송서》 권97 열전제57 夷蠻 백제전의 "元嘉二年 太祖詔之曰 皇帝問使持節都督百濟諸軍事鎭東大將軍百濟王⋯故嗣位方任 以藩東服⋯" 참조.

119) 박윤선, 2006, 〈5세기 중반~7세기 백제의 대외관계〉, 숙명여대 박사학위논문, 36쪽.

120) 《송서》 권97 열전제57 夷蠻 백제전의 "其後每歲遣使奉表獻方物" 참조.

점》, 요노를 백제에 보내 주었다. 이것이 갖는 의미에 대해서는 후술할 것이다.

547년 개로왕은 송에 사신을 보내 작호 제수를 요청하였다. 송은 그 요구를 받아 개로왕을 책봉하였다. 개로왕이 받은 작호는 전지왕과 비유왕의 작호에서 미루어 볼 때 '사지절 도독 진동대장군 백제왕'이었을 가능성이 크다. 458년 개로왕은 또 사신을 보내 표를 올려 행관군장군 우현왕 여기(餘紀) 등 11인에 대해 사서(私署)한 작호를 제수해 줄 것을 요청하였다. 송은 이 요구를 받아들여 사서된 자들의 작호를 정식으로 제수해 주었다.121) 이후 개로왕은 또 471년에도 사신을 송에 보내어 공헌하였다. 이 사행의 목적은 송이 고구려로 기울지 않도록 하기 위한 것으로 보인다.

제2절 전진과 북위 및 물길과의 관계

1. 전진과의 교섭

현재의 문헌자료에 따르면, 백제는 4세기에 들어와 동진(東晉) 및 남조와 긴밀하게 교섭과 교류를 한 것으로 나온다. 이와는 달리 5호16국과의 교섭 자료는 없다. 이로 말미암아 지금까지의 연구에서는 백제와 5호16국의 교섭 문제는 거의 주목을 받지 못하였다. 그러나 고구려는 물론 신라도 5호16국의 하나인 전진과 교섭을 가졌다. 때문에 백제도 5호16국과 교섭을 가졌을 가능성은 배제할 수 없다. 이를 추론하는 데 실마리가 되는 것이 〈백제왕호부(百濟王虎符)〉이다.

---

121) 《송서》 권97 열전 제57 夷蠻 백제전.

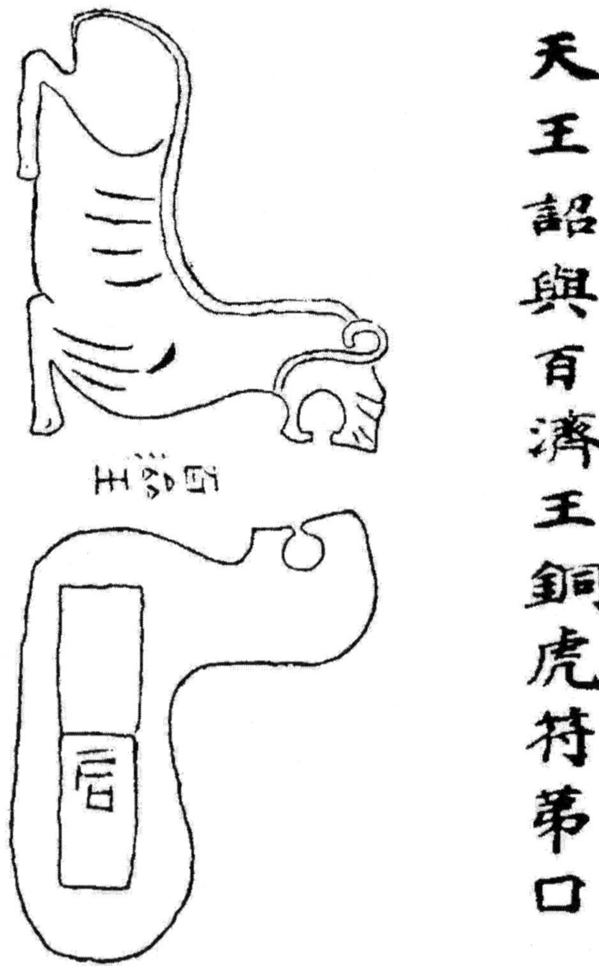

〈도 3-2〉 〈백제왕동호부〉 그림과 명문

호부의 등에 "천왕이 조서를 내려 백제왕에게 주는 호부 제△(天王 詔與百濟王銅虎符第△)"라는 전서 반문(半文)과 가슴에 백제왕(百濟王) 이라는 세 자가 있으며, 뒷면의 접합 장치는 장방형 면의 반이 나오고 반이 들어갔다. 이런 형태의 척문(脊文) 서식을 가진 호부로는 〈천왕 조여삼성호군동호부제5(天王詔與三城護軍銅虎符第五)〉, 〈조여고평태수 동호부제2(詔與高平太守銅虎符第二)〉, 〈천왕조여주천태수동호부제2(天 王詔與酒泉太守銅虎符第二)〉가 있다.122)

〈백제왕호부〉가 어느 왕조에서 어느 때 만든 것인가를 추론하는 데 실마리가 되는 것이 '천왕'이다. 천왕이란 칭호는 5호16국이 많이 사용하였다. 흉노의 근준(靳準)은 318년에 한천왕(漢天王)을123) 스스 로 칭하였고, 전진의 부건(苻健)은 351년에 천왕대선우(天王大單于) 를,124) 부견(苻堅)은 357년에 대진천왕(大秦天王)을,125) 여광(呂光)은 396년에 대량(大凉)천왕을,126) 혁련발발(赫連勃勃)은 406년에 천왕대 선우를,127) 후연 고운(高雲)은 409년에 천왕을,128) 풍발(馮跋)은 411

---

122) 〈백제왕동호부〉에 대한 설명은 방선주, 1973, 〈歲, 百濟關係 虎符에 대 하여〉, 《사총》 17·18합, 고려대학교 사학회에 의거하였다.

123) 《진서》 권102 載記제2 劉聰 子粲 陳元達의 "準自號大將軍漢大王 置百 官" 참조. 《통감》 권90에는 '大'를 '天'으로 적고 있어 여기서는 천왕의 사 례로 들어 둔다.

124) 《진서》 권112 재기제12 苻健의 "永和七年 僭稱天王單于 赦境內死罪" 참조.

125) 《진서》 권112 재기제12 苻堅의 "以升平元年僭稱大秦天王…赦其境內 改 元曰永興" 참조.

126) 《진서》 권122 재기제22 呂光의 "光於是以太元二十一年 僭卽天王位 大 赦境內 改年龍飛" 참조.

127) 《진서》 권130 재기제30 赫連勃勃의 "義熙三年 僭稱天王大單于 赦其境 內…國稱大夏" 참조.

128) 《진서》 권124 재기제24 慕容雲의 "雲遂卽天王位 復姓高氏 大赦境內殊

년에 대연천왕(大燕天王)을129) 자칭하였다. 5호16국의 최고지배자가 스스로 천자 대신에 천왕이라 일컬은 까닭은 대진(大秦)의 시조가 되는 강인(羌人) 요익중(姚弋仲)이 "자고로 융적이 천자가 된 적이 없다"130)고 한 말에서 짐작해 볼 수 있다. 그래서 5호들은 나라를 세운 뒤 대개는 천왕을 칭하였던 것이다.

이러한 나라 가운데 백제왕에게 호부를 수여했을 가능성이 가장 높은 사람은 전진(前秦)의 부견(359~385)이다.131) 부견은 화북을 통일하고 서로는 서역 지방에서 동으로는 요동까지 태수를 두었고, 고구려에 불교를 전하였다. 전진과 백제의 관계는 부견의 일족인 부락(苻洛)의 활동에서 살펴볼 수 있다. 부락은 부건(苻健)의 형의 아들로서 부견과 4촌 사이이다. 부락은 웅걸스럽고 힘이 세며 용맹한 기상은 다른 사람을 능가하였다. 그는 376년에 동진의 대(代) 지방을 공격하여 대왕 사익건(沙翼犍)을 붙잡은 공로를 세웠다.132) 그러나 전진왕 부견은 그의 용맹함과 공로를 꺼려하여 변방의 직으로 돌렸다. 이에 부락은 379년에 스스로 대장군대도독진왕을 칭하면서 거병하여 반란을 일으켰다. 그리고 사자(使者)를 선비, 오환, 고구려, 백제, 설라(薛羅),133) 휴인(休忍) 등의 나라에 보내어 징집을 요청하였다. 그러나 이

死以下 改元正始 國號大燕" 참조.

129) 《진서》 권125 재기제25 馮跋의 "於是以太元二十年 乃僭稱天王于昌黎 而不徙舊號 卽國曰燕" 참조.

130) 《진서》 권116 재기제16 姚弋仲의 "今石氏已滅 中原無主 自古以來未有 戎狄作天子者" 참조.

131) 방선주, 1973, 앞의 글, 41~43쪽.

132) 《진서》 권9 재기제9 효무제 태원 원년 12월의 "苻堅使其將苻洛攻代 執 代王沙翼犍" 참조.

133) 薛羅의 위치는 분명하지 않으나 음운상에서 미루어 보면 신라일 가능성도 크다. 이에 대해서는 나중에 검토해 볼 예정이다.

나라들은 모두 그의 요구를 들어주지 않았다.134)

부락이 반란을 일으키면서 백제에도 사자를 보내 징병을 요구하였다는 것은 이보다 앞서 백제와 전진 사이에 교섭이 있었음을 보여준다. 이러한 교섭이 있었기 때문에 부락은 백제의 존재를 알고 원군을 요청하였던 것이다. 이렇게 보면, 전진은 379년 이전에 백제왕에게 이 호부를 수여하였을 것이다.135)

백제와 전진 사이에 교섭이 있었던 시기가 언제인지는 분명히 하기 어렵다. 그렇지만 이를 추론하는 데 실마리가 되는 것이 신라 나물왕이 382년에 위두를 부진(苻秦)에 보내어 방물을 바쳤다는 사실이다. 이때 신라 사신 위두는 부견이 "그대가 말하는 해동의 일이 예〔古〕와 다르니 어쩜이냐"라고 질문하자 "또한 중국이 시대가 변화하고 명호를 고친 것과 같으니 지금 어찌 똑같으리오"라고 답하고 있다.136) 부견의 말 가운데 해동의 일이 예와 다르다는 것은 전진이 이전에 신라에 대해 어느 정도 정보를 가지고 있었음을 알려 주는 것이다. 사실 신라는 377년에도 전진에 사신을 보냈다.137) 따라서 부견이 말한 '예〔古〕'는 377년의 사실을 말하는 것이다. 따라서 전진과 신라의 최초의 교섭은 늦어도 377년이라 할 수 있다.

종래의 연구에서는 신라와 고구려의 관계를 고려하여 신라가 고구려의 도움을 받아 전진에 사신을 파견한 것으로 보았다. 그러나 377

---

134) 《진서》 권113 재기제13 부견 상의 "洛健之兄子也 雄勇多力 而猛氣絶人
堅深忌之 故常爲邊牧…於是自稱大將軍大都督秦王 署置官司…分遣使者徵
兵於鮮卑烏丸高句麗百濟及薛羅休忍等諸國 並不從" 참조.

135) 노중국, 2012b, 〈백제의 문서행정과 관인제〉,《백제와 주변세계》, 성주
탁교수 추모논총, 진인진, 53~56쪽.

136) 《태평어람》 권781 동이 신라조.

137) 《자치통감》 권104 晉紀 烈宗 上之中.

년과 382년에 전진과 신라 사이에 교섭이 있었다고 하면 백제를 거쳤을 가능성도 생각해 볼 수 있다. 이와 관련하여 373년에 백제 근초고왕이 신라로 도망한 독산성주를 돌려줄 것을 요청하면서 "두 나라는 화호하여 형제가 되기를 약속하였다[兩國和好 約爲兄弟]"라고 한 말이 눈여겨볼 만하다. 이 기사는 독산성주가 망명한 373년 이전에 백제와 신라는 형제와 같은 우호 관계를 맺고 있었음을 보여준다. 이러한 때에 신라는 백제를 통해 전진에 사신을 파견하였을 수도 있지 않았을까 한다.

이와 관련하여 눈길을 끄는 자료가 두 가지이다. 하나는 《태평어람》에 신라왕 누한(樓寒)이 382년에 사신 위두를 전진에 보내 미녀를 바쳤다고 하면서 신라국은 백제의 동쪽에 있다고 한 기사이다.138) 신라의 위치를 백제의 동쪽에 있다고 한 것은 백제가 기준이 된 것을 보여준다. 따라서 이러한 위치 정보는 백제로부터 나왔을 가능성이 크다.

다른 하나는 《통전》에 '신라왕은 본래 백제 사람인데 바다로부터 신라로 도망해 들어가 드디어 그 나라의 왕이 되었다. 신라는 작아서 스스로 사신을 보내 빙문할 수 없었다'고 한 기사이다.139) 이 기사에서 백제 사람이 신라로 도망가서 왕이 되었다고 한 말은 그대로 신빙하기 어렵지만,140) 신라는 작은 나라여서 스스로 사신을 보내 빙문할

---

138) 《태평어람》 권781 동이 신라조의 "秦書曰 苻堅建元十八年 新羅國王樓寒 遣使衛頭 獻美女 國在百濟東 " 참조.

139) 《통전》 권185 변방1 동이 上 신라조의 "其王本百濟人 自海逃入新羅 遂王其國 其國小不能自通使聘" 참조.

140) 이러한 말은 어떤 형태로든 전진에 전해졌기 때문에 기록으로 남은 것이다. 이 말을 전진에 전한 주체는 신라라기보다는 백제일 가능성이 크다. 이는 〈양직공도〉에 백제가 新羅, 叛波, 卓, 前羅 등을 "백제 곁의 작은 나라[傍小國]"로 표현한 것과 상통하는 점에서 추론해 볼 수 있다. 이에 대

수 없었다고 한 말은 의미가 크다. 스스로 빙문할 수 없을 때는 이웃 나라의 도움을 받아야 한다. 그 사례로는 521년에 신라왕 모진(募秦: 법흥왕)의 사신이 백제 사신의 도움을 받아 양나라에 방물을 바친 것을141) 들 수 있다.

이처럼 두 기사는 신라와 관련하여 백제를 언급하고 있다. 이를 종합하면, 382년에 신라가 전진에 위두를 파견하였을 때 백제가 어떤 형태로든 관여하고 있었음을 알려 준다. 그렇다고 하면, 377년에 신라가 전진에 사신을 파견하였을 때도 백제의 도움을 받았을 가능성이 크다. 백제가 신라 사신이 전진에 가는 일을 돕는 것은 377년 이전에 백제가 전진과의 교섭이 있었어야만 가능하다. 따라서 백제와 전진의 교섭은 늦어도 370년대에는 있었다고 볼 수 있겠다.

백제가 사신을 파견하자 전진은 백제왕에게 호부를 주었다. 연대상에서 미루어 볼 때 이 호부를 받은 백제왕은 근초고왕일 가능성이 가장 크다. 이처럼 근초고왕은 372년에 동진에 사신을 보내 '진동장군 영낙랑태수'라는 작호를 받았고, 이후 어느 시기 전진에도 사신을 보내 동호부를 받았다. 이는 근초고왕의 다면 외교를 보여주는 것이다.

2. 북위와의 교섭

1) 비유왕의 대(對)북위 교섭

《삼국사기》나 중국 측 자료에는 백제와 남조의 교섭 기사는 자주 나온다. 그러나 북위와 교섭한 기사는 472년에 개로왕이 북위에 사신

해서는 나중에 검토해 보기로 한다.
141) 《양서》 권54 열전제48 夷蠻 신라전.

을 보낸 것이 유일하다. 이로 말미암아 북위적 요소를 강하게 보이는 백제의 고고학 유물에 대해 고구려를 통해서 들어온 것이라든가, 북위의 요소가 남조를 거쳐 다시 백제에 전해졌다고 설명하기도 했다. 북위는 386년(백제 진사왕 2)에 건국되어 535년(백제 성왕 13)에 멸망하였다. 150년이라는 짧지 않은 기간 동안 존속한 북위와 백제 사이에 단 한 번의 교섭만 있었다고 단정할 수 없다. 따라서 개로왕이 북위에 보낸 국서의 내용을 잘 검토하면 472년 이전에도 백제와 북위 사이에 이루어진 교섭과 교류의 흔적을 찾아낼 수 있다.

종래의 연구에서 백제가 개로왕 대에 처음으로 북위에 사신을 보냈다고 본 근거는 국서에 나오는 "'경의 사신이 비로소 통교해 왔다〔卿使命始通〕"를 백제가 '처음으로 북위와 통했다'고 해석한 것이다. 그러나 이 기사의 경(卿)은 개로왕을 말하므로 '개로왕이 즉위 뒤 비로소 사신을 보낸 것'으로 해석해야 한다. 따라서 이 구절은 백제가 처음으로 사신을 보낸 것이 아니라 개로왕이 즉위 뒤 오랫동안 사신을 보내지 않았다가 472년에 비로소 보낸 것을 의미한다. 이를 엿보게 하는 것이 국서에 나오는 다음의 기사이다.

지난 경진년 이후에 신의 서쪽 경계인 소석산 북국의 바다 가운데서 10여 구의 시체와 의복과 그릇과 안장을 얻었다. 살펴보니 고구려 물건이 아니었다. 뒤에 들으니 북위가 보낸 사신이 신의 나라로 왔는데 큰 뱀이 길을 막아 바다에 빠졌다는 것을 들었다. … 조서를 내려 말하기를, … 전에 보낸 왕의 사신〔王人〕이 배를 타고 황외의 나라를 위무하러 간 지 여러 해가 되었는데 가서 돌아오지 않았다. 살았는지 죽었는지 도달했는지 못했는지 살필 수가 없다. 경이 보낸 안장은 옛 것과 비교하니 중국의 물건이 아니었다.142)

이 기사에서 "큰 뱀[長蛇]"은 고구려를, "황외의 나라[荒外之國]"는 백제를, 왕인(王人)은 북위의 사신을 가리킨다. 따라서 "왕인이 신의 나라로 왔다[王人來降臣國]"는 것은 북위가 백제에 사신을 보낸 것을 말한다. 그 시기는 "간 지 여러 해가 되었는데 가서 돌아오지 않았다[從來積年 往而不返]"는 기사와 연결시켜 볼 때 472년 이전이다.

북위가 백제에 사신을 파견한 시기를 추정하는 데 실마리가 되는 것이 "지난 경진년 이후[去庚辰年後]"이다. 경진년은 440년(비유왕 14)이다. 따라서 북위는 440년 이후 어느 시기에 백제에 사신을 보냈던 것이다. 경진년이 기준이 되고 있는 것은 이 해에 무언가 중요한 일이 있었기 때문이다. 이와 관련하여 눈길을 끄는 것이 북연의 향방이다.

북연을 세운 풍발(馮跋)은 고운(高雲)의 부하였다. 고운은 본래 고구려의 지서(支庶) 출신이었기 때문에 고구려와 종족의 우의를 다졌다.143) 풍발은 고운이 피살되자 그 세력을 계승하여 즉위한 뒤 스스로 연왕이라 일컬었다. 풍발이 죽은 뒤 아들 풍홍(馮弘)은 436년에 색로[北魏]의 공격을 받아 어려움에 빠지게 되자 438년에 고구려로 망명하였다. 이후 풍홍의 귀환을 둘러싸고 고구려와 북위, 고구려와 송 사이에 대립이 일어났다. 이처럼 풍홍의 문제가 국제적인 문제로 비화하자 고구려 장수왕은 438년에 풍홍을 죽여 버렸다. 이로 말미암아 송의 백구(白句) 등은 고구려를 공격하여 고구려 장수 손수(孫漱)를 생포하고 고구(高仇)를 죽여 버렸다. 이에 고구려는 백구 등을 사로잡

---

142) 《위서》 권100 열전제88 백제전의 "去庚辰年後 臣西界小石山北國海中 見屍十餘 幷得衣器鞍勒 視之非高麗之物 後聞乃是王人來降臣國 長蛇隔路 以沈于海…詔曰…前所遣使 浮海以撫荒外之國 從來積年 往而弗返 存亡達 否 未能審悉 卿所送鞍 比校舊乘 非中國之物…" 참조.

143) 《삼국사기》 권제18 고구려본기 광개토왕 17년조의 "三月 遣使北燕 且 敍宗族 北燕王雲 遣侍御史李拔報之 雲祖父高和 句麗之支庶…" 참조.

아 송에 보내면서 처벌을 요구하였고, 송은 그 요청을 거절하기 어려워 임시로 백구 등을 하옥시켰다가 얼마 뒤 풀어주었다.144) 이 일련의 사건들은 436년에서 440년(경진년)까지 북위와 고구려 사이, 송과 고구려 사이에 갈등이 있었음을 보여준다.

이러한 시기에 비유왕이 440년에 송나라에 사신을 보낸 것은145) 고구려와 송 사이의 껄끄러운 관계를 이용하여 고구려를 견제하기 위한 것으로 볼 수 있다. 이는 백제가 북연의 문제를 둘러싸고 고구려와 북위, 고구려와 송 사이에 벌어진 상황을 잘 파악하고 있었음을 보여준다. 그렇다고 하면, 백제는 이때 북위에도 사신을 보내지 않았을까 한다. 백제가 사신을 보내오자 북위는 '황외의 나라'를 위무한다는 명목으로 백제에 사신을 보냈다.146) 이는 국서에 "뒤에 왕이 보낸 사신이 신의 나라로 왔다는 것을 들었다〔後聞乃是王人來降臣國〕"는 것에서 확인된다. 그러나 북위의 사신은 고구려의 방해로 바다에 빠져 죽었기 때문에 백제에 도달하지는 못하였다. 그래서 국서에는 두 나라 사이에 사신이 오간 시기를 경진년을 기준으로 말하였던 것이다.

비유왕이 440년에 북위에 사신을 보낸 목적은 당시의 국제 관계 속에서 살펴볼 수 있다. 《삼국사기》에 따르면, 전지왕 즉위 이후 430년대에 이르기까지 백제와 고구려 사이에 군사적 충돌 기사는 보이지 않는다. 그러나 개로왕의 상표문에 따르면, 440년대를 전후하여 두 나라 사이에 긴장 관계가 조성되었고 그 배경에는 북연의 멸망에 따른 고구려의 강성함이 작용하였다. 고구려 장수왕은 한때 천왕을 일컬었던 북

---

144) 풍발이 북연을 세운 후 풍홍의 죽음에 이르기까지의 상황에 대해서는 《송서》 권97 열전제57 夷蠻 고구려전 참조.

145) 《삼국사기》 권제25 백제본기 비유왕 14년조의 "冬十月 遣使入宋朝貢" 참조.

146) 비유왕은 북위의 외교 활동을 인식하고 있었지만, 북위와 교섭을 가지지는 않았다고 보는 견해(김수태, 2000a, 앞의 글, 228쪽)도 있다.

연왕 풍홍의 망명을 받아들인 뒤 풍군(馮君)으로 깎아내림으로써 자신의 국제적 위신을 높였다. 또 풍홍이 거느리고 온 많은 군사와 재물들을 몰수하여 군사력도 한층 강화하였다. 이에 장수왕은 평양 천도를 추진하면서 일시적으로 중단하였던 남진 정책을 다시 재개하였던 것이다.

장수왕의 남진 정책의 재개는 백제에 커다란 압력으로 작용하여 두 나라 사이에 긴장 관계가 조성되었다. 그 시기는 472년을 기준으로 "원망을 짓고 화를 이은 것이 30여 년"을 역산해 보면 440년(경진년)이 된다. 그래서 비유왕은 고구려와의 긴장 상황에 대처하고자 433년과 434년에 신라에 사신을 파견하여 양마와 백응을 보냈다. 이때 신라도 또한 고구려의 남진 정책으로 압박을 받고 있었으므로 양금과 명주를 보내 화답하였다. 이로써 두 나라 사이에 화호 관계가 맺어졌다. 이에 더하여 비유왕은 왜와의 우호 관계를 그대로 유지하면서[147] 440년에 송에 사신을 보내고 또 북위와의 교섭도 시도하였던 것이다.

비유왕의 이러한 외교 정책은 고구려를 자극하게 되었다. 이에 고구려는 북위가 백제와 연결되는 것을 사전에 차단하기 위해 백제에 대한 압력을 강화하였다. 이리하여 두 나라의 긴장 관계는 더욱 고조되었고 이러한 긴장 관계는 이후에도 지속되었다. 국서에서 "원망을 짓고 화를 이은 것이 30여 년이 되었다〔構怨連禍三十餘載〕"는 것이 이를 보여주는 것이다.

---

147) 《삼국사기》 권제25 백제본기 비유왕 2년조의 "倭國使至 從者五十人" 참조.

2) 개로왕의 대북위 교섭

(1) 제1차 교섭: 471년 이전

《위서》에 수록된 개로왕의 국서를 분석해 보면, 개로왕은 472년 이전에도 북위에 사신을 보낸 것을 추출해 낼 수 있다. 이를 짐작하게 하는 것이 국서에 나오는 440년 이후의 상황을 설명하는 일련의 기사이다. 그 내용을 정리하면 다음과 같다. 백제에서는 440년 이후 어느 시기에 소석산(小石山) 북쪽의 바다에서 시체 10여 구와 의기(衣器) 및 말 안장을 습득하였다. 백제는 시신과 함께 수습된 의기와 안마가 고구려 물건이 아니라 북위의 것이라는 것을 근거로 이 시체가 북위 사신의 시체로 판단하였다. 이에 개로왕은 북위의 사신이 바다에 빠져 시신으로 발견된 것은 고구려[長蛇]가 길을 막았기 때문이라고 하면서 그 증거로 안장 하나를 북위에 보냈다. 그 시기가 현조(466~471) 때였다. 이 기사로써 466년에서 471년 사이에 개로왕이 북위에 사신을 보낸 것을 알 수 있다. 필자는 편의상 이때의 견사(遣使)를 개로왕의 ‘제1차 사신 파견’으로 부르고자 한다.

백제로부터 물품을 받고 조서를 본 북위는 "이전에 황외의 나라[백제]를 위무하기 위해 보낸 사신이 아직 돌아오지 않았는데 여러 해[積年]가 지났어도 살았는지 죽었는지 알 수 없다"고 하였다. 그리고 "백제가 보낸 안장을 옛 수레[舊乘]와 비교해 보니 중국의 물건이 아니다"라고 하면서 고구려를 공격할 수 없다고 하였다. 그리고 "경략해야 할 요점"은 모두 별지에 써서 전달한다고 하였다.

고구려 경략과 관련한 사항을 별지로 만들어 보냈다는 것은 북위가 이때 백제에 답례 사신을 보낸 것을 말한다. 그렇지만 북위는 고구려를 공격해 달라는 백제의 요구는 거절하였다. 이리하여 개로왕의 제1차 북위와의 교섭은 아무런 소득이 없이 끝나고 말았다.

(2) 제2차 교섭: 472년

개로왕이 북위에 사신을 보낸 제2차 시기는 472년이다. 이때의 내용은 경진년 이후 현조 때와 관련되는 부분을 제외한 나머지 부분들이다. 이때 사신의 임무를 맡은 자는 관군(冠軍)장군 부마도위 불사후 장사 여례와 용양장군 대방태수 사마 장무였다. 제2차 사신 파견 때 북위에 보낸 국서의 내용을 정리하면 다음과 같다.

첫째, 백제와 고구려는 처음에는 돈독한 관계였는데 쇠(釗: 고국원왕)가 이웃 나라와의 우호를 가볍게 하자 백제 근구수왕이 그의 목을 효수하였다는 것이다. 이는 개로왕 이전의 백제와 고구려의 관계를 말한 것이다. 둘째, 고구려로 망명한 북연왕 풍씨가 고구려에 의해 죽임을 당한 뒤 고구려의 위세는 높아져 백제에 크게 압박을 가하였고, 그 압박이 30여 년 동안 계속되었다는 것이다. 그래서 백제를 도와달라고 하는 것이 핵심이다. 셋째는 대신과 유력한 귀족〔疆族〕이 죽임을 당하는 등 고구려가 내분 상황에 빠져 있고 풍씨의 군대들과 낙랑 유민들이 수구지심(首丘之心)을 가지고 있으므로, 북위가 고구려를 공격할 시기라고 한 사실이다. 넷째는 고구려를 공격해야 할 이유로 고구려가 북위의 사신을 물에 빠지게 하여 죽였다는 것과 그 증거로 말안장 등을 들 수 있다는 것이다. 이는 제1차 사신 파견의 목적과 내용을 다시 정리해 보낸 것이다.

이러한 사실들은 개로왕의 제2차 사신 파견 목적이 1차 때와 마찬가지로 고구려를 견제하려는 것이고, 그 방법은 북위가 고구려를 공격해 줄 것을 요청하는 것임을 알려준다. 북위는 백제의 이러한 요구를 다음과 같은 이유로 거절하였다. 첫째, 고구려는 백제와 옛날에 알력이 있었다고 하더라도 북위에 대해서는 번병(울타리)을 칭하면서 오랫동안 조공을 하였고, 북위의 명령을 어긴 허물이 없다는 것이다. 둘째, 백제가 사신을 처음 보내면서 고구려 공격을 요청하는데 일의 상황을 살펴보니 적합하지 않다는 것이다. 셋째, 이보다 앞서 예(禮)를148) 고구려에 보낸 상황을 점검해 보니 고구려의 설명이 사리에 맞아 강제할 수 없다는 것이다. 넷째, 만약에 앞으로 고구려가 북위 조정의 뜻을 어기면 거기에 대해서는 일정한 제재를 가하겠으며, 그때 백제는 향도가 되어 큰 공을 세워 달라는 것이다. 이러한 것들은 백제가 요구한 즉각적인 고구려 공격을 거부한 것에 대한 변명이었다.

북위는 이러한 내용의 답서를 사신 소안으로 하여금 백제에 전달하게 하였다. 이때 북위는 고구려에 대해 소안이 무사히 백제에 갈 수 있도록 길을 허락하라고 당부하였다. 그러나 고구려는 북위의 요청을 거부하였다. 때문에 소안은 백제에 가지 못하고 북위로 되돌아와야 했다. 이후 475년에 북위는 소안을 다시 백제에 파견하였지만 바다에서 회오리바람을 만나 백제에 도달하지 못하고 되돌아갔다. 이렇게 472년에 북위가 백제에 보낸 사신과 475년에 보낸 사신은 모두 백제에 도달하지 못하고 말았다.

백제는 472년에 요구한 고구려 공격 요구를 북위가 거절하자 북위와의 외교 관계를 단절하고 말았다. 이미 고구려 쪽으로 기운 북위의 입장을 되돌리는 것이 어렵다고 판단하였기 때문이다. 《삼국사기》에 개로왕은 "고구려가 빈번히 국경을 침범하자 북위에 상표를 올려 군사를 요청하였지만, 그 요청을 들어주지 않자 이를 원망하여 드디어 조공을 끊었다"149)고 한 것이 이즈음의 사정을 압축적으로 보여준다.

---

148) 이 예는, 전후 문맥에서 미루어 보면, 개로왕이 북위에 보낸 백제인 여례가 아니라 북위 사람이다.

149) 《삼국사기》 권제25 백제본기 개로왕 18년조.

3. 물길과의 관계

물길은 고구려의 북쪽에 있었으며 옛 숙신국(肅愼國)이었다. 이들은 읍락을 중심으로 생활하였는데 읍락에는 각각 우두머리가 있어 통일을 이루지 못하였다.[150] 이 물길은 속말부, 백돌부, 흑수부 등 7부가 핵심이었다. 또 동이(東夷) 가운데 최강 또는 강국이라는 표현에서[151] 보듯이 그 세력이 매우 강하였다.[152]

이 물길과 백제의 관계를 추론할 수 있게 하는 것이 북위에 온 물길의 사자 을력지(乙力支)와 북위 조정 사이에 이루어진 대화이다.[153] 이때 을력지가 한 말의 요점은 앞서 물길은 고구려를 공격하여 10개의 읍락을 함락시켰다는 것, 앞으로 백제와 공모하여 힘을 합쳐 수도(水道)를 따라 고구려를 공격하고자 한다는 것, 이 계획에 대해 북위의 생각이 어떠한지를 알고 싶다는 것 등이었다.

물길이 백제와 공모하여 고구려를 공격하겠다는 계획을 세운 시기는 태화(477~499) 초이다. 연호에서 초는 대체로 원년에서 2~3년 사이 정도이다. 따라서 을력지가 북위에 온 시기는 477년에서 479년 사이로 추정된다. 그런데 물길이 북위에 사신을 처음 보낸 것은 연흥(471~475) 때인 개로왕 17년에서 21년 사이이다. 이때 북위는 "삼

---

150) 《위서》 권100 열전제88 물길전.

151) 《위서》 권100 열전제88 물길전의 "於東夷最强" 및 《북사》 권94 열전제82 물길전의 "東夷中爲强國" 참조.

152) 물길에 대해서는 津田左右吉, 1915, 〈勿吉考〉, 《滿鮮地理歷史硏究報告》 1, 東京帝國大學 및 김락기, 2009, 〈5~6세기 물길의 중심지와 도태산〉, 《한국고대사연구》 53집, 한국고대사학회 참조.

153) 《위서》 권100 열전제88 물길전의 "延興中 遣乙力支朝獻 太和初 又貢馬五百匹 乙力支稱…自云 其國先破高句麗十落 密共百濟謀 從水道幷力取高麗 遣乙力支奉使大國 請其可否…" 참조.

국이 동시에 번병으로 부속하고[藩附] 있으므로 마땅히 서로 잘 지내야
한다"고 물길 사신에게 대답하였다. 여기서 삼국은 백제, 고구려, 물길을
말한다. 따라서 삼국이 동시에 번부하였다는 것은 연흥 연간이나 태화
초에 물길과 고구려는 물론 백제도 북위에 사신을 보냈음을 보여준다.

을력지는 자신이 속한 부(部)가 "먼저 고구려를 격파하였다[先破高
句麗]"고 하였다. 물길 7부 가운데 가장 강력한 세력은 흑수부였지만,
고구려와 직접 경계를 접한 것은 속말부였다. 속말부는 뛰어난 군대
[勝兵]가 수천이었고 매우 용맹하여 자주 고구려를 침범하였다.154) 이
렇게 보면, 고구려를 먼저 격파한 말갈은 속말부라 할 수 있다.

물길과 고구려의 갈등 관계는 북위 세조와 고구려 사신 예실불(芮
悉弗) 사이에 있었던 대화에서 추론해 볼 수 있다. 대화의 주 내용은
'부여가 물길에게 쫓겨나고 섭라가 백제에게 병합되었기 때문에 부여
에서 생산되는 황금과 섭라(탐라국)에서 생산되는 흰 옥돌[珂]을 북위
에 바칠 수 없었다'는 것이었다.155) 물길 때문에 고구려가 부여에서
생산되는 황금을 북위에 보낼 수 없었다는 것은 물길과 고구려가 적
대적인 관계에 있었음을 보여준다.

이 대화가 행해진 시기는 정시(504~507) 연간이었으므로, 부여가
물길에게 쫓겨나고156) 섭라가 백제에 병합된 것은 이보다 이른 시
기이다. 이처럼 비슷한 시기에 고구려가 자신에게 적대적인 세력으

---

154) 《북사》 권94 열전제82 물길전.

155) 《위서》 권100 열전제88 고구려전의 "世祖於東堂 引見其使芮悉弗 悉弗
　　　進曰…但黃金出自扶餘 珂則涉羅所産 今扶餘爲勿吉所逐 涉羅爲百濟所幷…
　　　二品所以不登王府 實兩賊是爲…" 참조.

156) 부여는 494년에 물길의 압박을 받아 고구려에 투항함으로써 멸망하였
　　　다. 이에 대해서는 《삼국사기》 권제19 고구려본기 문자명왕 3년조의 "二
　　　月 扶餘王及妻孥 以國來降" 참조.

로 물길과 백제를 거명한 것은 물길과 백제 사이에 무엇인가 교감이 있었음을 넌지시 알려 준다. 그러나 물길이 백제와 직접 접촉하였다는 기사는 없었으므로 이 사건은 백제와 북위, 북위와 물길의 관계 속에서 짐작해 볼 수밖에 없다.

472년(연흥 2)에 백제 개로왕은 북위에 사신을 보내 고구려를 견제해 줄 것을 요청하였다. 이 시점을 전후하여 물길의 속말부도 1차로 을력지를 북위에 사신으로 보냈다. 이때 을력지는 백제가 고구려를 공격하기 위해 북위에 군사 지원을 요청하였다는 사실을 알게 되었을 것이다. 마침 고구려 공격 계획을 세우고 있던 물길은 백제의 이러한 움직임을 알고 백제와 힘을 합쳐 고구려를 공격하기로 계획을 세우지 않았을까 한다.

이러한 작전을 세운 뒤 물길은 북위에 사신을 보내 백제와의 공모가 타당한 것인지 아닌지를 타진하였다. 그러나 북위는 서로 침략하지 않는 것이 좋다는 뜻을 피력하면서 물길의 요구를 거절하였다. 북위가 이렇게 대응한 까닭은 개로왕의 군사 지원 요청을 거절한 때와 동일하다. 이는 고구려와의 마찰을 피하려는 의도 때문이었다. 이로 말미암아 물길의 작전은 도상의 계획으로 끝나고 말았다. 그렇지만 이 사건을 통해 백제와 물길 사이에 교섭 시도가 있었다는 것과 이러한 시도는 북위를 매개로 하여 이루어졌다는 것을 추정해 볼 수 있다.

제3절 진과 송 및 북위와의 문물 교류

1. 진과 송과의 교류

1) 정치제도의 도입

(1) 왕·후호제

《송서》백제전에는 백제왕이 신하들에게 왕·후호(王·侯號)와 장군호를 수여하였다는 기사가 나온다.[157) 각 인물들은 왕·후호와 장군호를 겸하는 경우도 있고, 장군호만 가진 경우도 있다. 이 왕·후호 앞에 붙은[冠稱] 지명을 담로(擔魯)가 설치된 지역으로 보고 왕·후호를 받은 자들을 담로의 장으로 이해하는 견해도[158) 있다. 그러나 담로는 중국의 군현과 같은 것이어서[159) 지방통치조직이 분명하다. 따라서 백제의 왕·후호는 작호로 보아야 한다.

중국에서 왕, 후는 황제에 신속하는 제1등의 지위에 있는 자에 대한 칭호이다. 이 후왕 제도는 한대에 시작되었다. 그러나 한무제에 의해 중앙집권체제가 확립되면서 후왕은 천자의 자식을 지방의 왕에 건봉(建封)할 때 사용하는 명목상의 칭호가 되었다.[160) 이후 왕·후호는 작호로서

---

157) 《송서》권97 열전 제57 夷蠻 百濟傳의 "(大明)二年 慶遣使上表曰…臣
　　國累葉偏受殊恩 文武良輔 世蒙朝爵 行冠軍將軍右賢王餘紀等十一人 忠勤
　　宜在顯進 伏願垂愍 竝聽賜除 仍以行冠軍將軍右賢王餘紀爲冠軍將軍 以行
　　征虜將軍左賢王餘昆 行征虜將軍餘暈竝爲征虜將軍 以行輔國將軍餘都餘又
　　竝爲輔國將軍 以行龍驤將軍沐衿餘爵竝爲龍驤將軍 以行
寧朔將軍餘流糜貴 竝爲寧朔將軍 以行建武將軍于西餘婁 竝爲建武將軍" 참조.

158) 김영심, 1997, 〈백제의 지방통치체제 연구〉, 서울대 박사학위논문.

159) 《양서》권54 열전 제48 諸夷 백제전의 "號治城曰固麻 謂邑曰擔魯 如
　　中國之言郡縣也" 참조.

봉작령(封爵令)에 규정되었다.[161]

백제의 왕·후호는 백제왕이 신하들에게 먼저 왕·후호를 사서한 뒤 중국 왕조로부터 정식 제수를 받아 실행되었다. 따라서 백제의 왕·후호제는 중국의 제도를 전범으로 하여 만들어진 것이다.[162] 백제가 왕·후호제를 실시한 시기가 언제인지를 확실히 밝혀 주는 기록은 없다. 그렇지만 이를 미루어 짐작하는 데 실마리가 되는 것이 369년에 만들어진 칠지도이다.

이 칼에 새겨진 명문에는 "의공공후왕(宜供供侯王)"이 나온다. 후왕은 제후왕을 말하므로,[163] 이 명문은 백제가 왜왕을 후왕으로 부른 것을 보여준다. 백제가 왜왕을 후왕으로 인식하고 있었다는 것은 후왕 제도가 백제 안에서 먼저 실시되고 있었음을 의미한다. 어떤 제도이든지 국내에서 먼저 시행된 뒤 외부 세계로 확대되는 것이기 때문이다. 이 왕·후호는《송서》백제전의 458년 기사와《위서》백제전의 472년 기사[164] 및《남제서》백제전의 485년 이전의 기사, 490년의 기사, 495년의 기사에도 나온다. 이는 백제가 왕·후호를 제도화하여 운영하였음을 보여주는 것이다.

---

160) 吉田晶, 2001,《七支刀の謎を解く― 四世紀後半の百濟と倭, 新日本出版社, 36~37쪽.

161) 仁井田陞, 1964,《唐令拾遺》封爵令 제12, 東京大學出版會, 304~318쪽 참조.

162) 양기석, 1984,〈5세기 백제의 왕·후·태수제에 대하여〉,《사학연구》38집, 사학연구회; 노중국, 2012c,〈백제의 왕·후호, 장군호제와 그 운영〉,《백제연구》55집, 충남대 백제연구소.

163) 吉田晶, 2001, 앞의 책, 49쪽.

164)《위서》권100 열전제88 백제전의 "延興二年 其王餘慶始遣使上表曰 臣建國東極 豺狼隔路…謹遣私署冠軍將軍駙馬都尉弗斯侯長史餘禮 龍驤將軍帶方太守司馬張茂等 投舫波阻…" 참조.

(2) 장군호제와 부관제

백제왕은 중국 왕조와 조공·책봉 관계를 맺으면서 왕호와 더불어 장군호를 받았다. 장군호의 경우, 여구(餘句: 근초고왕)가 372년에 동진으로부터 받은 진동장군이 처음이다.165) 이후 역대 백제왕은 진동대장군, 정동대장군, 영동대장군 등의 장군호를 받았다. 한편 백제왕은 자신의 신하들에게도 장군호를 수여하였다. 이렇게 수여된 장군호는 관군장군(冠軍將軍), 정로장군(征虜將軍), 보국장군(輔國將軍), 용양장군(龍驤將軍), 건위장군(建威將軍) 등이다.166) 백제왕은 이러한 장군호를 신하들에게 먼저 사서(私署)한 뒤 중국 왕조에 정식 제수를 요청하였다. 이는 백제 장군호가 중국의 장군호제를 전범으로 하여 운영되었음을 보여준다.

《송서》백관지에는 대장군 이하 총 93개의 장군호가 품계에 따라 기록되어 있다. 이 가운데 5품 능강장군은 군부(軍府) 개설, 즉 영병치부(領兵置府)할 수 있는 하한선이며, 8품의 선위(宣威)장군 이하는 허호(虛號)로서 단순한 품관의 표시에 지나지 않았다.167) 백제 장군호의 등급은 《송서》의 품계에 따르면 대다수는 3~4품이고, 8품에 해당되는 것은 선위장군뿐이다.

최근 고창 신지매 유적에서 동인(銅印)이 출토되었다. 이 동인의 인문(印文)은 "복의장군(伏義將軍)"이었다.168) 복의장군은 양나라의 장군

---

165) 《진서》 권9 帝紀 簡文帝紀 咸安 2년조의 "百濟王餘句 賜鎭東將軍領樂浪太守" 참조.

166) 《남제서》 권58 열전제39 東南夷 백제전.

167) 이주현, 1998, 〈군부체제로 본 위진남북조사〉, 《중국학보》 38집, 한국중국학회, 386~387쪽.

168) 조윤재, 2009, 〈고창출토 銅印考〉, 《한국고고학보》 71집, 한국고고학회, 104~108쪽.

〈도 3-3〉 고창 신지매 출토 〈'복의장군' 인장〉과 글자

호로서 9품이다. 이 동인이 만들어진 시기는 6세기 전반으로 추정되고 있다.[169] 이는 백제의 장군호제가 무령왕 대에도 행해진 것을 보여준다.

백제에서 장군호가 실시된 시기로서 주목되는 것이 전지왕 대이다. 전지왕은 397년에 왜에 인질로 파견되었다가[170] 아신왕 사후 왕위 계승 분쟁을 거친 뒤 왕위에 올랐다.[171] 때문에 정치적 실권은 공신 세력들이 장악하였다. 그 결과 전지왕은 초대 상좌평인 여신에게 군국정사를 맡겨야 하였다. 이러한 상황에서 전지왕은 유력 세력들을 지배질서 안에 편입시키는 방법의 하나로서 중국의 장군호제를 받아들였다. 그리하여 공로를 세운 신하들에게 장군호를 수여하여 지배질서의 안정을 도모하였던 것이다.

중국의 경우, 장군호를 받은 자들은 군사를 거느리고 장군부(將軍府)를 열었다. 장군부에 개설된 관직이 장사, 사마, 참군이다.[172] 이를

---

169) 조윤재, 2009, 앞의 글, 104~108쪽.
170) 《삼국사기》 권제25 백제본기 아신왕 6년조.
171) 노중국, 1988, 앞의 책, 135~141쪽.
172) 김한규, 1985, 〈남북조시대의 중국적 세계질서와 고대한국의 막부제〉, 《한국고대의 국가와 사회》, 일조각.

부관(府官)이라 한다. 백제의 경우에도 장사, 사마, 참군이 확인되는
데173) 이 부관은 백제왕이 설치한 장군부에 두어진 것이다. 백제왕이
장군부를 열고 부관을 설치한 시기는 분명하지 않다. 그런데 지절−도
독제군사−장군호−왕호로 이루어진 전형적인 작호와 부관인 장사의
존재는 전지왕 대부터 확인되고 있다. 따라서 백제왕이 장군부를 열
고 부관을 설치한 시기도 전지왕 대로 볼 수 있다.174)

중국에서 막부 관료는 부주(府主)의 지위에 따라 관품에 차이가 있
었다. 부주가 1~2품의 공이나 장군일 경우, 장사와 사마는 6품이고
참군은 7품이었다. 부주가 3~4품의 장군이나 교위일 경우, 장사와 사
마는 7품이었으며 참군은 8품이었다. 부주가 5품일 경우, 장사와 사마
는 8품이었다.175) 백제왕이 받은 장군호인 진동대장군은 2품이었다.
따라서 백제왕이 장군부에 둔 장사와 사마의 관품은 6품이고, 참군은
7품으로 볼 수 있겠다.

2) 사상과 종교의 수용: 불교의 수용과 공인

불교는 유교나 도가 사상과는 달리 삼국이 받아들인 시기가 명기되
어 있다.《삼국사기》에는 384년에 침류왕이 동진에서 온 호승 마라난

---

173)《송서》권97 열전제57 夷蠻 백제전 및《남제서》권58 열전제39 東南夷
  백제전.

174) 노중국, 2012c, 앞의 글. 그러나 동아시아 제국(諸國)의 왕들이 중국으
  로부터 받은 관작을 국내에서 사용한 증거도, 막부를 설치하여 국정을 운
  영하였다는 증거도 없기 때문에 부관은 대중국 외교를 위한 임시 허직에
  지나지 않은 것으로 보는 견해도 있다(이성규, 2003,〈한국 고대국가의 형
  성과 한자 수용〉,《한국고대사연구》32집, 한국고대사학회, 82쪽 참조).

175) 宮崎市政 저, 임대희·신성곤·전영섭 역, 2002,《구품관인법의 연구》,
  소나무, 207쪽,〈표11〉참조.

타를 왕궁으로 모셔와 예경하고 이듬해에 한산에 절을 세우고 10명을 승려로 삼음으로써176) 불교가 공인된 것으로 나온다. 마라난타가 침류왕의 예경을 받았다는 것은 그가 동진 왕조와 교감 속에서 백제에 왔을 가능성이 크다. 이로 미루어 보면, 동진은 백제가 7월에 사신을 보낸 것에 대한 화답으로 9월에 마라난타를 파견한 것 같다. 이는 백제의 불교 공인에 동진의 영향이 있었음을 보여준다.

불교는 고차원적이고 보편적인 사상체계를 가지고 있을 뿐만 아니라 재래 신앙도 포섭하는 포용성이 강한 신앙체계였다. 불교의 공인 이후 백제 각 지역과 그 구성원들은 아직도 남아 있던 배타적 성격을 버리고 불교를 매개로 서로 융합되어 갔다.177)

3) 학문과 기술의 도입

(1) 《역림》과 《식점》의 도입

《송서》 백제전에 따르면 비유왕은 송에 《역림》과 《식점》을 요청하여 받았다.178) 역림은 전한(前漢) 시대에 초연수가 찬한 《역림》 16권과 비직이 찬한 《역림》 2권이 있는데179) 비직의 《역림》은 유실되어 볼 수 없다. 초연수의 《역림》은 술수서(術數書)로 분류되고 있다. 이는 《역림》이 치병과도 일정한 연관성이 있음을 보여주는 것이다.

---

176) 《삼국사기》 권제24 백제본기 침류왕 즉위년조의 "秋七月 遣使入晉朝貢 九月 胡僧摩羅難陁自晉至 王迎之致宮內 禮敬焉 佛法始於此" 및 침류왕 2년조의 "春二月 創佛寺於漢山 度僧十人" 참조.

177) 백제의 불교 공인과 그 의미에 대해서는 노중국, 2010, 《백제사회사상사》, 지식산업사, 396~400쪽 참조.

178) 《송서》 권97 열전제57 夷蠻 백제전.

179) 《수서》 권제135 지제30 경적지.

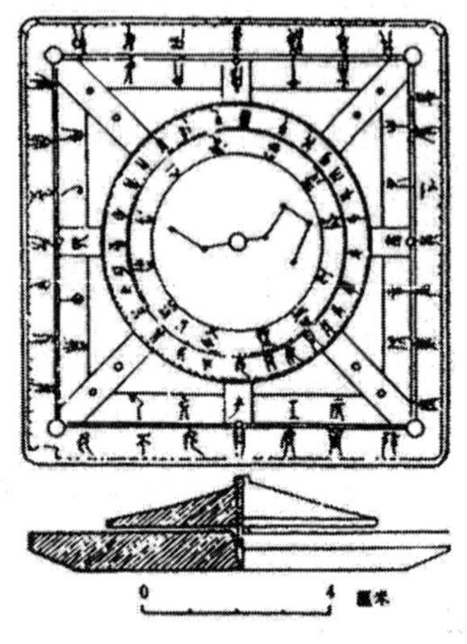

〈도 3-4〉 중국에서 발견된 식반

《식점》은 식(式)이라는 도구인 식반을 이용해서 점을 치는 것이
다.180) 《대당육전》에 따르면 《식점》과 관련한 사항은 가취(嫁娶), 생
산(生産), 역주(曆注), 옥택(屋宅), 녹명(祿命), 배관(拜官), 사제(祠祭),
발병(發病), 빈장(殯葬)에 걸쳐 있다.181) 이는 《역림》과 《식점》이 혼
인, 장례, 달력, 관료의 임명 시기, 질병 치료 등 생활의 여러 부문에
걸쳐 활용되었을 가능성을 보여준다. 백제도 《역림》과 《식점》을 받
아들인 이후 이에 따라 시집장가 가는 날, 관료를 임명하는 날, 무덤
을 쓰는 날 등 일진을 잡고, 점을 치기도 하였을 것이다.182)

---

180) 장인성, 2002, 《백제의 종교와 사회》, 서경, 93~94쪽 참조.

181) 《대당육전》 권14 太常寺 太醫署.

182) 장인성, 2002, 앞의 책, 93~94쪽 및 노중국, 2010, 앞의 책, 331~332쪽
    참조.

(2) 신무기 도입과 요노(腰弩)

백제가 송에서 전수받은 신문물의 하나로 요노가 있다. 요노는 쇠뇌[弩]의 한 종류이다. 쇠뇌는 활에 발사 장치를 장착하여 사거리와 관통력을 높인 것이다.[183] 노의 장점은 사거리가 길고 관통력이 높은 것이었지만, 금속제 발사 장치 때문에 활보다 무겁고 또 발사 속도가 활의 6분의 1밖에 안 되는 것이 단점이었다.[184] 요노는 노의 이러한 단점을 해결하고 휴대할 수 있는 형태로 개선한 것이다.

백제 비유왕이 송에 요노를 요청한 시기는 450년이다. 이보다 앞서 비유왕은 고구려의 압박에 대응하고자 433년에 신라와 제라 공수동맹을 맺었다. 이 과정에서 무기 체계 개선의 필요성을 느낀 비유왕은 송에 사신을 보내 요노를 보내 줄 것을 요청하였던 것 같다.[185]

그러나 새로운 무기나 무기 기술을 다른 나라에 넘겨주는 것은 쉬운 일이 아니다. 고구려가 수나라에 사람을 보내 돈을 뿌려 노수(弩手)를 몰래 빼돌렸다는 것과[186] 신라의 구진천(仇珍川)이 목숨의 위협을 무릅쓰고 당나라에 본국의 노 제작 기술 전수를 거부하였다는 것이[187] 그 사례가 된다. 이렇게 볼 때, 송이 백제에 요노를 제공한 것은 두 나라의 관계가 매우 밀접하였음을 보여준다. 송으로부터 요노를 받은 백제는 무기를 개선하고 요노대(腰弩隊)를 편성하는 등 군사

---

183) 김기웅, 1994,《한국무기발달사》, 국방군사연구소, 200쪽.

184) 여호규, 1999,〈고구려 중기의 武器體系와 兵種構成〉,《韓國軍事史硏究》2집, 국방군사연구소, 12쪽.

185) 박윤선, 2006,〈5세기 중반~7세기 백제의 대외관계〉, 숙명여대 박사학위논문, 44쪽.

186)《수서》권81 동이 열전제46 고려전의 "昔年潛行財貨 利動小人 私將弩手 逃竄下國 豈非修理兵器 意欲不臧 恐有外聞 故爲盜竊" 참조.

187)《삼국사기》권제6 신라본기 문무왕 상 9년조.

체제를 재정비하였을 것이다.

(3) 역법의 시행과 원가력

천체의 주기적 운행을 시간 단위로 구분하여 정하는 체계를 역(曆)이라 하고 이 역을 편찬하는 원리를 역법(曆法)이라 한다. 제천 행사 등 각종의 의례는 역법에 따라 정해진 일시에 행해졌다. 의례 시기를 보면 부여의 영고(迎鼓) 제천은 은정월(殷正月)[188]이었고, 고구려의 동맹제와 동예의 무천제는 10월이었다. 삼한의 경우 파종제는 5월에, 추수제는 10월에 행해졌다.

부여의 은정월은 은력(殷曆) 정월을 말한다. 은력에서는 건축월(建丑月: 동지가 있는 달의 다음 달)을 세수(歲首)로 하였는데 축월은 12월에 해당한다.[189] 부여가 은력을 사용하였다면 언어와 법속이 같은 고구려도 은력을 사용하였을 것이고, 고구려에서 갈라져 나온 백제도 초기에는 은력을 사용하였을 것이다.

이러한 초기백제의 역에 변화를 가져온 것이 원가력(元嘉曆)의 도입이다. 원가력은 445년(원가 22)에 남조 송나라의 하승천(何承天)이 만든 역법이다. 백제는 이 원가력을 받아들여 인월(寅月)을 세수로 하였다.[190] 이는 백제가 초기 때 사용하던 은력 대신 원가력을 사용한 것을 보여준다. 백제가 원가력을 받아들인 시기는 송으로부터 《역림》

---

188) 《삼국지》 권30 위서 동이전 부여전의 "以殷正月祭天 國中大會 連日飮食歌舞 名曰迎鼓 於是時 斷刑獄 解囚徒" 참조.

189) 김일권, 2007, 〈백제의 역법제도와 간지역일 문제 고찰〉, 《백제의 사회경제와 과학기술》 백제문화사대계 연구총서 11, 충청남도역사문화연구원, 349~350쪽.

190) 《주서》 권49 열전제41 이역 상 백제전의 "用宋元嘉曆 以建寅月爲歲首" 참조.

과 《식점》과 요노를 요청하여 받은 사실에서 미루어 볼 때 450년 무렵이 아닐까 한다.[191] 원가력을 받아들인 이후 백제는 이 원가력에 따라 상례나 제사 등과 관련한 일진, 혼례 일진, 농사력과 관련한 일진 등의 날짜를 정하였다. 〈무령왕릉묘지석〉에 나오는 연월일에 대한 분석에 따르면 묘지석의 장례 일자가 원가력과 일치한다는 것이[192] 이를 입증해 준다.[193]

(4) 동진척의 수용

도량형은 길이, 부피, 무게를 재는 수단 또는 단위 등을 두루 일컫는 말이다. 도(度)는 길이를 재는 것으로서 그 단위는 분·촌·척·장·인이었다. 양(量)은 다소를 재는 것이고 그 단위는 약·합·승·두·곡이었다. 형(衡)은 무게를 재는 것으로서 그 단위로는 수·양·근·균·석이었다.[194] 백제의 도량형 단위는 중국의 것과 일치한다.

중국의 경우 도량형의 통일은 진시황에 의해 이루어졌다. 진의 도

---

191) 이기동, 1991, 〈무령왕릉출토 지석과 백제사연구의 신전개〉, 《무령왕릉의 연구현황과 제문제》, 국립공주박물관. 이와는 달리 원가력 반포 해인 원가 22년(445, 비유왕 19)부터 곧바로 도입되었을 것으로 보는 견해(內田正男, 1972, 〈元嘉曆法による曆日の推算について〉, 《朝鮮學報》 65집, 朝鮮學會)도 있다.

192) 大谷光男, 1973, 〈百濟 武寧王·同王妃의 墓誌에 보이는 曆法에 대하여〉, 《고고미술》 119집, 한국미술사학회 참조.

193) 백제의 원가력 도입에 대한 정리는 노중국, 2010a, 앞의 글 참조.

194) 《한서》 권21 상 律曆志제1 상의 "度者分寸尺丈引也 所以度長短也 本起黃鐘之長 以子穀秬黍中者 黍之廣 度之九十分 黃鐘之長 一爲一分 十分爲寸 十寸爲尺 十尺爲丈 十丈爲引 而五度審矣…量者龠合升斗斛也 所以量多少也 本起於黃鐘之龠 用度數審其容 以子穀秬黍中者千有二百實其龠 以井水準其槩 合龠爲合 十合爲升 十升爲斗 十斗爲斛 而五量嘉矣…權衡者 衡平也 權重也 衡所以任權而均物平輕重也…本起於黃鐘之重 一龠容千二百黍 重十二銖 兩之爲兩 二十四銖爲兩 十六兩爲斤 三十斤爲鈞 四鈞爲石…" 참조.

량형은 전한-신-후한을 거쳐 삼국 시대에도 사용되었다. 이때까지 기준척의 길이는 23cm였는데 이를 후한척이라고도 한다. 중국 본토에서 사용된 23cm의 후한척은 낙랑군이나 대방군에서도 사용하였다. 백제를 포함한 삼한의 여러 나라들은 낙랑군, 대방군과 교섭과 교류를 가지는 과정에서 이 후한척을 도입하였다. 서기전 1세기 후반 무렵으로 편년되고 있는, 창원 다호리에서 출토된 붓대의 길이가 23cm라는 것이 이를 말해준다.195) 따라서 초기백제도 23cm의 후한척을 사용한 것으로 보아도 좋을 것이다.

4세기에 들어와 비류왕은 330년에 김제에 벽골지를 축조하는 등 수리시설을 확충하여 농업생산력을 높임으로써 왕정의 물적인 기반을 확대하였다. 이 토대 위에서 근초고왕은 중앙집권체제를 확립하고 지방통치조직인 담로제를 실시하였다.196) 담로제의 실시는 지방에 대한 조세 수취와 노동력 동원을 일원적이면서 원활하게 하려는 것이었다. 이와 연동하여 근초고왕은 도량형을 통일하였다.

근초고왕 대에 통일된 도량형 가운데 기준척의 길이를 추론하는 데 실마리가 되는 것이 칠지도이다. 칠지도의 전체 길이는 75cm이다. 중국의 경우, 삼국 시대까지는 후한척인 23cm의 기준척을 사용하였지만 남조 시대로 오면 기준척은 25cm가 되었다.197) 그런데 칠지도의 길이 75cm를 후한척으로 나누면 완수로 떨어지지 않지만 동진척 25cm로 나누면 3자로 딱 떨어진다. 이는 근초고왕이 동진의 25cm 기준척에 맞추어 도량형을 통일한 것을 보여준다.198)

---

195) 이건무, 1992, 〈다호리 유적 출토 붓(筆)에 대하여〉, 《고고학지》 4집, 한국고고미술연구소, 18쪽 표1 참조.

196) 노중국, 1988, 《백제정치사연구》, 일조각, 240~247쪽.

197) 국가계량총국 공편, 김기협 역, 1993, 《중국도량형도집》, 법인문화사, 52~57쪽.

2. 5호16국 및 북위와의 문물 교류

1) 좌현왕과 우현왕

문헌자료에서 한성도읍기 백제와 5호16국 및 북위와의 교류를 보여주는 것이, 개로왕이 송에 보낸 국서에 나오는 좌현왕(左賢王)·우현왕(右賢王)과 《삼국사기》 개로왕 21년조의 '증토축성(烝土築城)'199) 기사이다. 좌현왕·우현왕은 한족(漢族) 왕조에는 보이지 않고 흉노 등 북방민족이 사용한 관호(官號)이다.200) 흉노에서는 최고지배자를 탱리고도선우(撑犂孤塗單于)라 하였는데, 탱리는 천(天)을, 고도는 자(子)를, 선우는 광대(廣大)함을 뜻한다.201) 이 선우 아래에 좌우현왕(左右賢王), 좌우곡려왕(左右谷蠡王), 좌우일축왕(左右日逐王), 좌우온우제왕(左右溫禺鞮王), 좌우점장왕(左右漸將王), 좌우골도후(左右骨屠侯), 좌우시축골도후(左右尸逐骨屠侯) 등이 있었다.202) 좌우현왕과 좌우곡려왕은 사각(四角)이라 하였고, 좌우일축왕·좌우온우제왕·좌우점장왕은 육각(六角)이라 하였는데 모두 선우의 자제들이 맡았다. 그리고 이성(異姓)대신은 좌우골도후, 좌우시축골도후 등을 맡았다.203)

---

198) 백제의 도량형 통일에 대해서는 노중국, 2010, 앞의 책, 236~241쪽 참조.

199) 《삼국사기》 권제25 백제본기 개로왕 21년조.

200) 흉노의 좌현왕·우현왕 제도에 대해서는 護雅夫, 1980, 《古代トルコ民族史研究》, 山川出版社 참조.

201) 《한서》 권94 상 흉노전제64 상의 "其國稱之曰撑犂孤塗單于 匈奴謂天爲撑犂 謂子爲孤塗 單于者廣大之貌也 言其象天單于然也" 참조.

202) 《사기》 권110 흉노열전50 흉노전.

203) 《후한서》 권89 남흉노열전제79의 "其大臣貴者左賢王 次左谷蠡王 次右賢王 次右谷蠡王 謂之四角 次左右日逐王 次左右溫禺鞮王 次左右漸將王 是爲六角 皆單于子弟 次第當爲單于者也 異姓大臣左右骨屠侯 次左右尸逐

선우 및 좌현왕·우현왕이란 관호는 5호16국 시대에도 쓰였다. 흉노족 유연(劉淵)이 세운 전조(前趙: 304~329),[204] 선비족 모용씨가 세운 전연(前燕: 337~370),[205] 강족(羌族) 요장(姚萇)이 세운 후진(後秦: 384~417),[206] 저족(氐族) 여광(呂光)이 세운 후량(後凉: 386~403),[207] 선비족 걸복건귀(乞伏乾歸)가 세운 서진(西秦: 385~431),[208] 흉노족계인 혁련발발(赫連勃勃)이 세운 대하(大夏)[209] 등에서는 좌현왕과 우현왕을 관호로 사용한 것으로 나온다.

5호16국 가운데 백제가 교섭한 나라는 전진이었다. 그렇지만 전진이 좌현왕·우현왕을 두었다는 기사는 현재로서는 확인되고 있지 않다. 그러나 전진도 이 제도를 시행하였을 가능성이 크다. 그 이유는 다음과 같다.

骨屠候 其餘日逐 且渠 當戶諸官號 各以權力優劣 部衆多少爲高下次第焉" 참조.

204)《진서》권101 載記제1 劉元海의 "新興匈奴人 冒頓之後也…初漢高祖以 宗女爲公主 以妻冒頓 約爲兄弟 故其子孫遂冒姓劉氏 建武初…於扶羅子豹 爲左賢王 卽元海之父也…惠帝失馭 寇盜蜂起 元海從祖故北部都尉 左賢王 劉宣等竊議…" 및《진서》권102 재기제2 劉聰의 "元海爲北單于 立爲左賢 王" 참조.

205)《진서》권109 재기제9 慕容皝의 "慕容皝…廆爲遼東公 立爲世子 建武初 拜爲冠軍將軍左賢王 封望平侯…" 참조.

206)《진서》권125 재기제25 乞伏熾磐의 "熾磐乾歸長子也…後乾歸稱藩于姚 興…興遣使署熾磐假節鎭西將軍左賢王平昌公 尋進號撫軍大將軍" 참조.

207)《진서》권126 재기제26 禿髮烏孤의 "禿髮烏孤 河西鮮卑人…(呂)光又遣 使署烏孤征南大將軍益州牧左賢王" 참조.

208)《진서》권125 재기제25 乞伏乾歸의 "乞伏國仁 隴西鮮卑人也…隴西太守 越質詰歸以平襄叛 自稱建國將軍右賢王 乾歸擊敗之…" 참조.

209)《진서》권130 재기제30 赫連勃勃의 "赫連勃勃字屈子 匈奴右賢王去卑 之後…左賢王 丁零單于 父衛辰入居塞內 苻堅以爲西單于 督攝河西諸虜" 참조.

첫째, 전진을 세운 부건(苻健)은 처음에는 대장군 대선우 삼진왕(大將軍大單于三秦王)을 스스로 일컬었지만,[210] 352년에 황제 자리에 오른 뒤 제공(諸公)을 왕으로 하고, 아들 부장(苻萇)에게 대선우를 주었다. 선우는 흉노의 칭호이다. 그런데 부건은 유연이 세운 전조(前趙)와 석륵이 세운 후조(後趙)에서 장군으로 복무하였다. 전조에서는 선우와 좌·우현왕의 관호를 사용하였다. 따라서 부건이 선우를 사용하였다는 것과 전조에서 장군으로 활동하였다는 것은 그가 전진을 세운 뒤 좌현왕과 우현왕의 제도를 그대로 시행하였을 가능성을 높게 한다.

둘째, 전진의 뒤를 이은 후진과 서진에서도 좌현왕·우현왕제가 보인다는 점이다. 후진을 세운 요장은 건국 뒤 스스로 대장군 대선우를 일컬었고,[211] 서진의 걸복건귀의 아들 걸복치경(乞伏熾磐)에게 진서장군 좌현왕 평창공(鎭西將軍左賢王平昌公)을 제수하였다. 서진을 세운 걸복건귀는 건국장군 우현왕(建國將軍右賢王)을 자칭하였다. 후진의 요장이나 서진의 걸복건귀는 모두 전진왕 부견 휘하의 장군이었다. 그러나 이들은 부견이 383년 비수(肥水) 대전에서 패한 것을[212] 계기로 독립하였다. 따라서 이들이 새로운 왕조를 세운 뒤 실시한 좌·우현왕제는 전진의 제도를 받아들여 시행하였을 가능성이 크다. 이러한 관점에서 필자는 전진에서도 좌·우현왕제를 시행한 것으로 파악하는 바이다.

5호16국은 탁발씨(拓拔氏)가 세운 북위가 436년에 북연을 멸망시킴으로써 종말을 고하였다. 이후 중국 대륙은 남조와 북위가 대립하는

---

210) 《위서》 권95 열전제83 臨渭氐 苻健전의 "衆至十餘萬 自稱大將軍大單于三秦王" 참조.

211) 《위서》 권95 열전제83 羌 姚萇전의 "進屯淮南 自稱大將軍大單于" 참조.

212) 《진서》 권9 제기제9 효문제 태원 8년조의 "冬十月 苻堅弟融陷壽春 乙亥 諸將及苻堅戰于肥水 大破之 俘斬數萬計 獲堅輿輦及雲母車" 참조.

남북조 시대로 들어갔다. 북위 효문제는 471년에 즉위한 뒤 491년에 대대적인 한화(漢化) 정책을 실시하였다. 그래서 황실의 성을 중국식 성인 원(元)으로 고치고, 수도를 낙양(洛陽)으로 옮기며, 조정에서 한어(漢語)를 사용하게 하고, 귀족들에게 중국식 복장과 성을 사용하도록 하며, 균전제(均田制)를 시행하였다.213) 이리하여 북위의 제도는 중국화되었다. 이로 미루어 보면, 좌·우현왕제는 5호16국 시대에는 서진이 멸망한 431년까지는 시행되었고, 남북조 시대에 들어와서는 늦어도 북위의 효문제가 한화 정책을 추진한 493년 이전까지는 시행되었다고 할 수 있다.

그러면 백제의 좌·우현왕제는 어떻게 하여 나온 것일까. 이 문제의 해명과 관련하여 필자는 백제와 5호16국과의 교섭에 주목하고자 한다. 앞에서 말한 바와 같이, 백제는 370년대에 전진과 교섭을 가졌다. 전진과의 교섭은 370년대 이후에도 몇 차례 있었을 가능성이 크다. 또 전진이 망하자 백제는 후진이나 서진과 교섭을 가졌을 수도 있다. 전진이나 후진 및 서진에서는 좌·우현왕제를 시행하고 있었다. 백제는 이들 왕조와 교섭하는 과정에서 좌·우현왕제를 받아들였고, 그 결과 개로왕이 신하들에게 이러한 작호를 사서(私署)하지 않았을까 한다.

2) 증토축성

《삼국사기》에 따르면, 개로왕은 고구려의 간첩 승려인 도림을 믿고 그의 건의에 따라 475년에 대규모 토목공사를 하였다. 그러한 공사의 하나로 나라 사람들을 징발하여 왕도 한성을 수축(修築)하였다.

---

213) 이에 대해서는 김종완, 1995, 《중국남북조사연구》, 일조각; 이공범, 2004, 《위진남북조사》, 지식산업사 참조.

이때 사용한 공법이 증토축성(烝土築城)이었다.214) 이는 토성을 축조
할 때 석회를 사용하여 성벽을 매우 단단하게 하는 것을 말한다. 이때
석회를 물과 반죽하면 김이 나왔기 때문에 흙을 찐다는 의미로 증토
축성이라 하였다.215)

성을 수즙할 때 증토축성 공법을 사용한 것은 삼국 가운데 백제가
유일하다. 문제는 이 방식이 백제가 독자적으로 개발한 것인가, 아니
면 어디에서 영향을 받은 것일까, 영향을 받았다면 어느 나라에서 영
향을 받은 것일까 하는 점이다. 백제가 독자적으로 증토축성 공법을
개발하였다는 증거는 없다. 따라서 백제는 이 공법을 다른 나라에서
받아들인 것으로 보는 것이 타당할 것이다. 이때 눈여겨볼 것이 대하
(大夏)의 혁련발발(赫連勃勃)이 수도 통만성(統萬城)을 축조할 때 증토
축성하였다는 사실이다. 통만성을 축조할 때 혁련발발은 질간아리(叱
干阿利)에게 축성의 책임을 맡겼다. 이때 그는 송곳을 찔러 1촌이라도
들어가면 축성한 사람을 죽였다.216) 그리하여 매우 단단한 토성을 축
조하였던 것이다. 이 통만성은 지금도 남아 있다.

이 증토축성법에 따른 토성의 축조는 현재로서는 장성(長城) 이북
의 민족과 백제에서만 찾아볼 수 있다. 따라서 백제의 증토축성은 혁

---

214) 《삼국사기》 권 제25 백제본기 개로왕 21년조의 “道琳曰…而城郭不葺
　　宮室不修…臣竊爲大王不取也　王曰諾　吾將爲之　於是　盡發國人　烝土築城
　　卽於其內　作宮樓閣臺榭　無不壯麗” 참조.

215) 증토축성의 기법에 대해서는 심광주, 2010, 〈한성 백제의 ‘증토축성’에
　　대한 연구〉, 《향토서울》 76집, 서울특별시사편찬위원회 참조.

216) 《진서》 권130 재기 제30 赫連勃勃의 “赫連勃勃字屈子　匈奴右賢王去卑
　　之後　劉元海之族也…義熙三年　僭稱天王大單于…其年…乃赦其境內　改元爲
　　鳳翔　以叱干阿利領將作大匠　發嶺北夷夏十萬人　于朔方水北　黑水之南　營起
　　都城　勃勃自言　朕方統一天下　君臨萬方　可以統萬爲名　阿利性尤工巧　然殘
　　忍刻暴　乃蒸土築城　錐入一寸　卽殺作者而幷築之　勃勃以爲忠　故委以營繕之
　　任” 참조.

련발발의 통만성 축조와 연계시켜 볼 필요가 있다. 앞에서 말한 바와 같이, 백제는 5호16국의 나라들과 교섭하면서 좌현왕·우현왕제를 받아들였다. 이 과정에서 백제는 혁련발발의 대하(大夏)와 직접 또는 간접적인 교류를 통해 선진 기술의 하나로서 증토축성 공법을 받아들여 왕도 한성을 수즙하는 데 사용하지 않았을까 한다.

3. 유물을 통해 본 문물 교류

1) 남조와의 문물 교류

4세기 초에 이루어진 백제와 진(晉) 사이의 교섭과 교류의 모습은 고고학 유물에서 살펴볼 수 있다. 첫째는 진식 대금구(晉式帶金具)이다. 대금구는 과대를 장식하는 것이다. 백제 지역에서 출토된 대금구로는 풍납토성 출토 삼엽문 투조(透彫) 과판의 수하식 편,217) 몽촌토성에서 출토된 규형 과판의 혁대 고정부 편,218) 화성 사창리에서 출토된 진식 대금구219)이다. 이 가운데 몽촌토성 출토 대금구는 중국의 이싱(宜興) 주처묘(周處墓) 출토품과 비슷하며, 몽촌토성 과판은 대도산(大刀山) 진묘와 웅가령(熊家嶺) 진묘 그리고 북원·남경 대동 진묘 출토품과 비슷하여220) 제작 연대는 4세기 초엽으로 추정되고 있다.221) 이는

---

217) 김태식, 2001, 《풍납토성, 500년 백제를 깨우다》, 김영사.

218) 박순발, 2001, 《한성백제의 탄생》, 서경문화사.

219) 권오영·권도희, 2003, 〈사창리 산10-1번지 출토 유물의 소개〉, 《길성리 토성》, 한신대학교박물관.

220) 이한상, 2011, 〈허리 띠 분배에 반영된 고대 동북아시아의 교류 양상〉, 《동북아역사논총》 33호, 동북아역사재단, 370~374쪽.

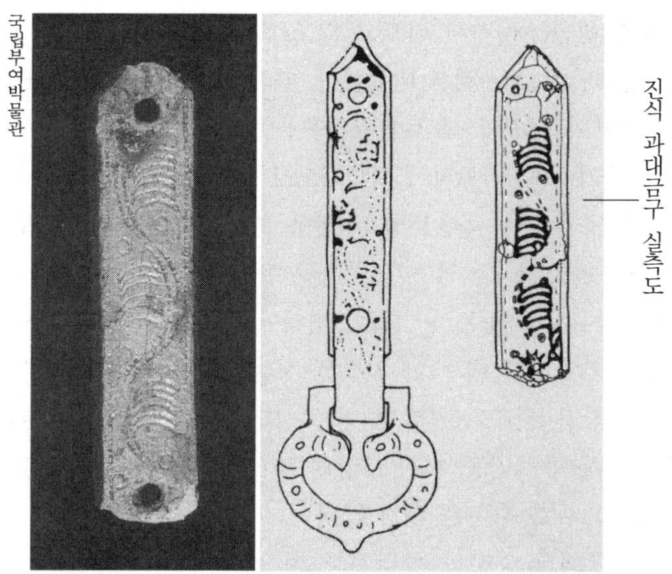

〈도 3-5〉 진식 과대금구(왼쪽)와 후베이 성 출토 진대 과대 장식

백제와 동진의 교섭이 이미 4세기 초에 이루어졌음을 보여준다.

둘째는 중국제 도자(陶瓷)이다. 풍납토성, 몽촌토성을 비롯하여 백제 각 지역에서는 중국제 도자가 다수 출토되었다. 백제는 어느 나라보다도 중국 도자가 많이 출토되고 있는 것이 특징이다. 이러한 고급자기는 위신품의 성격도 지니고 있는데, 중국 황제가 조공무역에 따른 답례품이나 주변국의 수장들에게 내린 선물의 일종으로 보인다.222) 백제에서 출토된 도자의 연대는 3세기 후반에서 4세기 전반 무렵으로 추정되었다.223) 그런데《진서》에 따르면 마한과 서진의 교섭 관련 기

---

221) 박순발, 2004,〈한성기 백제 대중교섭 일례 ― 몽촌토성 출토 금동과 대금구 추고〉,《호서고고학》 11집, 호서고고학회.

222) 이종민, 1997,〈백제시대 수입도자의 영향과 도자사적 의의〉,《백제연구》 27집, 충남대 백제연구소, 183쪽.

사는 태희 원년(290)까지 나오고 있고, 몽촌토성에서 출토된 전문도기는 원강 8년(298)의 것과 비슷하다. 따라서 이 전문도기는 근초고왕이전에 백제와 서진의 교섭이 있었음을 보여주는 것이다.224)

한성도읍기에 중국 도자가 집중적으로 출토되고 있는 곳은 왕성 지역의 경우 풍납토성, 몽촌토성, 석촌동 고분군 지역이다. 풍납토성의 경당지구 196호 유구에서는 중국제 시유도기 28점, 전문도기 5점과 백제 토기 74점 등 많은 용기들이 빽빽이 놓여 있었다. 이 유구는 어류 등을 도기나 토기에 담아 저장한 시설로 추정된다.225) 지방의 경우 포천 자작리, 원주 법천리, 천안 화성리와 용원리, 공주 수촌리, 익산 입점리, 부안 죽막동, 서산 부장리 등에서 중국제 도자가 출토되었다.226) 그러나 그 수량은 많지 않다.

백제 지역에서 출토된 중국제 도자 가운데 반구호(盤口壺)는 아가리가 반구의 형태로 된 도자기이다. 이 반구호는 석촌동 3호분 적석부와 87-2호 위석분구묘, 천안 화성리에서 출토되었는데, 장쑤성 남경 영초 2년(421) 사가산 6호묘 출토의 도자와 비슷하여 동진제 도자기로 볼 수 있다. 원주 법천리에서 출토된 양형(羊形)청자기는 동진 시기 남경 상산(像山) 7호묘 출토품과 동일한 형태이다. 따

---

223) 한지수, 2011, 〈196호 유구 출토 중국 도기류〉, 《풍납토성XII — 경당지구 196호 유구에 대한 보고 —》 한신대학교박물관총서 제37책, 한성백제박물관·한신대학교박물관, 122~133쪽.

224) 권오영, 1988, 〈4세기 백제의 지방통제방식 일례〉, 《한국사론》 18집, 서울대학교 국사학과.

225) 이준정·김은영, 2011, 〈경당지구 재발굴조사에서 검출된 동물유존체 분석 결과〉, 《풍납토성XII — 경당지구 196호 유구에 대한 보고 —》 한신대학교박물관총서 제37책, 한성백제박물관·한신대학교박물관, 104~105쪽.

226) 백제의 각 지역에서 출토된 중국제 도자기에 대해서는 정상기, 2006, 〈4~5세기 백제지역 출토 중국 도자〉, 《한성에서 웅진으로》, 국립공주박물관·충청남도역사문화원 참조.

〈도 3-6〉 원주 법천리 양형청자(왼쪽)와 중국 남경 출토 양형청자

라서 양형청자는 동진에서 들어온 것으로 볼 수 있다.

몽촌토성 3호 저장공에서 출토된 청자이부호(靑瓷耳付壺) 1점과 익산 익점리 1호 석실분에서 출토된 완형의 청자사이호(靑瓷四耳壺)는 중국 저장 성 황암 수령댐에서 발굴된 49호 전실에서 출토된 것과 비슷하다. 그리고 천안 용원리 9호 석곽묘와 공주 수촌리 4호 횡혈식석실분(굴식돌방무덤)에서 출토된 흑유계수호(黑釉鷄首壺)는 중국 난징 막부산 출토 계수호와 매우 비슷하여 중국 제품으로 볼 수 있다.227)

한편 몽촌토성에서는 청자벼루가 출토되었다. 이 벼루는 전형적인 3~4세기 도자기 조형을 보여주는 것으로서 저장 성 월주요 계통이다. 몽촌토성에서 벼루가 출토되고 있는 것은 백제가 문서에 의한 행정을 하였을 가능성을 보여준다.228)

셋째는 청동초두(靑銅鐎斗)이다. 1925년 을축년 대홍수 때 풍납토성

---

227) 이상의 서술에 대해서는 임영진, 2007b, 〈한성기 중국과의 문물교류〉, 《백제의 문물 교류》 백제문화사대계 연구총서 10, 충청남도역사문화연구원 참조.

228) 山本孝文, 2003, 〈백제 사비기의 도연 — 분류, 편년과 역사적 의의 —〉, 《백제연구》 38집, 충남대 백제연구소.

에서 우연히 발견된 항아리 안에 중국제 노기, 동경, 청동초두, 금제 귀걸이, 금동제 진식 대구, 과판, 유리구슬 등이 담겨 있었다.229) 이 항아리는 시유도기일 가능성이 높다.230) 초두는 중국에서 기원하였는데, 손잡이가 부착된 그릇이므로 그 모양이 북두칠성과 비슷하다. 명문(銘文) 기록상으로 가장 오래된 초두는 전한 원강 원년(서기전 65)에 만들어진 원강초두이다.231)

풍납토성에서 출토된 청동초두는 주구가 없고 말발굽 모양의 다리 3개와 용머리 조각의 손잡이가 있다. 이 출토품은 이런 종류의 초두 가운데 가장 우수한 초두라고 할 수 있다. 이 초두는 백제 전성기의 작품이다.232) 초두는 낙랑 지역에서도 확인되고 있다. 대동강면 유사리의 한 고분에서 출토된 초두와 평양 일대에서 출토된 초두가 그 사례가 된다. 낙랑군과 대방군은 313~314년에 고구려에 의해 소멸되었다. 이 과정에서 낙랑 지역의 기술자들이 백제로 들어오게 되었고 이들에 의해 초두가 제작된 것으로 보인다.233) 그 후 백제는 초두를 만드는 기술을 발전시켜 5세기 중반 무렵에 와서 완성형을 이루었다. 풍납토성 출토 초두가 바로 이를 보여주는 것이다.

---

229) 김태식, 2001, 앞의 책, 김영사, 373~375쪽.

230) 권오영, 2011, 앞의 글, 119쪽.

231) 金夫正, 1984, 〈초두에 관한 일고찰 — 삼국·통일신라시대의 청동초두를 중심으로 —〉, 고려대 석사학위논문, 6쪽.

232) 그러나 이 초두가 중국 제품인지 백제 제품인지 단정하기 어렵다는 견해(김원룡, 1973a, 《개정증보 한국미술사》, 범문사, 98쪽)도 있다.

233) 金夫正, 1984, 앞의 글, 70쪽.

2) 북위와의 교류

(1) 뚝섬 출토 금동불좌상

뚝섬 출토 불상은 1959년에 발견되었다. 불상의 모양은 고개를 약간 숙이고 손을 모아 배에 대고 있는 모습이며 선정인(禪定印)을 취하였다. 조각 양식은 중국 불상 가운데서도 이른 예에 속하는 5호16국 시대나 북위 초기에 인도 간다라 불좌상을 수용한 불상들과 관련이 있어 보인다. 제작 시기는 5세기 전반으로 보고 있다.

이 불상의 제작지에 대해서는 작은 상이면서도 세부의 표현이 정확하여 5세기 무렵의 중국제 불상으로 보는 견해,[234] 삼국 시대 불상으로 보는 견해,[235] 구체적으로는 북조의 양식을 반영한 고구려 불상으로 보는 견해[236]와 서울이 5세 후반까지는 백제의 영역이라는 관점에서 초기백제의 불상으로 보려는 견해가[237] 있다.

북위 초기의 불상과 연결되는 이 불상이 서울 지역에서 출토된 배경은 백제와 북위 사이의 교섭과 교류와 연관지어 보아야 한다. 종래의 연구에서는 472년 이전에는 북위와의 교섭이 없었다고 보아, 북위에서 백제로 직접 들어오지 않고 고구려를 거쳐서 들어온 것으로 파악하기도 하였다. 그러나 백제는 440년을 전후하여 북위와 교섭을 가졌다. 이 과정에서 북위 불상이 백제로 들어왔을 수도 있고, 아니면

234) 김원룡, 1961, 〈둑도출토 금동불좌상〉, 《역사교육》 5집, 역사교육학회, 19~22쪽.

235) 곽동석, 1992, 〈제작기법을 통해 본 삼국시대 소금동불의 유형과 계보〉, 《불교미술》 11집, 불교미술사학회, 9~13쪽.

236) 김리나, 1996, 〈고구려 불교조각양식의 전개와 중국불교조각〉, 《고구려미술의 대외교섭》, 한국미술사학회 편, 도서출판 예경, 38~39쪽.

237) 김춘실, 2007, 〈불상〉, 《백제의 미술》 백제문화사대계연구총서 14, 충청남도역사문화연구원, 65~67쪽.

북위 불상의 영향을 받은 백제가 직접 제작하였을 수도 있다. 따라서 이 불상은 5세기 대에 백제와 북위의 직접적인 교섭과 교류 관계를 보여주는 사례의 하나라고 할 수 있다.

(2) 풍납토성 출토 연화문 와당

한성도읍기 백제의 중요 유적인 풍납토성, 몽촌토성, 석촌동 고분군 등에서 출토된 기와는 수천 점이지만, 연화문 와당은 풍납토성 경당지구에서 출토된 2점과[238] 197번지 일대에 대한 발굴 조사에서 출토된 1점뿐이다.[239] 이 연화문 와당의 제작 연대는 5세기 중엽 이후 한성 함락 이전까지로 추정되고 있다.[240]

〈도 3-7〉 풍납토성 출토 연화문 와당(왼쪽)과 북위 출토 연화문 와당

238) 한신대학교박물관, 2008, 《서울 풍납토성 경당지구 2차발굴조사 현장설명회 자료집》.

239) 국립문화재연구소, 2008, 《2008 풍납토성 197번지 일대 발굴조사 현장설명회 자료집》.

240) 문동석, 〈한성백제의 도교문화와 그 성립과정〉, 《백제연구》 50집, 충남대 백제연구소.

이 연화문 와당들은 중방(中方)이 원형이고 그 안에 연자(蓮子)가 표현되지 않았다. 각 연판은 능선이 있어 단판 연화문처럼 약간의 부피감이 남아 있다. 이러한 와당은 남조의 연화문 와당과는 뚜렷이 구분되며, 중국 다퉁(大同)의 초당산 유적에서 출토된 8엽복판 연화문 와당이나 북위 낙양성 건춘문 유적에서 출토된 5엽복판 연화문 와당과 비슷하다. 따라서 이 연화문 와당은 북위계 와당이라 할 수 있다.241) 이 연화문 와당은 백제와 북위 사이에 교류가 이루어졌음을 보여주는 물적인 증거가 된다.

----

241) 국립문화재연구소, 2008, 앞의 책.

제3장 왜와의 교섭과 교류

제1절 왜와의 교섭 재개와 교통로

1. 왜와의 교섭 재개

왜가 중국과 교섭을 가지기 시작한 것은 한(漢) 대부터이다.[242] 이후 왜는 조위(曹魏) 대에 이르기까지 중국 본토와 직접 통교하면서 선진 문화를 받아들였다. 그러나 왜는 진무제 태시(265~274) 초에 서진에 사신을 보낸 이후 413년에 이르기까지 150여 년 동안 중국 왕조와의 접촉을 단절하였다. 이 동안 왜와 한반도 여러 나라와의 교섭과 교류 기사도 보이지 않는다.

4세기에 들어와 백제와 왜 사이에 교섭의 움직임이 나타났다. 364년 백제는 구저(久氐), 막고(莫古) 등 3인을 왜로 보냈다. 이들은 왜로 가는 길을 찾아가다가 탁순국에[243] 이르렀다. 탁순국왕은 왜로 가려

---

242) 《한서》 권28 지리지제8 下의 "樂浪海中有倭人 分爲百餘國 以歲時來獻見云" 참조.

면 큰 배가 있어야 한다는 등의 여러 정보를 주었다. 백제 사신은 만약 왜국에서 사신이 오면 연락해 달라고 요청한 뒤[244] 귀국하였다.

366년에 왜의 사신이 탁순국에 오자, 탁순국왕은 백제 사신이 한 부탁의 말을 왜의 사신에게 전하였다. 이에 왜 사신 사마숙녜(斯麻宿禰)는 겸인 이파이(爾波移)와 탁순인 과고(過古) 등 2인을 백제로 보냈다. 백제는 이들을 맞이하여 오색채견(五色綵絹), 각궁전(角弓箭), 철정(鐵鋌) 등 우수한 문물을 보여주었다. 이로써 백제와 왜 사이에 교섭이 시작되었다.

2. 다사진 확보

탁순국을 매개로 하여 왜와 접촉한 백제 근초고왕은 367년에 구저 등 3인을 왜에 보냈다.[245] 왜는 백제 사신을 크게 환영하였다. 백제의 수준 높은 문화를 알고 있었던 왜로서는 그 문화를 받아들일 수 있다는 기대가 컸기 때문이다. 이로써 백제와 왜는 본격적으로 교섭과 교류를 하게 되었다.

---

243) 탁순국의 위치에 대해서는 칠원설, 창녕 동남쪽에서 밀양에 걸치는 지역설, 창원설, 의령설, 대구설 등이 있지만, 필자는 대구설이 타당하다고 본다. 탁순의 위치에 대한 제설(諸說)의 정리는 김태식, 1993, 《가야연맹사》, 일조각, 176쪽의 〈표 12〉 및 백승옥, 1995, 〈탁순의 위치와 성격—일본서기 관계 기사 검토를 중심으로—〉, 《부대사학》 19집, 부산대학교 사학회 참조.

244) 《일본서기》 권9 신공기 46년조의 "遣斯摩宿禰于卓淳國(斯摩宿禰者 不知何姓人也) 於是 卓淳王末錦旱岐告斯摩宿禰曰 甲子年七月中 百濟人久氐彌州流莫古三人 到於我土曰 百濟王聞東方有日本貴國 而遣臣等 令朝其貴國 故求道路 以至于斯土…唯海遠浪嶮 則乘大船 僅可得通…於是 久氐等曰 然卽當今不得通也 不若更還之備船舶而後通矣" 참조.

245) 《일본서기》 권9 신공기 47년조.

그런데 367년에 왜로 가던 백제의 사신은 길을 잘못 들어 사비신라(沙比新羅)에 이르렀다. 이때 백제 사신은 신라에 잡혀 곤욕을 치렀을 뿐만 아니라 가지고 간 질 좋은 물건도 질이 좋지 않은 신라 물건과 바꾸어야 하는 사태가 벌어졌다.246) 사비신라는 '삽량(歃梁)'이라고도 하였는데 그 위치는 낙동강에 접한 교통의 요지인 경남 양산(梁山)이다. 양산은 4세기 중엽에는 이미 신라의 영역으로 된 곳이었다.247) 신라는 백제가 낙동강을 통하여 왜와 교섭을 하는 것이 바람직하지 못한 것으로 판단하고 이를 방해하였던 것 같다.

이에 백제는 왜와 통할 수 있는 더 안전한 교통로를 확보하기 위해서 하동로(河東路)를 개척하였다. 하동로는 백제 장군 목라근자가 영산강 유역의 침미다례 세력을 정복하고자 합천-거창-함양-산청-남원-섬진강-구례-하동으로 통하는 교통로를 따라 군사를 이동하는 과정에서 하동 지역을 백제 영역으로 편입하면서 개척한 길이다. 그런데 섬진강 유역에는 4세기 중반 무렵까지 말무덤으로 표현되는 대형 고분〔高塚〕들이 여러 기가 조영되고 있었지만, 4세기 중반 이후 이러한 고총은 사라지고 대신 백제식 토기가 나타나고 있다.248) 이러한 현상은 이 지역이 이미 백제의 영역으로 편입된 것을 보여준다.

---

246)《일본서기》권9 신공기 47년조의 "百濟王使久氐彌州流莫古令朝貢 時新羅國調使與久氐共詣…仍撿挍二國之貢物 於是新羅貢物者珍異甚多 百濟貢物者少賤不良 便問久氐等曰百濟貢物不及新羅 奈之何 對曰臣等失道 至沙比新羅 則新羅人捕臣等禁囹圄 經三月而欲殺 時久氐等向天而呪詛之 新羅人怖其呪詛而不殺 則奪我貢物 因以爲其國之貢物 以新羅賤物 相易爲臣國之貢物 謂臣等曰 若語此辭者 及于還日 當殺汝等 故久氐等恐怖而從耳 是以僅得達于天朝" 참조.

247) 주보돈, 1998, 〈박제상과 5세기 초 신라의 정치 동향〉,《경북사학》21집, 경북사학회.

248) 곽장근, 1999,《湖南 東部地域 石槨墓 研究》, 서경문화사, 148~154쪽.

하동은 남해안에 자리하였기 때문에 뱃길의 요해지였으며 또 섬진강을 끼고 있기 때문에 내륙과의 연결도 용이하였다. 하동 지역을 장악함으로써 백제는 낙동강을 경유할 때 생겨날 수 있는 신라의 방해를 피할 수 있게 되었다. 이리하여 다사성(多沙城)은 백제와 왜의 교섭과 교역에서 중요한 거점이 되었다.249)

제2절 왜 오왕의 자칭호와 "도평해북"의 실체

1. 왜왕 자칭호(自稱號)와 백제

중국에서는 420년에 진(晉)이 망하고 송(宋)이 건국되었다. 왜왕 찬(讚)은 송이 건국된 이듬해인 421년에 사신을 송에 보냈다.250) 이는 송의 건국을 축하하기 위한 사신으로 보인다. 왜가 사신을 보내오자 송태조는 왜왕 찬에게 조서를 내려 제수(除授)하였다. 이후 찬은 사마 조달(曹達)을 보내 방물을 바쳤다.251)

찬의 뒤를 이어 즉위한 동생 진(珍)은, 송에 사신을 보내 공헌한 후 스스로 '사지절도독왜백제신라임나진한모한육국제군사안동대장군왜국왕(使持節都督倭百濟新羅任那秦韓慕韓六國諸軍事安東大將軍倭國王)'이라고

---

249) 이와 비슷한 내용이 《일본서기》 권17 계체기 23년조에 보인다. 이에 근거하여 신공기 47년조의 기사는 계체기 23년의 사실을 소급시킨 결과 중복 삽입된 것으로 보는 견해(이영식, 1994, 〈백제의 가야진출과정〉, 《한국고대사논총》 7집, 한국고대사회연구소, 189~190쪽)도 있다.

250) 《송서》 권97 열전제57 이만 왜전의 "倭國在高驪東南大海重 世修職貢 高祖 永初二年 詔曰倭讚萬里修貢…可賜除授" 참조.

251) 《송서》 권97 열전제57 이만 왜전의 "太祖元嘉二年 讚又遣司馬曹達 奉表獻方物" 참조.

일컬은 작호와 왜수(倭隋) 등 13명에게 평서·정로·관군·보국장군호를 정식으로 제수해 줄 것을 요청하였다. 송은 진에게는 '안동장군 왜국왕'만 제수하였고 왜수 등 13명에게 요청한 장군호는 그대로 승인하였다.

451년에 왜왕 제(濟)가 사신을 송에 보내 봉헌하자, 송은 안동장군호는 예전처럼 하고 '사지절도독왜신라임나가라진한모한육국제군사'를 더하여 주었다. 제가 죽고 세자 흥(興)이 사신을 보내니 송은 흥을 '안동장군 왜국왕'으로 봉하였다. 흥이 죽고 나서 즉위한 동생 무(武)는 478년에 '사지절도독왜백제신라임나가라진한모한칠국제군사안동대장군왜국왕'을 스스로 일컬었다. 그렇지만 송은 그에게 백제를 뺀 '사지절도독왜신라임나가라진한모한육국제군사안동대장군왜국왕'만 책봉하였다.

송이 왜왕에게 준 제군사호에 백제를 뺀 까닭은 백제와 송의 관계에서 찾아볼 수 있다. 이보다 앞서 송은 백제왕에게 '사지절도독백제제군사진동대장군'을 책봉하였다. 때문에 송은 자신이 백제왕에게 인정해 준 백제제군사를 왜왕에게 도독하게 할 수 없었다. 그래서 왜왕에게 수여한 제군사호에는 백제를 제외하였던 것이다.252) 그런데 송이 백제왕에게 제수한 진동대장군은 왜왕에게 제수한 안동대장군보다 위계가 높다. 이러한 사실은 백제가 동아시아 세계에서 차지하는 위상이 왜보다 한 단계 높았음을 보여주는 것이다.

---

252) 노중국, 2005b, 〈5세기 한일관계사 ―"송서" 왜국전의 검토―〉, 《한일역사공동연구보고서》 제1권, 한일역사공동연구위원회 참조.

2. 동정·서복·도평해북(東征·西服·渡平海北)의 시기와 대상

1) 동정·서복·도평해북의 시기와 조이(祖禰)

왜왕 무가 송에 보낸 국서에 따르면, 무의 조이(祖禰)는 스스로 갑옷을 입고 산천을 건너 동쪽으로는 모인(毛人) 55국을 정복하고, 서쪽으로는 중이(衆夷) 66국을 복속시키며, 바다를 건너 북으로 95국을 평정하였다고 하였다.253) 55국, 66국, 95국이란 숫자 자체는 과장된 것이지만, 이들의 존재는 이 시기에 왜 왕권에 복속되지 않은 세력이 다수 있었음을 보여준다. '동정·서복·도평해북'은 왜왕 무의 조이의 정복 활동을 보여주는 것이다.

이러한 정복 사업이 이루어진 시기를 추정하는 데 실마리가 되는 것이 '조이'의 실체이다. 조이에 대해서는 할아버지와 아버지로 보는 설, 단순히 조상을 일컫는 것으로 보는 설, 고유명사로 보는 설, 조미(祖彌)의 오기로 보는 설 등 다양하다.254) 그런데《주례》의 조묘이(祖廟禰)·조이(祖禰)에 대한 주(註)에 "정사농운이부묘(鄭司農云禰父廟)"라 한 것에서 보듯이, 이(禰)는 아버지를 가리킨다. 따라서 조이는 할아버지와 아버지로 보는 것이 타당하다.255)

《송서》 왜국전에는 무의 아버지는 제(濟)로 나오지만 할아버지에 대해서는 아무런 언급이 없다. 이로 말미암아 당시 왜에는 찬-진과 제-흥의 두 개의 대왕가(大王家)가 있었다고 보는 견해도256) 있다. 그러

---

253)《송서》권97 열전제57 夷蠻 왜전의 "自昔祖禰 躬擐甲冑 跋涉山川 不遑
　　寧處 東征毛人五十五國 西服衆夷六十六國 渡平海北九十五國" 참조.

254) 이 문제에 대한 여러 견해들의 정리는 笠井倭人, 1973,《研究史 倭の五
　　王》, 吉川弘文館, 127~131쪽 참조.

255) 노중국, 2005a, 앞의 글 참조.

나 찬과 제는 왜찬, 왜제로 표현되고 있으므로 왜를 성으로 하는 부계 혈연집단으로 보는 것이257) 타당하다. 그렇다면 제는 찬과 진과 혈연적으로 연결된다.

이를 입증하는 데 실마리가 되는 것이 《양서》 왜전에 찬의 동생 미(彌)가 제의 아버지로 나온다는 사실이다.258) 미(彌)의 약자 '弥'와 진(珍)의 약자 '珎'은 글자 형태가 매우 비슷하여 이따금 혼용되기도 하였다.259) 그렇다면 미(弥)는 진(珎)과 동일 인물이다. 따라서 진은 제의 아버지요 무의 할아버지가 된다.

조이가 무의 할아버지 진과 아버지 제를 가리킨다고 하면, 동정·서복·도평해북이라는 정복 사업도 진과 제 대에 이루어진 것으로 볼 수 있겠다. 진이 송나라에 사신을 파견한 시기는 438년으로 추정되고, 제는 442년에 처음으로 송에 사신을 파견한 뒤 462년 이전의 어느 시기에 죽었다. 따라서 진과 제에 의한 정복 활동은 대략 430년대에서 460년대 사이에 이루어진 것으로 볼 수 있다.

2) '도평해북'의 대상 지역

무의 상표문에 보이는 일본열도의 통합 기사는 왜 왕실의 공식적인

256) 藤間生大, 1968, 《倭の五王》, 岩波書店; 原島礼二, 1970, 《倭の五王とその前後》, 塙書房; 川口勝康, 1981, 〈五世紀の大王と王統譜を探る〉, 《巨大古墳と倭の五王》, 青木書林.

257) 武田幸男, 1975, 〈平西將軍 倭隋の解釋 ― 五世紀の倭國政權にふれて―〉, 《朝鮮學報》 77집, 朝鮮學會, 24~26쪽; 吉村武彦, 1990, 〈倭の五王とは誰か〉, 《爭點 日本の歷史》 第2卷(古代篇1), 新人物往來社, 63~66쪽.

258) 《양서》 권54 열전제48 제이 왜전의 "贊死 立弟彌 彌死 立子濟" 참조.

259) 《한원》의 경우 '珍'을 신라조에서는 '弥'로, 왜조에서는 '珎'으로 표기한 것이 그 예가 된다.

입장이다. 진과 제가 정복한 지역에 대해 일본 학계에서는 "동정모인(東征毛人)"은 관동 지역으로, "서복중이(西服衆夷)"는 이즈모(出雲)·기비(吉備)·기타큐슈(北九州) 지역으로, "도평해북(渡平海北)"은 한반도로 보는 것이 일반적이다.260) 도평해북을 한반도로 보는 견해는 왜가 한반도 남부 지역을 지배하였다는 이른바 '임나일본부설'의 근거가 되었다. 그러나 필자는 다음과 같은 측면에서 해북(海北)을 한반도로 보는 견해를 받아들이지 않는다.

첫째로 《송서》 왜전에 나오는 정(征)·복(服)·평(平)은 똑같이 평정·정복이라는 의미를 갖는다. 그런데 동정과 서복의 대상 지역에는 이후 독자적인 국명을 가진 세력이 더 이상 존재하지 않는다. 그러나 한반도 남부 지역에는 백제, 신라, 가야 등 독자적인 국명을 가진 정치체가 여전히 존재하고 있었다. 이러한 사실은 해북의 95국이 한반도에 있었던 여러 나라를 가리키는 것이 아님을 말해 주는 것이다.

둘째로 《일본서기》에서 한반도를 가리키는 방위는 한반도 제국을 서번(西蕃)·해서제한(海西諸韓)261)으로 표기한 것에서 보듯이 대다수 서쪽으로 되어 있다. 한편 백제는 왜를 해동귀국(海東貴國)·동방유일본귀국(東方有日本貴國)에서262) 보듯이 동쪽으로 적고 있다. 이러한 표현은 《일본서기》의 방위관이 한반도를 서쪽으로 보는 것임을 보여준다. 따라서 해북은 한반도를 가리키는 것이 아닌 것이다.

---

260) 武田幸男, 1975, 앞의 글, 11~14쪽. 이와는 달리 '渡平海北九十五國'을 4세기 말 5세기 초두 왜군이 신라·고구려 영역에 일시적으로 進攻한 것을 왜 측에서 과장해서 표현한 것으로 보는 견해(鈴木英夫, 1987, 《古代の倭國と朝鮮諸國》, 靑木書店, 92~93쪽)도 있다.

261) 《일본서기》 권19 흠명기 5년 춘정월조, 10년 하4월조, 13년 동10월조, 16년 춘2월조.

262) 《일본서기》 권9 신공기 즉위전기, 46년조.

필자는 해북의 위치는 일본열도에 대한 전근대 시기의 지리적 인식과도 연관지어 보아야 한다는 입장이다. 이때 눈여겨보아야 할 자료의 하나가 《삼국지》 왜전이다. 여기에는 3세기 중엽 무렵까지 대방군에서 출발한 중국 사신이 야마대국(邪馬臺國)에 이르기까지 나라들의 이름과 그 행로의 방향과 거리가 육로 또는 수로로 구별하여 기록되어 있다. 그 행로를 보면, 대마국의 남쪽에 일대국〔一大國: 지금의 이키섬(壹岐島)〕이 있고, 일대국에서 말로국(末盧國)으로 가는 여정에서 그 방향은 기록되어 있지 않지만 남쪽으로 보아도 좋을 것이다. 말로국의 동남쪽에 이도국(伊都國)이 있었는데 거리는 육로로 500리이고, 이도국의 동남쪽에 노국(奴國)이 있었는데 육로로 100리이고, 노국의 동쪽에 불미국(不彌國)이 있었는데 육로로 100리였다. 이 불미국의 남쪽에는 투마국(投馬國)이 있었는데 뱃길로 20일 걸리고, 투마국의 남쪽에 야마대국이 있었는데 뱃길로는 10일, 육로로는 1개월이 걸렸다.263)

이 가운데 말로국은 사가 현(佐賀縣) 히가시마쓰우라 군(東松浦郡)에서 가라쓰 시(唐津市)에 걸친 일대에, 이도국은 후쿠오카 현 마에바루 시(前原市)·이토시마 군(糸島郡)에, 노국은 후쿠오카 현 하카타 구(博多區)와 가스가 시(春日市) 일대에 비정되고 있다.264) 한편 야마대국의 위치에 대해서는 규슈설(九州說)과 기나이설(畿內說)이 있다.265)

---

263) 《삼국지》 권30 위서 동이전 왜전의 "從郡至倭 循海岸水行 歷韓國 乍南乍東 到其北岸狗邪韓國 七千餘里 始度一海千餘里 至對馬國…又南渡一海千餘里 名曰瀚海 至一大國…又渡一海千餘里 至末盧國…東南陸行五百里到伊都國…皆統屬女王國…東南至奴國百里…東行至不彌國百里…南至投馬國 水行二十日…南至邪馬臺國 女王之所都 水行十日 陸行一月…" 참조.

264) 武光誠·讀賣新聞調査研究本部, 1998, 《魏志倭人傳と邪馬臺國》, 讀賣新聞社, 60~63쪽.

265) 邪馬臺國의 위치에 대한 연구사 정리는 佐伯有淸, 1982, 《研究史 邪馬

그런데 규슈에 자리한 불미국에서 야마대국까지 가기 위해서는 뱃길을 이용하여야 했다. 이 뱃길이 바로 세토내해(瀨戶內海)이다. 따라서 야마대국은 기나이에 있었다고 보는 설이 타당하다. 대마국에서 야마대국까지의 행정(行程)을 표로 그려 보면 다음과 같다.266)

이 표에 따르면 대마국에서 야마대국까지 가는 길은 동남행 아니면 남행이다. 따라서 야마대국에서 대마국으로 가는 길은 북행 아니면 서북행이다. 《삼국지》 왜전에 보이는 3세기 중엽 무렵까지의 일본열도에 대한 지리적 인식이나 뱃길의 방향은 5세기 대에도 적용될 수 있다고 본다. 그렇다고 하면 《송서》 왜국전의 "도평해북"도 새롭게 이해할 수 있게 된다. 즉 왜왕 무의 할아버지나 아버지가 수군을 거느리고 건넌 바다는 바로 세토내해이며, 이 바다의 북쪽에 위치한 것은 규슈(九州)였다. 그렇다고 하면, 도평해북의 대상 지역은 한반도가 아니라 규슈가 된다. 이 점은 《일본서기》에 보이는 '해북'의 위치에 의해서도 입증이 되리라 본다.

《일본서기》에서 해북과 관련하여 주목되는 것이 신대(神代) 상(上)의 세 여신과 관련한 기사이다. 이에 따르면, 일신이 낳은 이 세 여신은 "위원국(葦原國)의 우좌도(宇佐嶋)"에 강림하여 살았는데 "우좌도는 해북 도중에 있다〔海北道中〕"고267) 하였다. 이 "해북도중"은 "축자주도중(筑紫洲道中)"으로도268) 나온다.

臺國》, 吉川弘文館 참조.

266) 이 표는 武光誠·讀賣新聞調査研究本部, 1998, 앞의 책, 7쪽의 것을 바탕으로 만든 것이다.

267) 《일본서기》 권1 神代 上 제6단 一書第三의 "卽以日神所生三女神者 使降居于葦原國之宇佐嶋矣 今在海北道中 號曰道主貴 此筑紫水沼等諸神是也" 참조.

268) 《일본서기》 권1 神代 上 제6단 一書第一의 "乃以日神所生三女神 令降於筑紫洲 因敎之曰 汝三神 宜降居道中 奉助天孫 而爲天孫所祭也" 참조.

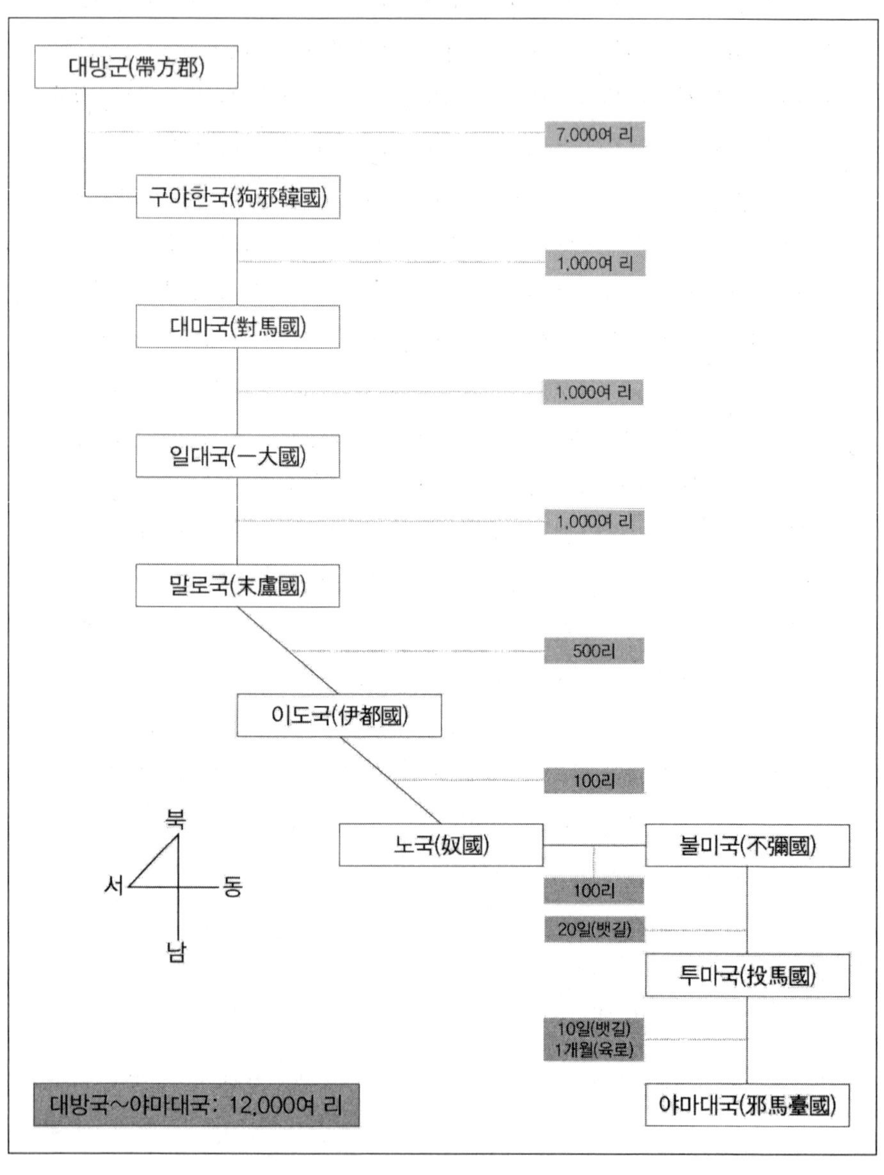

〈표 3-1〉 야마대국으로 가는 길

우좌도의 위치에 대해 《이와나미 강좌 일본서기》의 두주에서는 "여러 책에는 우사 군(宇佐郡)의 우사(宇佐)로 보고 있지만, 지명 사서에서는 전후 문맥에서 비추어 무나카타 군(宗像郡)의 오키노 섬(沖ノ島)으로 보고 있으므로 우좌도는 오키노 섬으로 보아야 한다"269)고 결론짓고 있다. 이러한 해석은 오키노 섬이 한반도로 가는 해로의 요충지라는 것과 이 섬을 발굴한 결과, 이곳의 제사 유적은 4세기 후반에서 9세기에 걸쳐 있고 그 유물은 야마토(大和) 왕권의 직제(直祭)의 성격을 띠는 유적이라는 것에 근거한 것이다. 이러한 해석은 일본 학계에서 통설이 되어 해북의 해를 한반도와 일본열도 사이의 바다로 설정하고 있다.270)

그러나 지명을 비정할 때 지명의 동일성이나 유사성에 주목하는 것이 필요하다. 동일한 지명이나 비슷한 지명은 같은 곳일 가능성이 크기 때문이다. 오키노 섬과 우좌도는 명칭 상으로 연결되지 않는다. 또 이 둘을 연결시켜 주는 문헌자료도 없다. 이와 달리 세 여신이 내려온 곳인 우좌도는 풍전국(豊前國) 우좌군의 우좌와 지명이 일치한다. 더구나 오이타 현 우사 시에는 지금도 우사 신사가 남아 있다. 그러므로 《일본서기》의 우좌도는 오이타 현의 우사 시 우사로 보는 것이 타당하다.

우좌도는 해북에 위치하였다. 우좌도가 위치한 풍전국(오이타 현)은 세토내해의 북에 위치하고 있다. 그렇다면 이때의 '해(海)'는 세토내해가 된다. 세토내해의 '북'은 규슈 지역이다. 그렇다면 '해북'은 바로 규슈가 된다. 이를 방증해 주는 것이 조선 세종 대에 그려진 〈혼일강리역대국도지도〉이다. 이 지도에 따르면 일본열도는 남북의 형태로

---

269) 《이와나미 강좌 일본서기》 上 110쪽의 頭註 7.
270) 武田幸男, 1975, 앞의 글, 20쪽.

그려져 있다. 이 지도에서 세토내해를 타고 가면 북으로 규슈에 이르게 된다. 이는 '해북'의 위치가 규슈인 것을 보여주는 것이다. 그렇다고 하면, 무의 상표문에 보이는 도평해북의 95국은 한반도가 아니라 규슈 지역에 있었던 것으로 볼 수 있겠다.

규슈 지역에는 3세기 이후부터 큰 세력이 형성되어 있었다. 3세기대의 세력으로는 중국으로부터 한위노국왕(漢委奴國王)이라는 금인을 받은 노국(奴國)을 들 수 있고, 6세기 대에는 이와이(盤井)라고 하는 큰 세력이 자리 잡고 있었다. 이와이는 축자 지역은 물론 화국·풍국(火國·豊國) 지역까지 장악하였고 나아가 한반도 여러 나라와의 외교권도 독점하고 있었다.271) 또 그는 강대한 군사력, 아두(衙頭: 政所)로 표현되는 행정권, 결죄(決罪)로 표현되는 재판권, 장물(臟物)로 표현되는 재정권, 석전(石殿) 삼간(三間)으로 표현되는 궁전 등을 가지고 있었다. 그는 생전에 자신의 무덤을 만들었는데272) 이 무덤은 후쿠오카현 야메 시(八女市)에 자리한 전방후원분인 이와토야마(岩戸山) 고분으로 비정되고 있다. 이 고분에서는 석인·석마·석순·석저 등이 발견되었는데273)《축후국풍토기》의 내용과 일치하고 있다. 이와이는 527년 6월에 반란을 일으켰다가 1년 6개월 뒤인 528년 11월에 평정되고

---

271)《일본서기》권17 繼體紀 21년조. 이와 관련한 연구로는 鬼頭淸明, 1975,〈日本民族の形成と國際的契機〉,《大系日本國家史》古代, 東京大學 出版會 참조.

272)《釋日本紀》권13 筑後國風土記 逸文의 "筑後國風土記曰 上妻縣 縣南二里 有筑紫君磐井之墳墓 高七丈 周六十丈 墓田南北各六十丈 東西各卅丈 石人石盾各六十枚 交陣成行 周匝四面 當東北角 有一別區 號曰衙頭(衙頭政所也) 其中有一石人 縱容立地 號曰解部 前有一人 躶形伏地 號曰偸人(生爲偸猪 仍擬決罪) 側有石猪四頭 號臟物(臟物盜物也) 彼處亦有石馬三疋 石殿三間 石藏二間 古老傳云 當雄大迹天皇之世 筑紫君磐井…預造此墓…" 참조.

273)《이와나미 강좌 일본서기》下 547쪽의 補注 17-二二의 磐井の亂 참조.

말았다.274)

이처럼 규슈 지역에는 3세기 대에는 노국이라는 큰 세력이, 6세기 대에는 이와이라는 큰 세력이 웅거하고 있었다. 그렇다고 하면, 4~5세기 대에도 이 지역에 큰 세력이 있었음을 추정할 수 있다. 야마토 정권으로서는 규슈 지역에 자리한 이 세력들을 평정하지 않을 수 없었다. 따라서 도평해북은 바로 규슈 지역에 기반을 가진 세력들에 대한 정복임을 보여주는 것이다.275) 이러한 관점에서 필자는 《일본서기》 신공기 49년조에 근거하여 4세기 중엽에 왜가 한반도 지역을 정복하여 군사적으로 지배하였다는 주장이나 《송서》 왜국전의 도평해북을 '한반도 평정'으로 보는 주장은 허구에 지나지 않는다고 보는 바이다.

제3절 문물 교류

1. 문헌자료에 보이는 문물 교류

1) 유학의 전파

《일본서기》 응신기 3년조에 따르면 백제는 아직기(阿直岐)를 왜에 파견하였다. 그는 왜에서 양마 기술을 가르쳐 주었기 때문에 뒷날 마사조(馬飼造)의 조상이 되었다. 그런데 아직기는 유교 경전에 대해서

---

274) 반정의 난에 대해서는 田村圓澄·小田富士雄·山尾幸久 共著, 1985,《古代最大の內戰 磐井の亂》, 大和書房 참조.

275) 이에 대해서는 노중국, 2005a, 앞의 글, 16~20쪽 참조.

도 해박한 지식을 가지고 있었다. 왜의 태자 토도치랑자(菟道稚郎子)는 그를 스승으로 삼았다.

아직기에 이어 백제는 왕인을 왜에 파견하였다. 왕인은 박사라는 직책을 지니고 있어 유학 교육을 체계적으로 시킬 수 있는 자격과 능력을 갖춘 인물이었다. 왜에 갈 때 그는 《논어》와 《천자문》을 가지고 갔다. 이때 《천자문》은 서진의 종요(鍾繇)가 지은 것이고 《논어》는 하안(何晏: 193~243)이 집주한 것이라고 한다.276) 왜에 간 왕인은 유교 경전을 교육하였다. 이를 통해 왜도 차츰 유학에 대한 교육체제를 갖추고 인재를 양성하여 갔다. 왕인은 뒷날 서문씨(西文氏)의 시조가 되었다.

2) 단야(鍛冶) 기술의 전파

《삼국지》 동이전에 따르면 3세기 중엽 무렵까지 마한은 진한과 변한에서 철을 무역하여 갔다.277) 그러나 4세기에 들어와 백제가 마한 세력을 통합하면서 질 좋은 철을 생산하기 시작하였다. 곡나철산(谷那鐵山)에서 질 좋은 철이 생산되었다는 것과278) 대표적인 백제 철생산 유적인 진천 석장리에서 확인된 제철 유적이 이를 입증해 준다. 석장리 제철 유적은 4세기 대로 편년되고 있는데, 이 유적에서는 토제(土製) 송풍관을 비롯하여 철기를 가는 여러 종류의 숫돌이 출토되었으며, 대형 제철로(製鐵爐)는 한정된 공간에서 집중적으로 분포하고 있다. 원료는 철광석과 사철을 모두 사용하였으며, 제련에서 단야까지 일련의 공정이 이곳에서 이루

---

276) 이병도, 1976, 《한국고대사연구》, 박영사, 578~579쪽.
277) 《삼국지》 권30 위서 동이전 진변한전.
278) 《일본서기》 권9 신공기 52년조.

어졌다.279)

백제는 이러한 철을 이용하여 질이 좋은 칼을 만들고 또 철정을 만들었다. 주거지와 무덤에서 출토된 4세기 대의 철정은 백제에서도 철정이 제작·유통되고 있었음을 알려 준다.280) 백제가 왜의 사신에게 철정을 보여준 것은 백제의 제철 기술의 우수성을 알려 주기 위한 것으로 볼 수 있다.

백제의 제철 기술자도 왜에 파견되었다. 그 이름을 알 수 있는 자 가운데 하나가 한단(韓鍛) 탁소(卓素)이다.281) 한단의 한(韓)은 구체적으로 백제를 의미하고 단(鍛)은 제철 기술자를 의미한다. 따라서 탁소는 백제 출신 제철 기술자였다. 왜에 간 그는 왜의 제철 기술을 한 단계 높였을 것이다.

3) 직조·염색 및 기타 기술의 전파

백제가 왜에 보낸 물품 가운데 오색채견이 있다. 비단은 왜에서도 생산되고 있었다. 이 비단을 왜금(倭錦)이라 하였다.282) 그러나 4세기 후반에 와서 백제가 왜에 보여준 것은 오색채견이었다. 오색채견은 기존의 제품보다 고급스러운 비단이었으니 이를 통해 왜에 고급 비단을 직조하는 기술이 전해지게 되었다. 왜에 파견된 직조 기술자로는 봉의공녀(縫衣工女) 진모진(眞毛津)을 들 수 있다.283) 진모진은 뒷날

---

279) 국립청주박물관·포항산업과학연구소, 2004,《진천 석장리 철생산유적》 학술조사보고서 제9책, 215~225쪽.

280) 김정완, 2002,〈충청 전라지역 출토 철정에 대하여〉,《고고학지》 11집, 한국고고미술연구소.

281)《고사기》 중권 응신조.

282)《삼국지》 권30 위서 동이전 왜전.

내목의봉(來目衣縫)의 시조가 되었다.

이 밖에 백제는 463년에 수말수기(手末手伎) 즉 손재주가 있는 자들을 파견하였다. 이들은 도자기 제작, 말안장 제작, 그림 그리기, 비단 직조 등과 같은 재능을 지닌 자였다.284) 이들을 수인부(手人部), 의봉부(衣縫部), 육인부(宍人部)로 표현한 것은 이들의 직능을 기능별로 묶은 것이다. 이런 다양한 기술을 가진 백제의 기술자들이 왜에 파견됨으로써 왜의 수공업 기술도 한 단계 높아졌을 것이다.

4) 무기의 전수

각궁전(角弓箭)은 각(角)을 재료로 한 궁전으로서 안쪽에는 소 힘줄을, 바깥에는 소뿔을 붙인 활을 말한다. 이것이 위신품인지 아니면 일반적인 무기로 사용되었는지는 분명하지 않지만, 왜의 처지에서는 신무기라 할 수 있다. 무기 기술의 전수는 두 나라 사이가 매우 밀접해야 가능하다. 백제가 각궁전이라고 하는 신무기를 보내 준 것은 백제와 왜가 매우 가까웠음을 보여주는 것이다.

5) 양마(養馬), 양응(養鷹) 기술의 전수

(1) 양마 기술의 전수

《일본서기》 응신기에 따르면 백제에서는 아직기를 통해 왜에 양마 2필을 보냈다. 왜는 아직기로 하여금 경판상구(輕坂上厩)에서 말을 기르는 일을 관장하도록 하였다. 그래서 그가 말을 기른 곳은 구판(厩

---

283) 《일본서기》 권10 응신기 14년조.
284) 《일본서기》 권15 웅략기 7년조의 "新漢陶部, 鞍部, 畵部, 錦部" 참조.

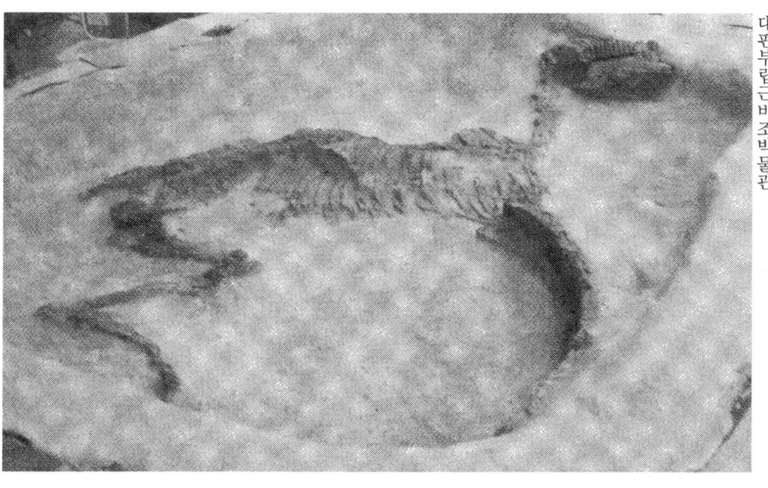

〈도 3-8〉 시조나와테 유적 말 매장

坂)이라 불렸다.285) 일본에서는 오사카의 가와치 호(河內湖)와 이코마
산(生駒山) 기슭을 무대로 5세기부터 말의 사육이 활발히 이루어졌다.
말의 사육 및 마사(馬飼) 집단과 관련하여 주목되는 곳이 시조나와테
(四條綴) 유적이다. 여기에서는 말뼈를 비롯하여 말의 사육과 관계되
는 유물이 많이 발견되었을 뿐만 아니라, 5세기 후반의 하지기(土師
器)나 스에키(須惠器)와 함께 한반도와 깊은 관계가 있는 도질(陶質)토
기, 이동식 부뚜막, U자형 토제품이 차례로 발견되었다. 따라서 이 유
적은 한반도에서 말을 데리고 온 사람들이 승마와 마사의 기술을 왜
에 전하고 가와치[河內]에 살고 있는 사람들과 함께 목장을 경영했던
것을 추측할 수 있게 한다.286) 이는 아직기가 일본에 처음으로 말을
전해 주었다는 문헌 기록을 고고학적으로 증명하는 자료로 볼 수 있

---

285)《일본서기》권10 응신기 15년조.

286) 山上弘, 2004,〈馬飼里見〉,《今來才伎 — 古墳飛鳥渡来人》, 大阪府立近
　　飛鳥博物館, 74~75쪽.

지 않을까 한다.

(2) 매 훈련 기술의 전수

왜에서 매의 사육과 관련되는 인물은 백제에서 온 주군(酒君)이다. 그는 군(君)호를 사용하고 있으므로 백제 왕족이라 할 수 있다. 주군이 왜에 있을 때 지방에서 이상한 새를 포획하여 천황에게 바쳤다. 그러나 이 새가 어떤 새인지 아무도 몰랐다. 이에 천황이 주군에게 묻자 주군은 이 새가 매[백제 말로는 구지(俱知)]라는 것과 이를 길들이면 사냥할 수 있다고 하였다. 왜에서는 이때까지 매를 몰랐고 당연히 매를 길들여 사냥하는 법도 모르고 있었다. 천황이 매 훈련을 요청하자 주군은 이 매를 훈련하여 사냥에 사용하는 법을 전수해 주었다. 이를 계기로 왜는 매를 훈련하고 사냥하는 일을 맡은 응감부(鷹甘部)를 설치하였다.287) 이는 백제의 매 사냥이 주군을 통해 왜에 전해진 것을 보여준다.

6) 토목·건축 기술의 전수

논농사에는 필요한 물을 필요한 때에 공급하는 것이 필수적이다. 이 문제를 해결하기 위해 만들어진 것이 저수지이다. 따라서 저수지 축조는 논농사의 발전과 궤도를 같이 한다. 《일본서기》에는 저수지

---

287) 《일본서기》 권11 인덕기 43년조의 "秋九月庚子朔 依網屯倉阿弭古捕異鳥 獻於天皇曰 臣每張網捕鳥 未曾得是鳥之類 故奇而獻之 天皇召酒君示鳥曰 是何鳥矣 酒君對言 此鳥之類 多在百濟 得馴而能從人 亦捷飛之掠諸鳥 百濟俗號此鳥曰俱知(是今時鷹也) 乃授酒君 令養馴 未幾時而得馴 酒君則以韋緡著其足 以小鈴著其尾 居腕上 獻于天皇 是日幸百舌鳥野而遊獵 時雌雉多起 乃放鷹令捕 忽獲數十雉…" 참조.

축조와 관련한 기사가 이따금 나온다. 수인기에는 고석지(高石池), 모순지(茅渟池), 왜협성지(倭狹城池), 적견지(迹見池) 등의 저수지가,[288] 응신기에는 검지(劍池), 경지(輕池), 녹원지(鹿垣池), 구판지(廏坂池) 등의 저수지가 보인다.[289] 인덕기에는 하수 때문에 마을이 잠기고 도로가 진흙탕이 되는 것을 막기 위해 굴강(掘江)을 팠다는 기사와[290] 자전제(茨田堤)를 만든 기사가 나온다.[291]

응신기나 인덕기의 제방 축조 연대는 통례대로 2주갑 인하하면 5세기 대에 해당된다. 그런데 《일본서기》 응신기 7년조에는 한인지(韓人池) 축조에 고구려인, 백제인, 임나인, 신라인 즉 한인(韓人)들이 참여한 것으로 나온다.[292] 이때 백제인의 활동이 더욱 두드러졌다. 그래서 《고사기》에는 이 저수지의 이름을 백제지(百濟池)라고 하였다. 이는 왜의 저수지 축조에 한반도에서 건너간 사람들이 중심적인 활동을 하였음을 보여준다.

저수지의 축조는 토목 용구의 발달과 더불어 고도의 토목 기술을 필요로 한다. 백제는 일찍부터 부엽공법을 활용하였다. 한성도읍기 백제의 왕성인 풍납토성은 성벽 발굴 결과 3세기 후반에 축조되었다는 것과 토성벽은 부엽(敷葉)공법을 이용하여 만들어진 것이 확인되었다.[293] 4세기 전반 대에 축조된 것으로 추정되고 있는 김제 벽골제도

---

288) 《일본서기》 권6 수인기 35년조.

289) 《일본서기》 권10 응신기 11년조.

290) 《일본서기》 권11 인덕기 11년조의 "夏四月戊寅朔甲午 詔群臣曰 今朕視是國者 郊澤曠遠 而田圃少乏 且河水橫逝 以流末不馴 聊逢霖雨 海潮逆上 而巷里乘船 道路亦泥 故群臣共視之 決橫源而通海 塞逆流以全田宅 冬十月 掘宮北之郊原 引南水以入西海 因以號其水曰堀江" 참조.

291) 《일본서기》 권11 인덕기 11년조.

292) 《일본서기》 권10 응신기 7년조의 "秋九月 高麗人百濟人任那人新羅人並來朝 時命武內宿禰 領諸韓人等作池 因以名池號韓人池."

〈도 3-9〉 풍납토성 성벽의 부엽공법(왼쪽)과 사야마이케 제방의 부엽공법

부엽공법에 따라 만들어졌다.[294]

일본의 대표적인 제방인 카메이(龜井) 제방과 사야마이케(狹山池) 저수지를 발굴한 결과 부엽공법이 확인되었다. 부엽공법과 같은 새로운 토목 기술은 백제에서 왜로 전해진 것이었다.[295] 따라서 왜의 저수지 축조에는 백제계 이주민 집단이 전해 준 부엽공법과 같은 기술적 도움이 커다란 구실을 하였던 것이다.

2. 유물을 통해 본 문물 교류

한성도읍기에 백제와 왜 사이의 문물 교류를 보여주는 물질 자료로

---

293) 신희권, 2001, 〈풍납토성의 축조기법과 성격에 대하여〉, 《풍납토성의 발굴과 그 성과》 한밭대학교 개교 제74주년기념 학술발표대회 논문집, 한밭대학교 향토문화연구소, 69쪽.

294) 윤무병, 1976, 〈김제 벽골제 발굴보고〉, 《백제연구》 7집, 충남대 백제연구소.

295) 小山田宏一, 2005, 〈백제의 토목기술〉, 《고대도시와 왕권》 백제연구총서 제13집, 서경; 小山田宏一, 2006, 〈狹山池の堤の構造〉, 《大阪府立狹山池博物館研究報告》 3.

서 먼저 들 수 있는 것이 칠지도이다. 칠지도는 현재 일본 텐리 시 이소노카미진구(石上神宮)에 보존되고 있다. 이 칼에는 금상감명문이 새겨져 있다. 이 명문에 따르면, 이 칼은 태화 4년(369)에 백제 왕세자 기(奇)가 만들도록 하여 왜왕 지(旨)에게 보낸 것이다. 왕세자 기는 근구수를 말한다. 이 명문에서 백제와 왜의 관계를 보여주는 것이 두 가지이다. 하나는 백제는 왜왕을 후왕으로 불렀다는 사실이다. 후왕은 제후왕을 말한다.296) 따라서 이 명문은 백제가 왜왕을 제후와 같은 존재로 인식한 것을 보여준다. 다른 하나는 이 칼을 백제 왕세자가 왜왕에게 "공(供)"하였다는 사실이다. 이는 백제 왕세자가 왜왕과 대응하는 존재임을 보여준다. 따라서 이 칼은 백제왕의 위상이 왜왕보다 높았음을 입증해 주는 것이다.

다음으로 들 수 있는 것이 일본 구마모토 현 다마나 시의 에다후나야마(江田船山) 고분이다. 이 고분은 전방후원분이다. 여기서는 말의 모습이 은상감된 철제 칼 등 14개의 칼과 금동제 관, 청동거울, 금귀고리, 금동제 신발 등이 출토되었다. 이 무덤의 조성 연대는 5세기 전반으로 추정되고 있다. 이 가운데 금동제 신발은 무령왕릉에서 나온 것과 비슷하며, 금동제 관은 서산 부장리 6호분 출토 금동제 관모와 비슷하다.297) 따라서 이 고분은 규슈 지역 지배 세력과 백제와의 문물 교류를 보여주는 사례가 된다.

다음은 토기이다. 청주 신봉동 고분군은 5세기 중후반 무렵 조성된 것으로 추정되고 있다. 여기에서 출토된 유물 가운데 90B-2호분의 삼각판병류판갑(三角板鋲留板甲), 스에무라(陶邑) TK23 형식의 스에키

---

296) 吉田晶, 2001, 《七支刀の謎を解く ― 四世紀後半の百濟と倭》, 新日本出版社, 49쪽.

297) 이한상, 2011, 《동아시아 고대 금속제 장신구문화》, 도서출판 고고, 256~263쪽.

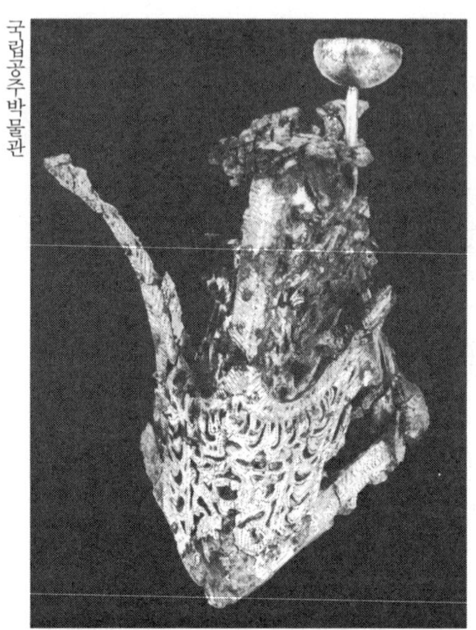

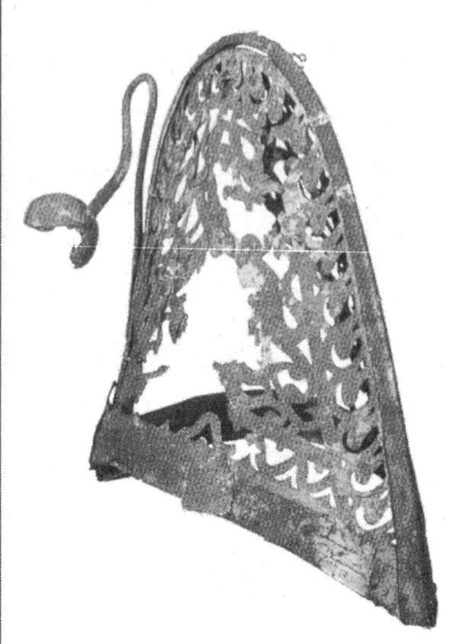

〈도 3-10〉 공주 수촌리 출토 금동관(왼쪽)과 일본 에다후나야마 고분 출토 금동관

개배[뚜껑접시], 하지기[土師器]로 보이는 두립문(豆立文) 토기는 왜계
유물이다.298) 이 왜계 물품은 대가야나 소가야를 통해 들어왔을 가능
성이 크다.299)

---

298) 이융조·차용걸, 1983,《청주신봉동 백제고분군 발굴조사보고서》, 충북
   대학교박물관; 鈴木一有, 2012,〈清州新鳳洞古墳群の鐵器にみる被葬者集
   團〉,《청주신봉동백제고분군》 발굴30주년 기념 국제학술회의 발표집, 충
   북대학교박물관·국립청주박물관·백제학회.

299) 신종환, 1996,〈청주 신봉동유적의 외래적 요소에 관한 일고 — 90B-1
   호분을 중심으로〉,《영남고고학》, 영남고고학회; 성정용, 2007,〈한강·금
   강유역의 영남지역계통 문물과 그 의미〉,《백제연구》 40집, 충남대 백제
   연구소.

제4편 웅진도읍기

제1장 웅진 천도와 역사적 의미

제1절 문주왕의 웅진 천도

한성이 함락되기 전에 신라에 원병을 청하러 간 문주왕은 1만 명의 구원군을 이끌고 돌아왔다. 이때 한성은 이미 함락되었고 개로왕도 붙잡혀 죽었다. 이에 문주왕은 한성에서 왕위에 올랐다. 그가 왕위에 오를 수 있었던 것은 왕과 왕비 및 왕자를 포함한 많은 왕족들이 죽거나 포로로 잡혀 왕위에 오를 수 있는 적임자가 없었고, 그가 거느린 1만의 신라 군대가 든든한 군사적 기반이 되었기 때문이다. 왕위에 오른 문주왕은 10월에 웅진으로 도읍을 옮겼다.

문주왕이 웅진으로 천도하게 된 배경에는 다음과 같은 조건이 작용한 것으로 보인다. 첫째, 새 수도는 일차적으로 방어하기 좋은 조건을 갖추어야 했다. 웅진은 지리적으로 천험의 군사적 요지여서 이 조건을 충족시키고 있었다.

둘째, 웅진 지역에 기반을 둔 세력의 동향이다. 근래에 발굴된 공주 수촌리 고분군은 이 지역을 기반으로 하여 성장한 유력한 귀족 세력의 존재 모습을 보여준다. 발굴된 고분은 수혈식 석곽묘에서 횡혈식 석실묘에 이르기까지 다양하다. 이 고분군에서는 금동관, 금동신발, 환두대도, 금동과대 등과 중국제 도자기들이 출토되었다. 이러한 물품은 고분의 주인공들의 위신을 보여주는 것으로서 웅진 천도 이후 두각을 나타낸 백씨(苩氏) 세력이 부장했을 것으로 추정되고 있다.[1] 이 세력들은 웅진으로의 천도가 자신들의 입지를 강화할 수 있는 기회로 생각하고 천도를 지지한 것 같다.

셋째, 문주왕을 보좌한 보신들의 입장이다. 보신 가운데 그 이름을 알 수 있는 자는 목협만치(木劦滿致)와 조미걸취(祖彌桀取)이다. 목협만치는 목협씨(목씨) 출신이다. 그런데《일본서기》에는 웅진 즉 구마나리(久麻那利)를 임나국 하다호리현(下哆呼利縣)의 별읍이었다고 적고 있다.[2] 백제 귀족 가운데 임나 즉 가야와 가장 깊은 관계를 맺은 세력이 목협(목라)씨 세력이다. 근초고왕 대에 가야 7국 평정에 제1의 공로를 세운 사람이 목라근자라는 것이 이를 보여준다. 아마도 목라근자는 가야 평정의 공로를 인정받아 구마나리를 식읍으로 받았던 것 같다.[3] 이리하여 이 지역은 목협씨의 세력 기반이 되었다. 목협만치는 문주왕으로 하여금 자신의 세력 기반이 있던 구마나리 지역으로 천도하도록 하여 정치적 입지를 탄탄하게 하려 했던 것 같다. 이러한 조건이 아우러져 문주왕의 웅진 천도가 이루어졌다.

---

1) 강종원, 2008, 〈수촌리 백제고분군 조영세력 검토〉,《백제연구》42집, 충남대 백제연구소.
2) 《일본서기》권14 웅략기 21년조의 "廿一年春三月…(日本舊記云 以久麻那利賜末多王 蓋是誤也 久麻那利者 任那國下哆呼利縣之別邑也)" 참조.
3) 노중국, 2000, 〈백제의 식읍제에 대한 일고찰〉,《경북사학》23집, 경북사학회.

제2절 웅진 천도의 역사적 의미

천도는 지배 세력 사이의 역(力) 관계에 변화를 가져올 뿐만 아니라 문화 성격에도 변화를 가져온다. 외국 세력의 공격에 의해 불의에 이루어진 천도의 경우 그 후폭풍이 엄청났기 때문이다. 백제가 한성에서 웅진으로 천도한 것은 불의의 천도이다. 여기서는 웅진 천도가 백제 사회에 끼친 영향을 몇 가지로 정리해 두기로 한다.

첫째, 웅진 천도로 백제는 한강 유역을 비롯하여 경기도 일대의 영토를 상실하였다. 영토의 상실은 그만큼 경제 기반의 축소를 가져왔다. 경제 기반의 축소는 왕실 재정을 악화시킴은 물론 국가 운용에 필요한 물적 기반의 궁핍을 가져왔다.

둘째, 한성 지역에서 왕실을 따라 남으로 이동해 온 많은 민들은 낯설고 아무런 기반이 없는 곳에 새로 정착하여야 했다. 이들은 안정된 생활을 이루기까지 많은 어려움을 겪어야 했고, 조정은 이들을 안정시킬 수 있는 정책을 조속히 실행하여야 했다. 따라서 이들의 안착 과정은 사회적 불안을 극복해 가는 과정이라 할 수 있다.

셋째, 한성의 함락으로 백제 왕실은 국가 운영의 정신적 기둥이 되는 제사 공간과 제의처(祭儀處)를 모두 상실하였다. 즉 수도 한성에 있던 시조묘, 종묘와 사직, 기우제를 지내는 곳, 산천제의를 지내는 곳, 교외에서 하늘에 제사 드리는 사직단 등이 모두 고구려 손안에 들어갔던 것이다. 따라서 백제 왕실은 제의 체계도 새로 만들어야 했다.

넷째, 한성 시기 중앙 귀족들의 정치적 경제적 기반은 한강 유역을 중심으로 펼쳐져 있었다. 그러나 웅진으로의 갑작스러운 천도로 말미암아 이들의 경제적·정치적 기반이 되는 곳은 모두 고구려의 손안으로 들어갔다. 따라서 이들도 새로운 수도에서 자신들의 정치적·경제적 기반을 마련해야 했다.

다섯째, 수도가 웅진으로 옮겨지면서 정치, 경제, 사회, 문화의 중심도 금강 유역권으로 옮겨졌다. 이제 금강 유역권이 새로운 수도로서 주목을 받게 되었다. 그에 따라 금강 유역권에 기반을 둔 세력들이 새로이 중앙 귀족으로 등장하여 정치 운영에서도 차츰 주도적 구실을 하게 되었다. 그 결과 한강유역에 기반을 두었던 남래귀족들은 정치 운영에서 점차 밀려났다. 이는 지배 세력의 교체라고 할 수 있다.

여섯째, 정치적 변동과 문화적 변동은 대외 교섭과 교류에도 영향을 미쳐 중국 남조와의 교섭과 교류가 더 빈번해지고 남조의 문화가 적극 수용되었다. 그 결과 웅진도읍기 이후 백제 문화의 분위기는 한성도읍기에 보이는 부여-고구려 문화와 연결되는 북방 문화적 성향에서 남조 문화적 성향이 강한 것으로 바뀌게 되었다.

제2장 고구려, 신라, 가야와의 교섭과 교류

제1절 고구려와의 국경선

1. 지명 검토

고구려가 한성을 함락하고 한강 유역을 점령한 이후 점령지를 언제까지 어떻게 지배하였는가. 이 문제를 해명하는 데 가장 관건이 되는 것이 웅진도읍기에 백제와 고구려가 여러 차례 충돌한 곳이 어딘가 하는 것이다. 《삼국사기》 백제본기에서 이 시기에 백제의 성(城)으로 나오는 것은 마수책, 치양성, 우두성, 한산성, 고목성, 가불성, 원산성, 독산성, 금현성 등이다. 고구려의 성으로 나오는 것은 우산성, 수곡성, 도살성 등이다. 이 가운데 한산성은 남한산에, 한성(漢城)은 서울에, 우두성은 춘천에, 고목성은 경기도 연천에, 치양성은 황해도 배천에, 수곡성은 황해도 신계에 비정되고 있다.4) 이 지명들은 한

---

4) 이들 지명의 위치에 대해서는 정구복 외, 1997, 《역주 삼국사기》 4 주석편 하, 한국정신문화연구원 참조.

성도읍기에 한강 유역이나 그 이북에 있었던 지명들과 일치한다. 웅진도읍기의 이 지명들의 위치를 한성도읍기의 것과 같은 곳으로 보면, 백제는 475년 이후 동성왕 대에 이르기까지 한강 이북 지역을 여전히 장악하고 있었던 셈이 된다. 이러한 상황은 551년에 백제가 신라·가야군과 연합하여 고구려로부터 한강 유역을 탈환하였다는 것과 서로 어긋난다. 이 문제에 대해 백제 왕실이 웅진으로 천도하면서 한성 시대의 지명을 이동시킨 것으로 본 견해,5) 사비 시대에 와서 무령왕계의 왕실이 왕실의 정통성을 확보하고자 한강 유역을 백제가 그대로 차지하고 있는 것처럼 조작하였다고 보는 견해,6) 장수왕의 공격 이후에도 한성은 고구려에 점령되지 않은 것으로 보는 견해,7) 동성왕·무령왕 대에 한강 유역을 회복하였지만 529년 오곡지원(五谷之原) 전투에서의 패배로 한강 유역을 고구려에 다시 빼앗겼다가 551년에 백제가 다시 찾은 것으로 보는 견해8) 등이 나왔다. 근래에는 웅진 천도 이후 경기 지역의 지명은 한성도읍기의 기록이 웅진도읍기의 대(對) 고구려 관계 기사로 옮겨졌다고 보거나, 무령왕 21년(521)조의 "여러 차례 고구려를 격파하였다〔累破高句麗〕"는 내용을 기준으로 《구삼국

---

5) 이기백, 1978, 〈웅진시대 백제의 귀족세력〉, 《백제연구》 9집, 충남대 백제연구소, 7쪽.

6) 이도학, 1984, 〈한성말 웅진시대 백제왕계의 검토〉, 《한국사연구》 9집, 한국사연구회, 23~25쪽.

7) 천관우, 1976b, 〈삼한의 국가형성(하)〉, 《한국학보》 3집, 일지사, 115쪽.

8) 이런 입장에서 서술된 글로는 박찬규, 1991, 〈백제 웅진초기 북경문제〉, 《사학지》 24집, 단국사학회, 61~63쪽; 김영관, 2000, 〈백제의 웅진천도 배경과 한성경영〉, 《충북사학》 11·12집, 충북사학회, 79~82쪽; 김병남, 2002, 〈백제 웅진시대의 북방 영역〉, 《백산학보》 64집, 백산학회; 양기석, 2005, 〈5~6세기 백제의 북계 ― 475~551 백제의 한강유역 영유문제를 중심으로 ―〉, 《박물관기요》 20, 단국대학교 석주선기념박물관, 48쪽 등을 들 수 있다.

사》편찬자들이 연대를 확실히 알 수 없는 고구려와의 전쟁 기사를 이 시기의 앞뒤로 배치했을 가능성을 제기하는 견해도 나왔다.[9]

그러나 고구려가 한성을 함락한 뒤 곧장 철군하였다거나, 무령왕대에 한강 이북까지 회복하였는데 529년 오곡지원 전투에서의 패배로 다시 한강 유역을 고구려에 빼앗겼다는 견해 등은 성립될 수 없다고 본다. 그 이유는 다음과 같다.

첫째, 장수왕은 매우 치밀한 계획을 세운 뒤 475년에 공격을 단행하였다는 것이다. 이 계획 속에는 한성을 함락한 이후 점령지의 지배 방법에 대한 계획도 포함된 것으로 보아야 한다. 둘째, 지방 지배는 거점에만 고구려군이 주둔하고 나머지 다른 지역은 백제의 관료나 지방 세력에 의해 다스리게 할 수도 있다는 점이다. 셋째, 고구려는 476년에 송으로 가는 백제 사신을 방해하였고, 484년에도 남제로 가는 백제 사신을 방해하는 등 서해안을 장악하고 있었다. 이런 상황은 백제의 해상 활동을 불가능하게 하였다. 넷째, 529년의 오곡지원 전투에서 백제는 2천여 명이 전사하는 패배를 입었다. 오곡은 황해도 서흥으로 비정되는데 이 전투에서 이긴 고구려군이 계속 남하하여 한강 유역까지를 점령하였다는 근거는 없다. 다섯째, 안장왕(519~531)이 왕봉현(경기도 고양)에서 한씨(漢氏) 미녀를 만났다는 것은 529년 이전에 이미 이곳이 고구려의 영역이었음을 보여주는 것이다. 여섯째, 529년에 한강 유역을 고구려에 빼앗겼다는 견해에 설 때 548년에 고구려왕 평성(平成)이 예와 모의하여 한북(漢北) 독산성을 공격하려고 하였다는 사실을[10] 설명할 수 없게 된다. 한북이 한강 북쪽을 의미하

---

9) 강종훈, 2005, 〈삼국사기 백제본기의 사료 계통과 그 성격〉, 《한국고대사연구》 42집, 한국고대사학회, 96~99쪽; 임기환, 2007, 〈웅진시기 백제와 고구려 대외관계 기사의 재검토〉, 《백제문화》 37집, 공주대학교 백제문화연구소, 20쪽.

〈도 4-1〉 서울 아차산 홍련봉 보루 출토 경자명 토기

므로 한강 북쪽의 독산성은 529년 이후에도 백제의 영역으로 되기 때
문이다.

　이런 관점에서 필자는 475년 이후 한강 유역을 비롯한 경기도 일대
는 551년에 이르기까지 고구려의 영역이었다고 본다. 이를 입증해 주
는 것이 아차산 홍련봉 2보루에서 출토된 "경자(庚子)"라는 명문이 새
겨진 고구려 토기편이다.11) 토기 양식에 의거해서 볼 때 이 토기의

____

10) 《삼국사기》 권제26 백제본기 성왕 26년조의 "春正月 高句麗王平成 與濊
　　謀 攻漢北獨山城…" 참조.

연대는 6세기 전반 무렵이다.[12] 따라서 경자년은 520년이 된다. 이 경자명 토기는 오곡지원 전투가 일어난 해보다 앞서 제작되었다. 이는 520년에도 고구려가 한강 유역 일대를 차지하고 있었음을 보여주는 증거가 된다.

2. 고구려와의 국경선

고구려가 475년에서 551년 사이에 한강 유역과 그 이남의 일정 지역을 지배하였다고 하면 고구려의 지배력이 미친 지역은 어디까지였을까. 이를 파악하는 데 실마리가 되는 것이 두 가지이다. 하나는《삼국사기》지리지에 보이는 고구려 지명에 대한 이해이다.《삼국사기》지리지의 표기 방법은 "△△군(현) 본백제△△군(현)"이다. 이는 신라가 어느 지역을 차지하기 직전에 그 지역이 어느 나라의 영역이었는가를 보여준다. 지리지의 지명은 특정 시기의 상황을 보여주는 것이 아니므로 각 지역이 신라의 영역으로 편입된 시기가 다르다는 점을 염두에 두어야 한다. 이렇게 보면 한주(漢州)에 속해 있는 군현은 고구려의 영역이 된다.

다른 하나는 고고학적 자료이다. 서울 지역에서 확인된 고구려 유적으로는 한강 북쪽의 아차산 보루 및 시루봉 보루가 있고, 한강 남쪽에는 몽촌토성 고구려 유적이 있다. 아차산 4보루는 고구려 보루 가운데 가장 중심부에 위치하고 있으며, 여기에서는 "후부도△형(後阝都△兄), 염모형(冉牟兄), 지도형(支都兄), 하관(下官)" 등이 새겨진 명문

---

11) 崔鍾澤·李秀珍·吳恩娅·趙晟允, 2007,《紅蓮峰 第2堡壘 1次 發掘調査報告書》, 高麗大學校考古環境研究所, 273~274쪽.

12) 최종택, 2006,〈남한지역 고구려 토기의 편년 연구〉,《선사와 고대》24집, 한국고대학회, 285쪽.

토기도 출토되었다.13) 구의동 보루는 한강 북안의 높은 구릉에 입지하고 있어 최전방 초소 같은 기능을 하였다. 몽촌토성 고구려 유적은 아차산 보루보다 규모가 크고 출토된 유물들도 고급이어서 군사령부가 있었던 곳으로 볼 수 있다. 아차산 일원의 고구려 보루 유적의 연대에 대해서는 5세기 중반에서 6세기 중반으로 보는 견해와14) 중심연대를 6세기 중반으로 보는 견해가15) 있다. 어떤 견해를 따르든, 이 지역이 6세기 중반 이전까지 고구려 영역이었던 것은 분명하다.

충청도 지역에서 확인되는 고구려 유적으로는 대전 월평동 유적과 청원 남성골 유적이 있다. 월평동 유적의 축조 순서를 추정하면 목책①→목책②→성벽①→성벽②→월평산성(지정문화재인 현존 산성) 순서로 된다. 이 가운데 성벽①에서 고구려 유물이 나오고 있다. 이 성벽의 축조 시기는 6세기 후반이다.16) 그렇다고 하면 성벽①은 비록 한시적이라고 하더라도 6세기 대에 유성 지역이 고구려의 지배 아래 있었음을 보여주는 것이다.

청원 남성골 성책 유적은 내·외곽을 이중으로 돌린 목책과 내곽으로 이어지는 능선을 차단하는 4개의 호, 내곽 정상부 동문 터의 석축 벽체가 특징이다. 남성골 유적의 가마터에서는 고구려 계통의 토기가 나왔는데, 방사성 탄소연대를 측정한 결과, 이 가마터의 연대는 400~540년과 320~420년으로 나왔다. 또 원형의 구멍을 중심으로 주위에

---

13) 서울대학교박물관, 2000, 《특별전 고구려 한강유역의 고구려 요새》, 39~45쪽.

14) 최종택, 1998, 〈고고학상으로 본 고구려의 한강유역 진출과 백제〉, 《백제연구》 28집, 충남대 백제연구소, 140~158쪽.

15) 박순발, 1999, 〈고구려토기의 형성에 대하여〉, 《백제연구》 29집, 충남대 백제연구소, 14~16쪽.

16) 충청문화재연구원·대전광역시, 2003, 《대전월평동산성》, 154~157쪽.

6개의 구멍이 뚫린 시루의 형식은 5세기 후반에서 6세기 전반으로 편년되고 있다.[17] 이러한 사실은 남성골 유적 지역이 5세기 후반에서 6세기 전반 무렵의 어느 시기까지 고구려의 영역이었음을 보여준다.

그러나 영역이란 고정된 것이 아니라 힘의 강약에 따라 변동이 있기 마련이다. 성을 빼앗거나 빼앗기는 것이 바로 영역의 변화를 보여주는 것이다. 이러한 변화를 보여주는 사례는 몇 가지 있다. 첫째, 성왕 28년(550)에 백제와 고구려가 공방을 벌인 곳이 도살성과 금현성이다.[18] 도살성은 고구려의 영역으로 충북 괴산군 증평면의 이성산성에,[19] 금현성은 백제의 영역으로 충북 진천에 비정되고 있다.[20] 이는 괴산 방면과 진천 방면이 백제의 동북 국경선이 된다고 할 수 있다. 그 시기는 늦어도 550년 이전이다.

둘째, 《일본서기》 현종기 3년(487)조에 고구려와 연통한 기생반숙녜(紀生盤宿禰)가 이림(爾林)에서 백제 장군을 죽이고 대산성을 쌓았다는 사건이다. 이림은 고구려 땅이었는데[21] 그 위치에 대해서는 임실군설, 김제군설 등 여러 견해가 있지만, 예산읍으로 보는 것이 타당하다.[22] 그렇다고 하면, 487년을 전후한 시기에 백제와 고구려의 접경

---

17) 충북대학교박물관, 2004, 《청원 남성곡 고구려유적》 조사보고 제104책, 296~297쪽.

18) 《삼국사기》 권26 백제본기 성왕 29년조 및 권제4 신라본기 진흥왕 11년조.

19) 민덕식, 1983, 〈고구려 도서현성고〉, 《사학연구》 36집, 국사편찬위원회, 9쪽.

20) 정구복 외, 1997, 앞의 책, 251쪽. 이를 충남 연기군 전동면의 금성산성에 비정하는 견해도 있다(양기석, 2005, 앞의 글, 46쪽 주56 참조).

21) 《일본서기》 권15 현종기 3년 是歲조의 "是歲 紀生磐宿禰跨據任那 交通高麗 將西王三韓 整脩宮府 自稱神聖 用任那左魯那奇他甲背等計 殺百濟適莫爾解於爾林(爾林高麗地也) 築帶山城…" 참조.

22) 이림의 위치에 대한 여러 견해의 정리는 김태식, 1993, 《가야연맹사》, 일

지역은 예산 지역이라고 하겠다.

셋째, 동성왕 6년(484)에 고구려가 포위하였던 치양성이다. 한성도읍기의 치양성은 황해도 배천에 비정된다. 그러나 웅진 천도 이후의 치양은 원주 치악으로 비정할 수 있다. 치양과 치악은 음운상 상통하기 때문이다.

넷째, 성왕은 538년에 사비로 천도하면서 5방을 두었는데 서방의 치소(治所)는 예산군 덕산면의 봉수산성으로 비정되고 있다. 이는 예산 지역이 487년 이후 538년 이전의 어느 시기에 백제의 영역이 되었음을 보여준다.

이렇게 보면, 551년까지 고구려의 남쪽 경계는 아산만에서 진위─안성─죽산에서 괴산으로 이어지고 동남쪽으로는 여주─충주─괴산으로 이어지는 선으로 정리해 볼 수 있겠다.23)

제2절 고구려, 신라와의 관계

1. 제라(濟羅) 공수동맹의 작동과 탄현책(炭峴柵) 설치

1) 제라 공수동맹의 작동과 고구려에 대한 공동 대응

웅진 천도 이후 백제는 정치적·사회적으로 매우 불안정하였다. 문주왕은 이러한 불안을 해소하고자 내부적으로는 한북에서 온 민호들

조각, 244~249쪽 참조.

23) 노중국, 2006, 〈5~6세기 고구려와 백제의 관계 ─ 고구려의 한강유역 점령과 상실을 중심으로〉, 《북방사논총》 11집, 고구려연구재단.

을 한성에 안치하는 등 이주해 온 민들의 삶을 안정시키는 조치를 취하였고, 대외적으로는 송과의 교섭을 재개하려 하였다. 그러나 송과의 교섭 재개는 고구려의 방해로 이루어지지 못하였다. 이는 고구려의 위협이 상존했음을 보여준다.

이러한 상황에서 문주왕은 병관좌평 백가에 의해 피살되었다. 백가는 삼근왕을 옹립한 뒤 권세를 부리다가 반란을 일으켰지만 진압되고 말았다. 삼근왕이 죽은 뒤 동성왕이 왕위에 올랐다. 동성왕 즉위 이후 전개된 고구려와의 관계는 3단계로 나누어 볼 수 있다.

첫째는 동성왕 초기 고구려의 남진 압박에 대한 대책이다. 고구려의 압박은 482년에 말갈이 백제의 한산성을 공격한 것에서 알 수 있다. 이 시기의 말갈은 고구려에 부용(附庸)하고 있었기 때문에 말갈의 공격은 고구려의 조종에 의한 공격으로 볼 수 있다. 이는 고구려의 압박이 중단되지 않았음을 보여준다.

이러한 상황에서 481년에 고구려가 신라 북변의 호명성 등 7성을 공취한 뒤 미질부성을 공격해 왔다.24) 미질부는 신라 수도 경주와 가까운 흥해(興海)이다. 고구려의 미질부성 공격은 신라로서는 위기 상황이었다. 이 위기를 벗어나기 위해 신라는 백제에 구원을 요청하였다. 군사 지원 요청을 받은 백제는 구원군을 파견하였다. 이러한 결정에는 두 가지 요인이 작용한 것 같다. 하나는 신라가 위기에 빠지면 그 여파가 백제에 미쳐 올 가능성이 크다는 것이고, 다른 하나는 475년에 고구려가 백제를 공격하였을 때 신라가 구원군을 파견한 것에 대한 보답도 해야 한다는 의식이다.

구원군을 파견하기로 한 백제는 자신의 지원군만으로 고구려를 격

---

24) 《삼국사기》 권제3 신라본기 소지마립간 3년조의 "三月 高句麗與靺鞨入
　　北邊 取狐名等七城 又進軍於彌秩夫…" 참조.

퇴하기 어렵다고 판단하고 가야에도 군대를 동원하도록 하였다. 이에 대해서는 후술할 것이다. 이 작전은 성공을 거두어 신라·백제·가야 연합군은 마침내 고구려군을 격퇴시켰다.25) 481년의 작전은 제라동맹이 여전히 작동하고 있었음을 보여준다.

둘째, 남제에 대한 내속(內屬)의 요청이다. 백제는 전통적으로 친밀한 관계를 가졌던 남제가 479년에 고구려 장수왕의 작호를 표기대장군으로 올린 것에26) 큰 충격을 받았다. 작호를 올려 준 것은 남제가 고구려 편으로 기울어진 것으로 생각될 수 있기 때문이다. 이에 대응하고자 동성왕은 남제와의 우호 관계를 더 적극적으로 추진하였고, 그 방법의 하나로서 후술하는 바와 같이 내속을 요청하였다. 그리고 이듬해인 485년에 신라에 사신을 보내 빙문하였다. 여기에는 신라가 고구려 편을 들지 않도록 동맹 관계를 굳건히 하고자 하는 목적이 깔려 있었던 것 같다. 한편, 동성왕은 490년에 15세 이상의 북부 사람을 징발하여 사현성과 이산성을 축조하였다. 산성의 축조는 고구려의 공격에 대비한 방어책에서 나온 것이다.

셋째는 신라 왕녀와의 혼인을 통한 제라동맹의 강화이다. 동성왕은 493년에 신라에 사신을 보내 혼인을 요청하였다. 신라는 이 요청을 받아들여 이찬 비지(比智)의 딸을 보냈다. 이로써 두 나라는 군사동맹을 더욱 굳건히 하면서 고구려의 공격에 공동으로 대응하였다.

이 시기 고구려는 492년에 북위의 세자 입조 요구에 대해 세자가 병들었다고 하면서 종숙 승천(升干)을 대신 보냄으로써 입조 문제를 매듭지었다.27) 494년에는 북위에 쫓긴 부여왕과 그 처자를 받아들여

---

25) 《삼국사기》 권제3 신라본기 소지마립간 3년조의 "三月 高句麗與靺鞨立 北邊…我軍與百濟加耶援兵 分道禦之 賊敗退…" 참조.

26) 《남제서》 권58 열전제39 동남이 고구려전.

27) 《삼국사기》 권제19 고구려본기 문자명왕 원년조.

부여 문제도 일단락 지었다.28) 이렇게 서북 방면의 위험 부담을 제거한 고구려는 494년에 신라의 살수를 공격하였다. 이 공격을 막아내지 못한 신라가 견아성으로 물러나자 고구려군이 성을 포위하였다. 동성왕은 위급에 처한 신라를 구원하기 위해 병력 3천을 파견하여 고구려의 포위를 풀었다.29) 신라 공격에 실패한 고구려는 495년에 백제의 치양성을 공격해 왔다. 백제는 신라에 구원을 요청하였고 신라는 장군 덕지를 파견하여 고구려군을 격퇴하였다.30) 이 두 전투는 혼인을 맺은 이후 제라동맹이 고구려를 공동으로 방어하는 형태로 작동하고 있었음을 보여준다.

2) 탄현책 설치와 신라에 대한 대비

앞에서 말한 바와 같이, 동성왕은 493년에 신라 왕녀와 결혼하고, 494년과 495년에는 고구려의 공격에 서로 원군을 파견하여 도와주었다. 그런데 501년에 와서 동성왕은 신라에 대비하고자 탄현에 책을 설치하였다.31) 신라를 경계하는 동성왕의 이러한 조처는 495년 이후 어느 시기에 백제와 신라 사이에 갈등이 일어난 것을 의미한다. 그 갈등의 배경으로 생각해 볼 수 있는 것이 신라의 성장이다.

이 시기 신라는 마립간 체제를 극복하면서 왕권을 굳건히 하고 영

---

28) 《위서》 권100 열전제88 고구려전 ; 《삼국사기》 권제19 고구려본기 문자명왕 3년조.

29) 《삼국사기》 권제26 백제본기 동성왕 16년조.

30) 《삼국사기》 권제26 백제본기 동성왕 17년조 및 권제3 신라본기 소지왕 17년조.

31) 《삼국사기》 권제26 백제본기 동성왕 23년조의 "七月 設柵於炭峴 以備新羅" 참조.

역을 넓혔다. 자비왕은 479년에 왕도 조직을 정비하고 왕도에 거주하는 세력들을 편제하고자 방리명(坊里名)을 정하였다.32) 소지왕은 487년에 시조가 탄생한 나을(奈乙)에 신궁을 지었다. 신궁에 모신 시조는 김씨로서 처음으로 왕위에 오른 미추왕을 말한다. 신궁의 설치는 김씨 왕실을 중심으로 한 정신적 통일을 이루려는 의도에서 나온 것으로 볼 수 있다. 또 소지왕은 487년에 사방에 우역(郵驛)을 두고 관도(官道)를 수리하였다.33) 관도의 수리를 통해 수도와 지방 사이의 왕래가 원활하게 되었을 뿐만 아니라 많은 물자들이 서울로 쉽게 올라올 수 있게 되었다.

이러한 일련의 정책으로 정치적 성장을 이룬 신라는 고구려의 압박에도 강력하게 대응하기 시작하였다. 자비왕은 468년에 하슬라인(何瑟羅人)으로서 15세 이상인 자들을 징발하여 이하(泥河)에 성을 쌓아 동해안을 타고 내려오는 고구려의 공격에 대비하였으며, 470년에는 삼년산성을 쌓아34) 내륙을 통해 내려오는 고구려군의 공격에 대비하였다. 473년에는 명활성을 수즙하여 왜인의 침략에 대비하였다.

백제는 이렇게 성장한 신라를 고구려의 압력을 방어하는 데 끌어들였다. 이 과정에서 제라동맹이 맺어졌고, 475년에 고구려가 한성을 함락시킬 때 신라로부터 1만 명의 군사 지원을 받았다. 그러나 고구려와의 세력 균형이 이루어지면서 백제는 새롭게 성장하고 있는 신라의 동향에 신경을 쓰지 않을 수 없었다. 신라의 성장이 상황의 변화를 가져온 것이다. 이에 동성왕은 앞으로 있을지도 모를 신라의 공격에 대비하여 탄현에 책을 설치하지 않았을까 한다. 탄현책 설치 이후 동성

---

32) 《삼국사기》 권제3 신라본기 자비마립간 12년조.

33) 《삼국사기》 권제3 신라본기 소지마랍간 9년조.

34) 《삼국사기》 권제3 신라본기 자비마립간 13년조의 "築三年山城(三年者 自興役 始終三年訖功 故名之)" 참조.

왕은 곧 피살되고 무령왕이 즉위하였다. 이로써 신라와의 관계는 새
로운 국면으로 접어들게 되었다.

2. 고구려에 대한 대응과 신라와의 연대

1) 고구려에 대한 단독 대응과 신라와의 관계

동성왕이 피살되고 즉위한 무령왕은 백가의 난을 평정하여 정치적
안정을 이루었다. 이 토대 위에서 무령왕은 501년 11월에는 달솔 우
영으로 하여금 5천 명의 군대를 거느리고 가서 고구려의 수곡성을 공
격하게 하였고, 502년 겨울 10월에도 군사를 보내 고구려의 변경을
공격하였다. 501년의 수곡성 공격은 웅진 천도 이후 백제가 능동적으
로 고구려를 선제공격한 최초 사례이다. 무령왕이 고구려에 대해 선
제공격을 단행한 배경은 다음과 같이 추정해 볼 수 있다.

하나는 개로왕의 아들로서 왕위에 오른 무령왕은 아버지의 원수를
갚고 빼앗긴 땅을 회복하겠다는 의지의 표명에서 고구려에 대한 선제
공격을 하였을 것이다. 다른 하나는 자신의 즉위를 지지한 세력들의
요구에 어느 정도 부응하기 위한 측면이다. 《일본서기》에 따르면 국
인(國人)이 동성왕을 죽이고 무령왕을 옹립한 것으로 나온다. 이때의
국인에는 한성 함락 이후 남으로 내려온 세력들도 포함된 것으로 추
정된다. 이들은 한성 회복을 열망하였다.[35] 때문에 무령왕은 자신을

---

35) 이와 관련하여 〈무령왕릉묘지석〉이 동진의 假葬墓制와 비슷하다고 하면
    서 백제도 한강 유역을 언젠가는 회복할 것이라는 생각에서 가장묘제적
    성격의 묘지석을 만든 것이라는 견해(박중환, 2011, 〈울진봉평리신라비와
    무령왕릉 지석·사택지적비〉,《울진봉평신라비와 한국고대사회》, 주류성)
    를 참고할 수 있다.

지지한 세력들의 열망도 어느 정도 채워주어야 했고 그러한 목적에서 고구려 공격을 단행한 것 같다.

그러나 고구려의 반격도 만만한 것은 아니었다. 고구려는 먼저 말갈을 부추겨 백제를 공격하도록 하였다. 503년 9월 말갈은 마수성을 공격하여 불태운 뒤 다시 고목성을 공격해 왔다. 왕은 5천 명의 군대를 보내 이를 물리쳤다. 506년에는 말갈이 고목성을 공격하여 격파하고 6백여 명을 죽이거나 포로로 잡아갔다. 무령왕은 507년 5월에 고목성 남쪽에 2책을 세우고 또 장령책을 쌓아 말갈의 공격에 대비하였다. 이에 고구려는 507년 11월에 말갈과 더불어 한성을 공격하려고 횡악 아래에 군대를 주둔시켰다. 고구려가 직접 나선 것이다. 그러나 무령왕은 군사를 출격시켜 이를 격퇴하였다. 512년 9월에 고구려는 가불성을 습격하여 빼앗고 다시 원산항을 격파한 뒤 많은 사람을 죽이고 약탈하였다. 무령왕은 친히 기병 3천을 거느리고 위천(葦川) 북쪽에서 맞아 싸웠다. 고구려군은 무령왕의 군대가 적은 것을 보고 만만하게 여겨 진도 치지 않았다. 무령왕은 뜻밖의 습격 작전으로 고구려군을 크게 격파하였다. 이리하여 무령왕은 안으로는 결속을 이루고 밖으로는 그 위상을 과시할 수 있게 되었다.

무령왕이 즉위년에서부터 512년에 이르기까지 고구려와 전쟁을 빈번히 수행하는 과정에서 눈에 띄는 것은 한 번도 신라에 군사적 지원을 요청하지 않았다는 사실이다. 이는 이전의 공수동맹 활동과는 다른 모습이다. 여기에는 동성왕 말년인 501년 7월 탄현에 책을 설치하여 신라에 대비한 조치를 취한 정책이 무령왕 전반기까지 이어졌을 가능성과 백제 단독으로도 고구려와 대결할 수 있다는 자신감이 작용하였을 가능성이 있다.

그런데 521년 신라 법흥왕이 양나라에 사신을 보낼 때 백제 사신이 뱃길을 안내하고 통역 문제도 해결해 주었다.36) 이는 두 나라 사이의 관계가 회복되었음을 보여준다. 두 나라의 관계가 회복된 계기로서 주목되는 것이 512년의 위천 전투이다. 앞에서 말한 바와 같이, 이 전투는 대규모 전투였다. 무령왕이 양나라에 사신을 보내 "여러 차례 고구려를 격파하였다[累破高句麗]"고 한 것은 이를 말하는 것이다. 이 전투 이후 무령왕은 고구려가 가해 올 반격에 대비하고자 신라와의 껄끄러운 관계를 청산하고 우호 관계를 다시 도모하는 것이 필요하다고 생각한 것 같다. 그 결과 탄현책 설치 이후 생겨난 두 나라 사이의 갈등은 해소되었다. 그래서 무령왕은 신라 사신이 양나라에 갈 수 있도록 도움을 주었던 것이다.

2) 고구려와의 공방과 신라와의 연대

무령왕은 523년에 15세 이상의 한북(漢北)의 민들을 동원하여 쌍현성을 축조하였다.[37] 이 성은 한북이라는 표현에서 볼 때 대(對)고구려 거점성으로 축조된 것 같다. 쌍현성 축조 3개월 뒤에 무령왕이 죽고 성왕이 즉위하였다. 그해 8월에 고구려군이 패수에 이르렀다. 고구려의 이 공격은 무령왕이 죽고 성왕이 즉위한 정치적 과도기를 이용한 것으로 보인다. 성왕은 좌장 지충 등에게 보기 1만을 거느리고 가게 해서 고구려군을 물리쳤다. 이로써 성왕은 고구려와는 군사적 균형 관계를 이루었다.

524년 양나라는 성왕을 '수동장군백제왕(綏東將軍百濟王)'으로 책봉하였다. 이는 양과의 관계가 정상적으로 작동하고 있음을 보여준다. 525년 성왕은 신라에 사신을 보내 교빙하였다.[38] 신라에 사신을 파견

---

36) 《양서》 권54 열전제48 諸夷 신라전.
37) 《삼국사기》 권제25 백제본기 무령왕 23년조.

한 기사는 탄현 설치 이후 거의 26년 만의 일이다. 이로써 성왕은 백제를 중심으로 양과 신라를 연결하는 외교 관계망을 구축하였다.

성왕의 이러한 외교 작전에 대응하여 고구려 흥안(興安: 안장왕)은 529년에 친히 군대를 거느리고 와서 북쪽 변경 지역인 혈성을 함락시켰다. 이에 성왕은 좌평 연모로 하여금 보기 3만을 거느리고 가서 막도록 하였다. 연모는 오곡지원(五谷之原)에서 고구려 군대와 싸웠다. 이 전투는 백제가 동원한 군대가 3만이었다는 사실에서 보듯이 대규모 전투였다. 그러나 이 전투에서 백제는 2천여 명의 전사자를 내면서 대패하고 말았다. 이 패배는 웅진 천도 이후 고구려와 싸운 전투 가운데서 가장 큰 패배였다.

이후 성왕은 538년에 사비로 천도하였다. 이로써 성왕은 국가체제를 정비하고 중흥의 토대를 놓았다. 사비 천도 이후 성왕은 540년에 장군 연회로 하여금 고구려 우산성을 공격하게 하였다. 이 전투도 백제의 단독으로 행해졌다. 백제의 우산성 공격은 529년 오곡성 전투의 패배에 대한 보복적 성격의 공격이라 할 수 있다. 그러나 이 전투에서도 백제군은 패하고 말았다.

오곡성 전투와 우산성 전투의 패배를 계기로 성왕의 대신라 외교는 변화하였다. 백제 단독으로는 고구려와 맞서는 것이 어려웠기 때문이다. 이에 성왕은 신라와 군사적 관계의 강화를 꾀하였다. 신라도 백제에 대한 고구려의 압박이 자국에게 유리하지 않을 것으로 판단하고 백제의 요청에 화답하였다. 이리하여 두 나라의 공수동맹 관계가 재정비되었다. 548년 고구려왕 평성(平成: 양원왕)이 예와 더불어 한북의 독산성을 공격하자 성왕은 신라에 구원을 요청하였고, 신라왕은 장군 주진으로 하여금 갑졸 3천을 거느리고 가서 백제를 돕게 하여

---

38) 《삼국사기》 권제26 백제본기 성왕 3년조.

독산성 아래에서 고구려군을 크게 격파한 것이 이를 보여준다.[39] 두 나라의 이러한 군사적 상호 원조 관계는 사비 천도 이후에도 지속되었다.

제3절 가야와의 관계

1. 가야의 남제로의 사신 파견과 백제

4세기 초반에 낙랑군과 대방군이 망한 이후 가야제국과 중국 왕조와의 교섭은 끊어졌다. 그러나 479년에 가야연맹체의 맹주국인 가라왕(대가야왕) 하지(荷知)가 남제에 사신을 보냈다. 이는 대가야와 중국과의 외교 교섭을 보여주는 최초의 자료이다. 남제는 하지왕에게 '보국장군본국왕(輔國將軍本國王)'을 제수하였다.[40] 이로써 대가야는 처음으로 고대 동아시아 무대에서 그 모습을 드러내었다.

종래의 연구에서는 하지왕이 남제에 사신을 파견한 것에 대해 대가야의 독자적인 외교 활동으로 파악하는 것이 일반적이었다. 이러한 견해의 바탕에는 475년 고구려의 공격으로 황급히 웅진으로 천도한 백제가 정치적으로 매우 불안정한 상황에 처하게 되자 대가야가 백제의 견제에서 벗어나 독자적인 외교를 펼쳤을 것이라는 생각이 깔려 있었다.[41]

그러나 대가야가 독자적으로 남제와 교섭을 하기 위해서는 중국 왕

---

39) 《삼국사기》 권제26 백제본기 성왕 26년조.

40) 《남제서》 권58 열전제39 東南夷 가라전의 "加羅國 三韓種也 建元元年 國王荷知使來獻…可授輔國將軍本國王" 참조.

41) 田中俊明, 1990, 《大加耶連盟の興亡と「任那」》, 吉川弘文館, 73~78쪽.

조로 가는 뱃길을 알아야 하고 또 의사소통을 할 수 있는 통역자가 있어야 했다. 지금까지 대가야는 중국 왕조와 교섭을 해본 경험이 없어 남제로 가는 뱃길도 모르고 또 의사소통도 제대로 할 수 없었다. 이 당시 뱃길 안내와 통역 문제를 해결해 줄 수 있는 나라는 백제밖에 없었다. 따라서 479년 대가야가 남제에 사신을 파견한 것은 백제의 협조 아래 이루어졌다고 볼 수 있다.[42]

대가야 사신이 남제로 출발한 출항지에 대해 종래의 연구에서는 대가야가 고령–거창–함양–남원으로 가서 섬진강을 타고 내려가 하동에 도달한 뒤 하동에서 출항한 것으로 파악하는 것이 일반적이었다.[43] 그러나 가야 사신이 백제의 도움을 받아 남제로 갔다고 하면 대가야 사신은 일차적으로 백제 수도에 왔을 것이고, 중국으로 가는 배의 출발지는 당연히 금강 하구였을 것이다. 금강 하구는 백제의 해문(海門)이기 때문이다.

그러나 원양 항해에는 많은 위험이 따른다. 그래서 뱃길의 안전을 기원하기 마련이다. 부안 죽막동 유적은 항해의 안전을 비는 대표적인 제사 유적이다. 여기에서는 4~5세기를 중심으로 하는 백제의 유물이 집중 출토되고 있으면서 동시에 대가야의 유물도 출토되었다.[44] 이 유물들은 대가야 사신이 탄 배가 죽막동에서 항해의 안전을 기원하는 제사를 드린 뒤 남제로 출발한 것을 보여주는 것이다.

---

42) 이용현, 2001, 〈가야의 대외관계〉, 《한국 고대사 속의 가야》, 혜안, 358쪽; 이근우, 2003, 〈웅진·사비기 백제와 대가야〉, 《고대 동아세아와 백제》, 충남대 백제연구소, 304~315쪽.

43) 田中俊明, 1990, 앞의 책, 73쪽. 이와는 달리 고령 → 거창 → 함양 → 운봉 → 구례 → 섬진강 → 하동으로 보는 견해(박천수, 1997, 〈정치체의 상호관계로 본 대가야왕권〉, 《가야제국의 왕권》, 신서원)도 있다.

44) 국립전주박물관, 1998, 《부안 죽막동 제사유적 연구》 개관5주년기념 학술심포지엄논문집 참조.

2. 가야의 신라 구원과 백제

대가야가 479년에 남제에 사신을 보내고 2년 뒤인 481년에 백제는 고구려의 방해를 뚫고 남제와 교섭을 재개하였다. 그러나 대가야가 남제에 사신을 파견한 것은 더 이상 보이지 않는다. 대가야가 남조 왕조와 교섭을 일회성으로 끝낸 배경이 무엇인지 분명하지 않지만, 아마도 대가야는 백제로부터 선진 문물을 받아들이는 것으로 만족하고 더 이상 남제에 사신을 파견하지 않은 것이 아닐까 한다.

백제와 대가야의 끈끈한 우호 관계는 481년 신라 구원 사건에서도45) 찾아볼 수 있다. 앞에서 말한 바이지만, 481년에 고구려는 신라의 호명 등 7성을 빼앗고 나아가 미질부(흥해)까지 진격해 왔다. 신라를 위기에서 구하고자 백제는 원군을 파견하였다. 이때 가야도 원군을 파견하여 신라를 도왔다.

지리적인 조건에서 볼 때 대가야는 고구려의 공격을 직접 받는 곳이 아니었다. 또 대가야는 이제까지 고구려와 외교적 군사적으로 부딪친 일도 없었다. 그럼에도 대가야가 군대를 파견하기로 한 배경에는 백제와의 연관성을 무시할 수 없다. 신라를 구원하기로 결정한 백제는 이 전쟁에서 승리해야 했고 이를 위해 가야에도 군사 지원을 종용하지 않았을까 한다. 이렇게 보면, 대가야의 군사 동원은 백제와의 조율을 거친 것으로 보아도 좋을 것이다. 신라·백제·가야 연합군은 공동으로 군사작전을 전개하여 고구려군을 격퇴시키는 큰 승리를 거두었다.

---

45) 《삼국사기》 권제3 신라본기 소지마립간 3년조.

3. 기생반숙녜의 반란과 백제

481년에 공동으로 신라를 도왔던 백제와 가야의 관계가 이후 어떻게 전개되었는가를 살펴보는 데 실마리가 되는 것이 기생반숙녜(紀生磐宿禰)의 반란 사건이다.《일본서기》에 따르면 현종기 3년(487)에 기생반숙녜는 임나에 근거하여 고구려와 교통하고 스스로 신성(神聖)을 일컬으면서 왕 노릇을 하려고 반란을 일으켰다가 실패하고 말았다.[46)]

이 사건에 대한 일본 학계의 연구는 왜의 영향력을 강조하는 경향이었다. 이러한 입장에서 이 사건은 왜 세력이 임나 지역에 대해 군사적 개입을 강력히 추진하였다가 그 영향력이 쇠퇴한 것으로 보는 견해,[47)] 왜 왕권이 목만치의 후계자로서 기생반을 보내 임나에 대한 직접 경영을 시도한 것으로 보는 견해[48)] 등이 나왔다. 이와는 달리 가야를 주체로 하는 입장에서는 백제의 지방 세력이 백제 왕권에 모반을 일으켰다가 토벌된 것으로 가야와 관련이 없다는 견해,[49)] 백제의 진출에 대한 임실의 기문국이 방어한 것으로 보는 견해,[50)] 고구려와

---

46) 《일본서기》 권15 현종기 3년조의 "是歲 紀生磐宿禰 跨居任那 交通高麗 將西王三韓 整脩官府 自稱神聖 用任那佐魯那奇他甲背等 殺百濟適莫爾解 於爾林(爾林高麗地也) 築帶山城 踞守東道 斷運粮道 令軍飢困 百濟王大怒 遣領軍古爾解內頭莫古解等 率衆趣于帶山攻 於是生磐宿禰進軍逆擊 膽氣益 壯 所向皆破 以一當百 俄而兵盡力竭 知事不濟 自任那歸 由是百濟國殺佐 魯那奇他甲背等三百餘人" 참조.

47) 末松保和, 1949,《任那興亡史》增訂版, 105쪽.

48) 山尾幸久, 1978,〈任那に關する一考察〉,《古代東アジア史論集》하권, 吉 川弘文館, 217~219쪽.

49) 김태식, 1993, 앞의 책, 113쪽.

50) 연민수, 1990,〈6세기 전반 가야제국을 둘러싼 백제신라의 동향 — 소위 임나일본부의 구명을 위한 서장 —〉,《신라문화》7집, 동국대학교 신라문 화연구소, 106~112쪽.

연계된 '기생반숙녜의 반(反)백제 사건'과 '가야와 백제의 충돌 사건'을 후대에 종합하여 기록한 것으로 보는 견해51) 등이 나왔다.

이 사건에서 먼저 정리해야 할 것은 사건의 중심 인물인 기생반숙녜의 실체이다. 그는 기소궁숙녜(紀小宮宿禰)의 아들로서 '기대반숙녜(紀大磐宿禰)'라고도 하였는데,52) 성은 기씨(紀氏)로 추정되고 있다.53) 기씨는 '기각(紀角)'으로도 표기되었는데 이는 목씨를 뜻한다. 이 기생반숙녜는 《일본서기》 흠명기에 보이는 '위가가군(爲哥可君)'과 동일 인물이라고 한다.54) 그렇다면, 기생반숙녜는 '군(君)'의 칭호를 받은 목씨계 백제 귀족으로 보는 것이55) 타당할 것이다.

기생반숙녜가 반란을 일으킨 배경과 관련하여 생각해 볼 수 있는 것이 웅진 천도 이후 목씨(기씨) 출신 세력이 처한 상황이다. 목씨 세력은 근초고왕 대에 목라근자가 가야를 평정하는 데 공로를 세움으로써 두각을 나타냈다. 그의 아들 목만치는 가야의 조부(租賦)를 관리하는 총책임을 맡는 등 가야 세력과 긴밀한 관계를 맺었다. 475년에는 목협만치가 문주왕이 웅진으로 천도할 때 보신으로서 큰 구실을 하였다. 그러나 웅진 천도 이후 목씨 세력의 활동은 거의 보이지 않는다. 이로 미루어 보면, 목씨 세력은 웅진 천도에는 공을 세웠지만 천도 이

---

51) 백승충, 1995, 〈가야의 지역연맹사 연구〉, 부산대 박사학위논문, 258~265쪽.

52) 《일본서기》 권14 웅략기 9년조.

53) 이홍직, 1954, 〈일본서기소재 고구려관계기사고〉, 《동방학지》 1집, 연세대학교 국학연구소; 천관우, 1991, 《가야사연구》, 일조각, 35쪽.

54) 김태식, 1993, 앞의 책, 247쪽.

55) 천관우, 1975, 〈임나일본부의 허구〉, 《한국사의 재조명》, 독서신문출판사, 105쪽; 김태식, 1993, 앞의 책, 246~247쪽; 양기석, 2007, 〈5세기 후반 한반도 정세와 대가야〉, 《5~6세기 동아시아 국제정세와 대가야》, 고령군 대가야박물관·계명대학교 한국학연구원, 23쪽.

후의 세력 재편 과정에서 밀려난 것 같다. 이러한 상황에서 기생반숙녜의 반란이 일어났던 것이다.[56]

기생반숙녜의 세력 기반이 된 곳은 그가 쌓은 대산성(帶山城)이다. 대산성은 고구려 땅인 이림(爾林)과 가까운 곳이었다. 이림은 예산군 대흥으로 비정되고 있으므로 대산성도 여기서 크게 멀지 않은 곳으로 볼 수 있다.[57] 한편, 기생반숙녜는 "임나를 걸터 타고 있었다[跨居]"고 하였다. 이는 그가 가야의 지원을 확보한 것을 말한다.

이때 기생반숙녜의 참모 역할을 한 사람이 나간타갑배(那干陀甲背: 那奇他甲背)였다. 가야인인 그는 간계와 유혹하는 말로 위가가군(爲哥可君: 爲哥岐彌有非岐) 즉 기생반숙녜를 꾀어 반란을 일으키도록 하였다.[58] 나간타갑배가 이러한 행동을 하게 된 배경의 하나로 생각해 볼 수 있는 것이 남제와 교섭을 중단한 사실이다. 앞에서 말한 바와 같이, 대가야는 479년에 백제를 매개로 남제와 교섭을 가졌다. 그렇지만 남제와 교섭은 더 이상 진전되지 않고 중단되었다. 여기에는 백제의 작용이 있었던 것 같다. 이에 불만을 품은 나간타갑배 등은 기생반숙녜에게 적극 협력하지 않았을까 한다.

기생반숙녜는 이림에서 백제 장군 적막이해(適莫爾解)를 죽이고 반란을 일으켰다. 그가 고구려 땅인 이림에서 적막이해를 죽일 수 있었던 것은 고구려의 용인이 있었기 때문에 가능하였다. 고구려는 이이제이(以夷制夷) 정책의 하나로 기생반숙녜를 이용해 백제를 견제하려

---

56) 양기석, 2007, 앞의 글, 48~49쪽.

57) 김태식, 1993, 앞의 책, 244~247쪽.

58) 《일본서기》 권19 흠명기 5년 2월조의 "汝先祖等(百濟本記云 汝先那干陀甲背 加臘直岐甲背 亦云那奇陀甲背 鷹哥岐彌 語訛未詳) 俱懷奸僞誘說 爲哥可君(百濟本記云 爲哥岐彌 名有非岐) 專信其言 不憂國難 背乖吾心 縱肆暴虐 由是見逐 職汝之由" 참조.

하였고, 그 목적에서 기생반숙녜의 반란에 일정하게 호응한 것 같다.

반란을 일으킨 기생반숙녜는 동도(東道)를 막아 군량 운송을 차단하였다. 군량 공급이 끊어진 백제군은 기곤의 상황에 빠지게 되었다. 이에 대노한 동성왕은 영군(領軍) 고이해(古爾解)와 내두(內頭) 막고해(莫古解)로 하여금 군대를 이끌고 가서 반란군을 평정하도록 하였다. 양군의 전투에서 백제는 좌로(佐魯) 나기타갑배(那奇他甲背) 등 3백여 명을 죽이는 등 승리를 거두었다. 견디지 못한 기생반숙녜는 가야를 거쳐 왜로 망명하였다. 반란군을 평정한 뒤 백제는 고구려군 포로를 왜에 보냈다. 그 수는 7구와 10구로 나오는데, 이 가운데 7구는 이림성을 공격하였을 때 붙잡은 포로였다.59) 이는 이 반란에 고구려가 일정하게 간여했음을 보여준다.

기생반숙녜의 반란을 평정하는 데 가장 큰 공을 세운 사람은 고이해와 막고해였다. 이 밖에 공을 세운 자를 추론하는 데 실마리가 되는 것이 동성왕이 남제에 보낸 국서에 '저근(姐瑾) 등 4명이 충효를 다하여 나라의 어려움을 제거하였다'는 기사이다.60) 이 기사의 앞부분은 망실되어 구체적인 시기는 분명하지 않지만, 이 기사가 기생반숙녜의 반란을 평정한 해인 487년과 관련된다고 하면, 저근 등도 기생반숙녜의 반란을 평정하는 데 어느 정도 공을 세우지 않았을까 한다. 그렇다면 저근이 받은 행관군장군 도장군 도한왕의 작호도 이 난을 평정한 공로에 대한 포상이라 하겠다.

---

59) 《일본서기》 권19 흠명기 11년조.

60) 《남제서》 권58 열전제39 東南夷 백제전의 "…報功勞勤 實存名烈 假行寧朔將軍臣姐瑾等四人 振竭忠孝 攘除國難 志勇果毅 等威名將 可謂扞城 固蕃社稷."

4. 백제의 섬진강 유역 진출과 가야의 대응

1) 백제의 섬진강 유역 진출

기생반숙녜가 반란을 일으켰을 때 그를 도운 나기타갑배는 도망하지 못하고 붙잡혀 죽었고 300여 명도 죽임을 당하였다. 이들 가운데는 기생반숙녜에게 가담한 백제군도 있겠지만, 나기타갑배를 따라온 가야군도 포함되었을 것이다. 이로 말미암아 가야와 백제의 관계는 일시적으로 긴장 관계에 들어가게 되었다. 이후 백제와 가야의 관계를 추정하는 데 실마리가 되는 것이 두 가지이다.

첫째는 무령왕이 즉위 뒤 취한 유식자 귀농 조치이다. 무령왕은 한성을 함락당한 뒤 축소된 경제력을 향상시키고자 제방을 완고(完固)하게 하였다.61) 수리시설의 정비는 경작지의 개간을 가능하게 한다. 경작지 개간에는 노동력이 필요하다. 필요한 노동력을 확보하고자 무령왕은 유식자들을 귀농시키는 조처를 취하면서 가야 지역으로 도망한 백성들에 대한 추쇄도 추진하였다. 그래서 가야로 가서 절관(絶貫)된 지 3~4세대가 된 자들을 모두 백제로 옮겨 관(貫: 호적)에 올리도록 하였다.62) 그 시기는 509년이다. 이 해는 국내에서 유식자들을 귀농하게 한 조치를 취하기 1년 전이다.

무령왕의 이러한 요구에 대해 가야는 백제민들을 귀환시켰다. 가야가 이러한 조치를 취할 수밖에 없었던 배경은 이 시기 백제와 가야의 관계에서 찾아볼 수 있다. 첫째는 487년의 기생반숙녜 반란 사건 이

---

61) 《삼국사기》 권제26 백제본기 무령왕 10년조.

62) 《일본서기》 권17 계체기 3년조의 "春二月 遣使于百濟(百濟本記云 久羅麻致支彌從日本來 未詳也)括出在任那日本縣邑百濟百姓 浮逃絶貫三四世者並遷百濟附貫也" 참조.

후 백제와 관계가 껄끄러워진 가야는 어떠한 형태로든 원활히 해야 했다는 점이다. 그래서 백제가 자국 백성의 귀환을 요청하자 가야는 그 요구를 들어준 것이 아닐까 한다.

둘째는 백제가 섬진강 유역으로 진출한 것이다. 백제의 이러한 진출은 두 가지 측면에서 생각해 볼 수 있다. 하나는 경제적 측면에서 웅진 천도 이후 축소된 경제 기반을 확대하는 것이고, 다른 하나는 정치·군사적 측면에서이다. 앞서 말한 바와 같이, 가야 세력의 일부는 기생반숙녜의 반란에 가담하였다. 백제는 이에 대한 책임을 추궁하는 방법의 하나로서 섬진강 유역으로 진출하여 군사적 압박을 가한 것으로 볼 수 있다.

백제의 섬진강 유역 진출을 보여주는 것이 《일본서기》 계체기 6년, 7년조의 기사이다. 이 기사에는 왜가 512년에 상다리(上哆唎), 하다리(下哆唎), 사타(沙吒), 모루(牟婁) 등 4현을 백제에 하사한 것으로 나온다. '하사'라는 표현은 《일본서기》 편찬자의 왜곡과 윤색이고 실제의 내용은 백제가 이 지역을 차지한 것을 말한다. 상다리는 여수반도에, 하다리는 돌산도 지역에, 사타는 여수시에, 모루는 광양시에 비정된다.63) 이 지역은 백제의 영역과 가까운 곳이었는데64) 이와 관련하여 눈여겨볼 것이 5세기 말로 편년되는 고흥 길두리 고분이다. 이 고분에서 출토된 금동관은65) 공주 수촌리나 서산 부장리에서 출토된 것과 비슷하다. 이는 이 지역이 5세기 대에 이미 백제의 영역이 되었음을 의미한다. 이렇게 보면, 백제는 고흥 지역을 근거로 하여 여수·광

---

63) 김태식, 1993, 앞의 책.

64) 《일본서기》 권17 계체기 6년조의 "穗積臣押山奏曰 此四縣近連百濟 遠隔日本 旦暮易通 鷄犬難別" 참조.

65) 임영진, 2011, 〈고흥 길두리 안동고분의 발굴조사 성과〉, 《고흥 길두리 안동고분의 역사적 성격》, 전남대학교박물관.

양 지역으로 영역을 확장해 간 것으로 볼 수 있다.

  4현 지역을 차지한 백제는 이듬해인 513년에 기문과 대사 지역도 차지하였다.66) 기문은 남원 지역이고 대사는 섬진강 하구의 하동 지역에 비정된다. 이 두 지역을 차지함으로써 백제의 섬진강 유역 진출은 일단락되었다. 그러나 백제의 4현 점령은 가야로서는 큰 충격이었던 것 같다. 임나 4현을 백제가 차지한 것이 마치 임나가 멸망한 것으로 인식되고 있었다는 것이67) 이를 보여준다.

  백제가 4현을 차지하는 것과 관련하여 주목되는 것이 백제의 대왜 외교 교섭 방식이다. 《일본서기》에 따르면 대반대련금촌(大伴大連金村)과 다리국수인 수적신압산(穗積臣押山)은 이 지역을 백제에 편입시키는 일에 적극 찬성하였고, 이와 달리 대형(大兄)황자는 이를 반대하였다. 이는 대반대련금촌이 친백제 세력이고 대형황자는 반백제 세력임을 보여준다. 백제는 왜국 내의 세력들에게 필요에 따라 뇌물을 공여하기도 하였다.68) 이 또한 자국의 이익을 위한 외교 방식의 하나라고 할 수 있다. 백제의 이러한 적극적인 외교 활동으로 대반대련금촌을 비롯한 친백제 세력들은 백제의 가야 지역 진출을 지지하였던 것으로 보인다.

---

66) 《일본서기》 권17 계체기 7년조의 “夏六月 百濟遣姐彌文貴將軍洲利卽爾
    將軍 副穗積臣押山(百濟本記云 委意斯移麻岐彌) 貢五經博士段楊爾 別表
    云 伴跛國略奪臣國已汶之地 伏請天恩判還本屬…十一月辛亥朔乙未 於朝廷
    引列百濟姐彌文貴將軍斯羅汶得至安羅辛已奚及賁巴委佐伴跛旣殿奚及竹汶
    至等 奉宣恩勅 以已汶帶沙賜百濟國” 참조.

67) 《일본서기》 권19 흠명기 원년조의 “九月乙亥朔已卯 幸難波祝津宮…天皇
    問諸臣曰 幾許軍卒伐得新羅 物部大連尾興等奏曰 少許軍卒 不可易征 曩者
    男大迹天皇六年 百濟遣使表請任那上哆唎下哆唎娑陁牟婁四縣 大伴大連金
    村輒依奏請 許賜所求…” 참조.

68) 《일본서기》 권17 계체기 6년조의 “於是 或有流言曰 大伴大連與哆唎國守
    穗積臣押山受百濟之賂矣” 참조.

2) 가야 세력의 대응

(1) 기문의 향방과 백제

백제가 509년에 백제 백성을 추쇄해 가고 또 섬진강 유역 일대를 장악해 갔는데, 이에 대한 가야의 반응은 어떠하였을까. 이와 관련하여 먼저 정리해 두어야 할 것은 기문(己汶) 지역의 향방이다. 기문 지역은 오늘날 운봉 지역에서 남원 지역으로 파악되고 있는데 상기문, 중기문, 하기문의 세 권역으로 나뉘어 있었다.69)

백제가 운봉 지역을 차지한 시기는,《일본서기》신공기 49년조에 백제가 가야 7국을 평정하여 가야 세력과 부자(父子) 관계를 맺게 된 사실과 연관시켜 볼 때, 4세기 중반 무렵이라고 할 수 있다. 그러나 5세기 들어와 운봉 지역에는 대가야의 묘제와 대가야 양식 토기가 다수 발견되고 있다. 이는 이 시기에 운봉 지역이 가야의 영역이 된 것을 보여준다.70) 그 시기는 513년 이전의 어느 시기이다.

그런데《신찬성씨록》에는 임나와 신라가 이 지역을 둘러싸고 서로 다툼을 벌인 것으로 나온다.71) 이는 신라가 이 지역으로 영향력을 확대하려 함에 따라 가야 세력과 충돌한 것을 보여준다. 이렇게 두 세력이 충돌하고 있을 때 백제는 상기문 지역도 완전히 장악하였다.72) 그렇지만 521년 무렵에 만들어진 〈양직공도〉에는 하기문이 백제 곁의

---

69)《新撰姓氏錄》左京 皇別 下 吉田連조의 "任那國奏曰 臣國東北有三己汶
地(上己汶中己汶下己汶) 地方三百里 土地人民亦富饒…" 참조.

70) 곽장근, 1999,《湖南 東部地域 石槨墓 研究》, 서경문화사.

71)《신찬성씨록》左京 皇別 하 吉田連조의 "任那國奏曰 臣國東北有三己汶
地(上己汶中己汶下己汶)…與新羅國相爭 彼此不能攝治 兵戈相尋 民不聊
生…" 참조.

72)《續日本後記》권6 仁明天皇 承和 4년의 "夏六月…往居三己汶地 其地遂
隷百濟" 참조.

작은 나라[傍小國]의 하나로 나온다. 이로 미루어 볼 때 521년 이전 어느 시기에 하기문은 백제의 지배에서 벗어났다고 할 수 있다.

기문 지역은 백제가 섬진강 유역으로 진출하거나 서부경남 지역으로 가는 길목에 해당한다. 이 지역은 가야제국에게도 요지였다. 때문에 대가야는 일차적으로 운봉 지역을 되찾기 위해 노력하였다. 그렇지만 백제는 이 지역을 되돌려 주지 않고 그대로 차지하여 버렸다.73) 상황이 이렇게 되자 대가야는 백제에 대한 대비책을 마련하지 않을 수 없었다. 그 방법은 두 가지로 나온다.

하나는 자탄과 대사에 성을 쌓고 이를 만해까지 연결한 뒤 봉후(烽候)와 저각(底閣)을 두어 일본에 대비하였다는 것이다.74) 이 기사에서 "일본을 대비하였다"고 한 것은 왜곡이고, 실상은 백제에 대비한 것이라 할 수 있다. 즉 가야가 자탄과 대사에 성을 쌓은 것은 백제가 광양만 지역을 차지하고 또 북으로는 운봉 지역까지 차지한 다음 하동 지역에 진출할 것으로 판단하고 이에 대비하려는 것이었다.

다른 하나는 이열비와 마수비에 성을 쌓아 이를 마차해와 추봉까지 연결한 후 사졸과 병기를 모아 신라를 핍박하는 것이다.75) 이 기사에는 가야가 신라를 핍박한 이유에 대해 나와 있지 않다. 그렇지만 그 배경을 추정하는 데 실마리가 되는 것이 백제가 기문을 차지할 때 신라와 안라 세력도 있었다는 사실이다.76) 이는 백제가 운봉 지역과 광

---

73) 《일본서기》 권17 계체기 7년조의 "是月 伴跛國遣戢支 獻珍寶 乞己汶之地 而終不賜國" 참조.

74) 《일본서기》 권17 계체기 8년조의 "三月 伴跛築城於子呑帶沙而連滿奚 置烽候邸閣 以備日本…" 참조.

75) 《일본서기》 권17 계체기 8년조의 "三月 (伴跛)…復築城於爾列比麻須比而絙麻且奚推封 聚士卒兵器 以逼新羅" 참조.

76) 《일본서기》 권17 계체기 7년조의 "於朝廷引列百濟姐彌文貴將軍斯羅汶得至安羅辛已奚及賁巴委佐伴跛旣殿奚及竹汶至等 奉宣恩勅 以己汶帶沙賜

양만 일대를 차지하는 것을 신라가 암묵적으로 동의하였음을 의미한
다.77) 이에 가야 세력은 백제에 대해서는 방어선을 구축한 뒤 신라에
대한 보복을 단행한 것으로 보인다.

(2) 백제의 대사 지역 점령과 가야의 대응

다음으로 정리해야 할 것은 대사(帶沙) 지역이다.《일본서기》계
체기 7년(513) 6월조에 따르면 백제는 기문과 대사 모두를 차지한
것으로 나온다. 그러나 계체기 8년(514)조에서 대가야의 군사적
대응 조치를 보면, 대사 지역에는 축성을 하였지만 기문 지역에는
어떠한 군사 시설도 하지 않았다. 또 계체기 9년(515)조에는 물부련
(物部連)이 500명의 군대를 거느리고 대사강으로 곧장 나아갔다가 가
야군의 공격을 받은 것으로 나온다.78) 이로 미루어 볼 때 513년 무렵
대사강 지역은 가야 세력이 장악하였지만, 기문 지역은 백제의 손안
에 있었다고 할 수 있다. 그런데 계체기 23년(529)조에는 왜로 오가
는 기항지인 가라의 다사진(多沙津)을 백제가 차지한 것으로 나온
다.79) 다시진 즉 대사는 오늘날 하동지역이다. 이 지역은 남해안과
연결하여 해상 교통의 요충이면서 동시에 섬진강을 통해 내륙으로

百濟國" 참조.

77) 노중국, 2012d, 〈6세기 전반 대가야의 왕위 교체와 정책의 변화〉,《한국
고대사연구》66집, 한국고대사학회.

78)《일본서기》권17 계체기 9년조의 "春二月甲戌朔丁丑 百濟使者文貴將軍
等請罷 仍勅副物部連(闕名)遣罷歸之(百濟本記云 物部至至連) 是月…故物
部連率舟師五百 直詣帶沙江…" 참조.

79)《일본서기》권17 계체기 23년조의 "春三月 百濟王謂下哆唎國守穗積押山
臣曰 夫朝貢使者 恒避嶋曲(謂海中嶋曲碕岸也 俗云美佐祁) 每苦風波 因玆
濕所賣 全壞無色 請以加羅多沙津爲臣朝貢津路 是以押山臣爲請聞奏 是月
遣物部伊勢連父根 吉士老等 以津賜百濟王…" 참조.

들어갈 수 있는 곳이었다. 백제가 이곳을 차지하자 대가야는 신라와 결탁을 추진하여[80] 522년에 신라에 청혼하였다. 그 요청에 응해 신라는 이찬 비조부의 누이를 보냈다.[81] 이때 가라국왕은 이뇌왕(異腦王)이었는데[82] 《일본서기》에는 기부리지가(己富利知伽)로[83] 나온다. 이로 미루어 보면, 백제가 다사진(하동 지역)을 장악한 것은 522년 직전이라 할 수 있다.

가야는 신라와 결혼 관계를 맺음으로써 백제에 대항할 수 있게 되었고, 신라는 이를 매개로 하여 가야 지역으로 진출할 수 있는 명분과 기회를 잡게 되었다. 신라의 이러한 행동은 백제로 하여금 신라에 대한 경계심을 갖도록 하였다. 이로 말미암아 백제와 신라는 가야 지역을 둘러싸고 경쟁 관계로 들어가게 되었다. 이처럼 백제의 섬진강 유역 진출은 백제와 가야, 가야와 신라, 백제와 신라의 관계에 큰 변화를 가져온 계기가 되었다.

---

80) 《일본서기》 권17 계체기 23년조.

81) 《삼국사기》 권제4 신라본기 법흥왕 9년(522)조의 "春三月 加耶國王遣使 請婚 王以伊湌比助夫之妹送之" 참조. 《일본서기》 권17 계체기 23년조에는 "加羅王娶新羅王女"로 나온다.

82) 《신증동국여지승람》 권25 경상도 高靈縣조의 "又釋順應傳 大伽倻國月光太子 乃正見之十世孫 父曰異腦王 求婚于新羅 迎夷粲比枝輩之女 而生太子…" 참조.

83) 《일본서기》 권17 계체기 23년조.

제4절 신라, 가야와의 문물 교류

1. 신라의 유교, 불교의 수용과 백제의 영향

1) 유교 이념의 수용과 백제의 영향

신라에서 유학 사상의 수용 시기는 신라의 정치적 발전과 연계시켜 볼 때 지증왕 대로 보인다. 지증왕은 소지왕이 자식 없이 죽자 그 뒤를 이어 왕이 되었지만, 소지왕과는 5촌이었다. 즉 방계로서 왕위에 올랐다. 그런데 《삼국사기》에 따르면, 지증왕은 500년에 왕위에 오른 것으로 나오지만 〈포항냉수리신라비〉에는 503년까지 갈문왕의 지위에 있었다. 이러한 사실은 지증왕의 즉위가 정상적이 않았음을 짐작하게 한다.[84] 이런 과정을 거치고 나서 왕위에 오른 지증왕은 자신의 입지를 강화할 새로운 이념이 필요하였고 이 필요성에서 충효(忠孝)를 덕목으로 하는 유교 정치이념을 수용하였던 것 같다.[85]

지증왕이 유학 사상을 국가 운영의 기본 이념으로 수용하였음을 입증해 주는 것이 두 가지이다. 하나는 지증왕이 503년에 종래 사라(斯羅) 등으로 불리던 국호를 '신라(新羅)'로 확정하였다는 사실이다.[86] 신라의 '신(新)'은 '덕업이 날로 새로워진다(德業日新)'는 의미로, '라

---

84) 이에 대한 연구사 정리는 윤진석, 〈신라 지도로갈문왕의 '섭정'〉, 《한국고대사연구》 55집, 한국고대사학회 참조.

85) 노중국, 2008, 〈신라 중고기의 유교사상의 수용과 확산〉, 《대구사학》 93집, 대구사학회 참조.

86) 《삼국사기》 권제4 신라본기 지증마립간 4년조의 "四年 冬十月 羣臣上言 始祖創業以來 國名未定 或稱斯羅 或稱斯盧 或言新羅 臣等以爲 新者德業日新 羅者網羅四方之義 則其爲國號宜矣" 참조.

(羅)'는 '사방을 망라한다[網羅四方]'의 의미를 갖는다고 한다. 덕업과 사방은 모두 유교적 표현이다. 이는 국호에 유교적 의미를 부여한 것을 보여준다. 다른 하나는 최고지배자의 칭호를 거서간, 이사금 등 방언적 칭호에서 '왕(王)'으로 확정하였다는 사실이다.[87] 이는 새로운 가치와 이념을 추구하였음을 보여주는 것이다. 그 새로운 가치와 이념이 바로 유교 정치사상이었던 것이다. 지증왕은 이 유교 정치사상에 입각하여 '신라국왕'이라는 왕호를 사용한 것이다.[88]

그런데 신라는 382년에 전진에 사신을 파견한 이후 521년에 양나라에 사신을 보내기까지 140여 년 동안 중국 왕조와의 교섭과 교류가 없었다. 이는 신라가 유학 사상을 정치 운영의 기본 이념으로 표방하게 된 데는 중국 왕조의 직접적인 영향은 없었음을 보여준다. 따라서 신라의 유교 사상 수용에는 고구려나 백제의 영향을 고려해야 한다.

신라와 고구려의 관계는 장수왕이 427년에 평양으로 천도한 이후 남진 정책을 적극적으로 추진하면서 파열음을 내기 시작하였다. 더욱이 400년 전쟁 이후 신라 영토 안에 주둔한 고구려군은 왕위 계승과 같은 내정 문제에 간섭하는 등 신라의 정치 발전에 걸림돌이 되었다. 따라서 신라의 유교 수용에 고구려의 영향은 적었다고 할 수 있다.

이와 달리 신라는 433년에 고구려의 간섭에서 벗어나고자 백제와 제라동맹을 맺었다.[89] 이 동맹 관계는 493년에 백제 동성왕이 신라의 이찬 비지의 딸을 맞이한 것에서[90] 보듯이 웅진 천도 이후에도 지속

---

87) 《삼국사기》 권제4 신라본기 지증마립간 4년조의 "四年 冬十月 羣臣上言…又觀自古有國家者 皆稱帝稱王 自我始祖立國 至今二十二世 但稱方言 未正尊號 今羣臣一意 謹上號新羅國王 王從之" 참조.

88) 노중국, 2008, 앞의 글.

89) 《삼국사기》 권제25 백제본기 비유왕 7년 및 8년조.

90) 《삼국사기》 권제26 백제본기 동성왕 15년조.

되었다. 제라동맹으로 두 나라는 정치적·군사적 교섭뿐만 아니라 경제적·문화적 교류도 하게 되었다. 이 과정에서 백제를 거쳐서 유학사상 등 새로운 문물이 신라로 전해지게 되었다.

이를 입증해 주는 것이 박사(博士)이다. 524년에 세워진 〈울진봉평리신라비〉에 따르면 박사는 거벌모라 지역민들을 교화하는 일을 맡았다. 이 문장에 나오는 "하늘에 죄를 얻는다[獲罪於天]"는 구절은 《논어》 팔힐(八佾)의 "하늘에 죄를 얻으면 기도할 곳이 없다[獲罪於天無所禱也]"를 인용한 것이다.91) 따라서 이 박사는 유교 경전에 밝은 자로서 유학 교육을 담당한 자라고 할 수 있다.

백제는 일찍부터 중국으로부터 박사제를 받아들였다. 한성도읍기에 《서기》를 편찬한 박사 고흥과 왜에 《천자문》과 《논어》를 전수한 박사 왕인이 있었고, 웅진도읍기 무령왕 대에는 오경박사 단양이와 고안무가 있었다.92) 따라서 신라의 박사는 백제의 영향을 받아 설치된 것으로 볼 수 있다.93) 이로 미루어 볼 때 신라의 유교 정치이념의 수용과 확산에 백제가 큰 영향을 끼쳤다고 할 수 있다.

2) 신라의 불교 공인과 백제의 영향

신라에 불교가 전래된 시기에 대해서는 미추왕 대 설, 눌지왕 대 설 등 다양하다. 그렇지만 초기에 신라에 불교를 전한 승려 아도(阿道)나 묵호자(墨胡子)는 고구려에서 온 것으로 되어 있다. 이는 불교가

______

91) 김영하, 2007, 《新羅中代社會硏究》, 일지사 참조.

92) 오경박사는 한 대에 설치된 뒤 오랜 기간 동안 보이지 않다가 양무제 천감 4년(505)에 다시 설치되었다. 따라서 백제의 오경박사 제도는 양나라 제도를 받아들인 것이다.

93) 노중국, 2008, 앞의 글.

처음에는 고구려를 거쳐서 신라에 전해진 것을 보여준다. 이렇게 전해진 불교는 차츰 신라 사회로 퍼져 나가 공인되기 이전에 궁중에까지 파고들었다. 그러나 신라의 불교 공인에는 반발이 적지 않았다. 그 갈등은 마침내 이차돈의 순교를 가져왔다. 이런 순교 과정을 거친 뒤 신라에서 불교가 공인되었다.

신라에 불교가 전해진 초기에 고구려의 영향이 컸다는 것은 사실이다. 그렇지만 신라가 불교를 공인하는 시점을 전후해서는 백제의 영향을 크게 받은 것으로 보아야 한다. 이를 입증해 주는 것이 신라가 지은 최초의 사찰인 흥륜사이다. 이 절은 법흥왕이 527년에 건축하기 시작하였지만, 534년에 천경림(天鏡林)의 나무를 베어 동량으로 하였다가 공사가 중단되었다. 그 뒤 진흥왕이 544년에 이 절을 완공하고 대흥륜사(大興輪寺)라 이름을 지었다.[94] 흥륜사에 모신 주불(主佛)은 진지왕 대의 승려 진자(眞慈)가 당주인 미륵상 앞에서 대성이 화랑으로 화해 줄 것을 발원한 사실에서[95] 보듯이 미륵불이었다.

〈미륵불광사적기〉에[96] 따르면 무령왕은 겸익(謙益)을 인도에 파견하였다. 526년에 겸익이 인도에서 돌아오자 성왕은 그를 흥륜사에 안치한 뒤 율부(律部)를 번역하게 하고 율소(律疏)를 짓게 하였다. 이처럼 흥륜사는 계율과 관련이 깊은 사찰이었다. 계율의 강조는 미륵 신앙의 특징이므로[97] 흥륜사의 주불도 미륵불이라 할 수 있다. 백제 흥

---

94) 《삼국사기》 권제3 흥법제3 원종흥법 염촉멸신조.

95) 《삼국유사》 권제4 탑상 제4 미륵선화 미시랑 진자사조의 "及眞智王代 有興輪寺僧眞慈(一作貞慈也) 每就堂主彌勒像前 發願誓言 願我大聖化作花 郎 出現於世 我常親近晬容 奉以周旋…" 참조.

96) 이능화, 1918, 《조선불교통사》 상편, 보련각.

97) 金三龍, 1977, 《익산문화권의 연구》, 원광대학교 마한·백제문화연구소, 53~55쪽 및 홍윤식, 1985, 〈삼국시대의 불교수용과 사회발전의 제문제〉, 《마한·백제문화》 8집, 원광대학교 마한백제문화연구소, 71~73쪽 참조.

륜사의 창건 연대는 신라 홍륜사보다 빠르다.

앞에서 말한 바와 같이, 신라는 433년에 제라동맹을 맺은 이후 백제와 정치적 군사적 외교적으로 긴밀한 관계를 가졌고, 또 법홍왕은 521년에 양나라에 사신을 보낼 때 백제의 뱃길 안내와 통역의 도움을 받았다.98) 이처럼 이 시기에 두 나라가 우호적인 관계를 가지고 있었기 때문에 신라가 불교를 공인하고 미륵불을 모신 홍륜사를 창건한 것은 백제의 영향이라고 할 수 있다.99) 백제 불교의 신라에 대한 영향은 공인 이후에도 지속되었다. 승려 진자(眞慈)가 미륵선화를 만나러 공주 수원사로 간 사실이100) 이를 잘 말해 준다.

2. 가야의 불교 수용과 백제의 영향

가야에 불교가 전해진 시기에 대해 《삼국유사》는 수로왕의 왕비 허황옥(許黃玉)이 아유타국에서 탑을 싣고 온 것에서 시작된 것으로 기록하고 있다. 이 탑은 사면오층탑으로 매우 기이한 모양인데 파사석탑으로 알려지고 있다.101) 그러나 이 시기에 고구려나 백제에도 아직 불교가 전해지지 않았으므로 그대로 신빙하기는 어렵다. 다만 허황옥이 석탑을 가지고 왔다는 것은 가야에 불교가 전래될 때 그 경로가 다양하였음을 보여주는 것으로 이해할 수 있다.

---

98) 《양서》 권54 열전제48 夷蠻 신라전.

99) 노중국, 2000, 〈신라와 백제의 교섭과 교류 — 6~7세기를 중심으로 —〉, 《신라문화》 17·18합집, 동국대 신라문화연구소.

100) 《삼국유사》 권제4 탑상제4 미륵선화 미시랑 진자사조.

101) 《삼국유사》 권제4 탑상제4 금관성파사석탑조의 "金官虎溪寺婆娑石塔者 昔此邑爲金官國時 世祖首露王之妃 許皇后名黃玉 以東漢建武二十四年甲申 自西域阿踰陁國所載來" 참조.

가야에 불교가 전해진 시기를 추론하는 데 실마리가 되는 것이 왕후사(王后寺)이다. 왕후사의 창건 시기는 질지왕(銍知王) 2년(452)으로 나온다.102) 왕후사의 건립은 금관가야가 불교를 받아들인 것으로 보아도 좋다. 그러면 가야 불교는 어디로부터 전해진 것일까. 이 시기까지 가야는 중국과 직접적인 교섭과 교류를 하지 않았다. 이와 달리 가야는 369년에 근초고왕의 남정(南征)으로 부형-자제 관계로 표현될 정도로 백제와 정치적·군사적으로 뿐만 아니라 문화적으로도 긴밀한 관계를 맺고 있었다. 그래서 백제의 요청이 있을 경우 가야는 군대를 동원하여 지원하였다. 〈광개토대왕비문〉에 보이는 400년 전투에 임나가라가 참전한 것, 554년의 관산성 전투에 가야가 군대를 보낸 것이 그 사례가 된다.

이 시기 백제는 아신왕이 392년에 널리 불교를 신봉하여 복(福)을 구하라는 조칙을 내린 이후 불교가 성행하였다. 이로 미루어 볼 때 가야가 불교를 받아들임에는 백제의 영향이 컸다고 할 수 있다.103) 백제 불교가 가야 사회에 끼친 영향을 보여주는 사례로는 고령 고아동의 벽화고분을 들 수 있다. 이 벽화고분은 연도(널길)가 있고 현실(널방)은 터널로 되어 있는 터널형이다. 그리고 재료는 막돌을 사용하였지만 그 위에 회를 바르고 벽화를 그렸다. 남아 있는 벽화의 내용은 연화문이다. 이러한 모습은 백제 무령왕릉의 현실이 터널형이고 연화문전(蓮花紋甎)으로 이루어졌다는 것과 서로 통한다.104) 이는 대가야

---

102) 《삼국유사》 권제2 기이제2 가락국기의 "銍知王 一云金銍王 元嘉二十八年卽位 明年爲世祖許黃玉王后 奉資冥福於初與世祖合御之地 創寺曰王后寺 納田十結充之" 참조.

103) 김복순, 1995, 〈대가야의 불교〉, 《가야사연구: 대가야의 정치와 문화》, 경상북도.

104) 김원룡, 1973b, 《한국고고학개설》 제3판, 일지사; 전호태, 1992, 〈가야

가 백제 불교의 영향을 크게 받아 연화를 그린 고분벽화를 만든 것을 보여준다.

3. 유물을 통해 본 문물 교류

1) 신라와의 문물 교류

5~6세기 대에 백제, 고구려, 신라는 금·은·동으로 만든 위신품을 사용하였다. 이 위신품에서 백제와 신라의 문물 교류를 짐작해 볼 수 있다. 첫째는 금동관이다. 백제의 금동관은 나주 신촌리 9호분, 익산 입점리 1호분, 천안 용원리 9호분, 공주 수촌리 Ⅱ-2·4호분, 서산 부장리 5호분, 고흥 길두리 고분 등에서 출토되었다. 이 가운데 공주 수촌리 Ⅱ-4호 횡혈식 석실분에서 출토된 금동관모는 용무늬와 당초무늬를 맞새김으로 새겼다. 이와 비슷한 무늬를 맞새김한 금동관은 경주 황남대총 남분에서 출토되었다. 또 금관총과 천마총에서 출토된 새 깃털 모양의 관장식에도 맞새김의 용무늬가 새겨져 있다.

둘째는 귀걸이다. 공주 무령왕릉에서 출토된 귀걸이의 샛 장식은 작은 고리를 잇대어 만든 구체 5개를 상하 일렬로 연결하고, 그 끝에 굽은 옥에 금 알갱이를 붙임 기법으로 가미한 금모를 씌웠다. 이와 비슷한 모양의 금귀걸이가 경주 황오동 34호 무덤에서 출토되었다. 또 경주 노서리 138호묘, 서봉총, 천마총 등에서 출토된 가는 고리의 금귀걸이는 노는 고리에 걸린 고리가 2중인데, 이와 같은 금귀걸이는 무령왕릉에서 출토된 귀걸이에서도 보인다. 이는 백제와 신라가 귀걸이 만드는 기술을 공유하거나, 신라에서 만든 귀걸이를 백제왕이 장

고분벽화에 관한 일고찰〉, 《한국고대사논총》 4집, 한국고대사회연구소.

식품으로 사용한 것을 보여준다.

셋째는 허리띠이다. 허리띠도 위신품의 하나이다. 허리띠에는 수식(垂飾: 드리개)이 달렸다. 송산리 4호분에서 출토된 허리띠 꾸미개의 드리개(수하식)는 은으로 만든 네모 모양의 판 아래 중앙을 튀어나오게 하고 위쪽 가운데에 구멍을 만든 하트 모양의 판을 서로 연결시킨 것이다. 이와 같은 드리개의 무늬는 금관총에서 출토된 허리띠 꾸미개에서 확인된다.

넷째는 금동신발이다. 백제에서는 여러 개의 금동신발이 출토되었다. 출토된 금동신발의 무늬는 철(凸)자 모양 무늬, 귀갑문+꽃무늬, 사격자문+꽃무늬 등이다. 이 가운데 철자 무늬를 맞새김한 것으로는 원주 법천리 1·4호, 공주 수촌리 Ⅱ-3호묘 출토가 있다. 철자 모양의

〈도 4-2〉 공주 수촌리 출토 금동신발(위)과 경주 황남대총 남분 출토 금동신발

무늬는 경주 황남대총 남분, 금관총, 천마총 등에서 나왔다. 이는 두 나라 사이에 금공(金工) 제작 기술의 교류가 있었음을 보여준다.[105]

다섯째는 금박유리옥이다. 금박유리옥은 일반 유리옥을 제작하면서 그 위에 금박을 입히고 다시 이 금박 위에 투명한 유리를 입혀 전체적으로 금으로 만든 구슬처럼 보이게 한 것이다. 5세기 후반에서 6세기 전반 대 백제의 금박유리옥은 서산 부장리 6-5호묘, 무령왕릉, 익산 입점리 1호분 등에서 나왔다. 경주 금관총에서도 금박유리옥이 출토되었다. 이 목걸이의 존재는 백제와 신라 사이에 교류가 있었음을 보여준다.

여섯째는 말갖춤새이다. 신라 말갖춤새의 하나로 3련식 재갈이 있다. 이 재갈은 의성 학미리 1호분, 경주 월성로 가-1호묘 등에서 출토되었다. 이 유물들은 6세기 전반으로 편년되고 있다. 이러한 3련식 말재갈은 논산 모촌리 5호묘에서도 출토되었다. 따라서 3련식 말재갈도 백제와 신라 사이의 기술 교류를 보여준다.

일곱째는 손잡이 부분을 금이나 은으로 장식한 장식대도이다. 백제와 신라는 귀족들의 위신품의 하나로 장식대도를 만들었다. 장식대도는 칼집과 손잡이 환두 부분을 금, 금동이나 은으로 장식하였다. 신라의 경우 창녕 교동 고분 출토품으로 전하는 봉황무늬 환두대도는 통금부에 귀갑계문(龜甲繫文)이, 손잡이에 능계문(菱繫文)이 장식되었다. 이런 장식의 환두대도는 무령왕릉에서 출토된 용무늬 환두대도, 천안 용원리에서 출토된 환두대도에서도 확인된다. 또 창녕 계성 3지구 1호분에서 출토된 방두(方頭)대도는 방두 안에 4엽·5엽의 능형문, 3엽의 꽃무늬와 주작 등의 동물문이 새겨져 있는데, 이런 무늬의 칼은 무

---

105) 이상의 설명은 이한상, 2011, 《동아시아 고대 금속제 장신구문화》, 도서출판 고고, 85~120쪽 내용을 정리한 것이다.

령왕릉 출토 환두대도에서도 보인다. 이는 백제와 신라 사이에 기술
상의 교류가 있었음을 보여준다.106)

　한편, 나주 복암리 3호분 96횡혈식 석실 1호 독널무덤에서 십자(十
字) 모양의 심엽형(心葉形) 경판이 있는 말갖춤새가 출토되었다. 이 말
갖춤새는 신라계이다. 또 나주 영동리 3호분에서는 삼각집선문(三角集
線文)과 반원점문(半圓点文)이 새겨진 토기가 출토되었다. 이러한 문양
은 6세기 전반 신라에서 가장 일반적인 무늬였다. 영산강 수계에 해
당하는 곳에 신라계 유물이 나오는 것은 이 지역 세력들이 신라와 일
정한 교류를 한 것을 보여준다.107)

2) 가야와의 문물 교류

　백제와 가야 사이에 이루어진 문물 교류와 관련한 문헌 기록은 없
지만 고고자료에서는 여러 측면에서 교류의 모습이 보인다. 첫째는
청동완이다. 무령왕릉에서는 청동완 3점이 출토되었다. 이와 비슷한
동완이 지산동 44호에서 2점, 합천 옥전 M3호분과 의령 경산리 2호
분에서 각각 1점이 출토되었다. 이 동완은 백제에서 가야제국의 수장
들에게 수여된 것으로 보인다.

　둘째는 장식대도이다. 천안 용원리 고분과 무령왕릉에서는 환두와
환두 내 봉황이 일체로 제작되는 용봉문환두대도가 출토되었다. 이러
한 용봉문환두대도는 고령 지산동 39호분, 합천 옥전 M3호분에서 출
토되었다. 이는 백제의 영향이라 할 수 있다.

---

106) 이상의 설명은 홍보식, 2007,〈신라와의 문물 교류〉,《백제의 문물교류》
　　 백제문화사대계 연구총서 10, 충청남도역사문화연구원의 내용을 정리한
　　 것이다.

107) 홍보식, 2007, 앞의 글.

〈도 4-3〉 무령왕릉 출토 동완(왼쪽)과 지산동 44호분 출토 동완

셋째는 마구(馬具)이다. 마구 가운데 f자형 판비, 검릉형행엽, 호등(壺鐙)은 함안 도항리 54호분, 합천 옥전 M3호분 등에서 출토되었다. 이러한 마구는 천안 용원리 1호 석곽에서도 출토되었다. 이는 두 지역 사이의 교류가 잦았음을 보여준다.108)

넷째는 이식(귀고리)이다. 옥전 M11호분에서는 굵은 금환을 주환으로 하고 세환으로 연결된 긴 금실에 중간식을 끼우고 심엽형의 미식(尾飾)을 건 이식이 출토되었다. 이러한 이식은 무령왕릉 왕비의 이식과 모양이 같다. 이는 백제에서 제작되어 다라국 왕묘에 부장된 것으로 볼 수 있다. 청주 신봉동 출토 이식의 중간식은 원판상 탄목(炭木)의 표면에 금판을 씌운 것인데, 이러한 중간식은 합천 옥전 23호 출토품과 동일하다.109) 이는 백제와 대가야의 교섭을 보여준다.

다섯째, 대금구(띠꾸미개)이다. 수면문이 장식된 대금구의 과판(銙板)은 웅진기 백제 대금구의 특징이다. 이러한 과판이 합천 옥전 M1호분, 고령 지산동 39·75호분 등에서 출토되었다.110) 이는 백제의 대

---

108) 이상의 설명은 이성주, 2007, 〈가야와의 문물 교류〉, 《백제의 문물교류》 백제문화사대계 연구총서 10, 충청남도역사문화연구원의 내용을 정리한 것이다.

109) 이한상, 2001, 앞의 책, 99~100쪽.

금구가 대가야에 영향을 끼친 것을 보여준다.

여섯째, 묘제이다. 대가야권의 묘제는 수혈식 석실에서 횡혈식 석실로 바뀐다. 대가야권을 중심으로 하는, 오른쪽으로 치우친 연도(널길)를 지닌 장방형 석실은 웅진도읍기 백제 송산리 유형의 석실이 도입되어 축조된 것이다.111) 대가야가 송산리형 석실을 모방하여 수용한 사례로는 고아동 벽화고분을 들 수 있다. 이 무덤은 터널형의 현실(널방)로 되어 있는데 여기에 회를 칠해 벽화를 그렸다. 무덤 내부 구조가 터널형인 것은 무령왕릉과 동일한 형태이므로 백제의 영향을 받은 것을 보여준다.

110) 이한상, 2001, 앞의 책, 105~106쪽.
111) 이성주, 2007, 앞의 글.

제3장 남제, 양, 북위와의 교섭과 교류

제1절 남제와의 교섭 재개

475년 문주왕은 고구려군에 의해 개로왕이 붙잡혀 죽고 왕도 한성이 함락되자 웅진으로 황급히 천도하였다. 천도한 이후 문주왕에게 주어진 과제는 정치 및 민생의 안정을 도모하는 것과 더불어 국제 관계에서도 고립에서 벗어나는 것이었다. 대외적 고립에서 벗어나기 위해 문주왕은 476년 3월에는 사신을 송나라에 보냈지만 고구려군의 방해로 되돌아왔다.

문주왕이 피살되고 동성왕이 즉위하였다. 즉위 뒤 동성왕은 초기에 해구의 난을 평정한 진로(眞老)를 병관좌평으로 삼아 내외병마사를 관장하게 하여 정치적 안정을 꾀하였고, 내법좌평 사약사(沙若思)를 중용하였다. 이후 동성왕은 486년에 웅진 지역을 기반으로 한 백가(苩加)를 위사좌평으로 삼았다. 동성왕이 이렇게 정치적 안정을 이루어 가고 있던 시기인 478년에 송이 망하고 이듬해 남제가 들어섰다. 백제는 480년에 사신을 남제에 보냈다. 이때의 백제왕을 《남사》에는 "모도(牟都)"로 적고 있다. 모도는 문주왕을 말한다.112) 그러나 모도는 477년에 이미 죽었으므로, 480년에 남제에 사신을 보낸 왕은 동성왕으로 보아야 한다. 동성왕은 남제와 교섭을 재개함으로써 차츰 외교적 고립에서 벗어나게 되었다.

484년 동성왕은 남제가 고구려 장수왕을 표기대장군(驃騎大將軍)으로 진호하였다는 것을 알았다.113) 표기대장군은 위차(位次)가 승상(丞相)에 다음가는 최고의 장군직이었다.114) 남제가 장수왕에게 표기대장군을 진호한 것은 479년이었다. 그러나 동성왕이 이 일을 안 것은 5년이 지난 484년이었다. 동성왕이 이 일을 이렇게 늦게 알았다는 것은 백제의 정보력의 한계를 보여준다.

진호 사실을 파악한 동성왕은 이에 대응하고자 484년에 남제에 내속(內屬)을 요청하였다.115) 내속이란 한(漢) 대의 경우 국가적 독립성을 상실하고 중국의 국가체제 안으로 편입되는 것을 말한다.116) 따라서 내속은 신속(臣屬)과 같은 것으로서 상대국에 대한 의존도가 커진 것을 보여준다.

동성왕이 내속을 요청한 배경은 고구려의 동향과 연관시켜 살펴보아야 한다. 고구려 장수왕은 425년에 북위에 사신을 처음으로 보낸 이후 거의 매년 사신을 보냈다. 그러나 남조 송에 사신을 보낸 것은 455년이 처음이었다. 이후 463년에 송 세조는 장수왕을 거기대장군개

---

112) 이기동, 1974, 〈중국 사서에 보이는 백제왕 모도에 대하여〉, 《역사학보》 62집, 역사학회.

113) 《삼국사기》 권제26 백제본기 동성왕 6년조의 "春二月 王聞南齊祖道成 冊高句麗巨璉爲驃騎大將軍" 참조.

114) 《송서》 권39 지제29 백관 상의 "驃騎將軍 一人 漢武帝元狩二年 始用霍去病爲驃騎將軍 漢西京制 大將軍 驃騎將軍位次丞相" 참조.

115) 《삼국사기》 권제26 백제본기 동성왕 6년조의 "春二月 王聞南齊祖道成 冊高句麗巨璉爲驃騎大將軍 遣使上表請內屬 許之" 참조.

116) 김한규, 2005, 《天下國家 — 전통 시대 동아시아 세계 질서》, 소나무, 97~119쪽.

부의동삼사(車騎大將軍開府儀同三司)로 책봉하였고, 남제 고제(소도성)는 479년에 장수왕을 표기대장군으로 진호해 주었다. 480년에 북위는 고구려가 남제에 사신을 보낸 것을 질책하였지만,117) 장수왕은 481년에도 남제에 사신을 보냈다.

고구려가 북위의 반대에도 남제와의 교섭을 그대로 이어갔다는 사실과 남제가 장수왕에게 표기대장군호를 주었다는 것은 동성왕으로서는 큰 충격이었다. 이러한 상황은 동성왕으로 하여금 남제가 고구려 쪽으로 기울었다는 의구심을 품게 하였다. 이렇게 되면, 백제는 대외 관계에서 고립을 면하지 못한다. 이에 동성왕은 남제에 내속을 청하지 않았을까 한다. 남제는 동성왕의 내속 요청을 받아들였다. 이로써 백제는 일단 고구려의 압박에 대응할 수 있는 남제의 지원은 확보한 셈이었다. 그렇지만 남제에 대한 백제의 의존도는 그만큼 커졌다.

남제와 내속 관계를 맺은 동성왕은 484년 7월에 내법좌평 사약사를 남제에 보냈다. 그 목적은 내속 관계를 확인하고 이를 공고히 하기 위한 것이다. 그러나 사약사는 고구려 군대의 방해로 남제에 가지 못하였다. 고구려는 백제가 남제에 내속한 것을 알고 사신 파견을 차단한 것 같다. 그렇지만 이후 동성왕은 486년에 남제에 사신을 파견하였고, 490년에도 사신을 파견하여 남제로부터 행도독백제제군사진동대장군백제왕(行都督百濟諸軍事鎭東大將軍百濟王)의 작호를 받았다.118) 그리고 495년에는 사신을 보내 신하들에게 사서(私署)한 봉작을 요청하여 승인받았다. 남제와 외교 관계를 긴밀히 함으로써 백제는 국제적인 고립을 벗어나게 되었다.

---

117) 《삼국사기》 권제18 고구려본기 장수왕 68년조의 "王遣使餘奴等 朝聘南齊 魏光州人 於海中得餘奴等 送闕 魏高祖詔責王…" 참조.
118) 《책부원구》 권963 외신부 책봉1 영명 8년조.

제2절 양과의 교섭과 '갱위강국(更爲彊國)' 선언

1. 양과의 교섭

동성왕은 재위 23년(501)에 위사좌평으로 있다가 가림성 성주로 자리를 옮긴 백가가 보낸 자객에 의해 죽임을 당했다. 그 뒤를 무령왕이 이었다. 무령왕은 즉위 뒤 백가가 일으킨 반란을 평정하고 왕권을 강화하였다. 한편, 중국에서는 502년에 양무제가 양을 세웠다. 양과 백제의 관계를 총괄적으로 보여주는 것이 《양서》 백제전의 다음과 같은 기사이다.

제나라 영명(483~389) 때에 대(동성왕)에게 도독백제제군사진동대장군백제왕을 제수하였다. 천감 원년(502)에 태에게 정동장군을 진호하였지만, 곧 고구려에 격파되어 쇠약해진 지가 여러 해였다. 남한의 땅으로 옮겨가 살았다. 보통 2년(521)에 백제왕 여륭이 처음으로 다시 사신을 보내 표를 받들고 일컫기를, '고구려를 여러 차례 격파하여 지금 비로소 통호하며 다시 강국이 되었다'고 하였다. 그 해에 고조가 조서를 내려 책봉하여 말하기를, '행도독백제제군사진동대장군백제왕여륭은 … 가히 사지절도독백제제군사진동대장군으로 삼노라'고 하였다.119)

---

119) 《양서》 권54 열전제48 諸夷 백제전의 "齊永明中 除大都督百濟諸軍事鎭東大將軍百濟王 天監元年 進太號征東將軍 尋爲高句麗所破 衰弱者累年 遷居南韓地 普通二年 王餘隆始復遣使奉表稱 累破高句麗 今始與通好 而更爲強國 其年 高祖詔曰 行都督百濟諸軍事鎭東大將軍百濟王餘隆…可使持節都督百濟諸軍事寧東大將軍" 참조.

이 기사는 다음과 같이 정리할 수 있다. 첫째는 천감 원년(502)에 태(太)에게 정동장군호를 진호하였다는 것이다. 이때의 진호는 고구려왕 고운(高雲)에게 거기대장군호를, 탕창왕 양미령(梁彌領)에게 진서장군호를, 왜왕 무에게 정동대장군호를, 하남왕 토욕혼(吐谷渾) 휴류대(休留代)에게 정서장군호를 진호한 것과120) 같은 맥락에서 나온 것이다. 이때 백제나 고구려는 양나라에 사신을 보내지 않았다. 따라서 양무제의 이 진호는 개국을 기념하여 주변국들의 국왕에게 일방적으로 수여한 것이라 할 수 있다.

둘째는 동성왕이 받은 장군호의 등급이다. 동성왕이 받은 장군호는 백제전에는 '정동장군'으로, 무제기(武帝紀)에는 '정동대장군'으로 나온다. 백제왕은 이전에 진동대장군을 받았다. 정동장군의 위계는 진동대장군보다 낮으므로 정동장군을 받은 것을 '진호'라고 할 수 없다. 따라서 이때 진호된 장군호는 정동대장군으로 보는 것이 타당하다.

셋째는 천감 원년(502)은 무령왕이 즉위한 이듬해다. 무령왕의 이름은 융이다. 그럼에도 양나라는 '태(동성왕)에게 정동장군호를 진호하였다'고 한다. 동성왕이 501년에 죽고 무령왕이 즉위하였음에도 양이 동성왕에게 진호한 것은 무령왕이 왕위에 오른 것을 모르고 있었기 때문이었을 것이다.

넷째는 "곧 고구려에 격파되어 쇠약해진 지가 여러 해였다. 남한의 땅으로 옮겨가 살았다[尋爲高句麗所破 衰弱者累年 遷居南韓地]"가 보여주는 상황이다. 문장이 씌어진 순서대로라면, 이 일은 동성왕 대에 있었던 것이 된다. 그러나 내용상으로는 한성 함락과 웅진 천도를 말한

---

120) 《양서》 권2 본기제2 武帝 中의 "戊辰車騎將軍高句麗王高雲進號車騎大將軍 鎭東大將軍百濟王餘大進號征東大將軍 安西將軍宕昌王梁彌領進號鎭西將軍 鎭東大將軍倭王武進號征東大將軍 鎭西將軍河南王吐谷渾休留代進號征西將軍" 참조.

다. 즉 '고구려에 격파되었다'는 것은 개로왕이 고구려 장수왕의 공격을 받아 한성이 함락된 것을, '남한의 땅으로 옮겨가 살았다'는 웅진으로 천도한 것을, '쇠약해진 지가 여러 해였다'는 웅진 천도 이후의 상황을 의미한다. 따라서 이 기사는 동성왕 이전의 상황을 보여주는 것이다.

다섯째는 "처음으로 다시 사신을 보냈다〔始復遣使〕"는 구절에 나오는 '시부(始復)'가 갖는 의미이다. 이 '시(始)'는 '처음으로', '또다시'로 해석된다. '시'자만을 강조하면 마치 무령왕이 502년에 처음으로 양에 사신을 보낸 것처럼 보인다. 그러나 '부(復)'자와 아울러 생각하면, 무령왕은 그 이전에 양나라에 사신을 보냈는데 꽤 오랜 시간이 지나서 다시 사신을 보낸 것으로 해석할 수 있다. 나중에 말하는 바와 같이, 무령왕은 512년에 양나라에 사신을 보낸 뒤 9년 만인 521년에 다시 사신을 보냈기 때문에 '시부'라고 표현하였던 것이다.

여섯째는 "지금 처음으로 통호하였다〔今始與通好〕"는 구절에 나오는 통호의 대상이다. 논자에 따라서는 통호의 대상을 고구려로 보기도 한다.121) 그러나 '고구려를 여러 차례 격파하였다'고 하면서 비로소 고구려와 통호하였다는 것이 사리에 맞지 않는다. 따라서 통호 대상은 양나라로 보아야 한다. 양은 백제가 512년에 사신을 파견한 이후 9년의 세월이 지나 사신을 파견하여 통호를 요청하자 이를 '비로소' 통호하였다고 표현하였던 것이다.

일곱째는 무령왕이 512년에 사신을 보냈을 때122) 양나라가 무령왕

---

121) 박윤선, 2006, 〈5세기 중반~7세기 백제의 대외관계〉, 숙명여대 박사학위논문, 36쪽.

122) 《양서》 권2 본기제2 무제 중 천감 11년조의 "四月 百濟扶南林邑國並遣使獻方物" 참조. 《삼국사기》 권제26 백제본기 무령왕 12년조에는 "夏四月 遣使入梁朝貢"으로 나온다.

에게 수여한 작호 문제이다. 521년에 양은 무령왕의 장군호를 진동대장군에서 영동대장군으로 개호하였다.[123] 영동대장군은 521년에 받은 것이 분명하므로 진동대장군은 521년 이전에 받은 것이 된다. 그 시기가 바로 512년인 것이다. 이렇게 보면, 무령왕이 양에서 받은 작호는 정동대장군(502) → 진동대장군(512) → 영동대장군(521)으로 볼 수 있다.

무령왕은 양나라에 사신을 파견하면서 양의 선진 문화를 받아들였다. 이를 보여주는 것이 무령왕릉에서 출토된 "…사 임진년작(…士 壬辰年作)"이 새겨진 벽돌과 송산리 6호분에서 출토된 "양관와위사의(梁官瓦爲師矣)"가 새겨진 벽돌이다. 전자의 '사'는 앞부분이 깨어져서 단정하기 어려우나 '와박사'일 가능성이 크다. 와박사는 기와나 벽돌 등을 굽는 전문 기술자를 말한다. 이 벽돌에 새겨진 임진년은 512년이다. 이 해에 무령왕은 사신을 양나라에 보냈다. 이 두 사실을 연관시켜 볼 때, 와박사는 백제 사신이 귀국할 때 함께 온 것으로 볼 수 있다. 백제에 온 그는 벽돌과 기와를 제조하였다. 이는 양나라의 관와(官瓦)를 본보기로 삼았다고 하는 후자의 기록과도 일치한다. 이러한 사실은 무령왕이 양나라의 선진 문물을 적극 수용하였음을 보여준다.

2. '갱위강국' 선언과 '방소국(旁小國)'

무령왕 대의 대외 관계에서 크게 눈에 띄는 것이 두 가지이다. 하나는 무령왕이 양나라에 사신을 보내 "다시 강국이 되었다[更爲彊國]"고 선포하였다는 점이다. 무령왕은 즉위년에 백가의 난을 평정한 뒤

---

123) 《양서》 권2 본기제2 武帝 下 普通 2년조의 "十二月戊辰 以鎭東大將軍 百濟王餘隆爲寧東大將軍" 참조.

정치적 안정을 이루었다. 501년 11월에 달솔 우영을 보내 고구려 수곡성을 습격하였다. 이 습격은 웅진으로 천도한 이후 처음 행해진 고구려에 대한 공격이다. 이후 무령왕은 침략해 오는 고구려군을 물리치기도 하고 선제적으로 고구려를 공격하기도 하였다. 이리하여 백제는 군사적으로도 고구려와 세력 균형을 이루었다. 이에 무령왕은 양나라에 사신을 보내 '다시 강국이 되었음'을 선언하였다. 이 선언은 국제 관계상에서 자신감의 표출이라고 할 수 있다.

다른 하나는 〈양직공도〉에 반파(叛波), 탁(卓), 다라(多羅), 전라(前羅), 사라(斯羅), 지미(止迷), 마련(麻連), 상기문(上己汶), 하침라(下枕羅) 등을 "백제 곁의 작은 나라[旁小國]"로 표현한 사실이다. 〈양직공도〉는 양무제의 아들 소역(蕭繹)이 외국 사신들을 접견하면서 보고 들은 내용들을 기록하고, 자신이 만난 사신들의 모습을 그린 것이다.124) 이는 백제의 웅진도읍기에 해당하는 자료이다. 여기에 나오는 나라 가운데 반파는 고령의 대가야로, 다라는 합천에, 전라는 함안의 안라에, 사라는 신라에, 마련은 광양에, 상기문은 남원·운봉에, 하침라는 제주도에 비정되고 있다.

이 가운데 전라, 반파, 탁, 다라, 마련 등은 가야연맹체와 관련되는 국들이다. 이 시기 가야제국은 백제와 부용(附庸) 관계를 맺고 있었다. 그래서 백제는 이 국들을 작은 나라[小國]로 인식하였던 것이다. 한편 《양서》 신라전에 따르면, "신라는 나라가 작아서 독자적으로 사신을 파견할 수 없었는데, 521년에 처음으로 백제의 사신을 따라서 사신을 보냈다"고 나온다.125) 이런 신라를 백제는 소국으로 인식하였고, 양나

---

124) 이홍직, 1975, 《한국고대사의 연구》, 신구문화사, 386~396쪽.

125) 《양서》 권54 열전제48 諸夷 신라전의 "其國小不能自通使聘 普通二年 王
　　慕名秦始使 使隨百濟奉獻方物…無文字 刻木爲信 言語待百濟而後通焉" 참조.

라도 백제의 인식을 받아들여 신라를 백제의 부용국으로 인정하였던
것이다. 백제가 주변국들을 소국으로 인식하고 자신은 이 소국들을
이끌어 가는 대국이라고 과시한 것은 바로 백제의 천하관을 보여주는
것이라 할 수 있다.

제3절 북위와의 관계

1. '위로(魏虜)'의 실체와 북위에 대한 동성왕의 인식

《남제서》 백제전과 《삼국사기》 백제본기에는 백제가 북위의 공격
을 격퇴하였다는 기사가 나온다. 더욱이 《남제서》의 내용은 동성왕
대에 백제가 북위를 어떻게 인식하고 있는가를 보여준다. 기사의 전
문(全文)을 보면 다음과 같다.(부호는 필자가 붙인 것임.)126)

---

126)《남제서》권58 열전제39 동남이 백제전의 "A-1 報功勞勤 實存名烈 假
　　行寧朔將軍臣姐瑾等四人 振竭忠孝 攘除國難 志勇果毅 等威名將 可謂扞城
　　固蕃社稷 論功料勤 宜在甄顯 今依例輒假行職 伏願恩愍 聽除所假… A-2
　　又表曰 臣所遣行建威將軍廣陽太守兼長史臣高達…往太始中 比使宋朝 今任
　　臣使 冒涉波險 尋其至効 宜在進爵 謹依先例 各假行職…詔可 並賜軍號 除
　　太守…使兼謁者僕射孫副 冊命大襲亡祖父牟都爲百濟王… B 是歲 魏虜又發
　　騎數十萬 攻百濟入其界 牟大遣將沙法名贊首流解禮昆木干那 率衆襲擊虜軍
　　大破之 C-1 建武二年 牟大遣使上表曰 臣自昔受封 世被朝榮 忝荷節鉞 剋
　　攘列辟 往姐瑾等 並蒙光除 臣庶咸奉 去庚午年 獫狁弗悛 擧兵深逼 臣遣沙
　　法名等 領軍逆討 宵襲霆擊 匈利張惶 崩若海蕩 乘奔追斬 僵尸丹野 由是摧
　　其銳氣 鯨暴韜凶 今邦宇謐靜 實名等之略 尋其功勳 宜在褒顯 今假沙法名
　　行征虜將軍邁羅王 贊首流爲行安國將軍辟中王 解禮昆爲行武威將軍弗中侯
　　木干那前有軍功 又拔臺舫爲行廣威將軍面中侯 伏願天恩 特愍聽除 C-2 又
　　表曰 臣所遣行龍驤將軍樂浪太守兼長史臣慕遺…行揚武將軍陳明 在官忘私
　　唯公是務 見危授命…今任臣使 冒涉波險 盡其至誠…伏願聖朝特賜除正 詔
　　可 並賜軍號" 참조.

A-1 …… 모대(牟大)가 표문을 올려 말하였다. "공에 대하여 보답하고 부지런히 힘쓴 것을 위로하는 일은 실로 그 명성과 공업을 보존시키는 것입니다. 사사로이 제수한[私署] 영삭장군 신 저근(姐瑾) 등 4인은 충성과 힘을 다하여 나라의 환란을 쓸어 없앴으니, 그 뜻의 굳셈과 과감함이 명장의 등급에 들 만하며 나라의 한성(扞城)이요 사직의 튼튼한 울타리라 할 만합니다. 그들의 노고를 헤아리고 공을 논하면 환히 드러나는 지위에 있어야 마땅하므로, 지금 전례에 따라 외람되이 행직(行職)을 주었습니다. … 엎드려 바라옵건대 은혜를 베푸시어 임시로 내린 관직을 정식으로 인정하여 주십시오.

A-2 모대가 또다시 표문을 올려, "신이 파견한 행건위장군 광양태수 겸 장사 신 고달과 행건위장군 조선태수 겸 사마 신 양무(楊茂)와 행선위장군 겸 참군 신 회매 등 3인은 지조와 행동이 깨끗하고 밝으며, 충성과 정성이 일찍부터 드러났습니다. 지난 태시 연간에는 나란히 송조에 사신으로 갔었고, 지금은 신의 사신의 임무를 맡아 험한 파도를 무릅쓰고 바다를 건넜으니, 그 지극한 공로를 따지면 벼슬이 올라야 마땅하므로 선례에 따라 각자 임시로 행직을 내렸습니다. …

이를 허락한다는 조서를 내림과 더불어 장군호를 하사하고 태수의 관직을 제수하였다. 〔또한 백제왕에 대해서는〕 사지절 도독백제제군사 진동대장군(使持節 都督百濟諸軍事 鎭東大將軍)으로 삼고, 알자복야를 겸한 손부(孫副)를 사신으로 보내어 모대를 책명하여 돌아가신 조부 모도를 이어서 백제왕으로 삼았다.

B 이 해에 북위 오랑캐가 또다시 기병 수십만을 동원하여 백제를 공격하여 그 지경(地境)에 들어가니, 모대가 장군 사법명(沙法名)·찬수류(贊首流)·해례곤(解禮昆)·목간나(木干那)를 파견하여 무리를 거느리고 오랑캐군을 기습 공격하여 그들을 크게 무찔렀다.

C-1 건무 2년에 모대가 사신을 보내어 표문을 올려 말하기를, "신은 봉작(封爵)을 받은 이래 대대로 조정의 영예를 입었고, 더욱이 절부와 부월을 받아 모든 변방을 평정하였습니다. 앞서 저근 등이 모두 영광스러운 관작을 제수받아 신민이 함께 기뻐하였습니다. 지난 경오년에는 험윤(獫狁)이 잘못을 뉘우치지 않고 군사를 일으켜 깊숙이 쳐들어 왔습니다. 신이 사법명 등을 파견하여 군사를 거느리고 역습케 하여 밤에 번개처럼 기습 공격하니, 흉리(匈梨)가 당황하여 마치 바닷물이 들끓듯 붕괴되었습니다. 이 기회를 타서 쫓아가 베니 시체가 들을 붉게 했습니다. 이로 말미암아 그 날카로운 기세가 꺾이어 고래처럼 사납던 것이 그 흉포함을 감추었습니다. 지금 천하가 조용해진 것은 실상 [사법명] 등의 꾀이오니 그 공훈을 찾아 마땅히 표창해 주어야 할 것입니다. 이제 사법명을 가행정로장군(假行征虜將軍) 매라왕(邁羅王)으로, 찬수류를 가행안국장군(假行安國將軍) 벽중왕(辟中王)으로, 해례곤을 가행무위장군(假行武威將軍) 불중후(弗中侯)로 삼고, 목간나는 과거에 군공(軍功)이 있는 데다 또 성문과 선박을 때려 부수었으므로 행광위장군(行廣威將軍) 면중후(面中侯)로 삼았습니다. 엎드려 바라옵건대 천은을 베푸시어 특별히 관작을 제수하여 주십시오"라고 하였다.

C-2 또 표문을 올리기를, "신이 사신으로 보낸 행용양장군(行龍驤將軍) 낙랑태수(樂浪太守) 겸 장사(長史) 신 모유(慕遺)와 행건무장군(行建武將軍) 성양태수(城陽太守) 겸 사마(司馬) 신 왕무(王茂)와 겸 참군(參軍) 행진무장군(行振武將軍) 조선태수(朝鮮太守) 신 장새(張塞)와 행양무장군(行揚武將軍) 진명(陳明)은 관직에 있어 사사로운 것을 잊어버리고 오로지 공무에만 힘써, 나라가 위태로운 것을 보면 목숨을 내던지고 어려운 일을 당해서는 자기 몸을 돌보지 않습니다. 지금 신의 사신의 임무를 맡아 험한 파도를 무릅쓰고 바

다를 건너 그의 지성을 다하고 있습니다. … 엎드려 바라옵건대 성조(聖朝)께서는 특별히 정식으로 관직을 제수하여 주십시오"라고 하였다. 이에 조서를 내려 허락함과 아울러 장군호를 내려 주었다.

이 내용은 시기적으로 세 부분으로 나눌 수 있다. A는 490년 이전의 어느 시기의 상황을 보여주는데, A-1은 충효를 다해 국난을 제거한 저근 등 4명에게 사서한 왕호와 장군호를 정식으로 제수해 줄 것을 요청한 것이고, A-2는 바다의 위험함을 무릅쓰고 사행의 임무를 완수한 고달(高達) 등 3명에게도 장군호와 태수호를 정식으로 제수해 줄 것을 요청한 것이다. 남제는 두 가지 요청을 모두 들어주었다.

B는 경오년(490: 연흥 원년)에 위로(북위)가 수십만 명의 기병으로 공격해 오자 동성왕은 사법명 등을 보내 북위군을 크게 격파하였음을 보여준다.

C는 건무 2년(495: 동성왕 17)에 사신을 보내 신하들에게 작호를 제정해 주기를 요청한 것인데, C-1은 490년 북위의 공격을 물리치는 데 큰 공을 세운 사법명 등 4명에게 왕호와 장군호를 정식으로 제수해 줄 것을 요청한 것이고, C-2는 공무에 충실하면서 사행의 임무를 잘 수행한 모유(慕遺) 등에게도 장군호를 정식으로 제수해 줄 것을 요청한 것이다. 남제는 이 두 가지 요청도 모두 들어주었다.

이 가운데 백제의 북위에 대한 인식을 잘 보여주는 것이 B와 C-1이다. 이 기사의 내용은 세 가지 측면에서 검토가 필요하다. 첫째는 유목민족 국가인 북위가 '기병' 수십만으로 백제를 공격했다는 것을 어떻게 이해해야 할 것인가 하는 점이다.

이 문제에 대한 견해는 크게 두 가지로 나뉜다. 하나는 백제와 북위의 전투 지역을 요서 지역으로 보는 것이다. 이러한 견해의 입론은 다음과 같다. 북위가 백제의 영역까지 쳐들어오려면 고구려 영역을 통과하거나 바다를 건너야 하는데, 북위의 대군이 고구려를 통과하여 백제를 공격하였을 개연성은 매우 희박하며, 그렇다고 유목민족인 북위가 '기병' 수십만으로 바다를 건너 백제를 공격한다는 것도 현실적으로 불가능하다는 것이다. 따라서 북위가 침입한 백제의 영역이란 중국 대륙에 설치된 백제계의 군(郡)이었을 것으로 추정한다. 이러한 견해는 백제가 산둥 반도 일대 지역에 군사적으로 진출하였음을 전제로 하고 있다. 이 경우 이 전쟁은 북위와 백제 사이에서 벌어진 것으로 보기도 하고,127) 백제가 중국 해안 지대에 설치한 백제계 군현과의 싸움으로 보는 견해도128) 있다.

다른 하나는 이 기사를 신빙할 수 없다고 보는 것이다. 그 입론은 다음과 같다. 5세기 후반 백제는 고구려에 의해 수도 한성을 빼앗기고 황급히 웅진으로 천도할 수밖에 없는 시련기였는데, 이런 때에 수천 리 바다를 건너 중국 대륙에 군을 설치하고 경영할 겨를과 능력이 없었을 것이라는 점, 《위서》에는 백제가 북위의 영역에 침범하여 군을 설치했다거나 북위가 백제를 정벌하였다는 기사가 전혀 없다는 점, 백제왕이 신하에게 사서한 서하(西河)태수의 서하는 중국의 내지에 설치된 군으로129) 결코 중국 동해안에 설치된 바 없었다는 점 등

---

127) 이명규, 1983, 〈백제 대외관계에 관한 일시론 — 대륙진출설 고찰을 위한 하나의 가설로서 —〉, 《사학연구》 37집, 한국사학회; 강맹산, 1997, 〈웅진시대 백제와 중국과의 관계〉, 《백제문화》 25집, 공주대학교 백제문화연구소.

128) 강종훈, 2006, 〈백제의 중국대륙 진출〉, 《한성도읍기의 백제》 백제문화사대계 연구총서 3, 충청남도역사문화연구원.

129) 5세기 당시 중국에는 두 곳에 '서하군(西河郡)'이 있었다. 하나는 북위의 서하군으로 지금의 산시 성(山西省) 린펀 현(臨汾縣) 서쪽에 있었던 것이고, 다른 하나는 남조의 송이 설치한 서하군으로 지금의 윈난 성(雲南省) 서부 지역에 있었다.

이다. 이러한 입장에서 백제가 산동과 오월 지역으로 진출하였다는 것은 믿을 수 없다는 것이다.130) 이에 따라 이 전쟁은 백제와 고구려의 전쟁으로 고쳐 보아야 한다는 견해,131) 북위와 고구려가 연합하여 백제를 공격한 것으로 보는 견해132) 등이 나왔다.

둘째는 '위로', '험윤', '흉리'라는 표현이 일컫는 대상이다. 이 가운데 위로는 북위를 가리키는 것이 분명하다. 험윤의 실체를 추론하는 데 실마리가 되는 것이 북위 고조가 천도하고자 하였을 때 연주(兗州) 자사 목비(穆羆)가 천도를 반대하면서 북위의 주위에 있는 적대적인 나라들로 북의 험윤, 남의 형양, 서의 토욕혼, 동의 고구려를 들었다는 사실이다.133) 이에 따르면 험윤과 고구려는 구분되어 나온다. 험윤은 본래 오랑캐라는 의미이다. 오랑캐라는 말은 사용하는 측에 따라 가리키는 대상이 달라진다. 북위를 중심으로 할 때 험윤은 북위의 북쪽에 있던 흉노 계통의 세력을 말한다. 남제를 중심으로 할 때 험윤은 북쪽에 있는 북위를 말한다. 남제는 북위에 대한 멸칭(蔑稱)으로 위로 외에 험윤을 사용하였던 것이다. 이렇게 보면, 험윤과 같은 의미를 가지는 흉리도 북위에 대한 또 다른 멸칭이 된다.

---

130) 金起燮, 1997, 〈百濟의 遼西經略說 再檢討〉, 《韓國 古代의 考古와 歷史》, 학연문화사; 余昊奎, 2001, 〈百濟의 遼西進出說 再檢討〉, 《진단학보》 91집, 진단학회.

131) 유원재, 1989, 〈'百濟略有遼西' 기사의 분석〉, 《백제연구》 20집, 충남대 백제연구소; 김현숙, 2003, 〈웅진시대 백제와 고구려의 관계〉, 《고대 동아세아와 백제》, 서경.

132) 박진숙, 2000, 〈백제 동성왕대 대외정책의 변화〉, 《백제연구》 22집, 충남대 백제연구소.

133) 《위서》 권14 神元平文諸帝子孫列傳제2 東陽王 조 전의 "及高祖欲遷都…燕州刺史穆羆進曰 移都事大 如臣愚見 謂爲未可 高祖曰卿便言不可之理 羆曰北有獫狁之寇 南有荊揚之賓 西有吐谷渾之阻 東有高句麗之難 四方未平 九區未定 以此推之 謂爲不可…" 참조.

백제의 경우 북쪽의 적대국은 고구려이다. 그러나 동성왕의 상표문은 기본적으로 남제를 의식하여 쓴 것이므로 백제가 말한 위로, 험윤, 흉리는 고구려를 일컫는 것이 아니라 북위를 가리키는 것은 분명하다. 백제가 북위를 위로, 험윤, 흉리라는 비칭(卑稱)으로 부른 것은 남제의 입장에 동조하였기 때문일 수도 있지만, 백제 자신이 북위에 대한 혐오감을 가지고 있었기 때문일 가능성도 배제할 수는 없다. 백제가 북위에 대해 혐오감을 가지게 된 배경으로는 두 가지 경우를 생각해 볼 수 있다.

하나는 개로왕이 472년에 사신을 보내 고구려를 공격해 줄 것을 요청하였지만, 북위는 백제의 요청을 거절하였다는 사실이다.134) 다른 하나는 태화(477~499) 초에 물길이 백제와 공모하여 고구려를 공격하려고 그 타당성 여부를 타진하였을 때 북위가 부정적인 반응을 보였다는 사실이다.135) 북위의 이러한 반응은 친(親)고구려적인 입장에서 나온 것이다. 그러나 북위의 친고구려적 태도는 백제로 하여금 북위를 곱지 않게 보는 인식을 형성하게 하였고, 그래서 국서에 북위를 위로, 험윤, 흉리와 같은 비칭으로 표현하지 않았을까 한다.136)

셋째는 북위와 싸움이 몇 번 있었느냐 하는 점이다. 두 나라 사이의 군사적 충돌을 보여주는 기사는, 경오년(490)에 백제가 북위의 공격을 격퇴하였다는 기사,137) 488년에 북위가 공격하였다가 격파되었

---

134) 《위서》 권100 열전제88 백제전.

135) 《위서》 권10 열전제88 물길전.

136) 노중국, 2012a, 〈무령왕대 백제의 동아시아 상에서의 위상〉, 《백제문화》 46집, 공주대학교 백제문화연구소.

137) 《남제서》 권58 열전제39 동남이 백제전 경오년의 "是歲 魏虜又發騎數十萬 攻百濟入其界 牟大遣將沙法名贊首流解禮昆木干那 率衆襲擊虜軍大破之" 참조.

다는 기사,138) 484년에 '위로'가 백제를 정벌하자 백제왕 변도(弁都)가 이를 크게 격파하였다는 기사 세 가지이다.139) 이 가운데 《삼국사기》에 수록된 488년 기사는 《자치통감》의 기사를 옮긴 것인데, 490년의 기사와는 시간적으로 2년밖에 차이가 나지 않아 경오년 기사와 동일한 것으로 보아도 좋을 것이다. 490년 전쟁에서 동성왕은 장군 사법명 등을 보내 북위의 수십만 기병을 대파하였다. 동성왕은 사법명 등의 군공을 포상하고자 행직(行職)의 제수를 요청하였다.

한편, 《건강실록》에 보이는 484년의 전쟁 기사를 해명하는 데 실마리가 되는 것이 동성왕이 목간나(木干那)의 군공을 둘로 나누어 표현하고 있다는 점이다. 하나는 "이전에도 군공이 있었다[前有軍功]"는 것이고 다른 하나는 "또 대방을 함락하였다[又拔臺舫]"는 것이다. 시제로 볼 때 '이전에 군공이 있었다'는 사건은 '또 대방을 함락하였다'는 사건보다 시기적으로 앞선다. '우발대방(又拔臺舫)'은 490년(경오년)에 목간나가 세운 군공을 말하고, '전공(前功)'은 490년 이전의 전쟁에서 세운 공을 말한다. 따라서 전공은 바로 《건강실록》에 보이는 484년의 전쟁에서 세운 공로이다. 이렇게 보면, 목간나는 484년의 전쟁에도 공을 세웠고 490년의 전쟁에서도 공을 세운 셈이 된다. 다만 이 두 번의 전쟁이 일어난 곳이 어디인지는 현재로서는 단정하기 어렵다.140) 그렇다고 하더라도 두 번에 걸친 전쟁 기사는 두 나라 사이에 긴장 관계가 형성되어 있었음을 보여주는 것이라고 하겠다.

---

138) 《삼국사기》 권제26 백제본기 동성왕 10년조의 "魏遣兵來伐 爲我所敗" 참조.
139) 《건강실록》 백제조. 이 기사에 나오는 弁都는 牟大의 오기로 보아야 한다.
140) 백제의 요서 진출 문제에 대한 연구사 정리는 강종훈, 1992, 〈백제 대륙 진출설의 제문제〉, 《한국고대사논총》 4집, 한국고대사회연구소 참조.

2. 무령왕의 북위와의 교섭

472년에 개로왕이 북위에 사신을 보내 도움을 요청하였다가 거절 당한 이후 백제와 북위의 관계는 동성왕 대에 이르기까지 갈등 관계에 있었다. 더욱이 484년과 490년에 벌어진 전쟁은 두 나라의 관계를 더욱 냉각시켰다. 이러한 냉각 관계는 무령왕 대에 와서 해빙기를 맞게 된다. 이를 추론하는 데 실마리가 되는 것이 다음의 기사이다.(부호는 필자가 붙임.)

A-1 ㉠ 진, 송, 제, 양이 강좌에 있고 후위가 중원에 자리하고 있을 때부터 백제는 아울러 사신을 보내 번국을 칭하고 겸하여 봉배를 받았다. ㉡ 북제가 들어서자 백제왕 융이 또한 통사하였다. 융이 죽자 아들 창이 왕위에 올랐다. 건덕 6년에 북제가 멸망하자 창이 처음으로 북주에 사신을 보내 방물을 바쳤다. 선정 원년에 또 사신을 보내 방물을 바쳤다.141)

A-2 ㉠ 진, 송, 제, 양이 강(江) 좌우에 있을 때부터 또한 사신을 보내 번국이라 칭하였고 겸하여 봉배를 받았다. 또한 위와도 관계가 끊어지지 않았다. ㉡ 북제가 동위로부터 선양을 받음에 그 나라 왕 융이 또한 통사하였다. 융이 문득 죽자 아들 여창이 또한 북제에 통사하였다. 무평 원년에 북제 후주는 여창을 사지절시중거기대장군 대방군공으로 삼고 백제왕은 옛날대로 하였다.142)

---

141) 《주서》 권49 열전제41 異域 상 백제전의 "自晉宋齊梁據江左 後魏宅中原 並遣使稱藩 兼受封拜 齊氏擅東夏 其王隆亦通使焉 隆死子昌立 建德六年 齊滅 昌始遣使獻方物 宣政元年 又遣使來獻" 참조.

142) 《북사》 권94 열전제82 백제전의 "自晉宋齊梁據江左右 亦遣使稱藩 兼受拜封 亦與魏不絶 及齊受東魏禪 其王隆亦通使焉 淹死 子餘昌亦通使命於齊

A-1 ㉠에서 '강좌(江左)'는 강남 지방, 즉 남조를 말한다. 동진이 강남에 성립된 이후 이곳에는 송-제-양 등 여러 왕조가 자리를 하였다. 동진은 서진이 흉노족에 의해 망하자 황족인 사마예가 난징(南京)에 세운 왕조인데 317~420년까지 존속하였다. 그 뒤를 이은 송은 420~479년까지, 남제는 479~502년까지, 양은 502~557년까지 존속하였다. 중원에 자리 잡은 후위는 바로 북위를 말한다. 북위는 선비족 탁발씨의 후예인 탁발규(拓拔珪)가 세웠다. 탁발씨 세력은 산시 성(山西省)을 점령한 뒤 국호를 북위라고 짓고 평성(平城: 지금의 다퉁)에 도읍을 정한 뒤 439년까지 화북 지방을 통일했다. 북위의 존속 기간은 386~534년까지였다. 이렇게 보면, 무령왕 대는 남조 양과 북조 북위와 시기를 같이 한다.

백제는 A-1 ㉠에 보듯이 남조가 진-송-제-양으로 바뀔 때 이들 왕조에 사신을 보냈다. 이는 《진서》, 《송서》, 《남제서》, 《양서》 등에 의해 확인된다. 이와 달리 북위와의 관계에 대해 《위서》 백제전에는 개로왕이 472년에 북위에 한 차례만 사신을 파견한 것으로 나온다. 이로 말미암아 종래의 연구에서는 백제가 웅진으로 천도한 이후에도 남조 일변도의 외교를 해온 것으로 파악해 왔다. 그러나 북위가 386년에서 534년에 이르기까지 150년 동안이나 존속하고 있는 동안 백제가 한 차례밖에 사신을 보내지 않았다는 것은 쉽게 수긍되지 않는다. 이는 기록의 누락으로 보아야 한다.

이 점을 입증해 주는 것이 A-1 ㉠의 "아울러 사신을 보내 번국을 칭하고 겸하여 책봉을 받았다[竝遣使稱藩 兼受封拜]"는 기사이다. 이 문장에서 '견사(遣使)'의 주체는 백제이고 '병(竝)'과 '겸(兼)'은 각각 남조와 북위를 가리킨다. 따라서 이 기사는 백제가 남조뿐만 아니라 후

武平元年 齊後主以餘昌爲使持節侍中車騎大將軍帶方郡公百濟王如故" 참조.

위(북위)에도 사신을 보내 작호를 받았음을 보여준다.143) 이렇게 보면, A-2 ㉠의 "또한 위와도 관계가 끊어지지 않았다[亦與魏不絶]"는 것은 백제와 북위의 교섭이 여러 차례 이루어졌음 말해 준다.

북위와 잦은 교섭을 한 시기는 사료 A-1과 A-2의 기사를 정리함으로써 해결할 수 있다. A-1과 A-2의 기사는 각각 시간적으로 ㉠부분과 ㉡부분으로 나뉜다. A-1의 ㉡부분의 제씨(齊氏)는 북제(550~580)를 말하므로, ㉠부분은 북제 이전의 상황을, ㉡부분은 북제 이후의 상황을 반영해 준다. 여기에서 핵심적인 문제는 ㉡부분에 나오는 '융(隆)'이다. 잘 알려진 바와 같이, 융은 무령왕(501~523)의 이름이다. 그러나 융을 무령왕으로 보면 북제의 존속 기간(550~580)과 일치하지 않으며, 창(昌, 위덕왕: 554~598)과의 계보 관계도 맞지 않는다. 창은 성왕의 아들이 분명하므로 융(무령왕)의 아들이 될 수 없기 때문이다. 북제의 존속 시기, 창의 계보와 같은 문제는 융을 성왕으로 고쳐 보면 모두 해결된다. 이렇게 보면, A-2의 "(융이) 문득 죽자 아들 여창의 '갑작스런 죽음'[淹死子餘昌]"은 성왕이 554년에 관산성 전투에서 신라에 패하여 죽은 것과 자연스럽게 연결된다. 따라서 ㉠부분의 "겸하여 봉배를 받았다[兼受封拜]"는 무령왕(융) 대의 사실을, '북제가 성립한[齊氏擅束夏]' 이후의 사실은 성왕과 위덕왕 대의 사실을 보여주는 것이라 할 수 있다.144)

백제가 북위와 긴밀한 접촉을 하게 된 배경은 무령왕이 추진한 정책의 성격에서 추론해 볼 수 있다. 무령왕은 동성왕과는 차별화된 정책을 추진하였다. 동성왕 대에는 이성(異姓)귀족들이 정치 운영의 주

---

143) 백제는 남조로부터 진동대장군백제왕 등의 작호를 받았지만 북위로부터 받은 작호의 내용은 알 수 없다.

144) 이상의 서술은 노중국, 2012a, 앞의 글, 7~13쪽의 내용을 요약한 것이다.

도권을 잡았지만 무령왕 대에는 골족을 중용하였다. 동성왕은 백성에
대한 진휼을 거부하였지만, 무령왕은 진휼을 적극 행하여 민생의 안
정을 꾀하였다. 이러한 차별화 정책은 대외 정책에도 나타났을 것이
다. 그래서 무령왕은 동성왕과는 달리 북위에 접근하는 정책을 취하
여 사신을 파견하였고 북위로부터 작호를 받지 않았을까 한다. 이렇
게 보면, 웅진도읍기 이후 백제가 남북조 모두와 외교 교섭을 가지는
다변 외교는 무령왕 대부터 시작되었다고 할 수 있다.

제4절 남제, 양, 북위와의 문물 교류

1. 문헌자료에 보이는 문물 교류

1) 정림사의 건립

무령왕 대에 남조 및 북위와 맺은 우호적인 관계는 성왕 대에도 이어
졌다. 이를 추론하는 실마리가 사비 도성의 중심 사찰인 정림사의 건립이
다. 이 이름은 남조의 정림사에서 따온 것이다. 그러나 가람 배치에서는
차이가 난다. 백제 정림사는 도성 안의 남북으로 뻗은 대로의 동쪽에 있
지만 남조의 그것은 건강성 밖의 종산(鍾山)에 있어 위치가 다르다. 백제
정림사와 비슷한 가람 배치를 보이는 것이 북위의 낙양(洛陽) 영녕사이다.
영녕사는 궁궐 앞 창합문에서 남쪽으로 1리 떨어진 곳, 어도(御道)의 서쪽
에 있다.145) 왕도의 중심 사찰의 배치라는 관점에서 보면, 백제 정림사의

---

145) 양현지 지음, 서윤희 옮김, 2001, 《낙양가람기》, 눌와, 31쪽 및 나라국
립문화재연구소, 1998, 《북위낙양영녕사》 중국사회과학원고고연구소발굴보

〈도 4-4〉 정림사지 출토 도용(왼쪽)과 낙양 영녕사 출토 도용

사찰 배치는 북위 영녕사의 영향을 받았을 가능성이 크다.

　이러한 추정은 다음과 같은 사실에서도 뒷받침된다. 첫째, 낙양 영녕사는 516년(북위 희평 원년)에 세워졌고 백제 정림사는 538년을 전후한 시기에 세워졌다. 건립 시기가 비슷하다. 둘째, 낙양 영녕사는 경내에 9층 목탑이 세워졌고 목탑 내부에는 유마경변(維摩經變), 황제예불도(皇帝禮佛圖)를 표현한 소조상들이 설치되었다. 백제 정림사에도 농관(籠冠)을 쓴 도용(陶俑)이 발굴되었고 그 모습은 영녕사의 것과 비슷하다. 이는 백제 정림사에도 처음에 목탑이 세워졌고 이 목탑 내부를 장엄히 하고자 농관을 쓴 도용을 만들어 설치하였음을 짐작하

────────────

고, 나라국립문화재연구소사료 제47책, 5쪽 도 3 참조.

게 한다.146) 셋째, 정림사지에서 출토된 납석제 삼존불상은 중국 산 둥 성 용흥사지(龍興寺址) 출토 북위 영안 2년(529)명 석조삼존상과 매우 비슷하다.147)

이렇게 볼 때 백제 정림사는 양나라의 정림사에서 그 이름을 따왔 지만, 왕도 안의 사찰 배치와 목탑의 장엄 장식은 북위 영녕사를 본보 기로 하였다고 할 수 있다. 이렇게 보면, 성왕의 사비도성 건설도 남 조의 건강성과 북위의 낙양성을 본떠 건설한 것으로 볼 수 있다. 여기 에는 백제가 양과 북위에 각각 사신을 파견하여 견문한 결과가 반영 되었다고 하겠다. 이는 성왕이 부왕인 무령왕의 뜻을 이어 남조는 말 할 것 없이, 북위와도 교섭과 교류를 추진하여 그 문화를 받아들인 것 을 보여주는 것이다.148)

2) 상장례

백제의 상례에 대해 《삼국사기》에는 아무런 언급이 없기 때문에 대략적인 모습은 중국 역사서에서 추론해 볼 수밖에 없다. 《삼국지》 동이전에 따르면, 부여의 경우 상장은 중국과 대체적으로 비슷한 것 으로 나온다.149) 그런데 《삼국지》 부여전에 따르면, 부여의 정상(停

---

146) 이병호, 2005, 〈부여 정림사지출토 소조상의 제작기법과 봉안장소〉, 《미술자료》 72·73호, 국립중앙박물관. 그러나 석탑 이전에 목탑이 만들어 졌다는 것에 대한 반론도 있다. 이에 대해서는 심정보, 2009, 〈백제의 고 대동아시아세계에서의 위상〉, 《백제문화의 세계문화유산적 가치》, 공주 시·충남세계문화유산추진위원회·백제문화원형특화사업단, 198쪽 토론문 참조.

147) 김춘실, 2007, 〈불교수용 초기(4~6세기) 불상〉, 《백제의 미술》 백제문 화사대계 연구총서 14, 충청남도역사문화원, 80쪽.

148) 노중국, 2012a, 앞의 글.

喪) 기간은 5개월이었고 길수록 좋은 것으로 여겼다.150) 백제를 건국한 온조 집단은 부여족 일파로서 부여족의 정통성 계승을 강조하였다. 이로 미루어 초기백제의 정상 기간도 부여와 비슷하게 5개월이었을 것이다.

그런데 《주서》 백제전에 따르면, 백제는 부모나 지아비가 죽으면 자식과 부인은 3년 복(服)을 입었으며 나머지 친족[餘親]은 장례를 마치면 복을 벗었다고 적고 있다.151) 부모나 지아비 상 때 3년 복을 입었다는 것은 백제가 삼년상제를 실시한 것을 보여준다. 〈무령왕릉묘지석〉에 왕과 왕비가 죽은 뒤 27개월 만에 '등관대묘(登冠大墓)' 즉 정식 무덤에 묻혔다고 하는 것이 이를 뒷받침해 준다. 27개월 정상 기간은 초기백제의 정상 기간이 5개월이었다는 것과 비교하면 복을 입는 기간이 크게 늘어났음을 보여준다. 이 삼년상제는 중국 상제의 영향을 받았다. 그래서 중국 사서에는 백제의 상제를 화하(華夏: 중국)와 같다고 표현하였던 것이다.152)

백제가 중국의 상례를 받아들였다고 하더라도 차이가 나는 부분도 있었다. 큰 차이의 하나는 장례 기간[葬期]이다. 백제의 장례 기간 즉 정상(停喪)은 27개월로 1년을 넘지 않는 중국에 견주면 매우 길었다. 이

---

149) 중국의 경우 한 대의 상장의례는 주나라의 상례를 근간으로 하였다. 이에 대해서는 조윤재, 2008, 〈한진 상장의례의 형성과 변용〉, 《무덤연구의 새로운 시각》 제51회 전국역사학대회 고고학부 발표자료집, 한국고고학회, 161~163쪽 참조.

150) 《삼국지》 권30 위서 동이전 부여전의 "魏略曰 其俗停喪五月 以久爲榮 其祭亡者 有生有熟 喪主不欲速而他人强之 常諍引以此爲節 其居喪男女皆 純白 婦人著布面衣 去環佩 大體與中國相彷佛也" 참조.

151) 《주서》 권49 열전제41 異域 상 백제전의 "父母及夫死者三年治服 餘親 則葬訖除之" 참조.

152) 양나라 葬制의 영향에 대해서는 권오영, 2005, 《고대 동아시아 문명 교류사의 빛, 무령왕릉》, 돌베개 참조.

기간 동안 백제는 시체를 그대로 빈(殯)하여 두었다. 이곳을 빈전(殯殿)이라 하였다. 백제의 빈전은 공주 정지산 유적에서 확인된다.153)

다음으로 들 수 있는 것이 상복을 입는 기간이다. 중국의 상복제는 3년 복을 입은 참최(斬衰)와 자최(齊衰), 1년 복을 입는 기년(期年), 9개월 복을 입는 대공(大功), 5개월 복을 입는 소공(小功), 3개월 복을 입는 시마(緦麻)로 구분되었다. 이는 망자와의 친족 범위의 원근에 따른 것이다. 백제의 경우 자식과 처는 3년 복을 입었지만 나머지 친족은 장례가 끝나면 복을 벗었다. 복을 입는 범위를 자식·처와 나머지 친척[餘親]으로 나눈 것은 백제가 중국의 삼년상제를 받아들이되 이를 변용하여 운영하였음을 보여준다.154)

3) 박사제

유학을 교육하는 기관이 박사이다. 양나라 무제는 천감 4년(505)에 각 경(經)마다 오경박사를 한 명씩 두었다.155) 이 박사들은 교수하는 학반에 따라 국자박사·태학박사로 불리기도 하고, 전공하는 경전에 따라 모시박사·강례박사 등으로 불렸다.

백제도 유학을 수용한 이후 이를 보급하고 인재를 양성하고자 박사제를 실시하였다. 웅진도읍기에 와서는 오경박사제가 확립되었다. 왜에 파견된 오경박사 단양이(段楊爾)와 한고안무(漢高安茂)의 존재가156)

---

153) 정지산 유적에 대해서는 국립공주박물관, 1999, 《정지산》 및 권오영, 2005, 앞의 책 참조.

154) 노중국, 2010, 《백제사회사상사》, 지식산업사, 146~147쪽.

155) 《양서》 권2 본기제2 무제 중 천감 4년조.

156) 《일본서기》 권17 계체기 7년조, 10년조.

이를 보여준다. 이 시기 백제는 양나라와 자주 외교 교섭을 하면서 양나라의 문화를 받아들였다. 이런 사실에서 미루어 볼 때 무령왕 대의 오경박사제는 양나라 오경박사제를 받아들인 것으로 볼 수 있다.157)

4) 승려의 해외 파견

(1) 양나라에 발정 파견

동성왕이 임류각을 짓고 기금(奇禽)과 이훼(異卉)를 기르는 등 도가 사상을 강조하였다면, 무령왕은 불교에 더 중점을 두었다. 무령왕릉에 사용된 전돌의 문양이 8엽의 연화형으로 꾸며졌다는 것, 왕과 왕비의 관식(冠飾)을 구성하는 단위 문양은 연화문과 인동문이며 그 형태가 불상의 연화대나 광배와 같다는 것,158) 연도와 현실이 연화문 전돌로 장식되어 극락정토임을 나타낸다는 것, 벽감의 백자 등잔은 연화세계를 이루는 연등공양이라는 것159) 등이 이를 보여준다.

불교에 관심이 깊었던 무령왕은 새로운 불교를 배우고자 양나라에 승려 발정(發正)을 파견하였다. 발정은 천감 연간(502~519)에 양나라에 건너가 스승을 찾아 30여 년 동안 불도(佛道)를 배우고 활동한 뒤160) 귀국하였다.161) 양나라에 있을 때 발정은 관세음도실(觀世音堵

---

157) 고명사 저, 오당윤 역, 1995, 《한국 교육사 연구》, 대명출판사, 39쪽.

158) 진홍섭, 1975, 〈무령왕릉발견 頭枕과 足座〉, 《백제연구》 6집, 충남대 백제연구소, 174쪽

159) 사재동, 1981, 〈무령왕릉문물의 서사적 구조〉, 《백제연구》 12집, 충남대 백제연구소; 조재훈, 1991, 〈무령왕릉과 백제의 종교〉, 《백제무령왕릉》, 국립공주박물관.

160) 《육조고일관세음응험기》의 "有沙門發正者 百濟人也 梁天監中 負笈西渡 尋師學道 頗解義趣 亦明精進 在梁三十餘年 不能煩忘 乘桴還歸本土 發正自道聞他說 越州界山 有觀世音堵室 故往觀之…" 참조.

室)에서 화엄경을 외는 자가 법화경을 외는 자에게 밀려나는 것을 보았다. 이를 계기로 발정은 법화경이 우월하다는 법화 신앙을 받아들였다.162) 그는 귀국하여 법화경을 소개하였고 이후 백제에서는 법화 신앙이 유행하게 되었다.163)

(2) 중인도에 겸익 파견과 범문 율부의 도입

인도에 파견된 승려는 겸익이다. 이를 보여주는 것이 《조선불교통사》에 수록된 〈미륵불광사적기〉의 다음의 기사이다.

미륵불광사 사적에 이르기를, "백제 성왕 4년 병오에 사문 겸익이 마음으로 다짐하고 율을 구하고자 바다를 건너 중인도 상가나대률사에 이르렀다. 범어 배우기를 5년, 범어에 통달하고 율부를 깊이 공부하고 계체를 장엄히 하였다. 범승 배달다삼장과 함께 범본 아담장오부율문을 가지고 귀국하였다. 백제왕이 우보와 고취로써 교외에서 영접하고 흥륜사에 안치하여 국내의 이름 있는 승려 28명을 불러 겸익과 법사와 함께 율부 72권을 번역하게 하였다. 이것으로 [겸익은] 백제 율종의 비조가 되었다. 이에 담욱과 혜인 두 법사가 율소 36권을 저술하여 왕에게 바쳤다. 왕은 〈비담신률서〉를 지어 태요전에 봉안하고 이를 인쇄하여 널리 퍼뜨리려 하였지만 그럴 겨를

---

161) 발정의 귀국 시기에 대해 성왕 27년(549)으로 보는 견해(김수태, 2000b, 〈백제 법왕대의 불교〉, 《선사와 고대》 15집, 한국고대학회)와 성왕 12년(534)으로 추정한 견해(조경철, 1999, 〈백제의 지배세력과 법화사상〉, 《한국사상사학》12집, 한국사상사학회, 15쪽)가 있다. 그의 출국을 512년으로 본다면 그의 귀국 시기는 549년으로 보는 것이 타당할 것이다.

162) 안계현, 1994, 〈백제불교에 관한 제문제〉, 《백제불교문화의 연구》, 충남대 백제연구소, 187~189쪽.

163) 김수태, 2000b, 앞의 글, 16쪽.

이 없이 돌아가셨다.[164]

이 기사에 따르면 겸익은 뱃길로 중인도로 갔다. 그가 출발한 시기는 무령왕 21년(521) 무렵이고 성왕 4년(526)에 귀국하였다.[165] 겸익이 인도에 간 목적은 계율을 공부하기 위해서였다. 계율은 교단의 질서를 바로잡고 승려들의 기강을 잡는 데 필요하다. 무령왕은 교단 질서를 바로잡고 승니들을 더 효율적으로 규찰하고자 겸익으로 하여금 계율을 공부하게 한 것으로 볼 수 있다.[166] 중인도에 간 겸익은 상가나대률사(常伽那大律寺)에 머물면서 5년 동안 범문을 배워 통달하고 율부를 깊이 공부한 뒤 인도 승려 배달다삼장과 함께 귀국하였다. 귀국 뒤 그는 성왕의 영접을 받았고, 흥륜사에 주석(住錫)하면서 율부를 번역하고 주석을 달아 백제 신율을 만들었다. 이로써 그는 백제 율종의 비조(鼻祖)가 되었다. 겸익을 중인도에 파견하여 율을 배워 오게 한 것은 무령왕이었다. 이는 무령왕의 세계를 보는 안목이 그만큼 넓었음을 보여주는 것이다.[167]

---

164) 이능화, 1918, 《조선불교통사》 상편, 보련각의 "彌勒佛光寺事蹟云 百濟聖王四年丙午 沙門謙益 矢心求律 航海以轉至中印度常伽那大律寺 學梵文五載 洞曉竺語 深攻律部 莊嚴戒體 與梵僧倍達多三藏 齎梵本阿曇藏五部律文歸國 百濟王以羽葆鼓吹郊迎 安于興輪寺 召國內名釋二十八人 與謙益法師譯律部七十二卷 是爲百濟律宗之鼻祖也 於是 曇旭惠仁兩法師 著律疏三十六卷 獻于王 王作毗曇新律序 奉藏于台耀殿 將欲剞劂廣佈 未遑而逝" 참조.

165) 小玉大圓, 1987, 〈百濟求法僧謙益とその周邊〉(하), 《마한백제문화》 10집, 원광대학교 마한백제문화연구소, 197~198쪽 및 조경철, 1999, 앞의 글, 29쪽. 이와는 달리 526년에 중인도로 출발한 것으로 보는 견해(김영태, 1985, 《백제불교사상연구》, 동국대학교출판부 참조)도 있다.

166) 신종원, 1991, 〈백제불교미술의 사상적 배경〉, 《백제의 조각과 미술》, 공주대학교박물관·충청남도, 57쪽.

167) 이에 대한 정리는 노중국, 2010, 앞의 책, 408~409쪽 참조.

5) 백제의 인삼

도홍경(451~536)은 중국 남조 양나라의 학자로서 양무제의 신임이 두터웠던 인물이었다. 그는 의술과 본초(本草)에 밝아《본초경집주(本草經集註)》를 저술하였는데 여기에 백제 인삼이 소개되어 있다. 이 책에 따르면, 백제 인삼은 작지만 매우 실하고 그 효력이 컸으며168) 고구려를 거쳐서 중국에 알려졌다. 이는 고구려와 무역을 통하여 백제 인삼이 중국으로 유입된 상황을 보여준다. 그렇다고 하면, 백제와 양나라 사이에 약재(藥材) 무역도 이루어진 것으로 볼 수 있겠다.169)

2. 유물을 통해 본 문물 교류

1) 전축분

백제에서 전축분(벽돌무덤)은 무령왕릉, 송산리 6호분, 교촌리 2호분과 3호분이 알려져 있다. 송산리 6호분은 평면이 직사각형이고 중앙에 연도가 달린 철(凸)자형의 단실 무덤이며 천장이 아치형이란 점에서 무령왕릉과 일치한다. 무령왕릉과 송산리 6호분은 남조의 전축분의 영향을 받았다. 6호분의 경우 네 벽에 그림이 들어갈 부분에 백토를 바르고 사신도를 그렸다. 남조 벽화분은 벽돌 하나하나에 부분을 조각해서 전체를 짜 맞추면 그림이 드러나는 화상전묘(畵像塼墓)와 벽에 백토를 바르고 직접 그림을 그린 두 가지가 있는데, 6호분은 후

---

168) 백제의 인삼에 대한 원문은 충청남도역사문화연구원, 2006,《백제사자료원문집(Ⅱ)》참조.

169) 이현숙, 2007b,〈의학과 복서〉,《백제의 경제와 과학기술》, 백제문화사대계 연구총서 11, 충청남도역사문화연구원.

자의 영향을 받은 것으로 볼 수 있다.

2) 무령왕릉 출토 유물[170]

무령왕릉에는 진묘수(鎭墓獸)가 출토되었다. 남조에서 발굴된 진묘수의 형태는 다양하지만, 무령왕릉 진묘수와 같은 형태는 아직 발견되지 않았다. 그렇지만 진묘수를 무덤에 넣는 풍습만큼은 남조의 영향이다.

무령왕릉에서는 청자단지 2점, 흑자병 1점, 백자잔 6점이 발견되었다. 청자단지는 어깨 부분에 6개의 귀를 단 청자연판문육이호(靑瓷蓮瓣文六耳壺)이다. 이와 비슷한 것이 난징 진회하와 조자강에서 출토되었다. 따라서 무령왕릉에 부장된 청자단지는 중국에서 수입된 것이다. 한편 익산 입점리 고분에서 출토된 청자사이호(靑瓷四耳壺)도 중국 청자일 가능성이 크다.

무령왕릉에서 출토된 흑유사이반구병(黑釉四耳盤口瓶)은 어깨에 4개의 귀가 달려 있고 주둥이는 반구형이다. 이는 중국 덕청요에서 구운 것으로 보인다. 충남대박물관 소장 흑유사이병도 무령왕릉 출토 흑유자기와 같다.

무령왕릉에서 출토된 백자잔은 정제된 백토에 상아색의 투명하고 가는 빙렬이 있는 백자유가 굽 언저리까지 베풀어져 있고, 또 평저(平底)의 다리굽 바닥에 삼각형의 작은 태토비짐눈이 세 군데 붙어 있으며, 바닥 안쪽에는 태토비짐눈 자국이 남아 있다. 저장(浙江) 지방 샤

---

170) 이 부분은 권오영, 2005, 앞의 책 및 곽동석, 2007, 〈웅진기 중국과의 문물교류〉, 《백제의 문물교류》 백제문화사대계 연구총서 10, 충청남도역사문화연구원의 내용을 정리한 것이다.

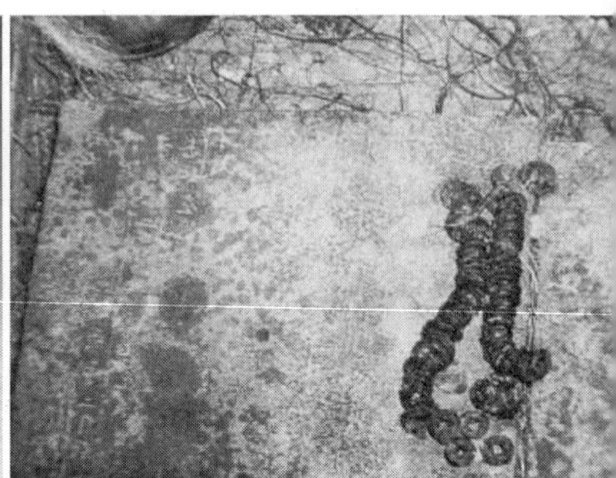

〈도 4-5〉 무령왕릉 출토 중국제 도자(왼쪽)와 오수전

오싱(紹興)의 남조 유적인 홍산 장산묘에서 출토된 백자잔은 굽이 평저처럼 보이는 점, 굽바닥에 3개의 태토비짐눈이 있는 점 등 형태와 크기, 특징적인 모습이 이와 거의 비슷하다. 따라서 무령왕릉에 부장된 백자잔도 청자나 흑유자기와 마찬가지로 저장 성 해안 지역인 월(越) 지방에서 생산되었을 가능성이 크다.

오수전은 중국에서 한 이후 수나라 때까지 사용되었다. 무령왕릉에서 출토된 오수전은 524년에 파견된 사신이 가져와 525년에 부장된 것으로 보인다.

동탁은잔은 청동제 받침과 은으로 만든 잔을 한데 이르는 말이다. 뚜껑에는 꽃봉오리 모양의 꼭지가 솟아 있고 몸통부에는 연꽃, 사슴, 용, 새 등 상서로운 동식물들이 표현되어 있다. 중국에서는 이러한 은잔이 이미 5세기 무렵부터 등장하므로 동탁은잔은 백제와 남조의 교류를 보여준다. 한편, 나주 복암리 고분에서 출토된 녹유탁잔은 백제가 중국의 청동기나 도자기를 흉내 낸 것이다. 이는 남조로부터 받아들인 새로운 기술을 자기화해 나가는 모습을 보여주는 것이다.

무령왕릉에서는 긴 손잡이가 달린 청동울두(熨斗)가 출토되었다. 이 울두는 장쑤 성 전장(鎭江) 출토 울두와 같은 형태로서 양나라 제품과 비슷하다. 이는 무령왕릉 출토 울두가 양나라의 영향을 받았음을 보여준다. 울두의 용도에 대해서는 다리미로 보는 견해도 있지만, 술 같은 음료를 데우기 위해 숯을 담는 그릇으로 보아야 한다는 견해가 제시되었다.171)

또한 무령왕릉에서는 5점의 청동잔이 출토되었다. 겉면에는 굽에서부터 아가리 방향으로 연꽃이 피어나는 모양을, 안쪽 면에는 연꽃과 줄기 사이에 두 마리 물고기가 유유히 헤엄치는 모습을 얕은 모조(毛彫)로 새겼다. 금속 그릇의 표면에 쌍어(雙魚)를 표현하는 예는 중국 남조에서 자주 등장하므로 이 청동그릇도 백자등잔과 마찬가지로 양나라에서 수입하였을 가능성이 크다.

무령왕릉의 출토품 가운데 청동거울이 3점 있다. 왕 쪽 현실에서는 방격규구신수문경(方格規矩神獸文鏡)이, 왕비 쪽 현실에서는 수대경(獸帶鏡)이 나왔다. 이러한 청동거울들은 청동기 시대에 많이 출토되었지만 삼국 시대 무덤에 부장된 예는 거의 없다. 따라서 무령왕릉 출토 청동거울은 도교적 내세관이나 중국 남조의 상장 의례에서 영향을 받은 것으로 보아야 할 것이다.

3) 사찰 건축

공주 반죽동에서 "대통(大通)"이 새겨진 기와가 출토되었다. 이러한 기와는 부소산성 성벽에서도 출토되었다. 웅진도읍기에 세워진 사찰의 하나로 대통사(大通寺)가 있다. 공산성에서 출토된 벼루에 새겨진 '대통사'라는 명문이 이를 보여준다. 대통사지는 현재 당간지주가 남

---

171) 이한상, 2005, 〈신라 울두의 부장방식과 용도〉,《동아고고논단》 창간호, 충청문화재연구원.

아 있다. 《삼국유사》에 따르면, 이 대통사는 신라 법흥왕이 527년에 양나라 무제를 위하여 세웠다고 한다. 이 시기 공주는 백제의 수도였으므로 건축의 주체를 법흥왕이라 한 것은 잘못이고 실제는 성왕이 세운 것이다. 그런데 양무제는 동태사(同泰寺)를 세우면서 대통 연호를 거꾸로 읽어 절의 이름으로 하였다. 따라서 백제가 대통 연호로 절 이름을 지은 것은 양나라 동태사의 영향을 받았을 가능성이 크다.172) 이와는 달리 백제에서는 중국 연호를 사용한 적이 없으므로, 이 대통은 연호가 아니라 법화경에 보이는 전륜성왕의 아들인 대통지승여래를 가리키는 것이며, 성왕이 새로 태어난 아들 창(昌)을 위해 525년에 이 절을 세운 것으로 보는 견해도173) 있다.

4) 관북리 출토 광배174)

부여 관북리 유적에서 출토된 이 광배는 중앙의 연꽃잎이 13잎이고 협시가 없으며 불꽃무늬 부분에 화불을 붙이지 않았다. 전반적인 모습은 일본의 네즈(根津) 미술관 소장 북위 보태 2년(532) 명문이 있는 금동광배와 비슷하다. 그러나 화염문의 양식적인 특징에 비추어 보면 이 광배는 북위의 정광(520~524) 연간에 제작된 것으로 추정된다. 따라서 이 광배는 백제 불상이 남조뿐만 아니라 북조의 영향도 함께 받았음을 보여준다.

---

172) 대통사에 대해서는 조원창·박연서, 2007, 〈대통사지 출토 백제 와당의 형식과 편년〉, 《백제문화》 36, 공주대학교 백제문화연구소 참조.

173) 조경철, 2002, 〈백제 성왕대 대통사 창건의 사상적 배경〉, 《국사관논총》 98집, 국사편찬위원회.

174) 이에 대해서는 곽동석, 2007, 앞의 글 및 김춘실, 2007, 앞의 글 참조.

〈도 4-6〉 관북리 출토 금동광배(왼쪽)와 보태 2년명 금동광배

제4장 왜와의 교섭과 교류

제1절 곤지(琨支)의 파견과 귀국

1. 곤지의 왜국 파견

한성 말 웅진 초기의 백제와 왜의 관계에 대해《삼국사기》에는
아무런 자료가 없다. 그러므로《일본서기》에서 그 대강을 짐작해
볼 수밖에 없다. 이때 눈길을 끄는 인물이《일본서기》에 나오는
곤지(昆支: 軍君)이다. 그는 개로왕의 동생으로서 여곤(餘昆)이라고
도 하였다.175) 그는 458년에 정로장군 좌현왕에 임명되었다.176) 흉
노의 경우 좌현왕은 우현왕과 더불어 선우(單于) 다음의 지위였
다.177) 정로장군은 송의 장군 관품표에 따르면 3품이었다. 따라서

---

175) 이기동, 1974, 앞의 글 참조.

176)《송서》권97 열전57 이만 백제전의 "(大明)二年 慶遣使上表曰 臣國累
    葉偏受殊恩 文武良輔 世蒙朝爵 行冠軍將軍右賢王餘紀等十一人 忠勤宜在
    顯進 伏願垂愍 竝聽賜除 仍以行冠軍將軍右賢王餘紀爲冠軍將軍 以行征虜
    將軍左賢王餘昆 行征虜將軍餘暈 竝爲征虜將軍…" 참조.

177)《사기》권110 흉노열전50 흉노전.

좌현왕 곤지는 우현왕 여기(餘紀)와 더불어 대표적인 실권 귀족이라 하겠다.

이러한 곤지를 개로왕은 461년에 왜로 파견하였다. 곤지 이전에 백제에서는 주로 여성을 왜에 파견하였다. 그 사례로는 몇 가지를 들 수 있다. 첫째는 428년에 왜에 파견된 신제도원(新齊都媛)이다.178) 그녀는 전지왕의 누이였다. 그러나 신제도원이 왜로 간 428년은 비유왕 2년이므로, 그녀를 왜로 보낸 왕은 직지왕(전지왕)이 아니라 비유왕으로 보는 것이 타당하다. 《일본서기》에는 신제도원이 천황을 섬기도록 한 것[令仕]으로 나오는데179) 이는 그녀가 왜왕과의 혼인을 위해 왜로 간 것을 의미한다.

둘째로는 적계여랑(適稽女郎)의 파견이다. 그녀는 모니부인(慕尼夫人)의 딸이었다.180) 이 적계여랑에 대해 《일본서기》에는 "지진원은 적계여랑이다"181)라고 세주를 붙이면서 적계여랑이 왜에 간 시기를 개로왕이 즉위한 기사년으로 적고 있다. 기사년은 429년이나 489년인데 개로왕이 즉위한 해는 455년이어서 연대가 맞지 않는다. 기사년의 연대는 단정하기 어렵지만, 신제도원이나 적계여랑의 파견이 곤지를 파견하기 이전이라는 사실에 근거하면 429년(비유왕 3)으로 보는 것이182) 타당하다. 그렇다면 적계여랑이 429년에 왜로 간 셈이 되므로

---

178) 《일본서기》 권10 응신기 39년조.

179) 《일본서기》 권10 응신기 39년조의 "春二月 百濟直支王遣其王妹臣齊都媛 以令仕 爰臣齊都媛率七婦女而來歸" 참조.

180) 《일본서기》 권14 웅략기 2년조의 "百濟新撰云 己巳年蓋鹵王立 天皇遣阿禮奴跪來索女郎 百濟莊飾慕尼夫人女曰適稽女郎 貢進於天皇" 참조.

181) 《일본서기》 권14 웅략기 5년조의 "飛聞池津媛之所燔殺(適稽女郎也)" 참조.

182) 三品彰英, 2002, 《日本書紀朝鮮關係記事考證》 상, 吉川弘文館, 67~70쪽.

적계여랑과 지진원은 다른 인물로 보아야 한다.183)

셋째는 지진원의 파견이다. 왜에 간 지진원은 "천황이 장차 부르려고 하는 것을 어겼다[違天皇將幸]"184)고 한다. '장행(將幸)'은 천황이 지진원을 부인으로 맞이하려 한 것을 뜻한다. 이로 미루어 백제가 지진원을 보낸 것은 왜왕의 청혼 때문이라 할 수 있다. 그녀가 왜로 간 시기는 전후 사정에서 미루어 볼 때 웅략(雄略)이 즉위한 해인 457년으로 보는 것이185) 타당하다.

그러나 왜에 파견된 지진원은 천황을 배반하고 석하순(石河楯)과 놀아났다. 이러한 행음(行淫)으로 그녀는 사지를 나무에 묶어 불태워 죽이는 형벌을 당하였다.186) 지진원의 죽음에 대해 신뢰하기 어렵다는 견해도 있지만,187) 설화와 같은 이런 일들은 실제로 얼마든지 일어날 수 있다. 이로 미루어 볼 때 지진원의 행음과 죽음은 백제와 왜 사이에서 갈등을 유발하였을 가능성이 크다.

이러한 상황에서 개로왕은 461년에 곤지를 왜에 파견하였다.188) 곤지의 파견 배경에 대해 고구려의 압박에 대항하고자 왜에 군사 지원을 요청한 것으로 보는 견해,189) 왜에 있는 백제계 이주민을 조직화

---

183) 이에 대해서는 윤수희, 2009, 〈백제의 인적 교류 연구—5세기를 중심으로—〉, 한국학중앙연구원 한국학대학원 박사학위논문, 47~55쪽.

184) 《일본서기》 권14 웅략기 2년조.

185) 윤수희, 2009, 앞의 글, 453~454쪽.

186) 《일본서기》 권14 웅략기 2년조의 "秋七月 百濟池津媛違天皇將幸 淫於 石河楯 天皇大怒 詔大伴室屋大連 使來目部張夫婦四支於木 置假庪上 以火 燒死" 참조.

187) 김현구 외, 2002, 《일본서기 한국관계 기사연구(Ⅰ)》, 일지사, 231쪽.

188) 《일본서기》 권14 웅략기 5년조의 "夏四月 百濟加須利君(蓋鹵王也) 飛 聞池津媛之所燔殺 而籌議曰…乃告其弟軍君(崑支君也)曰 汝宜往日本 以事 天皇…" 참조.

하여 백제를 지원하기 위한 것이라는 견해[190] 등이 있다. 그러나 곤지 파견은 두 가지 측면에서 생각해 볼 수 있다. 하나는 왜와의 갈등 관계를 정상화시키는 것이다. 《일본서기》에는 곤지의 파견을 '일본에 가서 천황을 섬겨라'든가 '천황을 모시고 선왕(先王)의 우호를 닦게 하였다'는 식으로 표현하고 있지만,[191] 본질은 왜와의 관계를 정상화시키는 것이었다.

다른 하나는 개로왕은 외교적 목적을 핑계로 곤지를 왜에 보냄으로써 그의 세력을 일정하게 견제하려고 한 것이다. 이와 관련하여 생각해 볼 수 있는 것이 그가 왜로 가기 전에 임신한 왕의 부인을 달라고 요청한 사실이다.[192] 이 사실 자체는 상식적으로 받아들이기 어렵다. 그렇지만 곤지가 이런 요구를 한 배경에는 일종의 인적 담보로써 자신의 정치적 안위를 보장받으려는 의도가 작용하지 않았을까 한다.

곤지는 왜에 가서 16년 동안이나 머물렀고 그 사이에 5명의 아들을 두었다.[193] 그가 왜에서 얻은 부인이 누구인지는 적혀 있지 않지만, 그가 개로왕의 동생이라는 사실과 그의 자식 동성이 왕이 되었다는 사실 등에서 미루어 볼 때 왜 왕녀였을 가능성이 크다.

그가 왜에서 어떠한 일을 하였는지를 알려 주는 분명한 기사는 없

---

189)   鈴木靖民,〈東アジア諸民族の國家形成と大和王權〉,《講座日本歷史》 Ⅰ, 東京大學出版會.

190)   김현구 외, 2002, 앞의 책, 231~232쪽.

191)《일본서기》 권14 웅략 5년조의 "百濟新撰云 辛丑年 蓋鹵王遣弟琨支君 向大倭 侍天皇 以脩先王之好也" 참조.

192)《일본서기》 권14 웅략 5년조의 "軍君對曰 上君之命 不可奉違 願賜君婦 而後奉遣" 참조.

193)《일본서기》 권14 웅략기 5년조의 "秋七月 軍君入京 旣而有五子" 참조. 이 기사의 '기(旣)'는 '드디어', '이윽고'의 의미이다. 이는 곤지가 왜에서 부인을 얻어 자식을 낳은 것을 의미한다.

다. 그런데《신찬성씨록》에 따르면 비조호조(飛鳥戶造)는 비유왕의 아들인 곤지왕의 후손으로 나오고 있다.194) 비조부(飛鳥部)는 가와치(河內) 지역을 기반으로 한 세력이었으므로, 그 조상인 곤지도 가와치에서 생활한 것으로 볼 수 있다. 이를 근거로 그는 가와치 지역에 정착해 살고 있는 백제계 사람들의 구심점 구실을 한 것으로 보는 견해도 있다.195) 뒷날 곤지는 비조호(飛鳥戶)의 선조가 되었다. 이는 그의 자식들이 가와치에 그대로 남아 집단을 번성시킨 결과일 것이다.

2. 곤지의 귀국과 죽음

웅진으로 천도한 이후 왜와의 관계를 보여주는 것이 곤지의 귀국이다. 461년에 왜로 파견되었던 곤지는 16년 만인 477년에 귀국하였다. 그의 귀국은 문주왕의 요청과 연관된다. 황급하게 웅진으로 천도한 문주왕으로서는 천도 초기의 불안한 정치 정세를 안정시키고 취약한 왕실의 기반을 확대시키기 위해서는 비중이 있는 왕족이 필요하였다. 그러나 한성 함락으로 많은 왕족들이 피해를 입었기 때문에 곤지만큼 비중이 있는 왕족은 없었다. 이에 문주왕은 곤지를 불러들였던 것으로 보인다.

곤지는 왜에서 왜 왕실과 긴밀한 관계를 맺고 있었다. 따라서 그의 귀국은 왜 왕실과 일정한 교감 속에서 이루어진 것으로 보아야 한다. 그렇다고 하면, 곤지의 귀국은 왜가 문주왕을 적극 지지하겠다는 의사를 표현한 것으로 볼 수 있다. 477년 4월에 곤지가 귀국하자 문주

---

194) 《신찬성씨록》 河內國諸蕃 百濟國의 "飛鳥戶造 同國比有王男琨伎王之後也" 참조.
195) 정재윤, 2008, 〈백제 왕족의 왜 파견과 그 성격 — 곤지를 중심으로 —〉, 《백제연구》 47집, 충남대 백제연구소.

왕은 그를 내신좌평으로 삼아196) 왕실을 지탱하고 보호하는 울타리 구실을 하도록 하였다. 이렇게 보면, 곤지는 왕족을 대표하여 왕실을 보호하면서 남래(南來) 귀족과의 세력 균형을 유지하는 임무를 맡은 것으로 볼 수 있겠다.

그러나 곤지는 내신좌평에 임명된 지 3개월 만인 7월에 죽었다. 그가 죽은 뒤 해구가 "권력을 마음대로 하고 법을 어지럽혔다[擅權亂法]"고 하는 사실에서 미루어 볼 때, 곤지는 당시 병권을 장악하고 있던 병관좌평 해구에 의해 제거된 것 같다. 이로 말미암아 왕권의 안정을 도모하려던 문주왕의 계획은 수포로 돌아가고 말았다.

제2절 동성의 즉위와 대왜 관계

1. 동성왕의 즉위

문주왕이 죽은 뒤 백제와 왜의 관계를 생각할 때 또 하나 고려해야 할 것은 동성왕의 즉위이다. 병관좌평 해구는 문주왕을 시해한 뒤 13살의 태자 삼근(三斤)을 왕으로 옹립하여 정권을 마음대로 하였다. 그러나 그는 곧 반란을 일으켰다가 진로(眞老) 세력에 의해 평정되었다. 해구의 반란을 평정한 이듬해에 삼근왕도 죽었다. 재위 뒤 겨우 3년 만이었다. 삼근은 즉위할 때 나이가 13세였다. 때문에 삼근왕이 죽었을 때 뒤를 이을 후계자는 없었다. 살아남은 왕족 가운데 국내에 거주하고 있던 인물은 사마(斯麻 : 무령왕)만이 확인된

---

196) 《삼국사기》 권제26 백제본기 문주왕 3년조의 "夏四月拜王弟昆支爲內臣佐平 封長子三斤爲太子" 참조.

다. 왜에는 곤지의 둘째 아들인 동성이 있었다. 이때 그의 나이는 '유년(幼年)'이라는 표현과197) 삼근왕의 당제(사촌동생)라는 사실로 미루어 볼 때 15세 이하였다.

이 시기 지배 세력으로는 해구의 반란을 평정한 진로의 세력, 비록 구체적인 이름은 나오지 않지만 곤지를 지지한 친왜 세력, 신라와 협조 관계를 강조하는 세력 등이 있었을 것이다. 이 가운데 가장 영향력을 미칠 수 있는 사람은 해구의 반란을 평정하여 위상을 높인 진로였다. 그는 친왜 세력과 일정한 협조 아래 동성을 옹립하였다. 진로가 동성을 옹립한 까닭은 다음과 같이 생각해 볼 수 있다.

첫째, 진로는 동성을 옹립함으로써 자신의 정치적 영향력을 그대로 유지할 수 있을 것으로 판단하였을 것이다. 동성이 어리다는 것과 또 동성의 아버지 곤지가 이미 죽었다는 것도 이러한 판단에 영향을 미쳤을 것이다. 둘째, 동성을 옹립하면 왜의 지지를 얻는 데 유리할 것이라는 판단이다. 곤지는 왜 왕녀와 결혼하여 왜 왕실과도 관계가 깊었다. 그래서 왜 왕실은 동성이 귀국할 때 대궐 안으로 불러 은근하게 대하고 또 병기를 주고 호위 군사를 딸려 보냈던 것이다.198) 진로 세력은 이런 조건들을 고려하여 동성을 왕으로 옹립한 것으로 보인다.

2. 왜와의 갈등

동성은 왕위에 오른 이후 평소보다 더 많은 문물을 왜에 보냈다. 이에 호응하여 왜는 479년에 백제에 압박을 가해 오는 고구려를 공격

---

197) 《일본서기》 권14 웅략기 23년조의 "夏四月 百濟文斤王薨 天皇以琨支王五子中第二末多王幼年聰明" 참조.

198) 《일본서기》 권14 웅략기 23년조의 "天皇…勅喚內裏 親撫頭而誡勅慇懃使王其國 仍賜兵器幷遣筑紫國軍士五百人 衛送於國 是爲東城王" 참조.

하였다.199) 이 사건은 고구려가 백제의 내분을 틈타 공격해 오자 백제가 왜의 도움을 얻어 이를 물리친 것을 보여준다. 왜의 이러한 군사 활동은 백제에 대한 지원 의사를 분명히 한 것이다. 이로써 동성왕 초기에 왜와의 관계는 매우 긴밀하였다.

그런데 493년에 왜는 고구려에 일응길사(日應吉師)를 파견하였다. 479년의 군사 충돌 이후 14년 만이다. 이 시기에 왜가 고구려에 접근하게 된 배경은 고구려와의 긴장 관계를 해소하면서 동시에 선진 문물을 받아들이려는 의도에서였다. 이는 일응길사가 고구려에서 돌아올 때 수류지(須流枳), 노류지(奴流枳) 등 손재주가 좋은 이〔巧手者〕, 즉 공장(工匠)을 데리고 왔다는 사실200) 등에서 방증이 될 것이다.

왜의 입장 변화에 대한 백제의 대응을 보여주는 것이 "백제가 여러 해에 걸쳐 공직(貢職)을 닦지 않았다"201)고 한 기사이다. 이 말은 504년에 무령왕이 보낸 마나군(麻那君)에게 왜왕이 한 것이다. 여기에서 공직을 닦지 않았다는 것은 《일본서기》 찬자의 왜곡과 윤색이지만 그 실상은 백제와 왜 사이에 무엇인가 갈등이 있었음을 의미하며, 여러 해가 되었다고 한 것은 504년 이전, 즉 동성왕 말년부터 이러한 일이 있어 왔고 그것이 504년까지 이어졌음을 보여준다.

동성왕 대에 백제와 왜 사이에 갈등이 생기게 된 배경과 관련하여 생각해 볼 수 있는 것이 493년에 동성왕이 신라에 청혼하여 결혼동맹

---

199) 《일본서기》 권14 웅략기 23년조의 "是歲 百濟調賦益於常例 筑紫安致臣 馬飼臣等 率船師以擊高麗" 참조.

200) 《일본서기》 권15 인현기 6년조의 "秋九月己酉朔壬子 遣日應吉師使高麗 召巧手者…是歲 日應吉師還自高麗 獻工匠須流枳奴流枳等 今倭國山邊郡額 田邑熟皮高麗 是其後也" 참조.

201) 《일본서기》 권16 무열기 6년조의 "冬十月 百濟國遣使麻那君進調 天皇 以爲百濟歷年不脩貢職 留而不放" 참조.

을 맺은 사실이다.202) 이 결혼으로 두 나라는 군사동맹을 더욱 강화
하였다. 494년에 고구려와 살수 벌판에서 싸우던 신라가 견아성으로
퇴각하여 포위당하자 동성왕은 3천의 구원군을 보내 포위를 풀어 주
었다.203) 이처럼 백제가 신라와 관계를 돈독히 하면서 고구려에 대립
각을 세운 시기에는 왜가 고구려에 사신을 파견하였다. 이 일은 백제
로서는 바람직한 것은 아니었다. 이로 말미암아 백제와 왜의 관계는
껄끄럽게 되었고 이런 껄끄러운 관계는 무령왕 초까지 계속되었던 것
이다.

제3절 왜와의 관계 개선

동성왕 사후 즉위한 무령왕은 고구려 수곡성을 공격하는 등 고구려
에 대한 강경한 정책을 취하였다. 이에 대응하여 고구려는 말갈을 부
추겨서 백제를 공격하게 하였다. 이러한 상황에서 무령왕은 고구려에
효율적으로 대항하기 위해서는 왜와 화호 관계를 복원하는 것이 필요
하다고 생각하고 504년에 마나군(麻那君)을 왜에 보냈다.

그러나 왜는 마나군을 붙들어 두고 돌려보내지 않았다. 이는 왜와
의 화호 관계 설정이 쉽지는 않았음을 보여준다. 이에 무령왕은 505
년에 사아군(斯我君)을 보냈다. 사아군은 무령왕의 골족(骨族)이었
다.204) 백제에서 골족은 동고조 8촌 이내의 친족을 말하므로205) 사아

---

202) 《삼국사기》 권제26 백제본기 동성왕 15년조의 "春三月 王遣使新羅請婚
     羅王以伊飡比智女 歸之" 참조.
203) 《삼국사기》 권제 26 백제본기 동성왕 16년조.
204) 《일본서기》 권16 무열기 7년조의 "夏四月 百濟王遣使斯我君進調 別表
     曰 前進調使麻那者 非百濟國主之骨族也 故謹遣斯我 奉事於朝" 참조.

군은 무령왕과 매우 가까운 왕족이었다. 사아군이 파견된 이후 왜와의 관계는 다시 우호적인 관계로 바뀌었다. 이를 보여주는 것이 법사군(法師君)의 존재이다. 법사군은 사아군이 왜에서 결혼하여 얻은 아들이다. 그는 뒷날 왜군(倭君)의 시조가 되었다.[206] 법사군의 '군(君)'은 군호이다. 이 시기 왜의 군호는 천황가에서 갈라져 나온 지방의 유력한 호족에게 부여되는 성이었다.[207] 법사군이 왜군의 시조가 될 수 있었던 것은 아버지 사아군과 그가 왜에서 어느 정도 대우를 받았기 때문이었다. 사아군이 왜에서 대접을 받았다는 것은 왜가 무령왕의 화호 관계 복원을 받아들인 결과라고 할 수 있다.

이후 왜는 친(親)백제적인 행동을 취하였다. 여기에는 왜국 안의 친백제계 세력들의 영향력도 무시할 수 없었다. 이 시기 친백제 세력으로는 대반대련(大磐大連), 다리국수(哆唎國守), 수적신압산(穗積臣押山) 등을 들 수 있다. 이들은 백제가 512년에 가야의 상다리, 하다리, 사타, 모루 지역을 차지할 때 이를 적극 지지하였다. 이때 이들이 백제의 뇌물을 받았다는 유언비어가[208] 나돌았다. 유언비어의 사실 여부는 내버려 두더라도 이러한 유언비어는 백제가 유력한 세력을 포섭하는 과정에서 필요할 경우 뇌물 제공과 같은 방법도 동원하였음을 보여준다. 이렇게 백제는 왜 조정에서 큰 영향력을 행사하는 친백제 세력을 만들어 중요한 사안이 생길 때마다 이들로 하여금 백제에 이로운 결정을 내리도록 하였던 것이다.

---

205) 노중국, 2010, 앞의 책, 136~139쪽.

206) 《일본서기》 권16 무열기 7년조.

207) 杉原莊介, 1974, 《日本史の基礎知識》, 有斐閣, 72쪽.

208) 《일본서기》 권17 계체기 6년조의 "於是或有流言曰 大伴大連與哆唎國守 穗積臣押山受百濟之賂" 참조.

제4절 왜와의 문물 교류

1. 문헌자료에 보이는 문물 교류

왜가 친백제적인 입장으로 돌아서자 무령왕은 그것에 대한 반대급부로 새로운 문물을 왜에 전수하였다. 513년에는 오경박사 단양이를 왜에 보냈다. 516년에는 단양이를 대신하여 한고안무를 파견하였다. 또 왜에서 온 사신에게 의상과 부월, 백포 등 많은 물건들을 제공해 주었다.[209] 이때 백제가 전해 준 선진 문물은 새로운 기술이었다.《일본서기》에는 금래재기(今來才伎: 手末才伎), 한인수부(漢手人部), 의봉부(衣縫部), 육인부(肉人部) 등이 나오는데,[210] 이는 백제가 왜에 선진 기술자를 대규모로 파견한 것을 보여주는 것이다.

2. 유물을 통해 본 문물 교류

1) 무령왕릉 출토 금송제 관

유물을 통해 볼 때 웅진도읍기 백제와 왜의 문물 교류를 잘 보여주는 것이 무령왕릉이다. 여기서는 무령왕릉에서 출토된 부장품을 중심으로 두 나라 사이의 교류 내용을 정리해 두기로 한다.

---

209)《일본서기》권17 계체기 10년조의 "五月百濟遣前部木刕不麻甲背 迎勞物部連等於己汶 而引導入國 群臣各出衣裳斧鐵白布 助加國物 積置朝廷 慰問慇懃 賞祿優節" 참조.

210)《일본서기》권14 웅략기 7년조의 "於是 弟君銜命 率衆行到百濟 而入其國… 弟君自思路遠 不伐而還 集聚百濟所貢今來才伎於大島中…將百濟所獻手末才伎 在於大島…(或本云吉備臣弟君還自百濟 獻漢手人部衣縫部宍人部)" 참조.

무령왕과 왕비의 시신을 넣은 관(棺)의 재료는 분석 결과 금송(金松)임이 밝혀졌다. 금송은 햇빛이 솔잎에 비칠 때 찬란한 황금빛을 띤다고 하여 붙여진 이름인데, 강수량이 풍부하고 습윤한 데서 자생하며, 다 자라면 높이가 30~40m나 된다. 이 금송은 일본에서 벌채한 뒤 백제로 가져온 것으로 판단된다.211) 이로써 백제와 왜 사이에 문물교류가 있었다는 것과 백제에 들어온 왜의 물품 가운데 하나가 금송과 같은 목제품이라는 것을 알 수 있게 되었다.

2) 동경

무령왕릉에서 출토된 동경은 중앙에 있는 원뉴(圓鈕) 주위에 방형 윤곽을 만들고 그 내부에 작은 유(鈕)를 배열하고 그 사이에 십이지 문자를 하나씩 새겼다. 내구(內區)의 문양은 T, L, V자 형의 문양과 8개의 원좌뉴(圓座鈕) 사이에 사신(四神)이나 조수(鳥獸)를 가는 선으로 나타내고 있다. 외구(外區) 안쪽에는 명문대(銘文帶)가 있고, 바깥에는 거치문대(鋸齒文帶)와 복선파문대(複線波文帶)가 있으며 그 바깥은 무늬가 없다. 이 거울에 새겨진 명문의 내용은 다음과 같다.

상방에서 만든 거울 참으로 좋다. 위에는 선인이 있어 늙음을 모른다. 목마르면 옥천의 물을 마시고 배고프면 대추를 먹는다. 수명은 금석과 같다.212)

---

211) 이 판재의 재질이 금송이라는 사실은 무령왕릉 발굴 20주년 기념행사 때 처음으로 밝혀졌다. 이에 대해서는 박상진, 1991, 〈백제 무령왕릉 출토 관재의 수종〉, 《무령왕릉의 연구현황과 제문제》, 국립공주박물관 참조.

212) 한국고대사회연구소, 1992, 《역주 한국고대금석문》 1(고구려·백제·낙랑편), 186쪽의 "上方作竟眞大好 上有仙人不知老 渴飮玉泉飢食棗 壽如金

〈도 4-7〉 무령왕릉 출토 동경(왼쪽)과 간논야마 고분 출토 동경

한편 일본 군마 현(群馬縣)의 간논야마(觀音山) 고분에서 출토된 동
경은 거울 뒷면의 상처라든가 내구의 크기가 거의 같아 무령왕릉 동
경과 동일한 거푸집으로 만든 것으로 추정되고 있다.213) 새겨진 명문
도 같은데, 다만 이 거울에는 "수여금석(壽如金石)" 다음에 세 자가 더
새겨져 있다. 이는 같은 거푸집으로 만들었으면서도 명문에 약간의
변화를 준 것을 보여준다. 이러한 사실에서 간논야마 고분 출토 거울
은 백제에서 왜로 전해진 것으로 볼 수 있다.

3) 이식

5~6세기 일본열도에서는 약 50여 점의 수식이 붙은 이식이 출토되
었다. 그 중심지는 긴키(近畿) 지방과 규슈 지방이다. 구마모토 현(熊

石兮" 참조.

213) 小田副士雄, 2001, 〈무령왕릉의 발견과 일본고고학계의 연구 경향〉,
《백제 무령왕릉과 동아세아문화》무령왕릉 발굴 30주년 기념 국제학술대
회, 76~77쪽.

本縣) 에다후나야마(江田船山) 고분에서 출토된 이식은 중간식(中間飾)과 수하식(垂下式)이 특징인데 무령왕릉 출토 이식과 매우 비슷한 기법으로 만들어졌다. 시가 현(滋賀縣)의 가모이나리야마(鴨稻荷山) 고분에서 출토된 이식도 무령왕과 왕비의 이식 및 송산리 6호분 출토 이식과 제작기법이 매우 비슷하다. 따라서 이러한 이식은 백제에서 왜로 흘러들었을 가능성이 크다.214)

4) 금동신발

일본열도에서 출토된 금동신발 가운데 대표적인 것이 구마모토 현 에다후나야마 고분 출토 금동신발이다. 이 금동신발은 2매의 측판을 앞쪽과 뒤쪽 중앙에서 결합하였고, 판에는 육각형의 귀갑문을 표현하였으며 바닥에는 9개의 스파이크가 박혀 있다. 이 금동신발은 측판의 결합 위치나 문양 등으로 미루어 무령왕릉 출토 금동신발과 비슷하여 백제에서 가져온 것으로 볼 수 있다.215)

5) 금박구슬

고대 일본에서는 전문적으로 유리나 옥의 제작에 종사하던 집단을 옥작부(玉作部)라 하였다. 이 집단에는 한반도에서 이주해 간 사람들이 많았다. 무령왕릉에서는 불어서 만든 작은 유리옥의 표면에 금박을 씌우고 이것을 다시 굵은 유리대롱 안에 넣고 가열하여 코팅을 한

---

214) 이한상, 2011, 《동아시아 고대 금속제 장신구문화》, 도서출판 고고, 258~261쪽.
215) 이한상, 앞의 책, 261~263쪽.

금박구슬이 출토되었다. 이 구슬과 비슷한 형태의 것이 일본 오사카 부(大阪府) 다카이다야마(高井田山) 고분에서 출토되었다. 또 무령왕릉에서 출토된 여러 가지 색깔의 유리 띠를 감아 돌려서 만든 대롱 모양의 옥[練理文玉]과 같은 모양의 구슬이 나라 현(奈良縣) 니이자와센츠카(新澤千塚)에서 출토되었다. 이러한 구슬들도 백제와 왜의 교류 모습을 보여준다.216)

6) 동탁은잔

무령왕릉에서는 동으로 만든 받침에 은잔을 놓은 동탁은잔(銅托銀盞)이 출토되었다. 이와 비슷한 동탁유개동합(銅托有蓋銅盒)이 일본 군마 현 간논츠카(觀音塚) 고분, 치바 현(千葉縣) 긴레즈카(金鈴塚) 고분 등에서 출토되었다. 이 동탁은잔은 백제와 일본열도 여러 지역의 교류 모습을 보여주는 사례가 된다.217)

7) 벽주(壁柱) 건물

공주 금성동 정지산 유적은 능선을 깎아 내고 만든 넓고 평탄한 대지에 네댓 겹의 나무울타리를 돌리고, 약 1m 안팎의 좁은 출입구만 남긴 채 너비 5m, 깊이 2m 이상의 넓고 깊은 도랑을 파고 내부에 몇 채의 건물을 축조하였다. 이 유적은 무령왕과 왕비의 시신을 모셔 두는 빈전으로 추정되고 있다. 이러한 형태의 건물은 일본 시가 현(滋賀縣) 오츠 시(大津市)에 있는 아노우(穴太) 유적을 비롯하여 여러 곳에

---

216) 권오영, 2005, 앞의 책, 247~258쪽 참조.
217) 위와 같음.

서 확인되고 있다. 일본에서도 이 건물들은 장례와 관련된 것으로 보고 있다.[218] 이는 백제와 왜의 장례 풍습이 깊은 관련이 있음을 보여 준다.

218) 국립공주박물관, 1999, 《정지산》 및 권오영, 2005, 앞의 책, 102~103쪽 참조.

제5편 사비도웁기

제1장 사비 천도와 국가체제 정비

제1절 성왕의 사비 천도

고대 사회에서 왕도(王都)는 정치·경제·문화의 중심지였다. 왕도를 옮기는 것은 내부적으로 큰 변화가 뒤따른다. 웅진 천도는 고구려 장수왕의 공격으로 수도 한성이 함락되고 개로왕이 피살된 긴박한 상황에서 이루어졌다. 그러나 사비 천도는 성왕의 의지에 따라 단행되었다. 그 배경은 두 가지로 살펴볼 수 있다.

하나는 웅진 지역의 지리적 조건이다. 이 지역은 군사적인 측면에서는 방어에 유리한 입지조건을 어느 정도 충족시킬 수 있지만, 지역이 협소하여 도성으로서의 기능과 왕도의 경제적 기반을 충족시키지 못하였다. 이와 달리 사비 지역은 백마강과 부소산성으로 둘러싸여 있어 방어하기에 좋은 지리적인 장점을 가지고 있었을 뿐만 아니라 강을 타고 바다로 나가는 것도 편리하였다. 또 사비 지역은 남쪽과 동쪽으로 벌판이 펼쳐져 있어서 농업생산력을 높일 수 있었다. 다른 하나는 금강 유역권을 기반으로 한 재지(在地) 세력이 차츰 왕권을 제약할 정도로 성장하였기 때문에 이를 억제하고 왕권을 확립하기 위해서였다. 여기에는 정치적 목적이 일정하게 작용하였다. 성왕은 이러한 점들을 고려하여 사비 지역을 새 수도 후보지로 정하였던 것이다.

성왕은 지식이 뛰어나고 일을 처리함에 결단력이 있었다. 성왕의 결단력은 천도 결정에 가장 중요한 요인으로 작용하였다. 그러나 천도는 국왕의 결단력만으로 이룰 수 있는 것이 아니다. 천도는 지배 세력들의 역학관계에 변화를 가져오므로 이를 반대하는 세력을 억제할 수 있는 지지 세력이 있어야 한다. 이때 천도를 지지한 대표적인 세력이 사씨(沙氏) 세력이다. 사씨 세력은 사비 지역을 기반으로 하였는데,[1] 이들은 자신들의 기반이 있는 곳으로 천도하는 것이 정치적 입지를 강화하는 데 도움이 되는 것으로 판단하고 천도를 적극 지지하였다. 성왕은 이러한 지지 세력의 도움을 받아 반대 세력들을 제압하고 천도를 단행하였던 것이다.

제2절 국가체제의 정비

성왕의 사비 천도의 목적은 실추된 왕실의 권위를 회복하고 왕권을 강화하는 것이었다. 성왕은 백제가 부여족의 정통성을 잇고 있음을 강조하고 이를 통해 왕실의 정통성을 확보하려고 하였다. 이에 사비 천도를 계기로 성왕은 백제 왕실이 부여족에서 나왔다는 것을 재천명하면서 국호를 '남부여'로 개칭하였다.[2]

성왕은 사비 천도로 신구 귀족 세력들의 압력을 배제하여 강력한

---

1) 노중국, 1988, 《백제정치사연구》, 일조각, 166쪽.
2) 《삼국사기》 권제26 백제본기 성왕 16년조의 "春 移都於泗沘(一云所夫里) 國號南扶餘" 참조.

왕권을 확립하고자 하였다. 이 과정에서 천도를 적극 지지한 사씨(沙氏) 세력과 목씨(木氏) 세력을 중심으로 지배 세력을 다시 편제하였다. 이처럼 사비 천도는 정치 세력에도 변화를 가져왔다. 이러한 바탕 위에서 성왕은 통치조직을 재정비하여 국왕 중심의 정치운영을 지향해 나갔다.

이 시기에 정비된 중앙통치 조직의 핵심은 16관등제, 6좌평, 22부사제, 수도 5부-5항제이다. 지방통치 조직은 5방-37군-200성(현)제로 정비되었다. 이 가운데 방은 전국을 동방, 서방, 남방, 북방, 중방의 5방으로 나눈 것으로서 최상위의 지방통치 조직이다. 방-군-성(현)을 만들 때의 기준은 '토지와 인구[田丁戶口]'의 많고 적음이었다.3) 이는 군현제를 만드는 기준이 더 객관화되었음을 의미함과 동시에 지방에 대한 지배가 더 정교하게 되었음을 보여준다.

---

3) 노중국, 1988, 앞의 책, 250~262쪽.

제2장 고구려, 신라, 가야와의 교섭과 교류

제1절 신라·가야와의 관계

1. 신라와의 관계

1) 제라동맹의 강화

성왕은 사비로 천도하기 이전까지 고구려와의 충돌은 되도록 삼가는 정책을 취하였다. 이는 국정을 안전하게 운영하기 위한 목적에서였다. 그에 따라 523년과 529년에 고구려가 공격해 왔지만 성왕은 이를 방어하였을 뿐 적극적인 공세를 펼치지 않았다. 그러나 천도 2년 뒤인 540년에 성왕은 고구려 우산성을 공격하는 등4) 공세적 입장을 취하였다. 성왕이 고구려에 대해 강경한 대응책을 실행할 수 있었던 것은 신라 및 가야와 우호 관계를 돈독히 하고 밖으로는 남조의 양

---

4) 《삼국사기》 권제26 백제본기 성왕 18년조의 "秋九月 王命將軍燕會 攻高句麗牛山城 不克" 참조.

및 왜와 우호 관계를 맺었기 때문에 가능하였다. 여기서는 먼저 신라
와의 관계를 돈독히 해가는 모습을 정리해 두기로 한다.

성왕은 천도 이전인 525년에 신라에 교빙하여 우호적인 관계를 맺
었다. 그러나 천도 직후 신라에 사신을 파견한 기사는 보이지 않는다.
백제가 다시 신라에 사신을 보낸 것은 541년이었다. 이보다 앞서 성
왕은 540년에 장군 연회(燕會)를 보내 고구려의 우산성을 공격하였다
가 실패하였다. 이로 미루어 성왕이 541년에 신라에 사신을 보내 청
화(請和)한 것은 고구려의 공격에 공동으로 대응할 것을 요청한 것으
로 볼 수 있다. 신라가 백제의 요청을 받아들임에 따라5) 양국 사이에
공수(共守)동맹 관계가 맺어졌다. 그래서 548년에 고구려가 예와 더불
어 한북의 독산성을 공격해 오자 성왕은 신라에 구원을 요청하였고,
이 요청을 받은 진흥왕은 장군 주진(朱珍)으로 하여금 갑졸(甲卒) 3천
을 거느리고 가서 도와주게 하였다.6)

2) 신라의 이익 추구

그러나 국제 관계는 언제나 자국의 이익 추구가 우선이었다. 이를
잘 보여주는 것이 이 시기 신라의 행동이다. 550년 1월에서 3월에 걸
쳐 백제는 도살성과 금현성을 둘러싸고 고구려와 일진일퇴의 공방전
을 벌이고 있었다.7) 백제가 고구려의 도살성을 공취하자 고구려는 군
대를 보내 금현성을 포위하였다. 541년에 맺어진 화호 관계와 548년

---

5) 《삼국사기》 권제4 신라본기 진흥왕 2년조의 “春三月 百濟遣使請和 從
之” 참조.
6) 《삼국사기》 권제26 백제본기 성왕 26년조.
7) 《삼국사기》 권제26 백제본기 성왕 28년조의 “春正月 王遣將軍達已 領兵
一萬 攻取高句麗道薩城 三月 高句麗兵圍金峴城” 참조.

의 공수 활동에서 미루어 금현성이 포위당했을 때 신라는 백제를 지원하는 원군을 보내 도와야 했다. 그럼에도 진흥왕은 군사 지원을 하지 않았을 뿐만 아니라 양국이 되풀이된 공방전으로 매우 곤핍해진 국면을 이용하여 도살성과 금현성을 모두 차지하여 버렸다.[8] 신라가 어부지리를 취한 것이다. 이는 백제와 고구려가 대결하고 있는 상황에서 힘의 균형추 구실을 하고 있던 신라가 실리를 추구해 나가는 모습을 잘 보여주는 것이다.

신라의 이러한 행위에 대해 백제는 아무런 항의를 하지 않았다. 그 배경은 두 가지로 생각해 볼 수 있다. 하나는 고구려와 대립하고 있는 상황에서 신라에 대해 반격을 가하게 되면 적을 둘로 만들 수 있다는 우려가 앞섰을 것이라는 점이다. 다른 하나는 한강 유역 회복이라는 원대한 계획을 세우고 있던 성왕으로서는 이 계획을 성공적으로 이루려면 신라의 도움이 절대적으로 필요하였을 것이라는 점이다. 이런 까닭에 성왕은 신라와 군사적 충돌을 되도록 피하려 하였다. 이리하여 두 나라의 우호 관계는 지속되었고, 그 결과 551년에 신라는 백제가 주도하는 백제·신라·가야 연합군 형성에 동참하였다.

2. 가야와의 관계

1) 백제의 섬진강 유역 진출과 가야와의 갈등

웅진 천도 이후 동성왕의 뒤를 이어 즉위한 무령왕에게는 많은 과제가 놓여 있었다. 그 가운데 하나가 한강 유역과 경기도 일대를 상실

---

8)《삼국사기》권제4 신라본기 진흥왕 11년조의 "王乘兩國兵疲 命伊湌異斯夫 出兵擊之 取二城增築 留甲士一千戍之" 참조.

함으로써 축소된 경제 기반을 확대하는 것이었다. 이 문제의 해결은 영역을 넓히는 길밖에 없었다. 그러나 북으로의 진출은 강대한 고구려 때문에, 동남으로의 진출은 신라 때문에 어려웠다. 따라서 백제가 영역을 넓혀 나갈 수 있는 곳은 가야 지역뿐이었다.

백제의 가야 지역 진출을 보여주는 것은 《일본서기》 계체기 6년 (512)조에 왜가 상다리, 하다리, 사타, 모루 등 4현을, 7년(513)조에 기문과 대사 지역을 백제에게 하사하였다는9) 기사이다. 이때 하사(下賜)라고 하는 것은 《일본서기》 편찬자의 왜곡과 윤색이며 그 실체는 백제가 이 지역을 차지한 것을 말한다. 기문은 임실·남원 지역이고, 대사는 섬진강 하류인 하동 지역이다. 상다리, 하다리, 사타, 모루는 광양만과 순천만 일대에 비정되고 있다.10) 섬진강 유역과 광양만 일대를 차지함으로써 백제는 축소된 경제 기반을 어느 정도 회복하게 되었고, 섬진강을 거쳐 남해안으로 가는 교통로도 확보하게 되었다.

섬진강 유역 일대로 진출한 백제는 이곳에 군령(郡令)과 성주(城主)를 두었다.11) 그 시기는 대가야가 신라에게 결혼동맹을 요청한 522년보다 앞선다. 군령과 성주는 백제의 지방관인데 이렇게 설치된 군령과 성주는 543년까지도 유지되었다. 이는 백제가 이 지역을 영속적으로 지배하겠다는 의지를 보여주는 것이다.

백제가 섬진강 유역을 차지하자 대가야는 처음에는 이 지역을 돌려줄 것을 요청했다.12) 백제가 이 요구를 들어주지 않자 대가야는 514

---

9) 《일본서기》 권17 계체기 6년조, 7년조.

10) 김태식, 1993, 《가야연맹사》, 일조각; 이동희, 2007, 〈백제의 전남 동부 지역 진출의 고고학적 연구〉, 《한국고고학보》 64집, 한국고고학회; 양기석 외, 2008, 《백제와 섬진강》, 서경문화사 참조.

11) 《일본서기》 권19 흠명기 4년조의 "冬十一月丁亥朔甲午 遣津守連詔百濟 曰在任那之下韓百濟郡令城主 宜附日本府…" 참조.

년에 자탄(子呑)과 대사(對沙)에 성을 쌓아 만해(萬奚)와 연결시키고 동시에 봉후(烽候)와 저각(邸閣)을 두었고, 또 이열비(爾列比)와 마수비(麻須比)에 성을 쌓아 마차해(麻且奚)와 추봉(推封)과 연결시키고 사졸과 병기를 모았다.13) 이는 대가야가 백제에 대항하기 위한 방어 체계를 갖추고 있었음을 보여준다. 그럼에도 백제가 이 지역에 대한 영유를 고수해 가자 대가야는 신라와의 친호를 도모하면서 신라에 대해 왕실 사이의 결혼을 제안하였다.14) 이는 신라를 끌어들여 백제를 견제하려는 의도에서 나온 것이다. 신라 법흥왕은 대가야의 이 제안을 받아들여 522년에 이찬 비조부의 누이를 시집보냈다.15) 신라가 대가야의 결혼 제안을 받아들인 것에는 백제의 가야 세력에 대한 영향력 확대를 견제하면서 가야 지역으로 진출할 수 있는 교두보를 확보하려는 의도가 깔려 있었다. 신라와 결혼 관계를 맺음으로써 대가야는 일시적으로 백제를 견제할 수 있게 되었다.

2) '사비회의(泗沘會議)' 개최와 우호 관계의 회복

(1) 1차 사비회의: 541년

신라 왕녀와 결혼한 대가야 왕은 왕녀를 따라온 종자(從者)들에게

---

12) 《일본서기》 권17 계체기 7년조.

13) 《일본서기》 권17 계체기 8년조.

14) 《일본서기》 권17 계체기 23년조의 "於是加羅王謂勅使云 此津從置官家以來 爲臣朝貢津涉 安得輒改賜隣國 違元所封限地 勅使父根等因斯難以面賜 却還大島 別遣錄史果賜扶余 由是加羅結儻新羅 生怨日本 加羅王娶新羅王女 遂有兒息" 참조.

15) 《삼국사기》 권제4 신라본기 법흥왕 9년조의 "春三月 加耶國王遣使請婚 王以伊湌比助夫之妹送之" 참조. 이와 동일한 내용은 《신증동국여지승람》 권25 경상도 고령현 건치연혁조에도 나온다.

신라 옷을 입도록 하고 여러 현에 나누어 안치하였다. 그러나 이 종자들이 명령을 어기고 대가야 옷을 입으면서 이른바 변복(變服) 사건이 일어났다. 아리사등(阿利斯等)은 변복한 자들을 꾸짖고 이들을 수도로 징환하였다. 대가야의 이러한 조처에 대해 법흥왕은 강력히 항의하고 나아가 파혼까지 요구하였다.16) 대가야는 이를 받아들일 수 없다고 버티어 파혼은 면하였지만, 신라에게 도가(刀伽), 고파(古跛), 포나모라(布那牟羅) 3성과 북쪽 경계의 5성을 빼앗기는17) 대가를 치렀다.

　신라가 변복 사건을 꼬투리로 삼아 가야 지역으로의 진출을 적극 도모한 것은 대가야에 커다란 압박이 되었다. 백제는 대가야가 처한 이러한 상황을 활용하여 가야와 관계 개선을 추진하였다. 이때 문제가 된 것은 섬진강 유역에 설치한 군령과 성주의 존재였다. 대가야는 기회가 있을 때마다 군령과 성주의 철수를 거론하였다. 그렇지만 성왕은 강적 고구려에 대항하고 또 신라가 멸망시킨 남가라, 탁순, 탁기탄 3국을 복건하기 위해서는 군령과 성주를 둘 수밖에 없다고 하면서 거절하였다. 여기에 더하여 성왕은 531년에는 안라에 군대를 진주시키고 걸탁성(乞乇城)을 경영하려 하였다.18) 이로 말미암아 두 세력 사이의 갈등은 쉽게 조정되기 어려웠다.

　이러한 갈등을 정리하고자 성왕은 신라가 멸망시킨 남가라, 탁순, 탁기탄 등을 부흥시킨다는 명분으로 두 번에 걸쳐 '사비회의'를 개최하였다. 제1차 사비회의는 541년에 소집되었다. 그러나 가야제국은

---

16) 《일본서기》 권17 계체기 23년조의 "新羅初送女時 幷遣百人爲女從 受而散置諸縣 令着新羅衣冠 阿利斯等嗔其變服 遣使徵還 新羅大羞 飜欲還女曰前承汝聘 吾便許婚 今旣若斯 請還王女" 참조.

17) 《일본서기》 권17 계체기 23년조.

18) 《일본서기》 권19 계체기 25년조의 "此云卅五年歲次辛亥崩者 取百濟本記爲文 其文云太歲辛亥三月 軍進于安羅 營乞乇城" 참조.

이 회의에 참석하기 전에 먼저 두세 차례에 걸쳐 신라와 협상을 가졌다. 이때 가야제국은 신라에게 3국을 부활시켜 달라고 요청하였지만 신라는 답변을 하지 않았다.[19] 이는 이 지역을 되돌려 줄 뜻이 없다는 의사 표시였다.

신라와의 교섭이 뜻대로 되지 않자 신라와 국경을 접한 가야제국들은 탁순처럼 신라에 먹힐지 모른다는 두려움을 떨쳐낼 수 없었다.[20] 이에 가야제국은 성왕의 사비회의에 응하기로 하였다. 이 회의에는 가라국, 안라국, 사이기국 등 8국의 대표가 참여하였다. 성왕은 백제와 가야는 근초고왕·근구수왕 대부터 자제—부형과 같은 친호 관계를 맺은 것을 강조한 뒤, 앞으로 신라가 공격하면 백제가 마땅히 가서 구해 주겠다고 하면서 방비를 잘 할 것을 주문하였다. 또 가라 3국이 멸망한 것은 서로가 서로를 돕지 못한 것, 의탁할 바를 몰랐다는 것, 스스로 신라에 내부(內附)하였다는 것 때문이라고 하면서 가야제국이 백제와 힘을 합하면 신라가 단독으로 가야제국을 멸망시킬 수 없다고 설득하였다. 이에 가야제국의 수장들은 3국 재건과 관련한 문제 해결에 대해 성왕의 계책을 흔쾌히 따르기로 하였다.[21]

(2) 2차 사비회의: 544년

성왕은 1차 사비회의를 성공적으로 마쳤다. 그렇지만 3국을 재건하는 문제는 쉽게 해결할 수 있는 것은 아니었다. 여기에는 다음과 같은

---

19) 《일본서기》 권19 흠명기 2년조의 "任那旱岐等對曰 前再三廻 與新羅議 而無答報 所圖之旨 更告新羅 尚無所報…" 참조.

20) 《일본서기》 권19 흠명기 2년조의 "然任那境接新羅 恐致卓淳等禍(等謂㖨 己呑加羅 言卓淳等國有敗亡之禍)" 참조.

21) 《일본서기》 권19 흠명기 2년조의 "夫建任那者 爰在大王之意 祇承教旨 誰敢間言" 참조.

몇 가지 조건들이 작용하였다. 첫째는 백제가 신라에 대해 가할 수 있는 적절한 제재 수단이나 힘이 없었다는 것이다. 북쪽의 고구려에 대응하기 위해서는 신라와의 관계를 악화시켜서는 안 되었기 때문에 신라를 강하게 압박할 수 없었던 것이다.

둘째로 가야제국도 이해관계에 따라 분열되어 일부 국들은 신라 편으로 기울고 있었다는 점이다. 대표적인 세력이 안라국이었다. 안라국은 백제가 자국의 걸탁성을 경영하려고 하자 내밀히 신라와 통하였다.22) 이 일을 추진한 자는 하내직(河內直), 이나사(伊那斯), 마도(麻都) 등이었다. 안라국의 이러한 움직임을 간파한 백제는 전부 나솔 비리막고(鼻利莫古) 등을 사신으로 보내 친(親)신라 세력들을 꾸짖은 뒤 신라의 달콤한 말에 속지 말 것을 당부하였다.

셋째는 백제가 섬진강 유역의 4현을 차지한 뒤 설치한 군령·성주와 관련한 문제였다. 가야제국은 백제에게 군령과 성주를 철수시키라고 하였다.23) 그러나 성왕은 군령과 성주는 철수할 수 없다는 뜻을 분명히 밝히면서 그 대신 신라가 점령한 3국의 재건 문제를 다시 거론하였다. 이때 신라와 국경을 접한 가야제국은 신라와 좋은 관계를 유지하려 하였고, 백제와 국경을 접한 세력들은 백제와 손잡고 신라를 압박하려 하였다.

이러한 상황에서 성왕은 제2차 사비회의를 소집하기로 하고 544년 정월에 사신을 가야제국에 보내 이를 알렸다. 그러나 소집 통보를 받

---

22)《일본서기》권19 흠명기 2년조의 "秋七月 百濟聞安羅日本府與新羅通計" 참조.

23)《일본서기》에 일본천황이 조서를 내려 백제에게 임나의 하한에 설치한 군령과 성주를 日本府에 붙이라고 한 것(《일본서기》권19 흠명기 4년 (543)조의 "冬十一月丁亥朔甲午 遣津守連詔百濟曰 在任那之下韓百濟郡令 城主 宜附日本府…"은 실제는 대가야의 요구인 것이다.

은 가야제국은 순순히 응하지 않았다. 이로 말미암아 성왕은 세 번에 걸쳐서 사신을 보내야 했다. 첫 번째의 사신 파견에 대해 가야제국은 정월이 지나면 가겠다고 하였다. 정월을 핑계로 가야제국은 성왕의 회의 소집에 불응하였던 것이다. 성왕이 두 번째로 사신을 파견하여 회의 참석을 독려하자, 가야제국은 제사(祭祀) 기간이 지나면 가겠다고 하였지만 역시 참석하지 않았다. 이에 성왕은 세 번째로 사신을 보내 회의 참석을 요구하였다. 가야제국도 더 이상 거부할 명분이 없어 대표를 보냈다. 그러나 대표들은 지위가 낮아 제대로 의논할 수 없었다. 이는 가야제국이 성왕의 의도대로 만만하게 움직이지 않았음을 보여준다.

세 번에 걸쳐 회의 소집에 실패한 성왕은 544년 11월에 다시 사신을 파견하였다. 이번에는 가야제국의 수장들이 참석하였다. 이리하여 제2차 사비회의가 열렸다. 2차 사비회의가 열려 가야제국의 대표자들이 참석하였다는 사실 자체는 성왕의 외교적 성과라고 할 수 있다.

이 회의에서 성왕은 백제와 가야가 역사적으로 우호 관계에 있었다는 사실을 다시 환기시키고 또 3국을 재건해야 한다는 명분을 강조하면서 세 가지 안(案)을24) 제시하였다. 첫째는 신라와 안라의 국경선이 되는 대강수(大江水: 낙동강)가에 6성을 쌓고 이곳에 백제 군대를 주둔시켜 신라의 압박을 막자는 것이다. 둘째는 백제가 설치한 군령·성주는 철수할 수 없다는 것이다. 그 이유는 군령과 성주를 두어 방호하지 않으면 강적 고구려를 막을 수 없을 뿐만 아니라 신라까지도 제어할 수 없다는 것이었다. 셋째는 길비신, 하내직, 이나사, 마도 등 가야제국 안에 있는 이른바 친신라 세력을 몰아내야 한다는 것이다.

이 세 가지 계책은 1차 때의 회의 내용과 비교하면 더 구체성을 띠

---

24) 《일본서기》 권19 흠명기 5년조.

고 있다. 신라와 국경을 접한 안라에 백제군을 주둔시키는 것과 신라뿐만 아니라 고구려의 압박을 막기 위해서도 군령과 성주는 그대로 두어야 한다는 것이 그것이다. 가야제국의 수장들은 이 제안을 받아들였다. 여기에는 성왕의 강제력과 설득력이 주효한 것으로 보아야 한다. 이로써 백제와 가야제국은 우호적인 관계로 돌아섰다.

(3) 안라국의 동향

2차 사비회의에 참석한 가야제국의 대표들은 성왕이 제안한 세 가지 대책을 듣고 돌아가서 가라왕, 안라왕에게 자문을 구하기로 하였다.[25] 성왕이 제안한 세 계책 가운데 안라국과 직접 관련되는 것이 첫 번째 대책이다. 계획대로 하면, 백제군이 안라 지역에 다시 주둔하게 된다. 이에 대한 안라국의 반응을 보여주는 것이 안라가 고구려와 몰래 결탁하였다는 소문이었다. 이 소문은 548년 1월에 고구려가 마진성을 공격하였을 때 붙잡힌 고구려 포로에게서 나왔다. 고구려 포로는 '이 싸움은 안라국이 일본부(日本府)와 더불어 고구려로 하여금 백제를 치도록 권유하였기 때문에 일어난 것'이라고 하였다. 백제는 포로가 말한 내용을 사실로 판단하고 세 번에 걸쳐 안라에 이를 확인하였다. 그러나 안라국이 이에 대해 소명하지 않자[26] 백제는 이 일을 획책한 자는 안라국에 있는 이나사, 마도였다고 주장하였다.[27]

---

25) 《일본서기》 권19 흠명기 5년조의 "於是吉備臣旱岐等曰 大王所述三策 亦
    協愚情而已 今願歸以敬諮日本大臣(謂在任那日本府之大臣也)安羅王加羅王…"
    참조.

26) 《일본서기》 권19 흠명기 9년조의 "然馬津城之役(正月辛丑高麗卒圍馬津
    城) 虜謂之曰 由安羅國與日本府招來勸罰 以事准況 寔當相似 然三廻欲審
    其言 遣召而並不來…" 참조.

27) 《일본서기》 권19 흠명기 10년(549)조의 "夏六月乙酉朔辛卯 將德久貴固
    德馬次文等請罷歸 因詔曰 延那斯麻都 陰私遣使高麗者 朕當遣問虛實 所乞

이러한 백제의 주장에 대해 《일본서기》에는 천황의 입장을 '안라가 고구려에 몰래 사신을 보냈다는 것은 믿을 수 없다'고 하면서 '안라를 의심하지 말고 각자의 영역을 지켜 함께 북적(고구려)을 막는 데 노력하라'28)는 식으로 기록하고 있다. 천황이 하였다는 이 말은 《일본서기》 찬자의 왜곡과 윤색이지만, 백제의 주장에 신빙할 수 없는 측면도 있었다는 것을 뜻하기도 한다. 그렇다고 하더라도 안라가 고구려와 연통하였다는 말이 돌았다는 것은 안라가 2차 사비회의에서 결정된 사항을 그대로 따르려 하지 않았음을 보여준다. 그로 말미암아 이나사, 마도로 대표되는 일부 세력은 고구려에 붙으려는 움직임까지 보였던 것이다. 그러나 안라는 544년에 합의한 사항을 완전히 깬 것은 아니었다. 때문에 그 결정은 여전히 유효하였다.

제2절 삼국연합군의 고구려 공격과 한강 유역 회복

1. 고구려의 내부 상황

신라 및 가야 세력과 군사동맹을 맺은 백제는 고구려 공격을 준비하였다. 그러나 군대를 움직일 때는 군수물자도 많이 필요하다. 백제는 자체적으로 군수물자를 준비함과 동시에 왜에서도 지원을 받았다. 550년에 왜가 화살 30구(具)를 보낸 것과 551년 3월에 보리 종자 1천 곡(斛)을 보낸 것이29) 그 사례가 된다. 이렇게 준비를 마친 삼국연합

軍者 依願停之” 참조.
28) 《일본서기》 권19 흠명기 9년조의 “又復密使于高麗者 不可信也…恬年自安 勿深疑懼 宜共任那依前勅 戮力俱防北狄 各守所封…” 참조.
29) 《일본서기》 권19 흠명기 11년조의 “朕聞北敵强暴 故賜矢卅具 庶防一處”

군은 고구려 공격에 나섰다. 그 시기에 대해 《삼국사기》 신라본기에
는 551년 3월로, 고구려본기에는 551년 가을 9월로, 《일본서기》에는
551년 3월 '시세(是歲)'로 나온다. 그러나 고구려의 상황과 연관지어
볼 때 551년 9월로 보는 것이 타당하다.

　이 시기 고구려에서는 심각한 정치적 내분이 일어났다. 내분의 실
상은 안원왕이 죽고 양원왕이 즉위하는 과정에서 일어난 왕위 계승
분쟁이었다. 545년에 안원왕이 죽은 뒤 중부인의 추군파(麤群派)와 소
부인의 세군파(細群派)가 각각 자신의 소생을 왕위에 올리려고 크게
대립하고 있었다. 추군파는 세군파를 물리친 뒤 자파의 왕자를 왕으
로 옹립하였다.30) 이 과정에서 세군파의 2천여 명이 죽임을 당하였
고, 양원왕을 옹립한 추군파가 정치적 실권을 잡았다. 그렇지만 왕위
계승 분쟁을 거치면서 일어난 세력 교체는 귀족 사회를 크게 동요시
켰다.31) 혜량법사가 신라 거칠부에게 "우리나라는 정치가 어지러워
멸망할 날이 머지않았다〔我國政亂 滅亡無日〕"라고 말하면서32) 고구려
를 떠나 신라로 간 것이 좋은 사례가 된다.

　이러한 때에 551년 9월 돌궐이 공격해 왔다. 돌궐은 연연(유연)의
피복속민으로서 알타이 산맥 서쪽 기슭에서 단철업(鍛鐵業)에 종사해
왔다. 6세기 전반 무렵에 독자적인 세력으로 성장한 돌궐은 555년에
연연을 완전히 멸망시키고 새북(塞北)의 패자로 군림하게 되었다. 《삼
국사기》에 따르면 고구려를 공격한 돌궐은 처음에는 신성을 포위하
였다가 이기지 못하자 백암성을 공격하였다. 고구려 장군 고흘(古紇)

　와 흠명기 12년조의 "春三月 以麥種一千斛賜百濟王" 참조.

30) 《일본서기》 권19 흠명기 6년과 7년의 是歲條.

31) 이에 대한 정리는 노태돈, 1999, 《고구려사 연구》, 사계절, 398~400쪽.

32) 《삼국사기》 권제44 열전4 거칠부전의 "今我國政亂 滅亡無日 願致之貴
　域" 참조.

은 1만 명의 군대를 거느리고 가서 이를 물리치고 1천 명의 목을 베거나 포로로 잡아 왔다.[33]

그런데 551년 당시에는 연연이 버티고 있었으므로 돌궐이 요하 동쪽의 고구려 신성을 공격하는 것은 현실적으로 불가능하였다. 따라서 551년의 돌궐의 침입 기사는 그대로 신빙하기 어려운 측면도 있다. 그러나 이 기사는 돌궐이 아닌 다른 어떤 세력이 이때 고구려의 서부 방어선을 위협하여 고구려의 힘을 분산시키는 작용을 하였는데 뒤이어 돌궐이 침략해 와서 더욱 큰 위협이 됨에 따라, 앞 시기의 사실을 뒤의 돌궐의 사실과 연결시켜 551년에 돌궐이 침입해 온 것처럼 정리한 것으로 볼 수도 있다.[34] 돌궐로 표현되는 세력의 침입은 고구려로서는 큰 충격이었다. 이에 고구려는 서북 방면에 대한 경계를 늦출 수 없었고 그 결과 남부 전선의 방어력은 상대적으로 약화되었다.

2. 삼국연합군의 고구려 공격과 한강 유역의 회복

앞에서 말한 고구려 내분 관련 기사는 《일본서기》에 수록된 《백제본기》에서 나온 것이다. 《백제본기》에 이러한 기사가 기록되었다는 것은 백제가 이 시기에 고구려의 내부 상황을 구체적으로 파악하고 있었음을 넌지시 알려 준다. 이렇게 고구려의 내분 상황을 파악한 성왕은 551년에 신라·가야군과 연합하여 고구려 공격에 나섰다. 백제군은 한강 하류 지역으로, 신라군은 한강 상류 지역으로 진격하였다. 이때 가야군은 백제군과 보조를 같이 한 것으로 보인다.

---

33) 《삼국사기》 권제19 고구려본기 양원왕 7년조의 "秋九月 突厥來圍新城 不克 移攻白巖城 王遣將軍高紇領兵一萬 拒克之 殺獲一千餘級 참조.
34) 노태돈, 1999, 앞의 책, 403~404쪽.

북으로 진격한 백제군은 먼저 한성을 차지한 뒤 한강을 건너 평양
성을 공격하고 6군을 빼앗았다.[35] 백제군의 공격은 매우 신속하게 또
기습적으로 이루어졌다. 이를 보여주는 것이 한강 유역에 설치되었던
구의동 고구려 보루 유적이 당시의 생활용기와 무기들을 그대로 남겨
둔 채로 폐기되었다는 사실이다.[36] 고구려 군사들이 무기도 제대로
챙기지 못한 채 황급히 퇴각하였다는 것은 백제군의 기습 공격 때문
이었을 것이다. 이로써 백제는 475년에 고구려에 빼앗긴 옛 땅을 76
년 만에 되찾았다.

한편 거칠부와 구진(仇珍) 대각찬을 비롯한 8명의 장군이 거느린
신라군은 백제군이 고구려군을 격파하고 한성과 평양을 점령한 틈을
타서 죽령을 넘어 진격하여 고현(高峴: 철령) 이내의 10군을 차지하였
다.[37] 이 지역은 대개 남한강 상류와 북한강 상류 지역에 해당된다.
가야의 경우 고구려와 국경을 접하지 않았기 때문에 고구려 땅을 차
지하지는 않았다. 그 대신 가야는 백제로부터 선진 문물을 대가로 받
지 않았을까 한다.

---

35) 《일본서기》 권19 흠명기 12년조의 "是歲 百濟聖明王親率衆及二國兵(二
    國謂新羅任那也) 往伐高句麗 獲漢城之地 又進軍討平壤 凡六郡之地 遂復
    故地" 참조.

36) 서울대학교박물관, 2000, 《특별전 고구려 한강유역의 고구려 요새》,
    46~53쪽.

37) 《삼국사기》 권제44 열전제4 居柒夫傳의 "百濟人先攻破平壤 居柒夫等乘
    勝取竹嶺以外高峴以內十郡" 참조.

제3절 관산성 패전과 한강 유역의 상실

1. 나려 연합과 백제 공격

551년 고구려에 대한 군사작전을 성공적으로 마친 이후 삼국의 역학관계에 새로운 변화가 생기기 시작하였다. 이 변화의 중심부에 진흥왕이 있었다. 이를 보여주는 것이 다음의 기사이다.

> 제24대 진흥왕은 즉위할 때 15세여서 태후가 섭정하였다. … ㉠승성 3년(554) 9월에 백제 군대가 진성에 내침해 와서 남녀 3만 9천 명을 노략하고 말 8천 필을 붙잡아 갔다. ㉡ 이보다 앞서 백제는 신라와 군대를 합하여 고구려를 정벌하려 하였다. 진흥왕이 말하기를, "나라의 흥망은 하늘에 있다. 하늘이 고구려를 싫어하지 않으면 내가 어찌 감히 바라겠느냐" 하고는 이 말을 고구려에 전하였다. 고구려는 그 말에 감동하여 신라와 통호하였다. 백제가 이를 원망한 까닭에 침략해 온 것이다.[38]

이 기사의 내용은 두 개의 사건으로 이루어져 있다. 하나는 ㉠부분으로 554년 9월에 백제가 신라를 공격하였다는 것이고, 다른 하나는 ㉡부분으로 이 공격의 원인은 고구려를 함께 치자는 백제의 요청을 신라가 거부하고 고구려와 통하였다는 것이다. 시간상으로는 두 번째

---

38) 《삼국유사》 권제1 기이1 진흥왕조의 "㉠ 第二十四眞興王 卽位時年十五歲 太后攝政…承聖三年九月 百濟兵來侵於珍城 掠取人男女三萬九千 馬八千匹而去 ㉡ 先是 百濟欲與新羅合兵 謀伐高麗 眞興曰 國之興亡在天 若天未厭高麗 則我何敢望焉 乃以此言通高麗 高麗感其言 與羅通好 而百濟怨之 故來爾" 참조.

의 사건이 앞선다.

두 번째 사건의 핵심은 백제가 신라에게 고구려를 함께 공격하자고 제안한 것이다. 여기에는 근초고왕과 근구수왕 대를 재현하려는 성왕의 꿈이 작용하였다. 근초고왕과 근구수왕 대에 백제는 남으로는 영산강 유역까지를 영역으로 편입하였고, 가야 세력을 영향권 안에 넣었으며, 북으로는 황해도 신계 지역까지 진출하여 전성기를 이루었다. 이 두 왕을 가장 내세우고39) 두 왕 대의 재현을 꿈꾸고 있던 성왕은 한강 유역을 되찾은 지금이야말로 두 왕의 시대를 다시 이룰 수 있는 절호의 기회로 생각하고 승리의 기세를 몰아 예성강을 넘어 황해도 깊숙이 진격하고자 하였던 것이다. 그렇지만 이 북진 작업은 백제 단독의 힘으로는 수행하기 어려웠다. 때문에 성왕은 신라에게 함께 고구려를 치자고 제안하였던 것이다.

그러나 신라는 백제의 제안을 받아들이지 않았다. 여기에는 다음과 같은 요인이 작용한 것 같다. 첫째는 백제와 신라의 힘만으로 더 이상의 북진은 어려울 것이라는 판단이다. 진흥왕이 "나라의 멸망은 하늘에 달려 있다. 만약 하늘이 고구려를 싫어하지 않으면 어찌 감히 바라겠느냐"고 한 말이 이를 보여준다. 둘째는 이 시기 신라는 대(對)중국 직항로를 확보하는 것이 절실하였다. 그렇지만 신라가 백제를 도와 북진을 하더라도 서해안 지역은 당연히 백제가 차지할 것이므로 신라의 소망은 현실적으로 이루어지기 어려웠다. 셋째는 북진이 성공한 이후 예상되는 백제의 비약적인 성장이 가져올 위협이다. 백제와 고구려 사이에서 세력 균형추의 구실을 하면서 자국의 이익을 추구하던 신라에게 백제의 성세(盛勢)는 힘의 균형을 깨뜨릴 수 있는 것이었다.

---

39) 《일본서기》 권19 흠명기 2년조의 "乃謂任那曰 昔我先祖速古王貴須王 與故旱岐等 始約和親 式爲兄弟 於是 我以汝爲子弟 汝以我爲父兄" 참조.

이런 까닭으로 신라는 백제의 제안을 거부하고 도리어 백제의 계획을 고구려에 통보하였다.

신라의 이러한 접근은 고구려에게는 매우 바람직한 것이었다. 고구려로서는 신라와 관계를 맺게 되면 백제와 신라의 사이를 떼어놓아 남방 전선에 대한 근심을 덜 수 있기 때문이었다. 이리하여 신라와 고구려는 화호 관계를 맺었다. 고구려와 신라가 통화(通和)한 시기를 추정하는 데 실마리가 되는 것이 위의 기사에 나오는 '선시(先是)'이다. 선시는 신라가 한강 유역을 점령한 553년 이전이다. 그런데《일본서기》에는 552년 5월에 "고구려와 신라가 화호하고 힘을 모아 백제와 가야를 멸망시키려 한다"40)고 적고 있다. 이를 종합하면, 백제가 고구려를 공격하고자 한 때는 551년 9월 이후 552년 5월 이전의 어느 시기로, 신라와 고구려 사이에 화호가 맺어진 시기는 552년 5월로 볼 수 있다.

화호 관계를 맺은 고구려와 신라가 백제에 군사적 압박을 가하자 백제는 왜에 원병을 요청하여 대응하려 하였다. 그렇지만 화급하게 전개되는 고구려와 신라의 압박을 견디기 어려웠다. 이에 성왕은 애써 점령한 한성과 평양 지역을 포기하였다.41) 백제가 다시 내준 한성과 평양 가운데 신라는 한성에만 입성하였다.42) 그렇다면 평양 지역은 고구려가 차지한 것으로 보아도 좋을 것이다.43) 이는 후술하는 바

---

40)《일본서기》권19 흠명기 13년 5월조의 "高麗與新羅通和幷勢 謀滅臣國與 任那" 참조.

41)《일본서기》권19 흠명기 13년조의 "是歲 百濟棄漢城與平壤" 참조.

42)《일본서기》권19 흠명기 13년조의 "新羅因此入居漢城 今新羅之牛頭方 尼彌方(地名未詳)" 참조.

43) 노중국, 2006, 〈5~6세기 고구려와 백제의 관계 — 고구려의 한강유역 점령과 상실을 중심으로〉,《북방사논총》11집, 고구려연구재단.

와 같이, 백제가 백합야새(百合野塞)에서 먼저 고구려를 공격한 것에서 입증된다. 신라와 고구려가 한성과 평양을 각각 차지한 것은 두 나라 사이에 맺어진 협약의 결과라 할 수 있다. 신라가 한성을 차지한 시기에 대해 《삼국사기》에는 553년으로, 《일본서기》에는 552년으로 나오는데 여기서는 《삼국사기》의 연대를 따르기로 한다.

한강 유역을 차지한 신라는 이곳에 신주(新州)를 설치하고 아찬 김무력을 군주로 임명하였다.44) 이로써 신라는 이 지역이 지닌 인적 물적 자원의 확보와 더불어 중국으로 직접 통할 수 있는 교통로를 확보하게 되었다. 고구려는 비록 한강 이남 지역은 상실하였지만 평양 지역을 확보하였고 나아가 백제와 신라를 갈라놓게 됨으로써 후방에 대한 군사적 압박을 완화할 수 있게 되었다. 이와 달리 백제는 모든 것을 잃어버리고 말았다.

2. 백제의 반격과 실패

1) 백합야새 전투와 신라의 고구려 지원

신라와 고구려의 압박으로 한강 유역을 어쩔 수 없이 포기한 성왕은 이 위기 상황을 벗어나고자 553년에 진흥왕에게 왕녀를 보냈다. 이는 일종의 인질 파견이다. 여기에는 신라에 대한 적대적 군사 행동을 하지 않겠다는 약속도 포함되었을 것이다.45) 진흥왕은 백제와의 관계를 더 악화시키지 않고 봉합하는 것도 필요하다고 판단하고 왕녀

---

44) 《삼국사기》 권제5 신라본기 진흥왕 14년조의 "秋七月 取百濟東北鄙 置 新州 以阿湌武力爲軍主" 참조.

45) 노중국, 2006, 앞의 글.

를 받아들여 소비(小妃)로 삼았다.46)

그렇지만 성왕은 필생의 숙원이었던 한강 유역 회복을 쉽사리 단념할 수 없었다. 그래서 성왕은 한강 유역을 되찾으려는 계획을 다시 추진하였다. 이 작전은 백제의 힘만으로는 수행하기 어려웠기 때문에 성왕은 552년 겨울 10월에 왜에 불교를 전해 주면서47) 지원병을 요청하였다. 왜는 553년 6월에 군사 지원을 약속하고 양마 2필, 동선(同船) 2척, 활 50장, 화살 50구를 보내 주었다.48) 이에 백제는 한강 유역을 되찾기 위한 공략에 나섰다.

성왕의 군사작전은 먼저 고구려를 공격하는 것으로 시작되었다. 두 나라 군대의 전투는 백합야새에서 벌어졌다.49) 그 시기는 553년 10월이었다. 이 전투에서 백제는 대규모 군대를 동원하였지만,50) 고구려군도 만만하지 않았다. 이 전투는 백제군의 승리로 끝났고 고구려군은 동성산 위로 쫓겨 갔다.51) 그러면 이때 신라는 어떠한 움직임을

---

46) 《삼국사기》 권제4 신라본기 진흥왕 14년조의 "冬十月 娶百濟王女爲小妃" 참조.

47) 《일본서기》 권19 흠명기 13년조.

48) 《일본서기》 권19 흠명기 15년조.

49) 백합야새의 위치를 황해도 황주 산산(蒜山)으로 비정하는 견해(《이와나미 강좌 일본서기》 하, 106쪽 두주 8 참조)도 있다. 그러나 이 시기에 고구려가 平壤 즉, 楊州 지역을 장악하고 있었기 때문에 이 견해는 성립되지 않는다.

50) 《일본서기》 권19 흠명기 14년조의 "發國中兵" 및 《신당서》 권220 동이열전 제145 신라전의 "悉兵" 참조.

51) 《일본서기》 권19 흠명기 14년조의 "冬十月庚寅朔己酉 百濟王子餘昌(明王子威德王也) 悉發國中兵向高麗國 築百合野塞 眠食軍士 是夕觀覽鉅野墳腴 平原邐迆 人跡罕見 犬聲蔑聞 俄而儵忽之際 聞鼓吹之聲 餘昌乃大驚 打鼓相應 通夜固守 凌晨起見 曠野之中 覆如青山 旌旗充滿…遂乃立標而合戰 於是 百濟以鉾 刺墮高麗勇士於馬斬首 仍刺擧頭於鉾末 還入示衆 高麗軍將 憤怒益甚 是時 百濟歡叫之聲 可裂天地 復其偏將 打鼓疾鬪 追却高麗王於

보였는가. 이를 짐작하게 하는 것이 《삼국유사》에 나오는 다음의 기사이다.(부호는 필자가 붙인 것이다.)

　　㉠ 이에 그 사신에게 원망이 일어나게 된 까닭을 물으니 대답하기를, 이보다 앞서 백제는 고구려를 치려고 하였다. ㉡ (고구려는) 신라에 나아가 구원을 요청하였다. 신라가 크게 군대를 발동하여 백제국을 격파하였다. ㉢ 이것이 원망이 되어 매번 서로 공벌하였고 신라는 백제왕을 붙잡아 죽였다. 원망은 이로 말미암아 시작되었다.52)

　이 기사는 백제와 신라 사이에 원망이 일어나게 된 까닭을 묻는 당 태종의 질문에 대한 신라 사신의 대답이다. 그 대답은 3단계로 나누어 볼 수 있다. ㉠부분은 1단계로서 백제가 고구려를 쳤다는 것이다. 이는 백제와 고구려 사이에 벌어진 백합야새 전투와 연관된다. ㉡부분은 2단계로서 고구려가 신라에 구원을 요청하였고, 신라는 고구려의 요청을 받아들여 백제군을 물리쳤다는 것이다. 이는 신라가 고구려를 구원해 준 것을 보여준다. 신라의 군사 지원은 한강 하류 지역을 점령할 때 고구려와 맺은 약속 때문일 것이다. 신라의 군사적 도움으로 고구려는 한숨을 돌릴 수 있었다. 《일본서기》에 이따금 나오는 "고구려와 신라가 통화하고 힘을 합쳤다〔高麗與新羅通和幷勢〕"고 한 기사는 이를 보여주는 것이다. ㉢부분은 3단계로서 그 뒤 신라는 백제왕을 붙잡아 죽였다는 것이다.

　東聖山之上" 참조.
52) 《구당서》 권199 상 열전제149 동이 신라전의 "㉠ 乃問其使爲怨所由 對曰先是百濟往伐高麗 ㉡ 詣新羅請救 新羅發兵大破百濟國 ㉢ 因此爲怨 每相攻伐 新羅得百濟王殺之 怨由此始" 참조.

2) 관산성 대회전(大會戰)과 구타모라새 전투

백합야새 전투에서 고구려군을 물리쳐 승세를 탄 성왕은 가야 및 왜군과 연합군을 형성하여 신라를 공격하기로 하였다. 가야는 사비회의에서 백제와 보조를 같이 하기로 결정하였기 때문에 군사를 동원하기로 하였다.53) 이때 가야의 핵심 세력은 고령의 대가야였다. 한편, 성왕은 왜가 553년에 요청한 오경박사와 의박사, 역박사(易博士), 역박사(曆博士) 등과 채약사, 악인(樂人) 등을 554년 정월에 왜에 보내면서54) 군사 지원을 요청하였다. 이에 응해 왜는 군대 1천 명과 말 100필, 배 40척을 보낼 것을 약속하였다. 554년 6월 유지신(有至臣)이 거느린 왜군이 백제에 도착하였다.55)

백제군을 중심으로 한 삼국연합군의 신라 공격은 두 단계로 이루어졌다. 첫째 단계는 554년 12월 신라의 관산성(함산성: 충북 옥천)에 대한 공격이다. 공격의 선봉은 동방령(東方領)인 물부막기무련(物部莫奇武連)이 맡았다. 전투 초기에는 신라 군주 각간 우덕과 탐지 등이 백제군을 맞아 싸웠지만 백제군이 승기를 잡았다. 그 결과 백제는 신라의 관산성을 불태워 함락시켰고,56) 진성(珍城)을 공격하여 남녀 3만 9천 명과 말 8천 필을 빼앗아 돌아갔다.57) 신라로서는 큰 타격을 입었

---

53) 《삼국사기》 권제4 신라본기 진흥왕 15년조의 "百濟王明禮與加良 來攻管山城" 참조.

54) 《일본서기》 권19 흠명기 15년 2월조.

55) 《일본서기》 권19 흠명기 15년 하5월조 및 동12월조.

56) 《일본서기》 권19 흠명기 15년 동12월조의 "以十二月九日 遣攻斯羅 臣先遣東方領物部莫奇武連 領其方軍士 攻函山城 有至臣所將來民竹斯物部莫奇委沙奇能射火箭 蒙天皇威靈 以月九日酉時 焚城拔之" 참조.

57) 《삼국유사》 권제1 기이1 진흥왕조.

다. 관산성 전투와 진성 전투의 날짜에 대해 《삼국유사》에는 9월로, 《일본서기》에는 12월로 나온다. 이 전투가 한 곳에서만 벌어진 것이 아니라고 하면, 진성 전투는 9월에, 관산성 전투는 12월에 벌어진 것으로 보는 것이 타당할 것이다.

둘째는 신라의 신주 군주 김무력이 원군을 이끌고 와서 백제군을 대파하고 성왕을 잡아 죽인 단계이다. 관산성 함락으로 곤경에 처한 신라는 고구려에 원군을 요청하였다. 고구려는 신라에 군사적 지원을 약속하였다. 이는 성왕이 "지금 고구려가 신라와 함께 힘을 쓰고 있어 공을 이루기가 어렵다"고 한 말에서58) 짐작할 수 있다. 이에 대응하여 성왕은 왜에 군사 지원을 더해 줄 것을 요청하면서 가야와 더불어 신라에 대한 두 번째 공격을 시도하였다. 이때 원로대신인 기로(耆老)들은 신라 공격을 반대하였지만, 왕자 여창(餘昌)은 대군을 일으켜 직접 선봉에 나섰다.59)

신라로 진격해 들어간 여창은 구타모라새(久陀牟羅塞)를 쌓고 영채를 세웠다. 신라는 신주 군주 김무력으로 하여금 신라군을 지원하도록 하였다. 이후 양군의 대결은 우열을 가리기 어려웠다. 이러한 대치 상황에 변화를 가져온 것이 성왕의 전사이다. 성왕은 최전선에 나가 있는 아들 여창을 위문하기 위해60) 50여 보기를 거느리고 여창의 진지로 가려다가 신라의 복병에 사로잡혀 죽임을 당하였다.61) 성왕의

---

58) 《일본서기》 권19 흠명기 15년 동12월조의 "別奏 若但斯羅者 有至臣所將 軍士 亦可足矣 今狛與斯羅 同心戮力 難可成功" 참조.

59) 《일본서기》 권19 흠명기 15년 동12월조의 "餘昌謀伐新羅 耆老諫曰 天未 與 懼禍及 餘昌曰 老矣 何怯也 我事大國 有何懼也 遂入新羅國 築久陀牟羅 塞…" 참조.

60) 《일본서기》 권19 흠명기 15년 동12월조의 "其父明王憂慮餘昌長苦行陣 久廢眠食 父慈多闕 子孝希成 乃自往迎慰勞" 참조.

61) 《삼국사기》 권제26 백제본기 성왕 32년조의 "秋七月 王欲襲新羅 親帥步

갑작스러운 죽음으로 혼란에 빠진 백제군은 대패하였고 선봉장으로 나섰던 여창도 왜군의 도움을 받으면서 포위를 뚫고 나와 겨우 목숨만 건질 수 있었다.[62] 이때 신라가 거둔 전과에 대해 《삼국사기》 진흥왕 본기에는 좌평 4명과 사졸 2만 9천6백 명을 죽였고, 그에 준하는 무수한 마필은 한 필의 말도 돌아간 것이 없었다고 나온다.[63] 전공의 기록에는 과장이 있다고 하더라도 이번 패배는 백제로서는 엄청난 타격이었다. 이로써 한강 유역을 되찾아 국세를 떨치려던 성왕의 계획은 마침내 수포로 돌아가고 말았다.

백제와 신라가 대회전을 벌인 시기에 대해 《삼국사기》에는 554년 가을 7월로 나오고 《일본서기》에는 12월로 나와 5개월의 차이가 난다. 그런데 이 전투는 한 차례로 끝난 것이 아니었다. 이런 관점에서 필자는 백제와 신라의 전투는 554년 7월부터 시작되었고 그것이 끝난 것은 12월이었는데, 이 모든 과정을 《삼국사기》에서는 554년 7월조에, 《일본서기》에서는 12월조에 수록하였기 때문에 날짜 차이가 생겨난 것으로 파악하는 바이다.

騎五十 夜至狗川 新羅伏兵發與戰 爲亂兵所害薨 諡曰聖王" 참조.

62) 《일본서기》 권19 흠명기 15년조의 "餘昌遂見圍繞 欲出不得 士卒遑駭 不知所圖 有能射人筑紫國造 進而彎弓占擬 射落新羅騎卒最勇壯者…由是餘昌及諸將等得從間道逃歸" 참조.

63) 《삼국사기》 권제4 신라본기 진흥왕 15년조의 "秋七月 修築明活城 百濟王明禮與加良 來攻管山城 軍主角干于德伊湌耽知等 逆戰失利 新州軍主金武力 以州兵赴之 及交戰 裨將三年山郡高干都刀 急擊殺百濟王 於是 諸軍乘勝 大克之 斬佐平四人 士卒二萬九千六百人 匹馬無反者" 참조. 한편 《삼국사기》 권제41 열전제1 김유신 상에는 1만여 명의 목을 벤 것으로 나온다.

제4절 문물 교류

1. 경제(椋制)

삼국의 관제 가운데 공통적으로 나오는 제도의 하나가 경(椋)이다. 고구려의 경우 집집마다 작은 창고[小倉]가 있었는데 이를 부경(桴京)이라 하였고,[64] 안악 3호분 벽화에는 경옥(椋屋)이 그려져 있으며, 〈덕흥리고분묵서〉에는 '식일경(食一椋)' 등이 나온다. 백제의 경우 사비도읍기에 내관 12부 가운데 하나로 내경부(內椋部)와 외경부(外椋部)가 나오고,[65] 부여 쌍북리에서 출토된 목간에는 외경부가,[66] 능산리 300번 목간에는 '중경(仲椋)'이[67] 보인다. 중경의 존재는 상경과 하경을 상정하게 한다. 신라의 경우 황남동 376유적에서 나온 목간에는 전면에 '경(椋)'과 '하경(下椋)'이, 뒷면에는 '중경'이 묵서되어 있다.[68] 그리고 광주 무등산의 통일신라기 무진고성에서 출토된 기와에는 '경(椋)'이[69] 새겨져 있다.

경의 실제 모습은 고구려 고분벽화에서 찾아볼 수 있다. 평안남도

---

64) 《삼국지》 권30 위서 동이전 고구려전의 "家家有小倉 名之爲桴京" 참조.

65) 이 내경부와 외경부는 판본에 따라 '내략부(內掠部)'와 '외략부(外掠部)'로 표기된 경우도 있다. 그렇지만 부여 쌍북리에서 출토된 목간 자료에 '외경부(外椋部)'가 나오고 있어 내경부와 외경부로 보는 것이 타당하다.

66) 김성범, 2009, 〈나주 복암리 유적 출토 백제목간과 기타 문자 관련 유물〉, 《백제학보》 창간호, 백제학회.

67) 윤선태, 2007, 《목간이 들려주는 백제 이야기》, 주류성, 154쪽.

68) 국립가야문화재연구소, 2004, 《한국의 고대목간》, 292~293쪽의 도 281~282.

69) 김창석, 2004, 〈목간에 기록된 신라 창고〉, 《고대로부터의 통신》, 푸른역사, 291~300쪽.

〈도 5-1〉 쌍북리 출토 외경부 목간

대동군 팔청리 고분벽화에는 다락식 창고와 창고에 물건을 수납하거나 빼는 그림과 '부경'이라는 묵서가 나온다. 따라서 부경은 다락식 목제 창고라고 할 수 있다. 다락식 창고는 통풍이 잘되어 방습의 효과가 있고, 쥐와 같은 동물들의 접근도 차단하여 곡식을 보호하는 의미도 있다. 가야 지역에서 출토되고 있는 이형(異形) 토기인 고상식 가옥 모양의 토기도 다락식 창고를 표현한 것으로서 고구려의 경과 같은 것으로 보아도 좋을 것이다. 이 경은 크기나 위치에 따라 상경, 중경, 하경 등으로 구분되었다.

백제에서는 이 경을 관리하는 부서로 내경부와 외경부가 있었다.[70] 명칭에서 미루어 볼 때, 내경부와 외경부의 전신은 경부(椋部)였는데 뒷날 내경부와 외경부로 분화된 것으로 보인다. 내경부와 외경부의

---

70) 《주서》 권49 열전제41 이역 상 백제전.

장(長)은 장사(長史) 또는 재관장(宰官長)으로 불렀다. 신라의 경우 안압지에서 출토된 벼루에 '경사(椋司)'라고 적힌 묵서가 있다. '사(司)'가 관청을 뜻하므로 경사는 창고 업무를 맡은 관청이라 할 수 있다. 고구려의 경우 '경(椋)'이 들어 있는 관청 명칭은 확인되지 않는다. 그렇지만 팔청리 고분에 고상식 창고가 그려져 있으므로 고구려에서도 '경'자가 들어가는 관청이 설치되었던 것으로 보아도 좋을 것이다.

삼국 가운데 경이 가장 먼저 보이는 것은 고구려이고, 이 경을 바탕으로 하여 관청을 만든 전형적인 모습은 백제에서 찾아볼 수 있다. 이로 미루어 보면, 백제의 경제(椋制)는 고구려의 영향을 받은 것으로 볼 수 있다. 한편, 신라에는 중경이 보이는데 이 중경은 백제에서도 보이고 있다. 이는 신라의 경제가 백제로부터 영향을 받아 이루어진 것을 보여주는 것이다.

2. 고구려와의 문물 교류

1) 묘실벽화

사비도읍기 고분벽화는 부여 능산리 1호분에서 확인되었다. 능산리 1호분 무덤은 다듬은 판석으로 현실을 만들었다. 그리고 벽면에 사신을, 천장에는 연꽃과 구름을 그렸다. 이 사신도는 고구려 사신도 벽화분의 영향을 받은 것으로 볼 수 있다.

2) 고구려식 토기

사비도읍기에는 고구려와 관련을 보이는 사이옹·양이옹·자배기·양이부 자배기·시루·접시·부뚜막 배연구 등이 출토되고 있다. 이러한 토기들은 웅진도읍기에는 보이지 않고 사비도읍기에 보인다. 이러한 현상은 한강 유역이 고구려의 점령 아래 있을 때 이 지역에 살던 고구려계 주민들이 사비 지역으로 이주해 온 결과라고 한다.71)

3. 신라와의 문물 교류

1) 건축 기술의 교류

사비도읍기에 백제와 신라는 서로 기술자를 파견하기도 했다. 신라가 백제에 기술자를 파견한 사례로는 무왕이 미륵사를 건축할 때 신라 진평왕이 공장(工匠) 200명을 보내 공사를 도와주었다고 한 것을72) 들 수 있다. 이 과정에서 신라의 토목·건축·공예 기술도 백제에 전해졌을 것이고, 거꾸로 신라 기술자들은 미륵사 창건에 참여함으로써 백제의 선진 기술을 배웠을 것이다. 기술자의 상호 파견은 두 나라가 토목·건축·공예 기술을 발전시키는 데 어느 정도 기여를 하였을 것이다.

백제가 신라에 기술자들을 파견한 사례로는 신라의 황룡사 9층탑 건립에 대장(大匠) 아비지(阿非知)를 파견한 것을 들 수 있다. 황룡사 9층탑 건립은 636년에 당나라로 들어갔던 자장이 태화지 가에서 황룡사에 9층탑을 세우라는 신인(神人)73)의 말을 들은 뒤 643년에 돌아와 선덕왕에게 주청함으로써 이루어졌다.74) 이 탑은 643년에 건립되기

---

71) 박순발, 2005, 〈고구려와 백제 — 사비양식 백제토기의 형성 배경을 중심으로〉, 《고구려와 동아시아 — 문물교류를 중심으로》, 동북아역사재단.

72) 《삼국유사》 권제2 기이제2 무왕조.

73) 〈황룡사구층목탑찰주본기〉와 《삼국유사》 권제4 탑상제4 자장정율조에 인용된 사중기에는 '圓香禪師'로 나온다.

시작하여 645년 4월에 찰주가 세워졌고, 646년에 완공되었다.75) 이 탑의 완공에는 백제에서 파견한 아비지가 핵심적인 구실을 하였다.

신라가 9층 목탑 건립을 계획하였을 때 가장 어려운 문제는 거대한 목탑을 세울 수 있는 기술자가 없었다는 점이다. 이 문제를 해결하고자 신라는 백제에 기술자 파견을 요청하였다. 이 시기 백제는 사비도성의 조영과 거대한 미륵사 창건으로 토목·건축·공예 기술을 크게 발전시키고 있었다. 그렇지만 이 시기에 양국 사이는 화평하지 않았다. 642년에는 백제가 미후성 등 40여 성을 함락하고 나아가 대야성까지 함락한 것, 643년 겨울 11월에 백제는 고구려와 더불어 신라의 당항성을 공격하려 한 것이 이를 잘 보여준다. 그럼에도 백제는 신라의 요청을 받아들여 아비지를 파견하였다. 아비지의 파견은 전쟁의 와중에 또는 긴장과 갈등이 고조되는 가운데서도 두 나라가 교섭과 교류를 행하였음을 보여준다.76)

2) 유물을 통해 본 문물 교류

유물을 통해 사비도읍기에 백제와 신라 사이에 이루어진 문물 교류의 양상은 다음과 같이 몇 가지로 정리해 볼 수 있다. 첫째, 귀걸이이다. 부여 동남리 유적에서 출토된 가는 귀걸이는 원통형의 샛장식과 나뭇잎 모양의 큰

---

74) 《삼국유사》 권제4 탑상제4 황룡사구층탑조의 "貞觀十七年 癸卯十六日 將唐帝所賜經像袈裟幣帛而還國 以建塔之事聞於上 善德王議於群臣…" 참조.

75) 〈황룡사구층목탑찰주본기〉의 "王之十二年癸卯歲…慈藏持語而還 以聞乃命 監軍伊干龍樹 大匠百濟阿非知等 率小匠二百人 造斯塔焉（鑴字僧聰惠） 其十四年歲次乙巳 始構建 四月△△ 立刹柱 明年乃畢功" 참조.

76) 노중국, 2011b, 〈7세기 신라와 백제의 관계〉, 《2010 신라학국제학술대회 논문집》 7세기 동아시아의 신라 4집, 경주시·신라문화유산연구원.

드림 위에 역(逆)원추형의 작은 드림이 특징이다. 이 귀걸이는 출토지를 알 수 없는 신라 귀걸이와 매우 비슷하다. 이는 두 나라 사이에 교류를 보여준다.

둘째, 수막새이다. 백제 수막새는 연판 끝이 반쯤 볼록하게 조정하여 자연스럽게 솟아오른 반전수법을 사용하고, 그 끝에 원형 또는 삼각 모양의 돌기를 표현한 판단융기형이 있다. 이런 특징을 지니는 신라 기와로는 월성 해자에서 출토된 초현기의 기와가 있다. 경주 손곡동 물천리 토기와 기와 생산 유적에서는 연판 끝에 구슬 모양의 돌기가 표현된 백제계 수막새와 함께 모골(模骨)의 목판 흔적이 남겨진 백제계 암키와가 출토되었다.77) 이는 백제의 기와가 신라 초현기의 기와에 큰 영향을 주었음을 보여준다.

---

77) 김성구, 2000, 〈신라와당의 변천과 그 특징〉, 《기와를 통해 본 고대 동아시아 삼국시대의 대외교섭》, 국립경주박물관·경주세계문화엑스포2000조직위원회, 157~158쪽.

제3장 남북조와의 다변 외교와 교류

제1절 양과의 교섭

530년에 들어서면 중국 대륙의 북조에서는 큰 변화가 일어났다. 525년에 북위에서는 한화(漢化) 정책과 호한(胡漢) 체제의 갈등으로 분열이 일어나 고환(高歡)이 세운 동위(東魏: 534~550)와 우문태(宇文泰)가 세운 서위(西魏: 535~556)로 양분되었다. 이로 말미암아 기존의 남북 대립에 새로이 동서의 대립이 첨가되는 복잡한 형세가 이루어졌다.

사비로 천도한 뒤 성왕은 541년에 양나라에 사신을 파견하여 모시박사, 열반경 등의 의소(義疏)와 공장(工匠), 화사(畵師) 등을 보내줄 것을 요청하였고, 양은 이 요청을 받아들였다.[78] 이때 강례박사 육후(陸詡)도 백제에 왔다. 이러한 사실들은 두 나라 사이가 매우 밀접하였음을 보여준다.

---

78) 《삼국사기》 권 제26 백제본기 성왕 19년조 및 《양서》 권54 열전제48 諸夷 백제전.

8년 뒤인 549년에 성왕은 양나라에 사신을 파견하였다. 이 시기는 양에서 후경(侯景)이 반란을 일으켜 수도 남경을 점령하고 무제를 감금한 때였다. 이러한 상황을 본 백제 사신은 단문(端門) 밖에서 소리내어 울었다가 후경의 노여움을 받아 감옥에 갇히게 되었다.[79] 백제 사신은 후경의 난이 평정된 뒤에야 환국할 수 있었다.

제2절 북조의 분열과 다변 외교 추진

6세기 중반에 이르러 중국 대륙에서는 또 변동이 일어났다. 북조의 경우 동위는 북제(550~577)로, 서위는 북주(556~581)로 교체되었다. 남조에서는 양을 대신하여 진(陳: 557~589)이 들어섰다. 한편, 몽골고원에서는 552년에 돌궐이 유연을 멸망시키고 새로운 강자로 떠올랐다. 이런 복잡한 양상은 581년 수나라가 등장하여 남북조를 통일할 때까지 전개되었다.

삼국 가운데 고구려는 일찍부터 북조뿐만 아니라 남조와도 외교 관계를 가졌다. 때문에 6세기 중반에 들어와서도 고구려는 남북조 모두와 외교 교섭을 하였다. 신라는 중국과 교섭이 상대적으로 늦었다. 그렇지만 진흥왕은 564년에 북제에 사신을 보냈고, 565년에는 북제로부터 '동이교위 신라왕(東夷校尉新羅王)'의 책봉을 받았으며, 566년에는 남조 진나라에도 사신을 보냈다. 이처럼 진흥왕은 국제무대에서 활동 반경을 넓혔다. 이에 대응하여 백제 위덕왕은 567년에 진에 사신을 보냈다.

한편 북제는 570년과 571년에 백제에 사신을 파견하여 위덕왕을 '동

---

79) 《삼국사기》 권제26 백제본기 성왕 27년조.

청주제군사동청주자사백제왕(東靑州諸軍事東靑州刺史百濟王)'으로 책봉했다. 위덕왕은 572년에 북제에 사신을 파견하였다. 백제와 북조의 교섭을 보면 북제가 먼저 사신을 파견하여 위덕왕을 책봉하면서 시작되었다. 북제가 먼저 위덕왕을 책봉한 것은 백제를 우군으로 만들려는 의도에서 나온 것으로 보인다.

이후 위덕왕은 577년 7월에 진에 사신을 보냈다. 같은 해 11월에는 북주에 사신을 보냈고, 이듬해인 578년에도 사신을 보냈다. 이는 위덕왕이 남북조 모두에 사신을 보내는 다변 외교를 행하였음을 보여준다.

제3절 문물 교류

1. 양과의 문물 교류

1) 지식인·기술자의 요청

성왕은 541년에 사신을 양나라에 보내 모시(毛詩)박사, 화사(畵師), 공장(工匠)의 파견을 요청하고, 또 강례박사 육후(陸詡)를 초청하였다. 양은 이 요청을 모두 들어주었다. 강례박사와 모시박사는 모두 유교 경전에 밝은 사람이다. 더욱이 육후는 어려서부터 최령은이 지은 《삼례의종(三禮義宗)》을 익혔다.80) 삼례는 《주례》, 《예기》, 《의례》를 말하는데, 《삼례의종(三禮義宗)》은 삼례의 뜻을 풀이한 책이다. 따라서 육후는 국가의 예제 특히 제례의 전문가라고 할 수 있다. 백제에 온 육후는 성왕을 도와 예제를 확립하는 데 기

---

80) 《진서》 권33 열전제27 儒林 鄭灼傳附 陸詡傳의 "陸詡少習崔靈恩三禮宗 梁世百濟國表求講禮博士 詔令詡行 還除給事中…" 참조.

여한 바가 컸다.[81]

　화사와 공장의 초빙은 궁궐과 사원의 건축 및 불상의 조영 등과 연관된다. 부여 정림사에서는 도용이 많이 출토되었는데 이는 정림사 목탑의 내부 장식에 사용된 것이다. 도용(陶俑) 등은 이때 초빙된 화사와 공장들이 맡아서 만들었을 가능성이 크다고 한다.[82]

2) 오제신제(五帝神祭)의 도입

　성왕은 사비 천도를 계기로 국가체제를 새로이 정비하였다. 그 정비와 짝하여 성왕은 제의체계도 다듬었다. 사비도읍기에 정비된 제의체계로는 천신제, 오제(五帝)신제, 시조 구태묘제가 있다.[83] 오제에 대한 제사는 사비도읍기에 처음 보인다.

　오제신제는 중국에서 성립되었다. 중국의 역대 왕조에서 오제를 보는 관념은 정현이 말하는 오천제(五天帝)였다. 양나라에 들어와 무제는 사전(祀典)을 정비하면서 518년에 남교단 제사에서 오제를 제외하고, 명당(明堂)에서 오제를 배향하는 위치도 서쪽에서 북쪽으로 옮겨 좌북조남(坐北朝南)하도록 하였다. 또 동진 이래 폐지되었던 사교(四郊)에서의 오제 분제(分祭)를 되살려 사립지일(四立之日)과 계하(季夏)에 방위별로 오제를 나누어 모시도록 하였다.[84]

---

81) 조경철, 2000, 〈백제 성왕대의 유불정치이념〉, 《한국사상사학》 15집, 한국사상사학회, 13쪽.

82) 이병호, 2005, 〈부여 정림사지출토 소조상의 제작기법과 봉안장소〉, 《미술자료》 72·73호, 국립중앙박물관 및 2006, 〈부여 정림사지출토 소조상의 제작시기와 계통〉, 《미술자료》 74호, 국립중앙박물관.

83) 《주서》 권49 열전 백제전의 "其王以四仲之月 祭天及五帝之神 又每歲四祠其始祖仇台之廟" 참조.

84) 여호규, 2004, 〈국가제사를 통해 본 백제 도성제의 전개과정〉, 《고대도시

사비 천도 이후 성왕은 양나라로부터 오제신제를 받아들였다. 성왕이 받아들인 오제 신앙은 예제의 하나이다. 예제는 왕권과 국가질서의 신성성과 초월성을 뒷받침해 준다. 그런데 오제 신앙은 하늘에는 오제가 있고 그 뒤에 호천상제(昊天上帝)가 있다고 본다. 이로 미루어 성왕은 오제 신앙을 새로이 받아들여 왕권을 정당화하려 한 것으로 볼 수 있다.85) 이 오제신제의 성립에는 양나라에서 온 육후의 구실이 컸던 것 같다.

중국의 경우 오제에 대한 제사 날짜를 사중지월(四仲之月)로 고정한 적은 없었다. 그런데 백제는 사중지월로 정하였다. 이는 백제가 오제 신앙을 양으로부터 받아들였지만 이를 변용하여 운영한 것을 보여주는 것이다.86)

3) 서예

백제는 한문자를 빌려 사용하였다. 현재 남아 있는 백제의 금석문이나 목간 등 한문자 자료 가운데 시기가 빠른 것은 369년에 만들어진 칠지도에 새겨진 명문이다. 이는 4세기에 한자가 본격적으로 사용된 것을 보여준다.87) 한문자의 보급은 지식인 집단을 이루게 하였으며 중국에서 들어온 여러 사상의 서적을 읽고 이해할 수 있게 도왔다.

문자 생활이 진전되면서 차츰 서예에도 관심을 가지게 되었다. 그에

와 왕권》제12회 백제연구 국제학술회의, 충남대 백제연구소, 223~224쪽.

85) 서영대, 2000, 〈백제의 오제신앙과 그 의미〉,《한국고대사연구》20집, 한국고대사학회, 128~129쪽.

86) 서영대, 2000, 앞의 글, 113쪽.

87) 송기호, 2002, 〈고대의 문자생활 — 비교와 시기구분〉,《강좌 한국고대사 제5권 — 문자생활과 역사서의 편찬》, 가락국사적개발연구원, 7~8쪽.

〈도 5-2〉 소자운의 글씨

따라 유명한 서예가의 필적을 닮고자 하는 욕구도 생겨났다. 이 시기 백제가 지대한 관심을 가졌던 서예가의 하나가 소자운(蕭子雲: 487~549)이었다. 그는 제나라 고제(高帝: 427~482)의 손자였으며, 26세에 글씨 100여 권을 썼고 고조는 이를 비각에 보존하도록 하였다. 더욱이 그는 초예에 능통하였고 당시 해서(楷書)의 본보기[楷法]가 되었다고 한다.

  양나라에 간 백제 사신은 소자운이 지방관으로 부임하기 위해 배를 타려 한다는 소식을 듣고 급히 달려가 글씨를 부탁하였다. 자운은 3일동안 배를 붙잡아 두고 글씨 30여 장을 써 주었는데 그 대가로 금화 수백만을 받았다.88) 이러한 사실은 백제에서 이 글씨가 널리 알려져

88) 《남사》 권42 열전32 齊高帝諸子上 子雲의 "子雲字景喬 子恪第九弟也…
    至年二十六 書成百餘卷 表奏之 詔付祕閣…子雲善草隷, 爲時楷法…出爲東
    陽太守 百濟國使人至建業求書 逢子雲爲郡 維舟將發 使人於渚次候之 望船
    三十許步 行拜行前 子雲遣問之 答曰 侍中尺牘之美 遠流海外 今日所求 唯
    在名迹 子雲乃爲停船三日 書三十紙與之 獲金貨數百萬" 참조.

있었음을 보여준다. 또 사신이 거금을 주고 소자운의 글씨를 산 것은 재력이 풍부하면서 글씨에 관심이 많은 유력 귀족의 부탁 때문이었을 가능성이 크다. 그 결과 이 글씨는 백제 서예계에 큰 반향을 일으켰을 것이다.

2. 북조와의 문물 교류

1) 제도의 도입

(1) 관품제

백제가 귀족 관료들의 상하 서열을 규정하고자 설치한 제도가 관품제(官品制)이다. 관료들의 등급의 높고 낮음을 표시할 때 고구려는 관등·관위·관급·관명 등으로, 신라는 관등·관위·관질 등으로, 왜는 관위(冠位)로 표기하였는데 백제만은 관품이라 하였다. 이는 백제의 특징이다. 백제 관품제는 한성도읍기의 근초고왕 대에 그 토대가 놓였고, 웅진도읍기를 거쳐 성왕이 538년에 사비로 천도하면서 정비되었다. 이때 정비된 관등제가 16관품제이다.

16관품의 명칭은 백제의 독자적인 것이지만, 이를 '품'으로 표현한 것은 중국의 영향이다. 중국의 경우 전한과 후한에서는 중이천석(中二千石), 이천석(二千石), 비이천석(比二千石) 식으로 녹봉의 액수를 가지고 관료의 등급을 나타내었다. 조위 대에 와서 제1품에서 제9품까지의 9품제가 실시되었고, 이 9품제는 남송 때까지 지속되었다. 그렇지만 양나라는 18반(班)에서 1반에 이르는 18반제를 실시하였다. 한편, 북위는 정1품 종1품에서 정9품 종9품에 이르는 18품제를 실시하였고 이는 북제에 의해 계승되었다.[89]

백제는 무령왕 대와 성왕 대에 걸쳐 양나라와 긴밀한 관계를 가졌

---

89) 이에 대해서는 《九通分類總纂》 選擧類를 참조할 것.

지만 북위와도 외교 교섭을 하였다. 그런데 백제의 16관품제는 양의 18반제와는 구조가 다르고 북위의 정종(正從) 18품제와 동일하다. 이는 16관품제가 북위의 18품제를 본보기로 하여 만들어진 것을 보여준다. 그렇지만 관품의 총수를 18품으로 하지 않고 16품으로 한 것은 백제적 변용이라 하겠다.[90]

(2) 주례(周禮)주의의 채택

사비도읍기 백제의 중앙관청의 핵심은 22부(部)였다. 22부는 내관 12부와 외관 10부로 구성되었다.[91] 외관 10부 가운데 상위를 차지하는 부가 사군부(司軍部), 사도부(司徒部), 사공부(司空部), 사구부(司寇部)이다. 사군부는 군사 관련 업무를, 사도부는 교육 관련 업무를, 사공부는 토목 관련 업무를, 사구부는 형벌 관련 업무를 담당하였다. 이 4부의 명칭은 《주례》와 《상서》에 나온다. 백제가 《주례》에 나오는 이러한 관명을 사용한 것은 《주례》의 이념을 받아들인 것이다. 이를 주례주의라 일컬을 수 있다.[92]

이를 방증해 주는 것이 북주의 관제이다. 북주는 왕조를 세운 이후 유교의 예제, 특히 《주례》의 이념에 바탕을 두고 관제를 정비하였다. 이는 황제권을 강화하기 위한 목적에서 취해진 조처였다. 백제 위덕왕은 즉위 초에는 실권 귀족들에 의해 왕권 행사에 많은 제약을 받았지만, 10년 이후에는 차츰 왕실의 권위를 회복하여 갔다. 이러한 시기에 위덕왕은 북주에 사신을 보냈고[93] 북주

---

90) 노중국, 2009, 〈백제의 고대동아시아 세계에서의 위상〉, 《백제문화》 40집, 공주대학교 백제문화연구소, 173~174쪽.

91) 《주서》 권49 열전제41 이역 상 백제전.

92) 양기석, 1990, 〈백제 위덕왕대 왕권의 존재형태와 성격〉, 《백제연구》 21집, 충남대 백제연구소.

의 제도 개혁을 목격하였다. 이 과정에서 백제는 북주의 주례주의적
관제 정비를 받아들인 것으로 볼 수 있다.[94] 이렇게 보면, 22부의 정
비는《주례》의 이념이 관철된 것으로서 북주 제도의 영향 아래서 이
루어진 것이라 할 수 있다.

(3) 중정제(中丁制)의 도입

국가를 운영하려면 인구 파악이 필수적이다. 인구가 가늠되어야만
군사 동원과 노동력 동원이 가능하기 때문이다. 이와 관련한 백제 왕
실의 노력이 제도적으로 반영된 사례가 호적의 작성이다. 호적은 인
구 파악의 효율성을 높여 준다. 백제가 호적제를 실시하였다는 것은
《일본서기》 계체기에 "백제 백성으로서 가야 지역에 도망하여 부도
절관(浮逃絶貫)한 자들을 괄출(括出)하여 관(貫: 호적)에 올리도록 하
였다"[95]는 기사에서 확인된다.

이러한 호적제의 구체적인 내용을 보여주는 것이 부여 궁남지에서
출토된 〈'서부후항' 목간〉과 나주 복암리 출토 호적 목간이다. 궁남리
목간에는 사달사사정(巳達巳斯丁), 의활△△△정(依活△△△丁) 등 정
2명과 중구(中口) 4명, 소구(小口) 2명이 나온다.[96] 복암리 목간에는
정과 중구 4명이 보인다.[97] 중앙과 지방에서 출토된 목간에서 인구를
연령등급별로 파악하는 방식이 모두 보이는 것은 호적 작성에 일정한

---

93)《삼국사기》권제27 백제본기 위덕왕 24년조의 "十一月 遣使入宇文周朝
  貢" 참조.

94) 이기동, 1996,《백제사연구》, 일조각, 171~173쪽.

95)《일본서기》권17 계체기 3년조의 "春二月 遣使于百濟 括出在任那日本縣
  邑百濟百姓 浮逃絶貫三四世者 並遷百濟附貫也" 참조.

96) 국립부여박물관, 2008,《백제목간》소장품조사자료집, 8~9쪽.

97) 김성범, 2009, 앞의 글, 89~90쪽.

〈도 5-3〉 궁남지 출토 서부후항 목간

규정이 있었음을 보여준다.[98]

중국의 경우 진(晉)무제 태시령에서는 16~60세를 정정(正丁), 15~
13세와 61~65세를 차정(次丁), 12세 이하를 소(少), 66세 이상을 노
(老)로 구분하였다.[99] 이러한 연령등급제는 5호16국 시대와 남북조
시대에 대체로 유지되다가 서위(西魏)를 시작으로 수당(隋唐) 시대를
지나면서 정 위의 연령에 설정되었던 차정은 사라지고, 정과 그 아래
의 차정에게만 수취를 부과하는 제도로 바뀌었다. 이때 정 아래의 차
정은 명칭이 중남(中男)으로 바뀌는데, 이를 앞 시대의 정정-차정제

---

98) 백제의 호적제에 대해서는 노중국, 2010,《백제사회사상사》, 지식산업사,
   215~218쪽 참조.

99)《通典》권7 식화7 丁中의 "晉武帝平吳後 有司奏 男女年各十六以上至六
   十爲正丁 十五以下至十三 六十一以上至六十五爲次丁 十二以下六十六以上
   爲老小 不事" 참조.

와 구분하여 정중제(丁中制)라 부른다.100)

　궁남지 목간과 복암리 목간이 보여주는 정, 중, 소라고 하는 연령등급제는 정중제에 해당한다. 백제는 위덕왕 대에 북주에 사신을 파견하였다. 따라서 목간이 보여주는 호적제는 북주의 영향을 받았을 가능성이 크다. 이는 사비 시기 백제 율령이 서위–북주–수당으로 이어지는 율령의 계보와 연결됨을 보여준다.101)

3. 유물을 통해 본 문물 교류

　6세기 중반에 들어와 백제는 남조는 말할 것 없이 북조와도 교섭과 교류를 하였다. 이로써 백제는 북조의 새로운 문화도 받아들였다. 이는 고고자료에서도 확인된다. 먼저 들 수 있는 것이 정림사지에서 출토된 농관(籠冠)이다. 이는 북위의 영향이다.

　둘째는 능산리 폐사지에서 출토된 유물이다. 목이 긴 병〔長頸瓶〕은 북제 무평 6년(575)에 만들어진 백자녹채장경병(白磁綠彩長頸瓶)과 비슷하여 북제의 문화를 수용한 것으로 보이며,102) 불두(佛頭)와 도용(陶俑) 등은 북위의 수도 낙양의 영녕사 출토품과 매우 비슷하다.

　셋째는 익산 왕궁리 출토 유물이다. 청자병 편은 허베이 성(河北省) 경현 봉자회묘에서 출토된 완전한 형태의 청자첩화문육이병(青瓷疊花文六耳瓶)과 직결된다. 이 육이병의 제작 연대는 무덤의 피장자가 북제 하청 2년(563)에 죽어 하청 4년(565)에 매장된 것에서 미루어 볼

---

100) 윤선태, 2007, 《목간이 들려주는 백제이야기》 역사문고 23, 주류성, 172~180쪽.

101) 윤선태, 2007, 앞의 글, 180쪽.

102) 김종만, 2003, 〈부여 능산리사지 출토유물의 국제적 성격〉, 《백제금동대향로와 고대동아시아》, 국립부여박물관, 69쪽.

때 6세기 중후반 무렵으로 볼 수 있다.

넷째는 부여 능산리 능사 목탑지에서 나온 300여 점의 소상편 가운데 삭발두상(削髮頭像)은 북조의 것과 매우 비슷하며, 〈백제창왕명석조사리감〉 명문에 나오는 '형(兄)'자의 서체는 북위와 북제에서 사용된 서체였다.103) 이는 백제가 북조의 서체도 받아들였음을 보여준다. 이렇게 북조의 문화를 받아들임으로써 백제의 문화는 더 풍부하게 되었고 다양성을 띠게 되었다.

다섯째는 불상이다. 군수리 납석불좌상과 금동보살입상은 동·서위 양식을 띠고 있다. 그러나 팽이 같은 육계(肉髻), 통통하고 양감 있는 얼굴, 복스럽게 웃고 있는 소박한 미소는 백제인의 모습을 보여준다. 태안 마애삼존불상은 입을 꼭 다물어 두 뺨이 팽팽해지고 둥글어진 얼굴에 육계는 팽이처럼 작고 백호도 뚜렷이 보인다. 두꺼운 대의를 가슴에 U자로 걸쳤는데, 안에 속옷인 승각기를 맨 띠매듭이 표현되어 있다. 이러한 양식은 북제 불상의 영향을 받은 것이다. 서산 마애삼존불은 동·서위 양식의 영향을 받은 불상에 북제와 북주의 양식이 가미되어 나타난 불상이다. 그러나 둥글고 온화한 얼굴, 만면에 띤 쾌활한 미소, 중후한 체구이지만 더 부드러워진 형태 등은 풍채 좋고 온화한 백제적 불상미를 잘 나타내고 있다.104)

---

103) 신광섭, 2003, 〈능산리사지 발굴조사와 가람의 특징〉, 《백제금동대향로와 고대동아세아》 백제금동대향로 발굴 10주년 기념 국제학술심포지엄, 국립부여박물관, 49쪽.

104) 이에 대한 설명은 문명대, 2007, 〈사비기 중국과의 문물교류〉, 《백제의 문물교류》 백제문화사대계 연구총서 10, 충청남도역사문화연구원, 281~287쪽 참조.

제4장 수, 신라, 고구려와의 관계

제1절 수의 통일과 백제의 군도(軍導) 요청

1. 수의 통일과 백제의 대수(對隋) 접근

수를 세운 사람은 양견(楊堅)이다. 그는 578년에 북주의 황태자 우문윤이 황제가 되자 황제의 장인[皇丈]으로서 그 권위가 더 높아졌다. 579년 외손자인 우문연이 정제(靖帝)로 즉위하자 양견은 섭정이 되어 모든 실권을 장악하였고, 580년에는 수왕에 책봉되었다. 그는 581년 정제로부터 선양을 받아 황제의 자리에 오른 뒤 연호를 개황(開皇), 국호를 대수(大隋)라 하고 장안을 수도로 삼았다.

581년에 수가 성립하자 백제 위덕왕은 수에 사신을 파견하였고, 수에서는 위덕왕을 '상개부의동삼사대방군공백제왕'으로 책봉하였다. 이후 위덕왕은 582년, 584년에도 수에 사신을 보냈다. 그러나 위덕왕은 585년에는 진(陳)에도 사신을 보냈다. 이는 백제가 수가 들어선 뒤에도 남북조와 등거리 외교를 유지한 것을 보여준다.

589년 수문제는 마침내 진을 멸망시키고 통일을 달성하였다. 수가 남북조를 통합하여 통일제국을 수립한 것은 동아시아에 큰 파동을 미쳤다. 이 힘의 압박은 일차적으로 고구려가 받았지만 백제도 그 영향권에서 벗어나는 것은 아니었다.

백제가 수나라에 의해 남조 진이 멸망하였다는 소식을 들었을 때 마침 수나라 전선(戰船) 하나가 표류하여 탐라국에 이르렀다. 이 전선은 뱃길 때문에 백제의 경계를 지나야 했다. 위덕왕은 돌아가는 수나라 군사들에게 노자를 두둑이 주었고 또 사신을 보내 진을 평정한 것을 축하하였다.105) 이는 고구려가 수의 공격에 대비해 병장기를 다듬고 군량을 쌓아둔 것〔治兵積穀〕과106) 대비되는 모습으로서, 백제가 수에 대해 우호적인 입장을 표현한 것이라 할 수 있다.

수는 백제의 사신 파견에 감사를 나타내면서도 이제부터는 사신을 매년 입공하지 않아도 된다고 하였다. 수가 이러한 조치를 취한 것은 585년에 진에 사신을 보낸 것에 대한 제재 조처로 보인다. 즉 수는 백제의 등거리 외교에 대해 사신 파견의 자제라는 조처를 취하였던 것이다. 그 영향으로 백제의 사신 파견은 뜸하게 되었다.

수나라가 매년 사신을 보내지 않아도 된다는 조처를 취한 지 10년만인 598년에 위덕왕은 장사 왕변나(王辯那)를 파견하였다. 이 해에 수는 고구려를 공격할 계획을 세우고 있었다. 이를 알게 된 백제는 군도(軍導)가 되기를 요청하였다.107) 이는 위덕왕이 중국 대륙을 통일한 수의 힘을 인정하고 수 중심의 국제 질서에 선제적으로 대응하려 한 의도를 보여준다. 그러나 수는 백제의 제안을 거절하였다.108) 수가

---

105) 《삼국사기》 권제27 백제본기 위덕왕 36년조.

106) 《수서》 권81 열전제46 동이 고구려전의 "開皇初 頻有使入朝 及平陳之後 湯大懼 治兵積穀 爲守拒之策" 참조.

107) 《삼국사기》 권제27 백제본기 위덕왕 45년조의 "秋九月 王使長史王辯那入隋朝獻 王聞隋興遼東之役 遣使奉表 請爲軍道" 참조.

백제의 제안을 거절한 배경은 이 시기의 상황과 연계시켜 보아야 한다. 598년 고구려가 요서를 선제적으로 공격하자 수는 이에 대응하여 고구려 공격을 단행하였다. 그러나 수의 육군은 장마를 만나고 또 군량이 뒤따르지 않은데다가 질병마저 돌아 제대로 작전을 펴지 못하였고, 수군도 풍랑을 만나 많은 배들이 표몰하여 실패하였다.109) 이런 상황에서 고구려왕은 이 전쟁을 서둘러 끝내려고 수에 사죄하였다. 수는 고구려의 사죄를 명분으로 삼아 군대를 돌리고 고구려를 전과 같이 대하기로 하였다.110)

백제가 군도 되기를 요청하였을 때는 수와 고구려 사이의 군사적 충돌이 정리된 뒤였다. 때문에 수는 백제의 요청을 거절할 수밖에 없었다. 고구려는 이 사실을 알고 군대를 동원하여 백제의 국경을 침략하였다.111) 이처럼 백제가 수로부터 거절당하고 고구려의 공격을 받게 된 것은, 백제가 수와 고구려 사이에 이루어진 일의 전후 상황을 제대로 파악하지 못한 결과라 할 수 있다.

---

108) 《삼국사기》 권제27 백제본기 위덕왕 45년조의 "帝下詔曰 往歲高句麗不
供職貢 無人臣禮 故命將討之 高元君臣恐懼 畏服歸罪 朕已赦之 不可致伐"
참조.

109) 《수서》 권81 열전제46 동이 고려전의 "明年 元率靺鞨之衆萬餘騎 寇遼
西…時餽運不繼 六軍乏食 師出臨渝關 復遇疾疫 王師不振" 및 《수서》 권2
帝紀제2 고조 하(開皇) 18년조의 "二月甲辰 幸仁壽宮 乙巳 以漢王諒爲行軍
元帥 水陸三十萬伐高麗…九月己丑 漢王諒師遇疾疫而旋 死者十八九" 참조.

110) 《수서》 권81 열전제46 동이 고려전의 "元亦惶懼 遣使謝罪 上表稱遼東
糞土臣元云云 上於是罷兵 待之如初 元亦歲遣朝貢" 참조.

111) 《삼국사기》 권제27 백제본기 위덕왕 45년조.

2. 백제와 신라의 공방

7세기에 들어와 백제와 신라의 군사적 충돌은 602년부터 시작되었다. 이후 두 나라 사이의 충돌은 여러 차례 되풀이되었다. 《삼국사기》에 따르면 554년 관산성 전투 이후 백제와 신라의 군사적 충돌은 577년에 백제가 신라를 공격하였다가 격파된 것이 유일하다. 그러나 무왕이 즉위하면서 백제와 신라는 다시 군사적 충돌 관계로 들어간다. 602년 백제가 아막성을 공격한 것이 그 시작이었다.112)

백제의 아막성 공격에 대응하여 신라는 소타, 외석, 천산, 옹잠 등 4성을 축조한 뒤 백제의 국경을 공격해 왔다. 백제가 좌평 해수를 보내 4만의 군대를 거느리고 가서 이 4성을 공격하게 하자, 신라는 장군 건품, 무은 등을 출동시켜 이를 막게 하였다. 이 전쟁에서 해수는 천산 서쪽 대택(大澤)으로 퇴각하여 복병을 숨겨 두었다가 급습하여 승기를 잡았다. 그렇지만 신라군이 죽음을 무릅쓰고 싸우는 바람에 대패하여 겨우 목숨만 건져 돌아왔다.113) 해수는 이 전쟁의 패배로 정치적 입지가 크게 흔들린 것으로 보인다.

백제의 공격을 잘 막아낸 신라는 605년에 백제의 변경을 공격하여 반격하였다. 이 전쟁의 승패에 대해서는 기록이 없지만, 두 나라는 일진일퇴의 공방을 주고받은 셈이 된다. 그러나 557년 이후 수십 년 만에 행해진 백제의 대규모 공격은 신라에게는 큰 충격을 주었다.

---

112)《삼국사기》권제27 백제본기 무왕 3년조의 "秋八月 王出兵 圍新羅阿莫山城(一名母山城) 羅王眞平遣精騎數千拒戰之 我兵失利而還" 참조.

113)《삼국사기》권제27 백제본기 무왕 3년조.

제2절 백제의 '실지양단(實持兩端)' 정책과 신라의 대응

1. 실지양단 정책의 추진

앞에서 말한 바와 같이, 위덕왕은 598년 9월에 장사 왕변나를 수에 파견하여 고구려 공격 때 군도가 되기를 요청하였다가 거절당한 뒤 고구려의 보복 공격을 받았다. 이 사건이 일어난 뒤 10년째인 607년에 무왕은 수에 사신을 보내 고구려 공격을 요청하였다. 여기에는 고구려 문제를 이용하여 수와 관계를 돈독히 하려는 무왕의 의도가 깔려 있었다. 수는 백제의 이러한 접근을 바람직한 것으로 판단하고 그 요청을 받아들였다. 그리고 백제로 하여금 고구려의 동정을 살피도록 하였다.

그러나 백제의 대수(對隋) 접근 움직임은 고구려에 의해 탐지되었다. 이에 대한 보복으로 고구려는 607년 5월에 송산성을 공격하고, 석두성을 습격하여 남녀 포로 3천 명을 잡아갔다.114) 백제에 대한 고구려의 이번 공격은 7세기에 들어와서 처음이자 마지막이었다. 그런데 《수서》 백제전에는 백제가 처음부터 고구려와 통화(通和)하면서 수에 접근한 것처럼 기술하고 있다.115) 이 기사대로라면, 고구려가 607년에 송산성과 석두성을 공격한 것을 이해하기 어렵다. 고구려의 이 공격은 백제와 고구려의 통화를 부정하는 것이기 때문이다. 따라서 《수서》의 '통화·협사(通和·挾詐)'는 《삼국사기》의 송산성·석두성 공격 이후의 사실을 전하는 것으로 파악하는 것이 타당하다.116)

---

114) 《삼국사기》 권제27 백제본기 무왕 8년조.

115) 《수서》 권81 열전제46 동이 백제전의 "大業三年 璋遣使者燕文進朝貢 其年又遣使者王孝鄰入獻 請討高麗 煬帝許之 令覘高麗動靜 然璋內與高麗 通和 挾詐以窺中國" 참조.

수나라에 고구려 공격을 요청하였다가 도리어 고구려의 반격을 받은 백제는, 수나라 편을 드는 것이 곧바로 고구려의 반발을 불러일으킨다는 것을 경험하였다. 이후 백제는 고구려와 수나라의 어느 편도 들지 않는 방향으로 정책을 수정하였다. 이것이 이른바 실지양단(實持兩端) 정책이다. 이 정책에 따라 백제는 때로는 수의 비위에 거슬리는 행동을 하기도 하고, 때로는 수에 적극 협조하는 자세를 보이기도 하였다.

전자의 경우를 보여주는 것이 608년에 수에 파견되었던 왜국 사신 매자신(妹子臣)이 수나라 국서를 가지고 귀국하다가 백제에게 탈취당한 사건이다.117) 백제의 국서 탈취는 왜뿐만 아니라 수나라에도 큰 문제가 되는 사건이다. 그럼에도 백제가 국서를 탈취한 것은 수와의 관계에 일정한 거리를 두려는 의도로 보여진다. 후자의 경우로는 수양제가 고구려 공격을 준비할 때 국지모(國智牟)를 보내 군사 기일[軍期]을 요청한 사실을 들 수 있다. 이에 수나라는 상서기부랑 석률(席律)을 파견하여 일을 도모하게 하였다.118) 이로 미루어 보면, 백제는 수를 적극 지원하려 한 것으로 볼 수 있다. 그러나 608년에 수나라가 막상 2백만의 군대를 동원하여 고구려를 칠 때 무왕은 국경의 방비를 엄중히 하면서 실질적으로는 수를 돕지 않았다.119) 이는 전형적인 실지양단의 정책을 보여준다.

---

116) 노중국, 2011b, 앞의 글, 7쪽.

117) 《일본서기》 권22 추고기 16년조의 "夏四月 小野臣妹子至自大唐 唐國號 妹子臣曰蘇因高 卽大唐使人裵世淸下客十二人 從妹子臣至於筑紫…六月… 爰妹子臣奏之曰 臣參還之時 唐帝以書授臣 然經過百濟國之日 百濟人探以 掠取 是以不得上…" 참조.

118) 《삼국사기》 권제27 백제본기 무왕 12년조의 "春二月 遣使入隋朝貢 隋 煬帝將征高句麗 王使國智牟入請軍期 帝悅厚加賞賜 遣尙書起部郎席律 來 與王相謀" 참조.

119) 《삼국사기》 권제27 백제본기 무왕 13년조의 "隋六軍度遼 王嚴兵於境 聲言助隋 實持兩端" 참조.

수의 고구려 공격이 실패로 끝난 2년 뒤인 614년에 무왕은 수에 사신을 보냈다. 그러나 이후 사방에서 반란이 일어나 수나라가 혼란의 시기로 들어가자 백제는 더 이상 수에 사신을 파견하지 않았다.[120] 이렇게 보면, 《수서》에 백제가 '통화·협사하였다'는 기사는 백제의 실지양단 정책을 나쁘게 표현한 것에 지나지 않는다.

2. 백제의 신라에 대한 공격 강화와 신라의 대응

백제가 실지양단의 정책을 추진한 뒤에 나타난 변화는 신라에 대한 공격의 강화이다. 《삼국사기》에 따르면, 606년부터 611년 9월까지 약 6년 동안 두 나라 사이에 군사적 충돌 기사가 보이지 않는다. 그러나 611년 10월에 백제는 신라의 가잠성을 공격하여 함락시켰다.[121] 그 뒤 두 나라의 군사적 충돌은 때로는 해마다 때로는 2~3년마다 일어났다.

백제가 이처럼 신라를 빈번하게 공격한 배경은 611년 봄 2월에 백제가 수에 사신을 보내 군사 기일[軍期]을 요청한 것에서 찾아볼 수 있다. 백제의 군기 요청은 수에 대한 우호적인 입장의 표명이 되지만, 고구려의 처지에서는 적대적인 행동으로 간주될 수 있다. 이에 백제는 신라를 공격함으로써 수나라에 군기를 요청한 것이 하나의 정치적 제스처라는 것을 고구려에게 보여주려 한 것 같다. 이리하여 신라에 대한 공격을 빈번하게 하였던 것이다.

반면에 이 시기 신라는 612년에 수나라가 고구려를 공격하는 틈을

---

120) 《수서》 권81 열전 제46 동이 백제전의 "十年 復遣使朝貢 後天下亂 使命遂絶" 참조.

121) 《삼국사기》 권 제4 신라본기 제4 진평왕 33년의 "冬十月 百濟兵來圍椵岑城百日 縣令讚德固守 力竭死之 城沒" 참조.

타서 고구려의 땅 500리를 빼앗는 등[122] 친수(親隋) 정책을 적극 추진하였다. 그러나 백제는 이렇게 친수 정책을 추진한 신라를 공격하였다. 백제의 신라 공격은 신라로 하여금 수를 쉽게 돕지 못하게 하는 효과도 있으면서 간접적으로는 고구려를 돕는 의미도 있다. 그래서 고구려는 백제가 비록 수에 고구려를 공격하기 위한 군기를 요청하였음에도, 607년 때와는 달리 백제에 대해 아무런 보복 공격을 하지 않았던 것이다.

---

122) 《구당서》 권199 상 열전제149 동이 고려전의 "(貞觀) 十七年 封其嗣王藏爲遼東郡王高麗王 又遣司農丞相里玄獎 齎璽書往說諭高麗 令勿攻新羅蓋蘇文謂玄獎曰 高麗新羅怨隙已久 往者隋室相侵 新羅乘釁 奪高麗五百里之地城邑 新羅皆據有之…" 참조. 이와 동일한 내용이 《신당서》 권220 동이열전제145 고려전에도 나온다.

제5장 당, 신라, 고구려와의 교섭과 교류

제1절 백제의 '여제연병(麗濟連兵)' 정책과 신라, 당의 대응

1. 당의 통일과 백제의 실지양단 정책의 고수[123]

당나라를 세운 이연(李淵)은 선비족 계통의 무장이다. 그는 수나라에서 아버지의 뒤를 이어 7세 때 당국공(唐國公)의 작위를 이었다. 이후 이연은 이모가 수문제의 후비(后妃)로 되자, 황제의 신변을 지키는 천우비신(千牛備身)이 되었다. 이때 수양제는 즉위 뒤 강남의 항주에서 시작하는 대운하를 건설하는 등 대규모 토목공사를 실시하여 백성들의 노역을 과징하였다. 또 사치스런 생활로 재정을 탕진하였다. 여기에 더하여 세 차례에 걸친 고구려 원정도 실패하였다. 그 결과 각지에서 반란이 일어나게 되었다.

---

123) 필자는 7세기에 들어와 삼국 관계를 '상호 항쟁과 대립'으로 파악한 바가 있었다(노중국, 1981, 〈고구려·백제·신라 사이의 역관계 변화에 대한 일고찰〉, 《동방학지》 28집, 연세대학교 국학연구원). 그러나 여기서는 종래의 견해를 수정하여 백제의 '실지양단' 정책을 중심으로 재정리하였다.

617년 북방의 군사적 요충인 태원(太原)에 파견되어 돌궐에 대한 방비를 담당하고 있던 이연은 그곳의 관료·호족과 결탁하고 군비를 갖추어 그해 여름 군사를 일으켰다. 7월에 3만의 군대를 거느리고 태원을 출발한 이연은 11월에 수도 장안을 점령하였다. 그리고 명목상 양제의 손자를 추대하고, 자신은 당왕(唐王)이 되어 관중에 군림하였다. 이듬해 양쯔 강 기슭으로 몸을 피한 양제가 살해되자, 스스로 제위에 올라 당을 세웠다.

당의 중국 대륙 통일은 수에 못지않게 삼국 모두에 큰 영향을 끼쳤다. 그렇지만 백제와 신라 사이에 벌어진 공방전은 당이 중국 대륙을 통일한 618년 이후에도 되풀이되었다. 618년에 신라의 북한산주 군주 변품은 가잠성을 공격해 왔다. 백제는 623년에 신라의 늑노현을 공격하였으며, 624년에는 속함, 기잠, 봉잠, 기현, 용책 등 6성을 빼앗았다.

626년 신라는 당에 사신을 보내 고구려가 길을 막는 것[塞路]을 하소연하였다. 이때 백제도 명광개(明光鎧)를 보내면서 역시 고구려가 길을 막는다고 하소연하였다.124) 신라의 경우 625년에 고구려로부터 빈번하게 공격을 받고 있었기 때문에125) 고구려가 길을 막는다고 당나라에 하소연하는 것은 당연하다고 할 수 있다. 그러나 백제는 이때 고구려의 공격을 받은 적이 없었다. 따라서 무왕이 고구려가 길을 막는다고 하소연한 외교 행위는 626년 8월에 군대를 보내 신라 주재성을 공격하여 성주 동소를 죽인 사실과126) 연결시켜 보아야 한다.

---

124) 《구당서》 권199 상 열전제149 동이 고려전의 "(武德) 九年 新羅百濟遣 使訟建武云 閉其道路 不得入朝" 참조.

125) 《삼국사기》 권제4 신라본기 진평왕 47년의 "冬十一月 遣使大唐朝貢 因 訟高句麗塞路 使不得朝 且數侵入" 참조.

126) 《삼국사기》 권제4 신라본기 진평왕 48년조의 "八月 百濟攻主在城 城主東 所拒戰死之" 참조. 백제본기 무왕 27년조에는 '王在城'으로 나온다.

제5장 당, 신라, 고구려와의 교섭과 교류 373

이 둘을 연결시켜 보면, 백제는 고구려가 길을 막는다고 호소함으로써 당에 대해 백제가 친고구려적인 입장을 지니고 있지 않다는 것을 보여줄 수 있었고, 신라에 대한 공격으로 고구려와 관계를 파탄으로 몰고 가지 않겠다는 의사를 표현하였던 것이다. 이는 백제가 당이 들어선 뒤에도 당과 고구려의 어느 편도 들지 않는 실지양단 정책을 계속 추진한 것을 보여주는 것이다.

이에 대해 당고조는 산기상시 주자사(朱子奢)를 보내 백제에게는 고구려와의 원한을 풀도록 하고, 신라에게는 고구려와 연화할 것을 권유하였다.127) 그럼에도 백제는 장군 사걸을 보내 신라 서쪽 변경 지역을 공격하여 남녀 3백여 명을 포로로 잡았고,128) 신라에게 빼앗긴 땅을 되찾고자 크게 군대를 동원하여 웅진에 주둔하도록 하였다. 황급해진 신라 진평왕은 사신을 당에 보내 신라의 위급함을 아뢰었고 의자왕은 이 소식을 듣고 공격을 멈추었다.129)

이후 신라와 당의 관계는 더욱 가까워져 갔다. 이를 보여주는 것이 당태종이 복신(福信)에게 내려준 국서이다. 627년 무왕이 조카 복신을 사신으로 보내자 당태종은 귀국하는 그에게 국서를 주었다. 그 국서에서 당태종은 백제에 대해 '신라는 당의 번국이고 백제의 이웃 나라이므로 이웃의 정을 돈독히 하면서 정토(征討)를 중단하라'고 하는 등 많은 사항을 요구하였다. 이는 당이 신라를 두둔하는 쪽으로 정책의 가닥을 잡아가는 것을 보여준다. 이에 대해 백제는 겉으로는 당의 요구를 수용하는 척하면서 속으로는 신라와의 갈등을 접지 않았다.130)

---

127) 《삼국사기》 권제27 백제본기 무왕 27년조 및 《삼국사기》 권제5 신라 본기 진평왕 48년조.

128) 《삼국사기》 권제27 백제본기 무왕 28년조.

129) 《삼국사기》 권제27 백제본기 무왕 28년조의 "王欲復新羅侵奪地分 大擧兵 出屯於熊津 羅王眞平聞之 遣使告急於唐 王聞之乃止" 참조.

이 또한 실지양단 정책으로 신라에 대한 압박을 강화하려는 무왕의
의도를 보여주는 것이다.

2. '여제연병' 성립의 배경

1) 신라의 한강 유역 점령과 백제·고구려와의 결원(結怨)

7세기 중반에 들어오면서 동아시아의 국제 정세는 기본적으로 고
구려와 당이 대립각을 세우는 형세였다. 이 사이에 백제는 당과 고구
려의 어느 편도 들지 않는 실지양단의 정책을 취하면서 한편으로는
고구려와 연화하여 신라를 군사적으로 압박하는 정책을 추진하였다.
백제의 이러한 정책 추진에는 신라와의 갈등이 크게 작용하였다. 그
갈등의 근원에는 신라의 한강 유역 점령과 그에 따른 백제의 비극이
자리하고 있었다.

이를 잘 보여주는 것이 당고조가 신라 사신에게 백제와 원수지게 된
까닭을 묻자, 신라 사신이 "이전에 백제가 고구려를 치려고 하자 고구려
가 신라에 구원을 요청하였다. 신라는 그 요청을 받아들여 군대를 동원
하여 백제국을 대파하였기 때문에 원수가 되었고, 서로 공벌하는 과정
에서 신라는 백제왕을 붙잡아 죽였다. 이것이 원망이 생겨난 까닭이다"
라고 답한 말이다.131) 이 말에서 확인할 수 있는 백제와 신라가 원수가
된 핵심적인 이유가, 554년에 일어난 관산성 전투에서 신라군의 공격을

---

130) 《삼국사기》 권제27 백제본기 무왕 28년조의 "王因遣使奉表陳謝 雖外稱
　　順命 內實相仇如故" 참조.

131) 《구당서》 권199 상 열전제149 동이 신라전의 "武德四年 遣使朝貢 高祖
　　親勞問之…乃問其使爲怨所由 對曰先是百濟往伐高麗 詣新羅請救 新羅發兵
　　大破百濟國 因此爲怨 每相攻伐 新羅得百濟王殺之 怨由此始" 참조.

받아 성왕이 붙잡혀 죽고 3만 명에 가까운 사졸들이 전사한 사건이라는 것이다.

전쟁이 일어나면 많은 사람이 죽고 다치기 마련이다. 그러나 왕이나 왕의 가족이 죽임을 당했을 경우 그 원한은 상대적으로 컸다. 비록 신라의 경우이지만, 642년에 백제가 대야성을 함락하고 성주 품석과 그의 부인 고타소낭을 죽였을 때 고타소낭의 아버지 김춘추가 기둥에 기대어 하루 종일 눈도 깜짝하지 않고 사람이 지나가는 것도 살피지 않았다고 한 것과,132) 660년에 신라가 당과 합군하여 백제를 멸망시킨 후 태자 김법민이 백제 태자 융에게 누이의 죽음에 대해 "20년 동안 마음이 아프고 머리가 아팠다〔痛心疾首〕"고133) 말한 것이 이를 잘 보여준다. 이로 미루어 보면, 성왕의 전사는 백제에게는 큰 충격이었고 그래서 아들 위덕왕은 출가하여 수도하겠다는 뜻까지 비추었다.134) 이는 백제의 신라에 대한 원망이 그만큼 깊었음을 짐작하게 한다. 그 결과 백제의 신라에 대한 공벌은 계속 되풀이되었던 것이다.

신라와 고구려의 대립과 갈등의 원인은 영토 문제였다. 두 나라 사이의 영토 분쟁은 당나라 사신 상리현장(相里玄奬)이 국서를 가지고 고구려에 가서 신라를 공격하지 말 것을 요청하자, 실권자인 연개소문이 "고구려와 신라 사이의 원한은 이미 오래되었다. 지난날 수나라가 공격해 오자 신라는 그 틈을 타서 고구려의 500리 땅을 빼앗아 차지하였다. 이를 되돌려 주지 않으면 공격을 멈출 수 없다"고 대답한

---

132) 《삼국사기》 권제5 신라본기 선덕왕 11년조의 "初大耶之敗也 都督品釋之妻死焉 是春秋之女也 春秋聞之 倚柱而立 終日不瞬 人物過前而不之省…" 참조.

133) 《삼국사기》 권제5 신라본기 태종무열왕 7년조의 "法敏跪隆於馬前 唾面罵曰 向者 汝父枉殺我妹 埋之獄中 使我二十年間 痛心疾首" 참조.

134) 《일본서기》 권19 흠명기 15년조.

말에서135) 잘 드러난다. 여기에서 먼저 정리해 두어야 할 것은 “고구려와 신라 사이의 원한은 이미 오래되었다〔高麗新羅怨隙已久〕”는 기사와 “고구려의 500리 땅을 빼앗았다〔奪高麗五百里之地城邑〕”는 기사의 선후 관계이다.

논자에 따라서는 신라가 500리 땅을 빼앗았기 때문에 원한이 생겨난 것으로 보기도 한다. 그러나 수의 고구려 침입은 당의 처지에서 보아도 오래된 일은 아니다. 따라서 ‘이미 오래 되었다는〔已久〕’는 표현은 수의 고구려 침입 이전에 일어난 원한을 말한다. 그렇다면 두 나라 사이의 오랜 갈등의 요인은 두 시기로 나누어 볼 수 있다.

‘이구(已久)’ 즉 먼 시기의 일은 551~554년 사이에 신라가 한강 하류 지역을 모두 차지한 것을 말하는 것이다. 그런데 한강 유역에 대한 고구려의 집착은 매우 강하였다. 평강왕 대의 인물인 온달이 신라가 한북의 땅을 빼앗아 군현으로 삼은 것에 대해 ‘백성들이 통한하여 부모의 나라를 잊지 못하고 있다’고 하면서 ‘이 땅을 되찾지 못하면 살아 돌아오지 않겠다’고 한 각오의 말과,136) 642년에 청병하러 온 김춘추에게 고구려왕이 ‘마목현과 죽령 이북의 땅을 돌려주지 않으면 돌아갈 수 없다고 협박하면서 김춘추의 요청을 거절한’ 것이137) 이를

---

135) 《구당서》 권199 상 열전제149 동이 고려전의 “(貞觀) 十七年…又遣司農丞相里玄奬 齎璽書往說諭高麗 令勿攻新羅 蓋蘇文謂玄奬曰 高麗新羅怨隙已久 往者隋室相侵 新羅乘釁 奪高麗五百里之地城邑 新羅皆據有之 自非反地還城 此兵恐未能已”참조.

136) 《삼국사기》 권제45 열전제5 온달전의 “及嬰陽王卽位 溫達奏曰 惟新羅割我漢北之地 爲郡縣 百姓痛恨 未嘗忘父母之國 願大王不以愚不肖 授之以兵 一往必還吾地 王許焉 臨行誓曰 鷄立峴竹嶺已西 不歸於我 則不返也 遂行…”참조.

137) 《삼국사기》 권제41 열전제1 김유신 상의 “善德大王十一年壬寅…春秋恨之 欲請高句麗兵 以報百濟之怨 王許之…王欲橫問 以其難對而辱之 謂曰 麻木峴與竹嶺 本我國地 若不我還 則不得歸…”참조.

잘 보여준다.

가까운 시기의 일은 수나라 공격 때 신라가 고구려의 땅 500리를 빼앗아 점령한 것을 말한다. 현재의 자료에서는 신라가 500리 땅을 빼앗았다는 사실은 확인되지 않는다. 그렇지만 신라가 수나라를 도와 고구려를 공격하였다는 것과 그 과정에서 고구려 영토의 일부를 점령 하였음을 부정할 필요는 없다. 따라서 신라의 이러한 적대적 군사행 동은 고구려의 반발을 크게 불러일으켰고, 이로 말미암아 두 나라 사 이의 갈등은 깊어지게 되었던 것이다.138)

2) 백제와 고구려의 정변과 대외 정책의 변화

백제 무왕은 재위 33년인 632년에 의자를 태자로 책봉하였다. 태자 로 책봉된 의자는 무사히 왕위에 오르기 위한 노력을 아끼지 않았다. 그가 부모에게 효도하고 형제와 우애롭게 지내 '해동의 증자'로 불렸던 것은, 왕위 계승 과정에서 일어날 수 있는 왕제들의 반발을 무마하고 왕족들과 긴밀한 유대를 맺으려는 노력의 결과였다.139) 그러나 무왕 말년에 와서, 왕비를 중심으로 하는 측근들의 의자에 대한 견제가 컸 다. 이 때문에 의자가 왕위에 오르기까지에는 상당한 어려움이 있었다.

이런 어려운 과정을 거쳐 왕위에 오른 의자왕은 641년에 반대 세력 들을 제거하는 친위정변을140) 단행하였다. 이 정변에서 동생 왕자의 아들 교기(翹岐)와 내좌평 기미(岐彌)를 비롯한 고명한 인사 40여 명 이 섬으로 쫓겨났다.141) 이 정변은 의자왕이 귀족 중심의 정치 운영

---

138) 노중국, 2011b, 앞의 글, 13~14쪽.

139) 김수태, 1992a, 〈백제 의자왕대의 정치변동〉, 《한국고대사연구》 5집, 한 국고대사학회, 62쪽.

140) 노중국, 1988, 앞의 책, 207~210쪽 및 김수태, 1992a, 위의 글 참조.

을 그대로 유지하려는 기존의 귀족들을 제거하고자 일으킨 것이었다. 친위정변으로 반대 세력을 숙청하는 데 성공한 의자왕은 자신의 지지 기반을 확대하였다. 이 시기에 의자왕을 지지한 세력으로는 국씨와 사씨 등 대성팔족 출신과 정변 뒤 좌평 등에 임명된 성충, 흥수 등과 신라와 전쟁을 수행하는 데 활약한 장군 윤충, 의직, 은상 등을 들 수 있다.142) 이리하여 의자왕 초기에는 왕권은 강화되고 정치적 안정도 이루었다.

고구려 연개소문143)(?~666)은 동부 대인이었던 아버지가 죽은 뒤 그 직을 계승하고자 하였다. 유력 귀족들이 그의 세력과 무단적인 기질을 두려워하여 반대하였으나, 연개소문은 머리를 숙여 마침내 아버지의 직을 계승하였다. 그 뒤 연개소문은 천리장성을 축조하는 일의 최고 감독자가 되었다. 그러나 그의 세력이 커지는 것을 두려워한 영류왕과 대신들은 그의 제거를 모의하였다. 이를 눈치 챈 연개소문은 642년 평양성 남쪽 성 밖에서 부병(部兵)의 열병식을 구실로 정변을 일으켜 유력 귀족들을 죽이고 영류왕을 시해한 뒤 보장왕을 세웠다. 이때 제거된 자는 이리거세사(伊利渠世斯)를 비롯하여 181명이나 되었다.144) 연개소문은 스스로 막리지(莫離支)의 지위에 올라 실권을 장악하였다.145)

---

141) 《일본서기》 권24 황극기 원년조의 "百濟弔使儻人等言…今年正月　國主母薨　又弟王子兒翹岐及其母妹女子四人　內佐平岐味　有高名之人卅餘　被放於嶋" 참조.

142) 김수태, 1992a, 앞의 글; 양기석, 1982, 〈백제 의자왕대의 정치적 변혁〉, 《호서사학》 10집, 호서사학회; 김주성, 1992, 〈백제 무왕의 사찰건립과 권력강화〉, 《한국고대사연구》 6집, 한국고대사연구회.

143) 그의 이름은 蓋金, 盖金, 蓋蘇文으로 표기되었으며 《일본서기》 권24 황극기 원년조에는 伊梨柯須彌로 나온다.

144) 《일본서기》 권24 황극기 원년조.

백제와 고구려에서 정변이 일어난 직후 두 나라의 대당(對唐) 정책에는 별다른 변화가 없다. 의자왕은 641년 8월에 당에 사신을 보내 방물을 바치고, 643년 봄 정월에도 사신을 보내 조공하였다. 이는 당과 우호적인 관계를 그대로 유지하겠다는 표시로 볼 수 있다. 연개소문도 당나라에 사신을 보내어 숙달 등 8명의 도사를 맞아들이고 도교를 장려하였다.146) 연개소문의 도교 장려 정책에는 정변 초기에 당나라와 충돌을 피하려는 의도에서 나온 것이었다.147)

이와 달리 고구려와 백제의 신라에 대한 군사적 압박은 이전보다 더하였다. 의자왕은 642년 가을 7월에 친히 군대를 거느리고 신라를 공격하여 미후성 등 40여 성을 함락하였고, 8월에는 장군 윤충이 군사 1만을 거느리고 가서 대야성을 함락한 뒤 남녀 1천여 명을 포로로 잡아왔다. 이때 대야성주 김품석과 김춘추의 딸인 그의 부인도 함께 죽었다.148) 이는 신라에 대한 강한 군사적 압박이었다.

위기에 처한 신라는 김춘추를 고구려에 보내 백제를 공격하기 위한 군사 지원을 요청하였다. 그러나 고구려는 신라의 요청을 거절하였을 뿐만 아니라 643년에는 신라의 2성을 점령하였다. 또 당나라 사신 사농승(司農丞) 상리현장(相里玄獎)에게는 신라가 빼앗은 고구려 땅 500리를 내어놓지 않으면 공격을 멈출 수 없다는 뜻을 분명히 하였다. 이는 연개소문이 신라에 대해 강한 압박 정책을 펴나간 것을 보여준다.

이 과정에서 백제와 고구려는 연화(連和)하였다. 두 나라가 연화할 수 있었던 배경은 다음과 정리할 수 있다. 첫째, 백제와 고구려는 각

---

145) 《삼국사기》 권제49 열전제9 개소문전.

146) 《삼국사기》 권제21 고구려본기 보장왕 2년조.

147) 이내옥, 1983, 〈연개소문의 집권과 도교〉, 《역사학보》 99·100합, 역사학회.

148) 《삼국사기》 권제28 백제본기 의자왕 2년조.

각 상대국의 왕을 죽여 숙원을 정리하였다는 점이다. 백제는 372년에 평양성 전투에서 고구려 고국원왕을 죽이고 이를 자랑스럽게 여겼지만,149) 고구려는 백제에 대해 원한을 가졌다.150) 그러나 장수왕은 475년에 백제를 공격하여 한성을 함락시키고 개로왕을 죽였다. 이로써 백제와 고구려는 일승일패의 게임을 한 셈이 되며 서로의 숙원을 정리할 수 있는 계기를 마련하였다.

둘째, 554년에 신라가 한강 유역을 완전히 점령함으로써 국경에 변화가 생겼다. 백제와 고구려는 국경을 접하지 않게 되었지만, 신라는 고구려 및 백제 모두와 국경을 접하게 되었다. 국경을 접하지 않은 나라끼리 전쟁을 하는 것은 어렵지만, 국경을 접한 경우 언제 어디서든지 공격할 수 있었다. 때문에 당과 국경을 접한 고구려는 당의 공격을 대비하여야 하였고 그러려면 후방의 안전이 필요하였다. 이 후방의 안전을 위협할 수 있는 세력은 국경을 접한 신라였다. 따라서 고구려는 신라를 견제하는 것이 필요하였다.

한편, 백제는 국경을 접하지 않은 고구려와 굳이 적대적인 관계를 가질 필요는 없었고, 자신의 원한을 풀기 위해서나 영역을 확장하기 위해서는 신라로 진격하는 수밖에 없었다. 그러나 신라에 대한 공격이 효과를 얻으려면 신라를 지원하는 세력이 없어야 했다. 당과 왜의 경우 바다를 사이로 떨어져 있기 때문에 설혹 신라를 도울 의사가 있다고 하더라도 지원하기가 쉽지 않았지만, 고구려는 상대적으로 신라를 지원하기 쉬운 위치에 있었다. 따라서 백제는 고구려가 신라에 기울지 않도록 하는 것이 필요하였다.

---

149) 《위서》 권100 열전제88 백제전의 "其祖釗輕廢鄰好 親率士衆 凌踐臣境 臣祖須 整旅電邁 應機馳擊 矢石暫交 梟斬釗首 自爾已來 莫敢南顧" 참조.

150) 《위서》 권100 열전제88 백제전의 "又詔璉護送安等 安等至高句麗 璉稱 昔與餘慶有讎" 참조.

이러한 조건 속에서 두 나라의 이해관계가 맞아떨어져 여제(麗濟)의 화친이 이루어졌던 것이다.151) 이 화친은 신라에 대해서는 군사행동도 공동으로 하는 적극적인 성격의 것이었다. 643년에 의자왕이 고구려와 함께 신라의 당항성을 공격하려 한 것이 이를 보여준다.152)

3. 백제·고구려의 신라 공격과 신라의 대응

1) 642.7~642.8: 미후성·대야성 함락과 신라의 대응

641년 봄 3월에 백제 무왕이 죽자 당태종은 친히 현무문에서 애도를 표하고 부의를 후히 내리고, 사부낭중 정문표를 보내 의자왕을 주국 대방군왕 백제왕(柱國帶方郡王百濟王)으로 책봉하였다. 당이 신속히 의자왕을 책봉한 것은 백제와 우호 관계를 계속 유지하려는 의도에서 나온 것이다. 이에 의자왕도 641년 8월에 사신을 보내 감사의 뜻을 나타내면서 방물을 보냈고, 642년 봄 정월에는 하정사를 겸한 사신을 파견하여 우호적인 관계를 유지하였다.

그러나 신라에 대해 의자왕은 636년 옥문곡 전투 뒤 641년에 이르기까지의 소강상태를 깨고 군사 공격을 강화하였다. 642년 7월 의자왕은 친히 군대를 거느리고 공격에 나서 신라의 미후성을 먼저 공격하여 함락시키고 뒤이어 40여 성도 함락시켰다.153) 이 전투에서 승리로 의자왕은 대내적으로는 군사권을 확고히 장악하여 왕의 위상을 높

---

151) 노중국, 2011b, 앞의 글, 15~16쪽.

152) 그러나 여제연병을 부인하는 견해도 있다. 이에 대해서는 이호영, 1982, 〈여제연화설의 검토〉, 《경희사학》 9집, 경희대학교 사학과, 30쪽.

153) 《삼국사기》 권제5 신라본기 선덕왕 11년조의 "秋七月 百濟王義慈大擧兵 攻取國西四十餘城" 참조.

이고, 대외적으로는 신라를 압도하는 군사력을 과시할 수 있었다.

미후성 전투의 승리로 자신감을 얻은 의자왕은 642년 8월 장군 윤충으로 하여금 군사 1만 명을 거느리고 가서 신라의 대야성을 공격하도록 하였다. 대야성은 오늘날의 경남 합천으로서 낙동강 서쪽에 자리한 신라의 핵심적인 거점성이었다. 이때 대야성 도독은 김춘추의 사위인 품석이었다. 대야성에 부임한 품석은 막객 검일(黔日)의 처가 아름다운 것을 보고 그의 처를 빼앗았다.154) 이때 윤충의 휘하에는 신라에서 망명해 온 모척(毛尺)이 있었다. 그는 대야성에 있을 당시 검일과 친교가 깊었다. 모척은 도독 품석에게 큰 원망을 품고 있던 검일과 비밀리에 접촉하였다.155)

검일은 이때야말로 자신의 원한을 갚을 수 있는 기회로 생각하고 모척과 내통하여 약정한 기일에 대야성 안의 창고에 불을 지르고 백제군을 끌어들였다. 성 안의 민심이 흉흉한 상황이 되자, 품석의 보좌관인 아찬 서천(西川)이 성 위에 올라가 윤충에게 '죽이지 않는다면 성을 들어 항복하겠다'고 말하였다. 윤충이 그 요구를 들어준다고 하자 서천은 품석 및 여러 장사들과 함께 성을 나가려고 하였다. 이때 죽죽(竹竹)은 성을 나가는 것을 반대하였지만, 품석은 이를 뿌리치고 먼저 사졸을 내보냈다. 그러나 윤충은 군대를 매복시켜 두었다가 성을 나오는 신라 군사들을 모두 죽여 버렸다.156) 죽죽은 남은 군사들을 모아 성문을 닫고 힘써 싸웠으나 마침내 성은 함락되고 말았다.

윤충은 품석 부부의 머리를 왕도에 보내고 승전보를 올렸다. 그리

---

154) 《삼국사기》 권제44 열전제4 죽죽전.
155) 《삼국사기》 권제6 신라본기 무열왕 7년조.
156) 《삼국사기》 권제44 열전제4 죽죽전. 그러나 《삼국사기》 권제28 백제본기 의자왕 2년조에는 품석이 처자와 함께 성을 나와 항복하자 윤충이 그를 죽인 것으로 나온다.

고 남녀 1천여 명을 포로로 잡은 뒤 대야성에는 군대를 주둔시켜 지키게 하였다. 이는 백제가 대야성을 확고히 장악하겠다는 의지를 표명한 것이다. 의자왕은 윤충의 공로를 상찬하여 말 20필과 곡식 1천 석을 내렸다.[157] 품석 부부의 시체는 뒷날 포로로 잡힌 백제 장군과 맞교환되었다.

대야성의 함락과 도독 품석 부부의 죽음은 신라 조정과 김춘추에게 여러 면에서 큰 충격을 주었다. 군사적인 측면에서는 이제 백제는 언제든지 낙동강을 건너면 신라 수도를 공격할 수 있게 되었다. 이는 신라로서는 커다란 위협이라 하지 않을 수 없었다. 한편 대야성 함락은 김춘추의 처지에서는 딸과 사위를 잃었을 뿐만 아니라 자신의 정치적 입지에도 타격을 주었다. 이에 김춘추는 백제의 위협도 차단하고 개인적인 원한도 갚고자, 자신이 직접 고구려에 가서 군사 원조를 요청하기로 하였다. 그렇지만 김춘추의 고구려행은 매우 위험하였다. 그가 고구려로 떠나기 전에 김유신과 나눈 대화에서 "내가 만약 고구려로 들어가서 피해를 입는다면 그대는 가만히 있겠는가"라고 말했다든가, "내가 날을 계산하여 60일째에 돌아올 것인데, 만약 이 기간을 넘겨 오지 않으면 다시 볼 기회는 없을 것이다"라고 말한 것이[158] 이를 보여준다.

642년 겨울에 김춘추는 고구려에 들어갔다. 고구려는 경계를 늦추지 않으면서 연개소문으로 하여금 맞이하게 하였다. 김춘추는 보장왕을 만난 자리에서 군사 지원을 요청하였다. 그렇지만 고구려는 마목령과 죽령을 돌려주지 않으면 돌아갈 수 없다고 협박하였다.[159] 김춘

---

157) 《삼국사기》 권제28 백제본기 의자왕 2년조.
158) 《삼국사기》 권제41 열전제1 김유신 상.
159) 《삼국사기》 권제41 열전제1 김유신 상 및 권제5 신라본기 선덕왕 11년조.

추가 거절하자 협상은 결렬되고 김춘추는 감금되었다. 이 소식을 들은 김유신은 결사대 1만 명을 거느리고 김춘추를 구하기 위한 공격에 나섰다. 첩자를 통해 신라의 동향을 파악한 고구려는 김춘추가 '귀국하면 왕에게 권해 땅을 내어 놓도록 하겠다'는 약속을 근거로 하여 돌려보냈다. 그러나 김춘추는 고구려 국경을 벗어나자 앞서 한 약속을 취소하였다. 이번 사건을 계기로 고구려에 더 이상 군사적 지원을 기대할 수 없다는 것을 확인한 신라는 더 적극적으로 대당(對唐) 외교활동을 펼치게 되었다.

2) 642.9~642.11: 백제·고구려의 연병(連兵)과 당항성 공격 계획

642년 10월 정변을 일으켜 권력을 잡은 연개소문은 한강 유역을 되찾기 위해 신라에 대해 강경 정책을 취하면서 백제와는 연화(連和)하였다. 이 바탕 위에서 643년에 백제는 고구려와 연병(連兵)하여 신라 당항성을 공격하기로 하였다. 당항성 공격 시기에 대해 《삼국사기》 백제본기에는 643년 겨울 11월로, 신라본기에는 642년 8월로 나와[160] 1년 3개월의 차이가 난다. 신라본기의 기사는 《구당서》 백제전의 기사를[161] 저본으로 하였다. 그런데 《구당서》는 의자왕의 40성 공발(攻拔), 백제와 고구려의 신라 당항성 공격 계획, 신라의 위급 사항 알림, 당태종의 상리현장 파견, 당의 고구려 공격, 백제의 신라 공격 등을 모두 642년조에 수록하고 있다. 이 가운데 당태종의 고구려 공격은 645년의 일이었다.[162] 이는 《구당서》 백제전의 내용이 642년에서

---

160) 《삼국사기》 권제5 신라본기 선덕왕 1년조.

161) 《구당서》 권199 상 열전제149 동이 백제전의 "(貞觀)十六年 義慈興兵 伐新羅四十餘城 又發兵以守之 與高麗和親通好 謀欲取黨項城 以絶新羅入 朝之路 新羅遣使告急請救" 참조.

645년 사이에 일어난 일을 모두 642년조에 기록한 것을 보여준다. 따라서 백제와 고구려의 당항성 공격 시기는 643년 겨울 11월로 보는 것이 타당하다.

백제와 고구려의 공격 계획을 듣고 신라는 급히 당나라에 사신을 보내 도움을 요청하였다. 이 시기 당은 640년에 고창국(高昌國)을 항복시켜 서역 지역의 경략을 일단 끝내고 고구려로 관심의 방향을 돌리고 있었다. 641년에 고구려에 사신으로 파견된 직방랑중 진대덕은 고구려의 풍속 지리 등 내정을 염탐하였고,163) 동시에 백제를 이용하여 고구려를 견제하려고 하였다. 그럼에도 백제는 고구려와 화친하여 신라를 압박하였다. 이것은 당나라의 대(對)고구려 정책 추진에 차질을 가져오는 것이었다. 이에 당태종은 의자왕이 고구려와 협계(協契)를 맺은 것이 아닌가 하고 의심하였다.164) 당의 이러한 입장과 신라가 당에 구원을 요청하였다는 사실을 파악한 의자왕은 더 이상 군사 작전을 전개하지 않았다. 여기에서 주목되는 것은 백제가 당과 관계를 계속 유지하려고 했다는 사실이다. 그래서 의자왕은 이듬해에도 당에 사신을 보내 조공하였다.

3) 644.7~645.3: 백제와 신라의 일진일퇴의 공방

643년 9월 신라는 당에 사신을 보내 고구려와 백제가 자주 침략하여 수십 성을 빼앗았으므로 군대를 파견해 도와줄 것을 요청하였다. 이에 대해 당태종은 3가지 계책을 제안하였다. 하나는 변방의 군대를

---

162) 《신당서》 권220 동이열전 제145 백제전;《삼국사기》 권제21 고구려본
　　기 보장왕 4년조;《삼국사기》 권제5 신라본기 선덕왕 14년.
163) 《삼국사기》 권제8 고구려본기 영류왕 24년조.
164) 《문관사림》의 〈貞觀年中慰撫百濟王詔一首〉.

발동하여 거란과 말갈의 군대를 거느리고 요동을 공격하게 하는 것이다. 둘째는 당나라 군대의 옷과 깃발을 수천 개 주어 고구려와 백제가 공격해 오면 신라군에게 옷을 입히고 깃발을 세우도록 하여 상대가 겁을 먹고 달아나게 하는 것이다. 셋째는 백제가 바다의 험함을 믿고 방비를 태만히 하므로 당이 수군을 발동하여 바다를 건너 백제를 공격하는 한편, 신라는 여주(女主: 선덕왕)를 세웠기 때문에 위엄이 서지 않아 이웃 나라들이 무시하므로 당나라 황족을 보내 임금으로 삼는다는 것이다.165)

신라 사신으로서는 어느 제안도 선뜻 받아들일 수 있는 것은 아니었지만, 이 말 속에는 당이 어떠한 형태로든지 신라를 돕겠다는 의지가 들어 있었다. 당의 이러한 의지는 644년 정월에 당태종이 사농승 상리현장을 고구려와 백제에 보내, '신라가 자신의 운명을 당나라에 맡기고 있으므로 신라를 공격하지 말 것'과 '만약 이 요구를 듣지 않으면 이듬해 군대를 동원해 공격하겠다'고 위협한 것에서 짐작할 수 있는 바이다.166)

당의 요구에 대해 고구려 연개소문은 상리현장이 경내에 들어오기에 앞서 군대를 이끌고 신라를 공격하여 두 성을 격파하여 버렸다. 고구려에 들어온 상리현장이 보장왕에게 신라에 대한 공격 중단을 요구하자, 전선에서 돌아온 연개소문은 '고구려와 신라는 원한이 오래되었을 뿐만 아니라 수나라가 고구려를 공격하는 틈을 타서 신라가 고구려의 500리 땅을 빼앗아 점거하였으므로, 그 땅을 돌려주지 않으면 신라 공격을 중단할 수 없다'고 하면서 거절하였다.167) 연개소문의

---

165) 《삼국사기》 권제5 신라본기 선덕왕 12년조.
166) 《삼국사기》 권제21 고구려본기 보장왕 상 3년조의 "帝命司農丞相里玄 獎 齎璽書 賜高句麗曰 新羅委質國家 朝貢不乏 爾與百濟 各宜戢兵 若更攻 之 明年發兵 擊爾國矣" 참조.

이 말은 신라가 죽령 이북의 땅을 내어 놓지 않으면 어떠한 협상도 불가하다는 것을 천명한 것이라 할 수 있다.

이와 달리 백제는 당의 요구를 먼저 수용하였다. 백제의 이러한 입장에는 두 가지 측면이 작용하였다. 하나는 신라의 대야성을 함락하여 차지하고 있는 상황에서 당과 관계를 훼손하지 않는 것도 하나의 방편이라고 생각하였던 것이다. 즉 이미 실리를 챙기고 있는 마당에 당의 요구를 들어줌으로써 당으로 하여금 신라를 지원하지 못하도록 하려는 것이었다. 다른 하나는 당의 관심이 고구려에 집중되고 있음을 파악하고 당의 칼날을 먼저 고구려로 돌리려는 생각에서였다. 그래서 의자왕은 645년 정월에 태자 부여강신을 당에 보내 백제가 고구려와 동맹을 맺지 않았다는 것을 거듭 밝히면서 당나라 군대와 함께 고구려 연개소문을 공격하기를 바란다는 뜻을 전하기도 하였다. 이에 당태종은 당과 백제의 우호적인 관계를 상기시키면서 백제의 노력에 깊은 만족을 표시한 뒤, 부여강신이 귀국할 때 의자왕에게 보낼 물건을 내어 주었다.168) 이로써 의자왕 초기에 백제와 당 사이에 생긴 외교적인 마찰은 봉합되었다.169)

이처럼 이 시기 백제와 신라는 당나라를 자기편으로 끌어들이려는 노력을 경쟁적으로 하면서, 한편으로는 자국의 영역을 넓히고자 일진일퇴의 공방을 펼쳤다. 이러한 공방의 시작은 신라가 열었다. 644년 9월 신라 김유신은 군대를 거느리고 백제를 공격하여 가혜성, 성열성, 동화성 등 7성을 빼앗았다.170) 그러나 백제는 이 7성을 그대로 포기

---

167) 《삼국사기》 권제21 고구려본기 보장왕 3년조.

168) 《문관사림》의 〈貞觀年中慰撫百濟王詔一首〉.

169) 노중국, 2011b, 앞의 글.

170) 《삼국사기》 권제41 열전제1 김유신전 상의 "(善德大王)十三年 爲蘇判 秋九月 王命爲上將軍 使領兵伐百濟加兮城省熱城同火城等七城 大克之 因

할 수는 없었다. 이 7성을 포기하면 대야성이 위험하였기 때문이다. 이에 백제는 645년 봄 정월에 대군을 동원하여 신라의 매리포성을 공격하였다. 그러나 김유신이 거느린 신라군과 싸움에서 2천여 명이 전사하는 피해를 입었다. 645년 3월 백제는 다시 전열을 가다듬은 뒤 대군을 동원하여 신라의 서쪽 변경을 공격하였으나, 김유신이 거느린 신라군의 위세에 눌려 제대로 공격도 해보지 못하고 퇴군하였다. 신라는 백제에 빼앗긴 7성을 다시 차지하여 낙동강 서쪽에 군사적 교두보를 확보하였다.

4) 645.2~645.5: 당태종의 1차 고구려 공격과 백제의 신라 공격

644년 7월 당태종은 고구려에 대한 외교적 압박이 성과를 거두지 못하자 원정을 결정하였다. 당태종이 제시한 고구려 원정의 이유는, 첫째로 고구려가 당나라 황제의 명령을 거역하고 피책봉국인 신라를 공격하였다는 것이고, 둘째는 연개소문이 그 왕을 시해하고 대신들을 죽이고 백성들에게 폭정을 행하였다는 것이며, 셋째는 요동은 본래 중국의 땅인데 고구려가 차지하고 있으므로 이를 되찾아야 한다는 것이었다.171) 이 가운데 가장 핵심적인 이유는 첫 번째, 즉 당 중심의 일원적인 세계질서에 고구려가 저항한 것이었다.

당나라의 움직임이 심상치 않자 연개소문은 사신을 보내 백금을 바치고 또 관원 50명을 보내 당의 수도 장안에서 숙위(宿衛)하도록 하였다. 그러나 당태종은 백금 수령을 거부하고 관원 50명은 구속하여 버렸다.172) 이로 말미암아 전쟁은 피할 수 없게 되었다. 644년 7월 당태

開加兮之津" 참조.
171) 《구당서》 권199 상 열전제149 고려전.

종은 원정에 필요한 군량을 모으고 이를 수송하는 조치를 취하였다. 그리고 영주도독 장검으로 하여금 먼저 요동을 공격하여 고구려의 방어 태세를 점검하도록 하였다. 10월에는 수도 장안의 부로(父老)들을 불러 잔치를 베풀면서 고구려를 원정해야 하는 당위성을 역설하였다. 이는 불안해하는 민심을 수습하기 위한 조처였다. 이렇게 준비를 마친 뒤 당태종은 645년 2월에 낙양을 출발하여 6군(軍)을 거느리고 요동으로 진격하였다.

당나라는 644년에 고국으로 돌아가는 신라 사신 김다수 편으로 선덕여왕에게 새서(璽書)를 보내 원군을 파견하도록 요구하였다. 644년 11월에는 다시 조서를 신라에 보내 당군이 645년 4월 상순에 고구려 경내로 진입할 예정이므로 신라군은 당의 수군대총관 장량의 절도(節度)를 받도록 요구하였다. 645년 봄에 당태종은 의자왕에게도 조서를 보내 원군을 보낼 것과 신라로 가는 당의 사절이 안전하고 신속하게 신라에 도착할 수 있도록 협조해 줄 것을 요청하였다.

당의 요구에 따라 신라는 645년 5월에 3만의 군대를 동원하였다. 당과 결속함이 자국의 안위에 더 절실하다고 판단하였기 때문이다. 그러나 백제는 군대를 동원하는 대신 금휴개(金休鎧)와 문개(文鎧)를 바치는 것으로 매듭을 지었다. 문개는 현금(玄金)으로 만든 갑옷이었다.173) 백제가 군대를 직접 파병하지 않고 무기류를 제공하는 것으로 그친 것은 신라가 3만의 군대를 파견한 것과 크게 다르다. 이처럼 백제가 당을 위한 군대 동원에 소극적이었던 것은, 644년 이후 백제가 신라에 대한 공격을 중단하였음에도 신라가 공격해 온 것은 당이 배

---

172) 《삼국사기》 권제21 고구려본기 보장왕 3년조.

173) 《삼국사기》 권제21 고구려본기 보장왕 상 4년 5월조의 "時百濟上金髹鎧 又以玄金爲文鎧 士被以從" 참조. 文鎧는 산문갑이라고도 하였다. 《책부원구》 권117 帝王部 친정2의 "又以五彩染玄金 製爲山文甲" 참조.

후에서 지원하였을 것이라는 판단이 작용하였던 것 같다.

당에 대해 최소한의 성의를 보인 백제는 신라가 당을 지원하려고 군대를 동원함으로써 방어력이 약화된 틈을 타서 신라 서변(西邊)의 7성을 습격하여 되찾았다. 《구당서》 백제전에는 '백제가 두 마음을 품고 그 기회를 틈타 신라의 10성을 습격하여 빼앗았다'고 하였다.[174] 북진하였던 신라군은 더 이상 고구려군을 공격하지 못하고 회군하여 백제군의 침공을 막는 데 주력하여야 했다. 백제의 신라 공격은 한편으로는 잃어버린 영토를 되찾는 의미도 가지면서 다른 한편으로는 고구려를 간접적으로 지원하는 효과도 있었다. 따라서 의자왕의 이러한 행보는 무왕의 실지양단 정책과 궤도를 같이 하는 것이다. 7성을 빼앗긴 신라는 다시 김유신을 보내어 백제를 공격해 왔지만 성공을 거두지 못하였다. 이리하여 이 7성은 백제의 영역으로 편입되었다.

5) 647.1~648.4: 신라의 내전과 백제의 신라 공격

632년 신라에서는 진평왕이 죽은 뒤 성골 남자가 없었기 때문에 진평왕의 첫째 딸인 선덕여왕이 왕위를 이었다. 이로써 신라 최초의 여왕이 탄생하였다. 선덕여왕은 여자로서 왕이 되었기 때문에 왕위 계승의 정통성을 확보하고자 애를 썼다. 선덕여왕이 명민함을 지니고 있고, 예지력도 있으며, 포용력도 있음을 보여주는 선덕왕지기삼사(善德王知幾三事) 설화가[175] 이를 말해 준다.

643년에 와서 신라 조정에 큰 분란을 일으키는 사건이 일어났다. 당에 파견된 신라 사신에게 당태종이 고구려와 백제의 공격을 막을

---

174) 《구당서》 권199 상 열전제149 백제전.
175) 《삼국유사》 권제1 기이제1 善德王知幾三事조.

수 있는 세 가지 계책을 말하면서 '신라는 여자가 왕이 되었기 때문
에 이웃 나라들이 멸시한다'고 하면서 당나라 종친 한 명을 보내 왕
위를 잇도록 하면 어떠냐고 타진한 말이176) 알려진 것이다. 당태종의
이 말은 일부 귀족들에게는 여왕에 대한 불만 표출의 구실이 되었다.
여기에 더하여 645년 5월 당나라가 고구려를 공격할 때 3만의 원군을
파견하였다가 도리어 백제의 공격을 받아 7성을 빼앗기고 군대도 회
군해야 했던 군사적 실패는 여왕에 대한 책임 추궁의 계기가 되었다.
이에 여왕의 정치에 불만을 품고 있던 상대등 비담과 염종 등 일부
진골 귀족들은 명활성을 근거로 하여 647년 1월에 반란을 일으켰다.
반란의 명분은 "여주(선덕여왕)가 나라를 잘 다스리지 못한다"177)는
것이었다. 반란이 일어나자 김유신은 월성에 본영을 설치한 뒤 반란
군 진압 작전에 나섰다. 반란은 10여 일 계속 되었고 반란군은 일시
적으로 왕군을 압박하기도 하였지만, 마침내 김유신을 중심으로 하는
왕군에 의해 진압되었다.178)

　이 소용돌이에서 선덕여왕이 죽자 김춘추와 김유신은 진덕여왕을 옹
립하고 실권을 장악하였다. 진덕여왕이 즉위하자 당은 647년 2월에 사신
을 보내 왕을 주국 대방군왕(柱國帶方郡王)으로 책봉하였다. 앞서 당태종
은 신라는 여왕이 왕위에 있기 때문에 주변 나라로부터 업신여김을 당한
다는 말을 하였다. 그럼에도 당이 여왕인 진덕여왕을 서둘러 책봉한 것

---

176) 《삼국사기》 권제5 신라본기 선덕왕 12년조의 "帝曰…爾國以婦人爲主
　　爲鄰國輕侮…我遣宗支 以爲爾國主 而自不可獨王 當遣兵營護…" 참조.

177) 《삼국사기》 권제5 신라본기 선덕왕 16년조.

178) 비담의 난의 평정 과정과 그 성격에 대해서는 주보돈, 1994, 〈비담의 난
　　과 선덕왕대 정치운영〉, 《이기백선생 고희기념 한국사학논총(상)》 고대
　　편·고려시대편; 고경석, 1995, 〈비담의 난의 성격문제〉, 《한국고대사논
　　총》 7집, 한국고대사회연구소 참조.

은 신라의 정치적 불안을 속히 안정시키려는 의도가 작용하였다고 할 수 있다.

신라가 내전으로 혼란을 겪고 있는 상황은 백제로서는 좋은 기회였다. 이에 의자왕은 647년 겨울 10월에 장군 의직으로 하여금 보기 3천 명을 거느리고 신라를 공격하도록 하였다. 의직이 무산성, 감물성, 동잠성을 공격하자 김유신은 1만의 군대를 거느리고 와서 막았다. 그러나 백제군의 공격이 매우 날카로워 신라군은 사기가 떨어져 위험하게 되었다. 이에 김유신은 비령자로 하여금 목숨을 걸고 백제군을 공격하게 하였다. 비령자가 백제군과 싸우다가 죽자 그의 아들 거진이 또 백제군에 뛰어들어 싸우다가 죽었고, 그의 노비 합절도 또한 전사하였다. 이를 본 신라군은 감격하여 사기가 올라 마침내 백제군을 대패시켰다.[179] 이 전쟁에서 백제군 3천 명이 참수되었고, 장군 의직은 홀로 목숨을 건져 돌아왔다.[180]

648년 봄 3월에 의자왕은 다시 장군 의직으로 하여금 신라의 서쪽 변경인 요거성 등 11성을 습격하게 하여 차지하였다. 요거성은 상주의 요제원(要濟院)으로 추정되고 있다. 백제의 요제원 점령은 두 나라의 전선이 서북 지역으로 확대되어 감을 보여준다. 요거성 함락 뒤 648년 4월에 백제군은 거짓으로 패하여 달아나는 신라군을 추격하여 옥문곡까지 진격하였다. 이 옥문곡은 합천군 가야면으로 추정된다.[181] 신라는 압독주도독 김유신을 보내 이를 막도록 하였다. 김유신은 군사들의 사기가 절정에 오른 시점을 택하여 군대를 세 길로 나

---

179) 《삼국사기》 권제47 열전제7 비령자전 및 권제41 열전제1 김유신 상.

180) 《삼국사기》 권제28 백제본기 의자왕 7년조.

181) 정구복 외, 2012, 《개정증보 역주 삼국사기》 4, 한국학중앙연구원출판부, 163쪽의 주90. 이 옥문곡을 경주로 들어가는 길목인 건천의 여근곡으로 비정하기도 하지만 신라 왕도와 너무 가까워 받아들이기 어렵다.

누어 협공하고 또 미리 매복시킨 군대로 하여금 백제군의 앞뒤에서 공격하도록 하였다. 그 결과 백제는 장군 8명이 포로로 잡히고 1천 명이 참수되는 패배를 입었다.

김유신은 백제 장군 의직에게 포로로 잡힌 8명의 장군과 품석 부부의 시체를 교환하자고 제안하였다. 이 제안에 대해 의자왕이 군신들의 의견을 묻자 좌평 중상(中常)이 신라의 제안을 받아들이기를 권하였다. 백제로서는 죽은 사람의 뼈와 산 장군을 교환하는 것이므로 손해를 볼 것이 없다는 판단을 하였던 것이다. 이에 의자왕은 품석 부부의 뼈를 파내 궤짝에 넣어 보냈고, 김유신도 8명의 백제 장군을 돌려보냈다.182) 교환이 끝나자 김유신이 거느린 군대는 다시 백제 영역으로 쳐들어갔다. 백제군은 공격해 오는 신라군을 맞아 싸웠지만, 패배하여 악성 등 12성이 함락되고 2만여 명이 목 베임을 당하였다.

제2절 나당동맹의 결성과 백제의 대응

1. 신라의 친당 정책 추진과 당의 신라 지지

여제연병(麗濟連兵)을 배경으로 백제가 때로는 단독으로 때로는 고구려와 함께 군사적 압박을 가해 오자, 신라는 한편으로 백제, 고구려에 군사적 대응을 해 나가면서 한편으로는 친당(親唐) 정책을 지속적으로 추진하였다. 신라의 친당 정책이 더 활기를 띤 것은 642년 대야성 함락 뒤이다. 대야성 함락은 신라로서는 큰 충격이었고 또 위기였다. 이 위기 상황을 벗어나고자 신라는 김춘추를 고구려에 보내 백제

---

182) 이에 대해서는 《삼국사기》 권제41 열전제제1 김유신 상 참조.

를 공격해 줄 것을 요청하였다. 그렇지만 고구려가 신라가 앞서 빼앗은 500리 땅을 내어놓으면 요청을 들어줄 수 있다는 조건을 다는 바람에 실패하고 말았다.[183]

한반도에서 전개된 이러한 상황은 당의 삼국에 대한 입장에도 변화를 일으켰다. 이 시기 당은 고구려를 멸망시키는 것이 목적이었다. 그런데 백제가 차츰 고구려 쪽으로 기울고 있는 것과 달리 신라는 대당(對唐) 의존도를 높여 오고 있었다. 이에 당은 신라를 지원하는 방향으로 정책을 정하였다. 당의 이러한 정책 기조는 645년 2월 두 나라에 국서를 보낸 경위를 보면 알 수 있다. 신라에 보낸 국서는 지난해(644)에 사신으로 왔던 김다수(金多遂)에게 여러 사정을 전달하여 회신을 요구하였으나, 회답이 없으므로 다시 지원군을 보내라는 것이었다. 그렇지만 백제에 보낸 국서에는 백제가 고구려와 연합하여 신라를 공격하였다고 하는 신라 측의 주장이 사실이 아니라는 백제의 변명이 주로 담겨 있다. 이 국서의 내용은 당이 백제의 변명을 인정하면서도 신라의 입장을 두둔하고 있는 것을 보여준다.[184]

당나라의 이러한 입장 변화 조짐에 대해 의자왕은 빈번히 사신을 파견하여 일정하게 예의를 갖추면서 백제가 고구려와 아당(阿黨)하고 협계(協契)하지 않았을까 의심하는 당태종에게 그렇지 않다고 변명하였다.[185] 그렇지만 백제의 대당 접근책은 당으로부터 직접적인 군사 공격을 받지 않기 위한 것이었지 당의 의사대로 움직이겠다는 것은

---

183) 《삼국사기》 권제41 열전제1 김유신 상.

184) 주보돈, 2002, 〈문관사림 소재 외교문서〉, 《금석문과 신라사》, 지식산업사, 375~376쪽.

185) 《문관사림》의 〈貞觀年中慰撫百濟王詔一首〉의 "…前得新羅表稱 王與高麗 每興士衆 不尊朝旨 同侵新羅 朕便疑王 必與高麗協契 覽王今表文及問康信 王與高麗 不爲阿黨 旣能如此 良副所望…" 참조.

아니었다. 이러한 판단에는 고구려가 당과 대척점에 있는 한, 당나라가 백제를 공격할 수 없을 것이라는 판단이 작용하였던 것이다. 이 점이 신라와 달랐다.

백제와 신라의 당에 대한 입장 차이는 645년에 당태종이 고구려를 친정(親征)하였을 때 구체적으로 드러난다. 신라는 군대를 발동하여 당을 도왔지만, 백제는 신라가 군대를 일으킨 틈을 타서 도리어 신라의 7성을 빼앗았다. 나아가 백제는 당의 고구려 원정이 실패로 돌아가자 한동안 당에 사신을 파견하는 것도 중단하였다. 백제의 이러한 대응은 백제가 고구려와 더 긴밀한 관계를 가지고 있었음을 보여주는 것이다.186) 이에 당은 신라를 적극 지원하는 정책을 펴면서 신라를 고구려 공격에 끌어들이려 하였다. 당태종이 선덕여왕에게 보낸 국서의 내용이 군사 동원과 관련된 사항이 중심을 이루고 있다는 것과 644년에 사농승 상리현장을 백제에 보내 신라와 화목할 것을 요구한 것이 이를 보여준다.

2. 나당동맹의 결성과 백제의 대응

645년 이후 648년에 이르기까지 동아시아의 상황을 보면, 만주 지역에서는 고구려와 당나라가 일진일퇴의 공방을 되풀이하고 있었고, 한반도에서는 백제와 신라가 낙동강 서안 지역을 둘러싸고 역시 일진일퇴의 공방을 되풀이하는 형국이었다. 고구려는 여러 차례에 걸친 당의 군사적 공격을 잘 방어하여 그 위세를 떨쳤다. 더욱이 648년 당태종의 친정을 물리친 안시성 전투의 승리는 그 정점이었다. 반면에

---

186) 김수태, 1991, 〈백제의 멸망과 당〉, 《백제연구》 22집, 충남대 백제연구
  소, 159~160쪽.

신라는 백제의 공격에 매우 시달리고 있었다. 그래서 새로운 방안을 모색하여야 하였다. 이와 관련하여 주목되는 것이 648년 겨울 당이 신라의 독자적 연호 사용을 문제 삼자, 당이 허락하면 당의 연호를 쓰겠다고 한 사실이다.187) 독자적인 연호 사용의 포기는 신라로서는 자존심을 크게 상하게 하는 것이었다. 그럼에도 연호를 포기한 것은 당의 도움을 얻으려는 몸부림이었다. 이렇게 정지 작업을 한 뒤 신라는 곧이어 김춘추를 당에 보냈다.

당나라에 들어간 김춘추는 먼저 국학에 가서 공자에게 드리는 석전(釋奠)의 예와 경전을 강론하는 모습을 본 뒤 당태종을 만났다. 이 자리에서 김춘추는 "강활(强猾)한 백제가 지난날에는 신라 영토 깊숙이 쳐들어와 수십 성을 함락시키고 조공하는 길을 막고자 하였고 지금도 자주 침략해 온다"고 하면서 군대를 내어 백제를 공격해 주기를 요청하였다. 안시성 전투의 패배로 체면을 구긴 당태종은 이 요청을 받아들여 군대를 파견할 것을 약속하였다. 그에 대해 김춘추는 의복제도를 당나라 식으로 바꾸기로 약속하고, 또 아들 문왕을 숙위로 남겨두어 인적 담보로 하였다.188) 이리하여 나당(羅唐)동맹이 맺어졌다.

김춘추와 당태종 사이에 맺어진 이 동맹 합의에는 종래와는 다른 몇 가지 내용이 포함되었다. 첫째로 이 동맹은 군사동맹이었다는 것이다. 지금까지 당은 백제에 사신을 보내 신라를 공격하지 말 것을 요구하는 형태의 외교적 압박을 하였다. 그러나 이번에는 군사적 압박을 직접 가하는 쪽으로 방향을 선회한 것이다. 둘째로 주공격 대상을 백제로 정하였다는 점이다. 김춘추가 당태종과 담판할 때의 대화에는

---

187) 《삼국사기》 권제5 신라본기 진덕왕 2년조의 "冬 使邯帙許朝唐 太宗勅御史問 新羅臣事大朝 何以別稱年號 帙許言 曾是天朝未頒正朔 是故先祖法興王以來 私有紀年 若大朝有命 小國又何敢焉 太宗然之" 참조.

188) 《삼국사기》 권제5 신라본기 진덕왕 2년조.

백제에 대한 공격 이야기만 있었지 고구려에 대한 언급은 없었다. 백제를 먼저 공격할 것을 제안한 것은 김춘추였고, 몇 차례 고구려를 공격하였다가 실패한 경험이 있는 당태종은 이 제안을 받아들였던 것이다. 셋째로 김춘추와 당태종은 고구려와 백제를 멸망시킨 뒤 대동강 이남은 신라가 차지한다는 것에도 합의하였다는 점이다. 이러한 사실은 671년(문무왕 11)에 문무왕이 당나라 장군 설인귀에게 보낸 답서에서 "당태종이 백제와 고구려를 평정한 후 평양 이남과 백제 토지는 아울러 신라의 것으로 하겠다"는 김춘추와 당태종 사이의 합의 내용을 거론한 것에서 확인된다.189) 당이 신라로 하여금 평양 이남 지역을 차지하도록 한 것은 수도 평양은 자신이 점령해야 한다는 생각에서 나온 것이었다. 이로써 신라와 당은 전후 처리 문제까지에도 합의를 보게 되었다.190)

당과 군사동맹을 맺은 김춘추가 귀국할 때 그를 태운 배가 고구려 순라선의 순찰에 걸렸다. 포로로 잡힐 위기의 순간에 온군해(溫君解)가 김춘추의 옷을 바꿔 입고 대신 붙잡힘으로써 김춘추는 겨우 목숨을 건질 수 있었다. 이는 고구려가 김춘추 일행의 움직임을 감시하였음을 보여준다. 그만큼 김춘추의 행보는 고구려에 민감한 사안이었지만, 고구려는 순라군이 김춘추를 사로잡는 데 실패함으로써 신라에 타격을 줄 수 있는 좋은 기회를 놓치고 말았다.191)

한편, 백제는 신라의 이러한 행보에 더 적극적으로 대응하였다. 649년 8월에 의자왕은 장군 은상으로 하여금 정병 7천을 거느리고 석토

---

189) 《삼국사기》 권제7 신라본기 문무왕 11년조의 "大王報書云 先王貞觀 二十二年入朝 面奉太宗文皇帝恩勅…我平定兩國 平壤已南 百濟土地 並乞你新羅 永爲安逸…" 참조.

190) 노중국, 2011b, 앞의 글.

191) 《삼국사기》 권제5 신라본기 진덕왕 2년조.

성 등 7성을 공격하도록 하였다. 석토성은 충북 진천군 문안산성에
비정된다. 석토성이 함락되자 다급해진 신라는 김유신, 진춘, 천존, 죽
지 등을 보내 이를 막도록 하였지만, 백제군은 열흘이 지나도 포위를
풀지 않았다. 불리해진 신라 장군들은 흩어진 병졸들을 모아 도살성
아래에 주둔하였다. 이때 김유신은 이튿날 신라군을 지원하는 군대가
온다는 허위 정보를 흘렸다. 백제 첩자들은 김유신이 흘린 잘못된 정
보를 수집하여 장군 은상에게 보고하였다. 이 보고를 접한 백제군 진
영에서는 의심하고 두려워하는 분위기가 조성되었다. 이 틈을 타서
신라군은 백제군을 공격하여 장사(將士) 1백 명을 포로로 잡고, 9천여
명이나 참수하였으며, 전마(戰馬)도 1만 필이나 사로잡는 전과를 올렸
다.192) 백제로서는 뼈아픈 패배였다.

3. 제려 연합군의 신라 공격

　649년 4월 당태종은 죽으면서 유조로서 '요동지역(遼東之役)' 즉 고
구려 공격 전쟁을 끝내라고 하였다. 이 유조에 따라 고종은 당분간 고
구려 정벌을 중단하였다. 이러한 상황에서 의자왕은 당태종의 죽음에
조문사를 보내지 않았다. 이와 달리 신라 진덕왕은 650년 4월에 비단
에 '대당태평송(大唐太平頌)'을 친히 수(繡)를 놓아 김춘추의 아들 법
민으로 하여금 당에 가지고 가도록 하였다. 또 이제까지 사용해 왔던
독자적인 연호를 버리고 당나라 고종의 영휘(永徽) 연호를 사용하기
로 하였다.193) 당나라 연호의 사용은 신라가 당의 세계 질서 속에 편
입되어 들어갔음을 보여준다.

---

192) 이에 대해서는 《삼국사기》 권제5 신라본기 진덕왕 3년조 참조.
193) 《삼국사기》 권제5 신라본기 진덕왕 4년조.

649년 도살성 전투에서 대패하여 큰 타격을 입은 의자왕에게 신라의 이러한 적극적인 대당(對唐) 접근 정책은 큰 부담으로 작용하였다. 이에 의자왕은 당나라로 하여금 신라를 지지하지 못하게 할 목적으로 651년에 당에 사신을 보내 조공하였다. 무려 7년 만의 사신 파견이었다. 그러나 당고종은 답례의 사신을 보내지도 않았을 뿐만 아니라 돌아가는 백제 사신 편에 조서를 내려 의자왕을 위협하였다. 그 내용의 핵심은 해동삼국은 나라를 연 지(開國) 오래되었다는 것, 영토는 개 이빨처럼 들쭉날쭉하다는 것, 근래에 와서 전쟁이 빈번히 일어나 백성들의 삶이 어렵고 목숨도 위태롭다는 것, 이 문제를 해결하는 방안은 백제는 빼앗은 땅을 모두 신라에게 돌려주고 신라는 백제의 포로를 돌려주면 된다고 하는 것 등이었다.194)

의자왕은 점령하고 있는 땅을 신라에게 돌려주라는 당의 요구를 받아들일 수 없었음에도 652년 정월에 하정사를 당나라에 보냈다. 이는 당과 우호 관계를 끊고 싶지 않다는 의사 표시라고 할 수 있다. 그러나 당이 신라를 적극 지원하는 정책을 포기하지 않자 의자왕은 왜와의 우호 관계를 다지는 데 주력하였다.

642년 왜에서는 친백제 정책을 추진하던 서명(舒明)이 죽고 황극(皇極)이 즉위하였다. 황극을 옹립하여 실권을 장악한 대신 소아하이(蘇我遐夷)와 그의 아들 소아입록(蘇我入鹿)은 백제 중심의 일국 외교에서 다국 외교로 전환하려고 하였다.195) 이러한 왜의 입장 변화는 백제와의 외교적 갈등을 일으켰다. 645년 7월 중대형 황자는 중신겸족(中臣鎌足)과 함께 실권자인 소아입록을 죽이고 효덕을 옹립한 뒤 다이카 개신(大化改新)을 단행하였다.196) 그러나 개신 정권도 백제와 신라의

---

194) 《삼국사기》 권제28 백제본기 의자왕 11년조.
195) 《일본서기》 권24 황극기 원년조.

어느 한편에도 치우치지 않으려고 하였다. 이 틈을 타서 신라는 적극적인 대왜(對倭) 외교를 전개하였다. 이로 말미암아 백제는 646년 2월에서 650년(백치 원년)에 이르기까지 사신 파견을 중단하였다.

다이카 개신 뒤 소원하였던 백제와 왜의 관계는 650년대에 들어오면서 새로운 변화를 맞는다. 그 배경에는 신라 외교의 변화가 작용하였다. 648년 신라는 당나라와 군사동맹을 맺은 뒤 당나라의 연호를 사용하고 당나라의 복장을 채용하는 등 친당(親唐) 정책을 적극 추진하였다. 그에 따라 651년 신라 사신은 왜로 갈 때 당나라 옷을 입고 갔다.197) 신라의 이러한 친당 정책은 왜의 반발을 불러일으켰다. 당과 신라가 기회가 되면 자신을 공격해 올지도 모른다고 우려하였기 때문이다. 이에 왜는 신라 사신을 접견하는 것을 거부하고 이제까지 소원했던 백제와 관계를 개선하려고 하였다. 왜의 입장 변화는 당과 대립 관계에 있던 의자왕에게는 바람직한 것이었다. 이를 계기로 의자왕은 653년에 왜와 통호하였다.198) 이때 왜에 파견된 인물이 왕자 풍(豊)이었다.199)

왜와 우호 관계를 회복한 백제는 나당 연합세력에 대항하고자 고구려와 연화를 계속 유지하려고 하였다. 두 나라의 연화에 대해 당은 끊임없이 방해 공작을 하였다. 당태종이 의자왕에게 보낸 조서에서 "백제가 고구려를 믿고 자신의 말을 듣지 않으면 고구려로 하여금 백제

196)《일본서기》권24 황극기 24년조.

197)《일본서기》권25 효덕기 白雉 2년조의 "是歲 新羅貢調使知萬沙澱等 著唐國服 泊于筑紫 朝廷惡恣移俗…" 참조.

198)《삼국사기》권제28 백제본기 의자왕 13년조의 "秋八月 王與倭國通好" 참조.

199) 노중국, 1994, 〈7세기 백제와 왜와의 관계〉,《국사관논총》52집, 국사편찬위원회.

를 돕지 못하도록 할 것이며, 만약 고구려가 말을 듣지 않으면 거란 등으로 하여금 고구려를 공격하게 하여, 백제를 돕지 못하도록 하겠다"[200]고 위협한 것이 이를 잘 보여준다. 그러나 백제는 당의 위협에 겉으로는 따르는 척하면서 속으로는 고구려와 연화를 유지해 나갔다. 당태종이 645년에 고구려를 공격할 때 백제가 신라의 7성을 공격한 것이 그 사례가 된다.

이후 의자왕은 신라가 당나라에 대한 의존도를 차츰 높여 가자 고구려와 연화를 더 강화하였다. 이 과정에서 단행된 것이 655년에 고구려와 함께 신라를 공격한 사건이다. 이 공격에는 말갈 군대도 참여하여 신라의 30여 성을 빼앗았다. 그 시기에 대해《삼국사기》백제본기에는 655년 8월로, 신라본기에는 655년 정월로, 고구려본기에는 655년 정월 이전으로 나와 차이가 난다. 그런데 신라의 구원 요청에 따라 당이 고구려를 공격한 것이 655년 2월이므로, 이 공격은 655년 정월에 단행된 것으로 보는 것이 타당하다. 이 공격으로 다급해진 신라는 사신을 당에 보내 위급 상황을 알리면서 구원을 청하였다. 당은 655년 2월에 영주도독 정명진과 좌우위중랑장 소정방으로 하여금 군대를 거느리고 가서 고구려를 치도록 하였다.[201] 정명진과 소정방은 요하를 건너와 고구려군의 수가 적은 것을 보고 귀단수를 건너가 싸워 수천 명을 죽이거나 사로잡았고, 성곽과 촌락을 불태우는 승리를 거두었다. 이로 말미암아 백제와 고구려의 공동 군사 행동도 중단되고 말았다. 이 공격과 반격은 7세기 중반에 와서 백제·고구려의 연합 세력과 신라·당나라 세력이 대결하고 있었음을 보여주는 것이다.

---

200)《삼국사기》권제28 백제본기 의자왕 11년조.

201)《삼국사기》권제22 고구려본기 보장왕 하 14년조의 "春正月 先是 我與 百濟靺鞨連兵 侵新羅北境 取三十三城 新羅王金春秋遣使於唐求援 二月 高宗遣營州都督程名振左右中郎將蘇定方 將兵夾擊" 참조.

제3절 수, 당과의 문물 교류

1. 수와의 문물 교류

백제와 수나라의 문물 교류를 보여주는 물적 증거의 하나가 부여 쌍북리에서 출토된 자이다.[202] 현재 남아 있는 부분의 총 길이는 19.20cm이다. 이 수치를 바탕으로 전체 자를 복원하면 1자는 29.0~ 29.5cm가 된다. 이 자와 함께 출토된 세장방형 목판 2점은 짜 맞추어 복원하면 내부 용적이 6,326㎖가 되는 양기(量器)이다.[203] 이 목제품의 한 변의 길이는 쌍북리 출토 자의 길이와 같다. 따라서 이 양기는 한 변이 1자=29cm인 목재로 만든 그릇이라 할 수 있다. 이 자가 만들어진 시기는 7세기 전반 곧 630~640년대로 추정된다.[204]

중국의 경우 남조는 25cm의 자를 사용하였다. 북조의 경우,《수서》 율력지에 따르면 개황관척(開皇官尺)은 후주시척(後周市尺: 後魏後尺)인데[205] 그 길이는 29.5765cm이다.[206] 이는 29cm의 자가 북위 대에 만들어져 후주를 거쳐 수에 이르기까지 사용되었음을 보여주는 것이다. 당대척(唐大尺)은 수의 개황관척을 이은 것이다. 수의 실물 자로는 인

---

202) 이강승, 2000,〈백제시대의 자에 대한 연구 — 부여 쌍북리유적출토 자를 중심으로 —〉,《한국상고사학보》43집, 한국상고사학회, 209쪽.

203) 이 양기에 대한 설명은 국립부여박물관, 2003,《백제의 도량형》, 58~60쪽 참조.

204) 이강승, 2000, 앞의 글.

205)《수서》권16 지제11 율력 상의 "開皇官尺 即鐵尺 一尺二寸 此後魏初及 東西分國 後周未用玉尺之前 雜用此等尺…後周鐵尺 開皇初 調鍾律尺及平 陳後調鍾律水尺…祖孝孫云 平陳後 廢周玉尺律 使用此鐵尺律 以一尺二寸 即爲市尺" 참조.

206) 이종봉, 2001,《한국중세도량형제연구》, 혜안, 36쪽.

물과 화훼 문양이 있는 29.67cm의 동척(銅尺)이 있다.207)

백제는 〈창왕명사리감〉에서 보듯이, 567년까지는 남조의 척(尺)인 25cm 자를 사용하였다. 백제가 29cm 자를 사용하기 시작한 시기를 추정할 때 주목되는 것이 수나라와 접촉한 것이다. 589년에 수가 진(陳)을 멸망시키고 중국 대륙을 통일하자 위덕왕은 곧바로 사신을 보내 진을 평정한 것을 경하하였고,208) 598년에 사신을 보내 수가 고구려를 칠 때 군도(軍導)가 되기를 자청하기도 하였다.209) 이 과정에서 백제는 수의 도량형을 받아들여 29cm의 자를 사용하게 된 것 같다.210) 그 결과 백제의 척도는 오랫동안 사용해 오던 남조척에서 수·당척(隋·唐尺)으로 바뀌게 되었다.

2. 당과의 문물 교류

1) 명광개와 황칠수

《삼국사기》 백제본기에는 백제와 당나라 사이에 이루어진 공적 교류 기사가 몇 개 보인다. 무왕은 621년에 당나라에 과하마(果下馬)를,211) 626년에는 명광개(明光鎧)를212) 보냈다. 637년에 철제 갑옷과

---

207) 국가계량총국 공편, 김기협 역, 1993, 《중국도량형도집》, 법인문화사, 60~71쪽.

208) 《삼국사기》 권제27 백제본기 위덕왕 36년조의 "隋平陳 有一戰船 漂至耽牟羅國 其船得還 經于國界 王資送之甚厚 幷遣使奉表 賀平陳 高祖善之" 참조.

209) 《삼국사기》 권제27 백제본기 위덕왕 45년조.

210) 노중국, 2010, 《백제사회사상사》, 280~285쪽. 이와는 달리 29cm의 자는 唐大尺을 받아들인 것으로 보는 견해(윤선태, 2002, 〈한국고대의 척도와 그 변화 — 고구려척의 탄생과 관련하여〉, 《국사관논총》 98집, 국사편찬위원회)도 있다.

조부(彫斧)를 보내자 당나라에서는 금포를 주었다.213)

과하마는 본래 동예의 특산물이었는데214) 이때 백제의 특산물로 나오는 것이 눈길을 끈다. 조부는 조각한 도끼인데 권위의 상징물로서 부월(斧鉞)의 일종이다. 명광개는 황칠을 한 갑옷이다. 황칠나무〔黃漆樹〕는 백제 서남해의 세 섬에서 자랐는데 중국의 소우수(小櫌樹)와 비슷하였지만 키가 컸다. 6월에 이 나무에서 즙을 짰는데 그 색깔이 황금과 같아 그 빛에 눈을 못 뜰 정도였다고 한다.215) 갑옷에 황칠을 하면 금빛이 났다. 그래서 이 갑옷을 명광개라고 하였다. 따라서 명광개는 백제의 특산품이라고 할 수 있다.216)

당태종은 백제에 사신을 보내 황칠을 채취해 오도록 하여 이를 철갑에 발랐다. 그리고 624년에 고구려를 공격할 때 이 갑옷을 입었는데 금빛이 해처럼 빛났다고 한다.217) 이는 당이 백제로부터 이 황칠

---

211) 《삼국사기》 권제27 백제본기 무왕 22년조의 "冬十月 遣使入唐 獻果下馬" 참조.

212) 《삼국사기》 권제27 백제본기 무왕 27년조의 "遣使入唐 獻明光鎧" 참조. 《책부원구》 권970 외신부 조공3에는 "武德七年九月 百濟遣使獻明光甲"으로 나온다. 무덕 7년은 624년이므로 《삼국사기》의 기사와는 2년의 차이가 난다.

213) 《삼국사기》 권제27 백제본기 무왕 38년조 "冬十二月 遣使入唐 獻鐵甲雕斧 太宗優勞之 賜錦袍幷彩帛三千段" 참조.

214) 《삼국지》 권30 위서 동이전 예전의 "又出果下馬 漢桓時獻之(臣松之按 果下馬高三尺 乘之可於果樹下行 故謂之果下 見博物志魏都賦)" 참조.

215) 《통전》 권185 변방1 동이 상 백제조의 "國西南海中有三島 出黃漆樹 似小櫌樹而大 六月取汁 漆器物 若黃金 其光奪目" 및 《신당서》 권220 동이 열전제145 백제전의 "有三島 生黃漆 六月取瀋 色若金" 참조.

216) 645년에 백제가 당에 보낸 金髹鎧도 명광개와 같은 것이다. 《삼국사기》 권제21 고구려본기 보장왕 상 4년 5월조의 "時百濟上金髹鎧 又以玄金爲文鎧 士被以從" 참조.

217) 《책부원구》 권117 제왕부 親征2의 "初太宗遣使於百濟國中 採取金漆 用

〈도 5-4〉 공주 공산성 출토 옻칠 갑옷과 묵서

을 수입해 간 것을 보여준다. 황칠에 관한 기사는 이전의 사서에는 보이지 않는다. 따라서 황칠은 사비도읍기에 개발되어 사용된 것으로 볼 수 있다.218) 후대에 와서 이 황칠은 신라칠로 불리기도 하였다.219)

그런데 최근 공주 공산성 성안 마을[왕궁 부속 시설지구] 발굴에서 옻칠 갑옷이 발굴되었다. 여기에는 정관 19년이 씌어진 주서(朱書)가 있다.220) 정관 19년은 645년으로 의자왕 5년으로, 백제가 망하기 15년 전이다. 또 백제의 경우 연대를 나타낼 때 중국의 연호를 사용하지 않고 간지를 사용하였다. 때문에 정관(貞觀) 연호가 주서로 씌어진 이 옻칠 갑옷이 백제 제작품인지 당나라 제작품인지는 앞으로 면밀한 검토가 있어야 할 것이다.

塗鐵甲 皆黃紫引曜 色邁兼金…甲申太宗親率甲騎萬餘 金光曜日…" 참조.

218) 권태원, 2000, 《고대한민족문화사연구》, 일조각, 296~297쪽.

219) 《계림유사》에서는 중국 저장(折江) 사람들이 황칠을 '新羅漆'로 부른다고 하였다. 이에 대해서는 방종현, 1995, 〈계림유사연구〉, 《동방학지》 2집, 연세대학교 국학연구원 참조.

220) 이남석, 2011, 한국고대학회 4분기 발표 요지문.

2) 의·약 기술

(1) 의·약 제도의 도입

《주서》백제전에 따르면 백제는 의약과 복서(卜書)와 점상(占相)의 기술을 해득하고 있었다.221) 백제에서 의·약 관련 업무를 총괄하는 기구는 22부의 하나로서 왕실 관련 업무를 담당하는 내관에 속한 약부(藥部)였다. 따라서 약부는 왕실과 관련한 의·약 업무를 관할한 기관이었다. 이는 중국의 상약국(尙藥局)이나 일본의 전약료(典藥寮) 및 신라의 의학(醫學)이나 약전(藥典)과 대응된다.

한편, 백제에는 질병을 치료하는 전문가인 의박사와 약재를 채취하고 관리하는 전문가로서 채약사(採藥師)가 있었다. 백제의 의박사는 중국의 의박사 제도를 받아들인 것이다. 백제의 의박사로서 이름이 전하고 있는 자는 나솔 왕유릉타(王有凌陀) 등이다.222) 중국의 경우 약원(藥園)에 약을 심고 거두는 일을 한 사람을 약원사라 하였다.223) 약원사는 수·당 대에 와서 설치되었지만 백제에서는 이보다 앞서 채약사를 설치하였다. 이로 미루어 채약사는 백제의 독자적인 직제라고 할 수 있다.224)

---

221) 《주서》권49 열전제41 이역 상 백제전의 "亦解醫藥卜筮占相之術" 참조.

222) 《일본서기》권19 흠명기 15년조의 "別奉勅貢易博士施德王道良 曆博士固德王保孫 醫博士奈率王有凌陀…" 참조.

223) 《당육전》권14 太醫令조의 "諸藥園師 以時種蒔 收採諸藥(京師置藥園一所 擇良田三頃 取庶人十六已上二十已下 充藥園生 業成補藥師)" 및 丸山裕美子,《일본고대의료제도》, 名著刊行會, 20~24쪽의 日唐醫疾令對照表 참조.

224) 김두종, 1981,《한국의학사》, 탐구당, 59쪽 및 장인성, 2001,《백제의 종교와 사회》, 서경, 134쪽.

(2) 의서(醫書)와 처방전

백제의 처방서로는 《백제신집방(百濟新集方)》이 있다. 이 신집방은 일본의 고대 의서인 《의심방(醫心方)》과 《의심초(醫心抄)》에 실려 있다. 《의심방》은 일본의 원융천황 영관(永觀) 2년(984)에 단파강뢰(丹波康賴)가 편술한 것이고, 《의심초》는 강뢰의 증손인 단파아충(丹波雅忠)이 저술한 것이다.225) 《백제신집방》에는 폐에 생긴 나쁜 종기인 폐옹(肺癰)과 못처럼 딱딱한 근이 박힌 종기인 정종(丁腫)을 치료하는 방법이 기록되어 있다.226)

《백제신집방》에서 주목되는 것이 폐옹에 대한 처방이 "갈씨방과 같다〔葛氏方同之〕"는 기사이다. 갈씨는 진대의 갈홍(葛洪: 283?~343)을 말한다. 그는 도가의 신선술을 즐기면서227) 《금궤약방(金櫃藥方)》 1백 권과 《주후요급방(肘後要急方)》 4권을 저술한 의술가였다.228) 갈씨방과 같다는 것은 《백제신집방》이 갈홍의 《주후요급방》을 참고로 하였음을 의미한다. 이는 백제가 중국에서 새로운 의·약 기술을 받아들여 자국의 의·약 기술의 수준을 높인 것을 보여주는 것이다.

정종의 경우, 중국 의서인 《경사증류본초(經史證類本草)》에는 국화잎만 말하고 있다. 그러나 《백제신집방》에서는 국화잎과 함께 줄기도 약재로 사용한 것으로 나온다.229) 이러한 처방의 차이는 백제가 중국 의서를 참고하면서 나름의 독창성을 가미한 것을 보여준다.230) 그렇다고 하면, 《백

---

225) 김두종, 1981, 앞의 책, 48쪽.

226) 이현숙, 2007b, 〈의학과 복서〉, 《백제의 경제와 과학기술》 백제문화사대계 연구총서 11, 충청남도역사문화연구원, 452쪽.

227) 《진서》 권72 열전제42 갈홍전의 "尤好神仙導養之法" 참조.

228) 陳邦賢, 1974, 《中國醫學史》 中國文化史叢書, 臺灣商務印書館, 72~73쪽.

229) 三木榮, 1962, 《朝鮮醫學史及疾病史》, 21~22쪽의 "百濟新集方治丁腫方 毒氣已入心欲困死方 取菊葉 合莖搗絞取汁三升 頓服之" 참조.

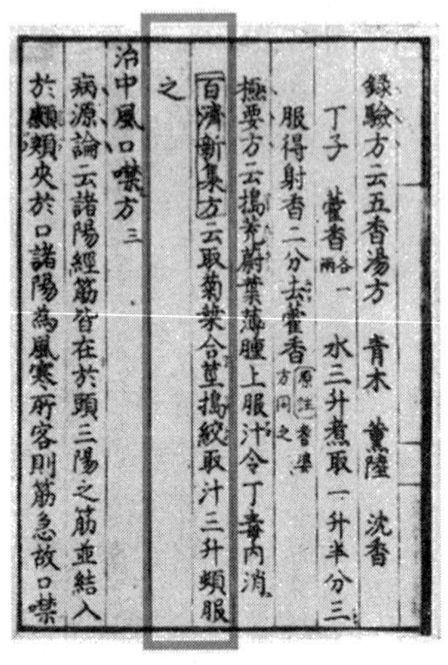

録驗方云五香湯方　青木　薰陸　沈香
丁子　藿香兩各一　水三升煮取一升半分三
服得射香二分去藿香〔原注〕書畢　方同之
極要方云搗艽蔚葉薄腫上服汁令丁毒內消
百濟新集方云取菊葉合葦搗絞取汁三升頻服
之
治中風口噤方三
病源論云諸陽經筋皆在扵頭三陽之筋並結入
扵頰頰夾扵口諸陽為風寒所客則筋急故口噤

〈도 5-5〉《백제신집방》

제신집방》은 백제 고유의 처방법에 중국의 새로운 처방법을 활용하여 개선한 처방서라고 할 수 있겠다.

(3) 약아(藥兒)

　부여 능산리 능사에서 출토된 〈'지약아식미기(支藥兒食米記)' 목간〉에는 '약아(藥兒)'가 나온다. 이 '약아'는 '약의 조제와 처방 및 약 관련 업무에 종사하는 실무자'이다.231) 이 약아와 비슷한 성격의 직제가 당나라의 약동(藥童)이다.232) 따라서 백제의 약아는 당제의 영향을 받은 것으로 볼 수 있다.

---

230) 이현숙, 2007b, 앞의 글, 452쪽.

231) 이용현, 2007, 〈목간〉, 《백제의 생활과 문화》 백제문화사대계 연구총서 12, 충청남도역사문화연구원.

232) 약동(藥童)의 직제는 고려 시대에도 보인다. 《고려사》 권76 지30 백관 1 典醫寺 참조.

3) 〈사택지적비〉 서체

사비도읍기 백제의 서체를 보여주는 사례는 몇 가지가 있다. 먼저 들 수 있는 것이 567년에 만들어진 부여 능산리 능사 출토 〈창왕명화 강석제사리감〉에 새겨진 명문이다. 이 명문의 서체는 무령왕릉 묘지석과 비슷한데 왕희지체의 세련된 해서체이다.

다음으로 들 수 있는 것이 〈사택지적비〉의 글씨이다. 사택지적은 642년에 대좌평으로서 왜에 사신으로 파견되었다. 귀국 뒤 그는 관직에서 물러났고 654년에 인생의 허무함을 달래려고 탑을 세우고 사찰을 건립하였다. 이를 기록해 둔 것이 〈사택지적비〉이다. 이 비의 문체는 사륙변려체로서 문장이 유려하며, 자체는 웅건한 구양순체이다. 이는 7세기 초에 구양순의 서체가 백제에 전해져서 널리 유행하였음을 보여준다.

〈도 5-6〉〈사택지적비〉 서체

4) 잡희(雜戲)

《주서》백제전과 《수서》백제전에 따르면, 백제의 놀이로는 투호(投壺), 저포(樗蒲), 악삭(握槊), 농주(弄珠), 혁기(奕棊) 등이 있었다고 한다. 이러한 놀이는 모두 중국에서 시작된 것이다. 《예기》와 《대대례》에 따르면, 투호는 연회에서 단지를 뜰이나 건물 안에 놓고 주인과 손님이 상대가 되어 화살 모양의 나무를 단지 안에 던져 넣어 그 수의 많고 적음으로 승패를 정하였다고 한다.[233]

저포는 주사위가 저(樗: 가죽나무)와 포(蒲: 부들)의 열매로 만들어진 데서 유래한 것이다. 중국의 경우 한나라 이전에는 이를 육박(六博)이라 하였다. 육박은 6개의 댓가지를 던져 그 숫자를 산출하여 경기판 위에 놓인 바둑말[棊]을 움직여 겨루는 놀이를 말한다. 한 대 이후에는 주사위의 개수를 중요시하였다. 그래서 오목(五木)의 명칭이 생겼다고 한다.[234]

악삭은 정각 6면에 1~6까지의 숫자를 새긴 주사위 한 쌍을 던져 말을 움직이는데 둘 다 6이 나오면 이기므로 쌍육(雙六)이라 하였다. 삭(槊)이란 판[局]을 말하고, 주사위를 던져 바둑 말을 쥐고[握] 판에 갖다 놓는 데서 악삭이란 명칭이 비롯되었다. 악삭은 서역 지방에서 유래하였는데, 위진남북조 시대에 중국에 전파되어 수·당 시대에 성행하였다고 한다.[235] 따라서 백제의 악삭도 남북조 시대에 백제에 들어온 것으로 볼 수 있다.

농주는 농환(弄丸)과 같은 것이다. 중국의 경우 춘추 시대에 농환이

---

233) 권태원, 2000, 《고대한민족문화사연구》, 일조각, 299~300쪽.
234) 위와 같음, 299~301쪽.
235) 위와 같음.

〈도 5-7〉 산둥 성 한묘화상석의 육박도(왼쪽)와 농주도(약수리 고구려 고분벽화)

있었다고 한다.236) 고구려 약수리 고분벽화 행렬도에 보이는 곡예도
와 수산리 고분벽화에 나오는 마디가 있는 작은 나무봉, 그리고 2~5
개의 공을 공중에 던지는 곡예사 그림도 농주의 사례라 하겠다. 백제
의 농주가 고구려에서 전하여 왔는지 아니면 중국에서 전하여 왔는지
는 단정하기 어렵지만, 중국으로부터 왔을 가능성이 크다.

혁기는 위기(圍棊, 圍碁)라고도 한다. 당나라 공영달(孔穎達)의 소
(疏)에 따르면, 위기를 혁(奕)이라고 하며, 기자(棊者)는 바둑돌을 잡
고 상대를 둘러싸서 죽이기 때문에 나온 이름이라고 하였다.237) 백제
개로왕은 바둑을 즐겼으며, 고구려에서 잠입해 온 간첩인 승려 도림
과 바둑을 두었다는 이야기가 나온다.238) 바둑과 관련한 고고자료는
익산 미륵사지에서 출토된 바둑알을 들 수 있다.

한편 일본 쇼소인(正倉院)에는 백제 의자왕이 보냈다고 하는 바둑

---

236) 최남선, 1973, 《六堂崔南善全集》 권3·4, 유희편, 현암사 주(注)의 "市南
　　宜僚 善弄丸鈴 常八個在空中 一個在手…" 참조.
237) 권태원, 2000, 앞의 책, 302쪽.
238) 《삼국사기》 권제25 백제본기 개로왕 21년조.

판과 바둑알이 있다. 있다. 바둑판의 재료는 인도 남부 스리랑카에 자생하는 최고급 목재인 자단(紫檀)이다. 판 양쪽에는 돌을 넣는 서랍이 달렸는데 한 쪽을 빼면 건너 쪽도 열리도록 되어 있다. 판위의 19줄의 선은 상아로 장식 되었고 17개의 화점(花點)은 꽃무늬로 장식되었다. 바둑알은 새 그림을 상감한 홍아(紅牙)와 감아(紺牙)로 만든 한 벌과 흑 백 돌 한 벌 등 모두 600알이다. 이는 백제가 바둑을 즐겼으며, 이 바둑 놀이를 왜에 전하였음을 보여준다.

제6장 왜와의 교섭과 교류

제1절 왜의 대수(對隋) 접근과 백제의 견제

1. 왜의 대수 접근과 백제의 국서 탈취

7세기에 들어오면 왜에서는 정치적으로 큰 변화가 일어났다. 593년 소아마자(蘇我馬子)의 권력의 비대화를 견제하려던 숭준(崇俊)이 도리어 소아마자에 의해 피살되고, 민달(敏達)의 황후였던 추고(推古)가 천황의 지위를 계승하였다. 추고는 구호풍총이황자(廐戶豊聰耳皇子: 성덕태자)를 황태자로 삼아 만기(萬機)를 섭정하도록 하였다.239) 실권을 장악한 성덕태자는 603년까지 백제와 긴밀한 관계를 유지하였다. 이에 따라 백제는 성덕태자의 봉불(奉佛) 정책에240) 호응하여 승려 혜총을 보내어 삼보의 동량이 되게 하였고, 597년에는 왕자 아좌(阿佐)

---

239) 《일본서기》 권22 추고기 원년조의 "夏四月 立廐戶豊聰耳皇子爲皇太子 仍錄攝政 以萬機悉委焉…" 참조.

240) 《일본서기》 권22 추고기 2년조의 "詔皇太子及大臣 令興隆三寶 是時 諸臣連等各爲君親之恩 競造佛舍 卽是謂寺焉" 참조.

를 보냈으며, 599년에는 낙타 등의 동물을 보냈다.

603년 이후 614년 사이에 성덕태자는 개혁 정책을 시행하였다. 그 정책의 일환으로 성덕태자는 603년에 관위(官位) 12계를 실시하였다. 604년에는 이른바 헌법(憲法) 17조를 시행하고, 조례(朝禮)를 개정하였다. 606년에는 원흥사 금당 동수장륙불상(銅繡丈六佛像)을 만들었고, 607년에는 신기(神祇)와 산천에 제사하였다.

성덕태자의 일련의 정책은 왜의 독자성을 강조하면서 왕권을 강화하고 왕실의 위엄을 높이기 위한 것이었다. 왜의 이러한 모습은 수에 파견된 왜 사신이 "왜왕은 천(天)을 형으로 하고 일(日)을 동생으로 한다"고 한 말이나,241) 수에 보낸 국서에서 왜왕이 자신을 '해 뜨는 곳의 천자[日出處天子]'로, 수나라 황제를 '해 지는 곳의 천자[日沒處天子]'242)로 일컬은 것에서 살펴볼 수 있다.

이처럼 독자성을 추구하던 시기에 왜는 수에 대한 접촉을 시도하였다. 왜가 수에 사신을 처음 파견한 것은 600년이었고,243) 그 뒤 608년에 소야신매자(小野臣妹子: 蘇因高)를 파견하였다.244) 이에 대해 수는 배세청(裵世淸)을 답방사로 파견하였다. 배세청이 왜로 갈 때 백제로 건너가서 죽도에 이르렀고 다시 남쪽으로 탐라국을 바라보며 도사마

---

241) 《수서》 권81 열전제46 왜전의 "使者言 倭王以天爲兄 以日爲弟 天未明 時 出聽政 跏趺坐 日出便停理務"라 한 기사 참조.

242) 《수서》 권81 열전제46 왜전의 "其國書曰 日出處天子 致書日沒處天子 無恙云云 帝覽之不悅 謂鴻臚卿曰 蠻夷書有無禮者 勿復以聞" 참조.

243) 《수서》 권81 열전제46 왜전. 왜의 대중국 관계는 478년 왜 5왕(讚, 珍, 齊, 興, 武)이 남조의 宋에 사신을 파견한 것을 끝으로 140여 년 동안 공백이었다가 이때 재개되었다.

244) 《일본서기》 권22 추고기 15년조의 "秋七月 大禮小野臣妹子遣於大唐 以鞍作福利爲通事" 참조. 그런데 608년은 수양제 대업 4년에 해당되므로 이 기사의 "大唐"은 "隋"로 고쳐 보아야 한다. 소야매자신은 《수서》 권81 열전제46 왜전에는 "소인고(蘇因高)"로 나온다.

국(都斯麻國)을 지났다.245) 그런데 《삼국사기》에는 배세청이 백제의 남로(南路)를 경유하였다고 한다.246) 이는 왜 사신이 수나라를 오갈 때도 백제의 경계를 지나야 했음을 보여준다.

종래에 왜는 주로 불교를 비롯한 선진 문물을 백제로부터 받아들였다. 그에 따라 백제는 많은 승려와 불상과 불경을 보내기도 하고, 사찰 관련 기술자들을 파견하였다. 불교를 매개로 한 두 나라의 이러한 관계는, 《수서》 왜전에 "불법을 공경하였으며 백제에서 불경을 구하여 얻었다〔敬佛法 於百濟求得佛經〕"라는 기사에서 확인할 수 있다. 그런데 608년 수에 파견된 소야신매자를 정사로 하는 사신단에는 승려 수십 명이 포함되었고, 또 통사는 왜의 불교 수용과 깊은 관련을 가지고 있었던 안작복리(鞍作福利)가 맡았다.247) 왜가 종래와는 달리 백제를 거치지 않고 수로부터 직접 선진 문물을 받아들이려 한 것은, 왜의 정책이 백제에 대해 일정한 거리를 두는 방향으로 바뀌었음을 넌지시 알려 준다.

백제로서는 수나라의 출현으로 긴장과 갈등이 조성되어 가고 있는 상황에서 왜가 백제와 일정한 거리를 두면서 수나라와 접근을 시도한 것이 바람직한 일은 아니었다. 이에 대한 백제의 입장을 보여주는 것이 백제가 귀국하는 왜 사신을 검색하여 수의 국서를 탈취한 사건이다.248) 이 사건에 대해 수양제가 왜의 국서 내용이 무례하다고 여겨

---

245) 《수서》 권81 열전제46 왜국전의 "明年 上遣文林郎裵淸 使於倭國 度百濟行 至竹島 南望聃羅國 經都斯麻國 回在大海中" 참조.

246) 《삼국사기》 권제27 백제본기 무왕 9년조의 "春三月 遣使入隋朝貢 隋文林郎裵淸奉使倭國 經我國南路" 참조.

247) 안작복리는 鞍作氏 출신인데 이 출신으로는 鞍作鳥가 있다. 이 안작조의 가계는 모두 불교 전래 및 전파와 깊은 관련을 가진 집안이었다. 안작씨와 불교와의 관계에 대해서는 佐伯有淸, 1988, 《日本の古代國家と東アジア》, 雄山閣出版, 153~156쪽 참조.

이를 책망하는 말을 국서에서 했기 때문에 차마 '천황'에게 보여줄 수 없어 탈취를 당했다고 둘러댄 것으로 보는 견해,249) 소야매자의 귀국 길에 동행한 수나라 사신 배세청의 언동을 막을 수 없다는 것과 이 당시 왜의 대수(對隋) 외교가 고구려의 전략 아래 이루어졌으며, 백제는 그러한 왜의 외교를 그대로 묵인할 수가 없어 국서 약탈을 했다고 보는 견해250) 등이 있다.

그러나 국서의 탈취 여부는 일개 사신이 조작할 수 있는 사항은 아니다. 따라서 이 사건은 실제로 일어난 것으로 보아야 한다. 국서에는 당연히 수와 왜의 관계를 보여주는 내용들이 들어 있었을 것이다. 이렇게 보면, 백제는 수나라와 왜 사이의 관계를 파악하고자 왜 사신을 검색하여 그가 소지한 국서를 탈취한 것으로 생각된다.251) 이는 왜의 독자적 외교 정책에 대한 백제의 강력한 경고 표시라고 할 수 있다.

국서가 다른 나라에 의해 탈취되었다는 것은 큰 사건이다. 그만큼 권위에 손상이 가기 때문이다. 따라서 왜 조정은 사신의 임무를 완수하지 못한 소야매자를 처벌해야 했다. 그러나 왜 조정은 그에 대한 처벌을 논의하다가 결과적으로 이 사건을 불문에 붙였을 뿐만 아니라 국서를 탈취한 백제에 대해 항의조차도 하지 않았다. 그 대신 왜는 배세청으로부터 수양제의 뜻을 전달받고 그를 극진히 대접하는 것으로 이 사건을 매듭지었다. 이처럼 왜가 이 사건을 공론화하지 않고 미봉

---

248) 《일본서기》 추고기 16년조의 "…爰妹子臣奏之曰 臣參還之時 唐帝以書授臣 然經過百濟國之日 百濟人探以掠取 是以不得上 於是 群臣議之曰 夫使人雖死之 不失旨 是使矣何怠之 失大國之書哉…" 참조.

249) 西嶋定生, 2002, 〈遣隋使と國書〉, 《西嶋定生東アジア論集》 3卷, 岩波書店, 238쪽 및 《이와나미 강좌 일본서기》 190쪽 두주 11.

250) 李成市, 1990, 〈高句麗와 日隋外交〉, 《이우성교수정년기념논총》, 이우성교수정년기념논총간행위원회, 156~157쪽.

251) 노중국, 1994, 앞의 글.

한 것은 이 사건이 가져올 파장을 염려해서였던 것으로 보인다. 이 점
은 왜왕이 "당나라 사신이 형벌에 대한 일을 듣는 것이 좋지 않다"고
하면서 소야매자를 사면한 것에서[252] 확인할 수 있다. 이 사건으로
말미암아 백제와 왜는 불편한 관계로 들어가게 되었다.[253]

2. 왕자 풍장(豊璋)의 파견

국서 탈취 사건으로 조성되었던 두 나라의 불편한 관계는 6~7년이
지나면서 차츰 회복 단계로 접어들었다. 백제 사신이 수에서 돌아오
는 왜의 사신을 따라 왜로 간 것이 이를 보여준다.[254] 백제가 왜와 관
계를 회복한 것은 중국 대륙의 상황 및 삼국 사이의 역학관계의 변화
와 어느 정도 관련이 있다. 중국 대륙에서는 612년에 수양제가 113만
에 이르는 대군을 동원하여 고구려 공격을 단행하였다.[255] 이는 동아
시아 세계에 커다란 충격이었다. 이때 백제는 수나 고구려 어느 쪽도
편들지 않는 실지양단의 중립 입장을 취하였지만,[256] 신라에 대한 공
격은 늦추지 않았다. 616년에서 626년 사이에 백제가 자주 신라를 공
격한 것이 이를 잘 보여준다. 이러한 격변의 상황에서 백제는 왜와 우
호 관계를 맺는 것이 바람직한 것으로 판단하여 615년에 사신을 왜에

---

252)《일본서기》권22 추고기 16년 6월조의 "妹子雖有失書之罪 輒不可罪 其
　　大國客等聞之 亦不良 乃赦之 不坐也" 참조.

253) 노중국, 1994, 앞의 글.

254)《일본서기》권22 추고기 23년조의 "秋九月 犬上君御田鍬 矢田部造 至
　　自大唐 百濟之使 則從犬上君而來朝 十一月己丑朔庚寅 饗百濟客" 참조.

255) 수의 고구려 공격과 전투의 전개 과정에 대해서는《삼국사기》권제20
　　고구려본기 영양왕 23년조에 자세히 나와 있다.

256)《삼국사기》권제27 백제본기 무왕 13년조의 "隋六軍度遼 王嚴兵於境
　　聲言助隋 實持兩端" 참조.

파견하였던 것이다.

한편 621년에 일본열도에서는 이제까지 대외 교섭에서 왜의 독자성을 추구하던 성덕태자가 죽었다.[257] 그 뒤 왜의 조정에서는 친백제 세력의 활동이 차츰 활기를 띠었다. 친백제 세력의 활동은 신라 공격을 둘러싼 왜 조정의 논의 과정에서 살펴볼 수 있다. 623년 전중신(田中臣) 등은 신라를 공격해서는 안 된다고 주장하였고, 중신련(中臣連)은 신라를 정벌하고 임나를 취하여 백제에 부속시키자고 주장하였다. 논의의 결과는 신라 정벌로 결정되었다. 이때 신라 공격을 반대한 전중신은 친신라파라 할 수 있고, 신라 공격을 주장한 중신련 국(國)과 경부신(境部臣) 등은 친백제 세력이라 할 수 있다. 경부신은 600년에 신라를 공격하는 대장군으로 활동하였다.[258] 이로 미루어 경부신은 친백제파의 거두 역할을 한 것으로 보인다.

이후 추고가 죽고 서명(舒明)이 즉위하였다. 그러나 서명이 즉위하는 과정에서 전촌황자(田村皇子)를 옹립하려는 소아하이(蘇我蝦夷)를 중심으로 하는 세력과 산배대형왕(山背大兄王)을 옹립하려는 허세신(許世臣), 좌백련(佐伯連), 기신(紀臣) 세력 사이에 대립과 갈등이 일어났다. 이 왕위 분쟁에서 소아씨 세력이 승리하여 전촌황자가 왕위에 오르니, 그가 바로 서명천황이다. 이 시기 경부신 세력은 대외적으로는 신라 정벌에 앞장서고 백제와는 우호적인 관계를 유지하는 입장을 취하였지만, 대내적으로는 소아씨와 불편한 관계에 있었다. 그는 소아대신 묘소의 관리소〔廬〕를 파괴하고, 소아의 전가(田家)를 물러 나와 벼슬을 하지 않았을 뿐만 아니라 산배대형왕의 옹립을 주장하였

---

257) 《일본서기》 권22 추고기 29년 춘2월조.

258) 《일본서기》 권22 추고기 8년조의 "新羅與任那相攻 天皇欲求任那 是歲命境部臣爲大將軍 以穗積臣爲副將軍(竝闕名) 則將萬餘衆 爲任那擊新羅…" 참조.

다. 그러나 그는 뜻을 이루지 못하여 아들과 함께 소아하이 세력에 의해 제거되고 말았다.259)

경부신 부자의 제거는 왜국 안의 친백제계 세력에게는 커다란 타격이었다. 이러한 상황에 대처하고자 무왕은 대사인 은솔 소자(素子)와 소사인 덕솔 무덕(武德)을 왜에 보내 왜와 관계를 정립하려고 하였다.260) 이 과정에서 631년에 왕자 풍장이 왜에 파견되었다.261) 이 기사에는 풍장이 의자왕의 아들로 나온다. 그러나 631년은 무왕 32년이어서 연대가 맞지 않는다. 이로 말미암아 의자왕을 무왕으로 고쳐 보아야 한다는 견해,262) 풍장을 왜로 파견한 시기를 의자왕 대로 옮겨 보아야 한다는 견해263) 등이 제기되었다. 필자는 무왕의 아들 풍장과 의자왕의 아들 풍장은 동명이인으로 시기를 달리하여 활동한 것으로 보는 바이다.264) 풍장의 파견은 왜국 내의 친백제계 세력의 재건을 도모하면서 왜와의 관계도 더욱 굳건히 하기 위한 것이었다.

이후 백제는 635년에 달솔 유등(柔等)을 왜에 파견하였고, 638년에도 사신을 파견하였다. 이는 백제와 왜의 선린 관계가 그 뒤에도 어느 정도 유지되었음을 보여준다.

---

259) 이상에 대해서는 《일본서기》 권23 서명기 즉위전기 참조.

260) 《일본서기》 권23 서명기 2년 3월조.

261) 《일본서기》 권23 서명기 3년조의 "3月 庚申朔 百濟王義慈入王子豊璋爲質" 참조.

262) 西本昌弘, 1990, 〈豊璋と翹岐 ― 大和改新前夜の倭王と百濟 ―〉, 《ヒストリア》 107호, 大阪歷史學會; 鈴木靖民, 1993, 〈7세기 중엽 백제의 정변과 동아시아〉, 《백제사의 비교연구》, 충남대 백제연구소.

263) 정효운, 1990, 〈7세기대 한일관계의 연구(상)〉, 《고고역사학지》 5·6합집, 동아대학교박물관; 김수태, 1992b, 〈백제 의자왕대의 태자 책봉〉, 《백제연구》 23집, 충남대 백제연구소.

264) 노중국, 1994, 〈7세기 백제와 왜의 관계〉, 《국사관논총》 52집, 국사편찬위원회.

제2절 왜와의 갈등과 화호

1. 의자왕 초기의 정변과 대왜 관계의 냉각

1) 의자왕의 친위정변 단행과 교기(翹岐)의 추방

무왕은 재위 33년인 632년에 원자 의자를 태자로 책립한 뒤 차츰 향연과 탐락에 빠져들었다. 그 뒤 왕실 내부에서는 왕의 총애를 받아 위세를 부리는 일련의 세력들이 나타나게 되었다. 무왕의 동생의 아들인 교기(翹岐)와 어머니의 누이동생(母妹)의 딸 및 이들과 연결된 내좌평 기미(岐味) 등이 이들이다. 이들은 태자 의자를 견제하였다.

무왕 말기의 이러한 복잡한 상황을 극복하고 왕위에 오른 의자왕은 즉위 2년(642)에 국주모의 죽음을 계기로 교기와 기미 등 고명한 사람 40여 명을 섬으로 추방하였다.265) 이들은 의자왕이 왕권 강화를 위해 단행한 친위정변에 의해 밀려난 것이다. 이렇게 반대 세력을 제거함으로써 의자왕은 자신의 정치적 기반을 다질 수 있게 되었다.266) 교기의 출신에 대해 의자왕의 조카로 보는 설과267) 국주 즉 의자왕의 아들로 보는 견해가268) 있다. 그러나 의자왕이 정변을 일으키면서 자기 아들을 섬으로 쫓아낸 것이 아니므로 교기를 의자왕의 아들로 보는 것은 무리이다. 따라서 교기는 의자왕의 조카로 보는 것이 옳다.

---

265) 《일본서기》 권24 황극기 원년조의 "二月…百濟弔使儻人等言 去年 十一月   大佐平智積卒…今年正月   國主母薨   又弟王子兒翹岐及其母妹女子四人 內佐平岐味   有高名之人卌餘   被放於島" 참조.

266) 노중국, 1988, 앞의 책, 208~209쪽 및 김수태, 1992b, 앞의 글.

267) 鈴木靖民, 1993, 앞의 글, 24쪽.

268) 山尾幸久, 1989, 《古代の日朝關係》, 塙書房, 398~399쪽.

2) 왜의 정세 변화와 왜 조정의 교기 영입

추방된 교기는 왜로 들어갔다. 이 시기 왜의 실권자는 소아(蘇我)대신이었다. 그는 교기를 친히 불러 대화하고 예물을 주는 등 우대하였다.[269] 왜로 간 교기의 역할에 대해 641년의 내란에서 패배하여 왜로 망명한 것으로 보는 견해,[270] 교기의 직함이 대사(大使)로 나오는 것에 근거하여 백제 조사단(弔使團)의 대사로 파악한 견해,[271] 백제 안의 친왜 세력으로서 대왜 외교의 안전보장 구실을 담당한 인물로 파악한 견해[272]들이 있다. 그러나 교기 등은 의자왕에 의해 추방된 자들이다. 따라서 추방된 교기가 왜 조정에서 우대를 받게 된 배경은 왜의 대(對)백제 정책과 연계하여 살펴보아야 한다.

이 시기의 왜왕 서명은 당나라 및 신라와의 접촉도 계속하면서 동시에 친백제 정책도 적극 추진하였다. 639년에 백제천(百濟川) 곁에 왕궁과 대사(大寺)와 9층탑을 세우도록 한 것, 641년에 백제궁(百濟宮)으로 이거한 것[273] 등이 그 예가 된다. 대사의 명칭이 백제대사이고, 대사가 세워진 곳이 백제천 옆이므로 대사 건립 주동자들은 친백제 세력이라 할 수 있다. 그러나 사찰 건립 책임을 맡은 조사사(造寺司)가 대사 부근 사당의 나무[社樹]를 벌목하자, 자부대신(子部大神)이 화를 품어 절과 탑을 불사르게 하였다.[274] 사(社)는 전통적인 신을 모시

---

269) 《일본서기》 권24 황극기 원년조의 "召翹岐 安置於阿曇山背連家…夏四月丙戌朔癸巳 大使翹岐 將其從子拜朝…乙未 蘇我大臣於畝傍家 喚百濟翹岐等 親對語話 仍賜良馬一匹 鐵卄鋌 唯不喚塞上"참조.

270) 鈴木靖民, 1993, 앞의 글, 25~26쪽.

271) 鈴木英夫, 1990,〈大化改新直前の百濟〉,《續日本紀研究》272집, 5~6쪽.

272) 山尾幸久, 1989, 앞의 책, 190~194쪽.

273) 《일본서기》 권23 서명기 11, 12년조.

는 사당이므로 사당에 심은 나무는 신성한 나무로서 토속신앙을 반영
한다. 따라서 자부대신이 분노하여 사탑을 불살랐다는 것은 불교와
토속신앙의 대립과 갈등을 보여준다. 이 대립·갈등은 불교를 신봉하
는 친백제 세력과 전통 신앙을 옹호하려는 세력 사이의 갈등과 대립
을 말한다. 이 과정에서 자부대신의 행위는 전통 신앙을 주장하는 세
력도 작지 않았음을 보여준다.

친백제 정책을 추진하던 서명이 죽고 황극이 즉위하자, 왜 조정의
정치적 실권은 대신 소아하이와 그의 아들 소아입록(蘇我入鹿)에 의해
장악되었다.275) 실권을 장악한 소아씨 세력의 대외 정책에 대해 종래
에는 '친백제–반신라' 정책으로 여겨 왔다.276) 그러나 서명의 친백제
정책에 반대한 세력이 상당하였다든가, 백제가 요청한 새상(塞上)의
환국을 불허하였다든가, 소아하이가 백제에서 추방된 교기를 불러 친
히 대화를 나누었다든가 하는 사실 등은 소아씨 세력이 백제에 대해
일정한 거리를 두고 있었음을 넌지시 알려 준다.

소아씨 세력이 이러한 입장을 가지게 된 배경에는 성덕태자의 화이
씨(和爾氏) 세력이 친백제적이었던 것에 대한 소아씨 세력의 반발
과277) 더불어 새상 등 재왜(在倭) 백제인들의 활동도 작용한 것 같다.

---

274) 《扶桑略紀》 제4 서명천황 11년조의 "正月 始造大宮十市郡百濟河側 相
　　擇勝地 移態凝精舍 建百濟大寺(今大安寺是也)…十一月 於百濟大寺 建九
　　重塔 大安寺記云 施入百濟大寺 封邑三百戶 良田三百町 并種種財寶…此時
　　始起京郡造寺司等 多伐寺側社樹 子部大神含怒放火 燒寺并塔 天皇愁悶之
　　間 寢膳乖常經月…" 참조.

275) 《일본서기》 권24 황극기 원년조의 "皇后卽天皇位 以蘇我臣蝦夷爲大臣
　　如故 大臣兒入鹿(更名鞍作) 自執國政 威勝於父" 참조.

276) 山尾幸久, 1989, 앞의 책, 382~383쪽.

277) 임종상, 1974, 〈七世紀中葉における百濟倭關係〉, 《古代日本と朝鮮の基
　　本問題》, 學生社, 162~163쪽.

새상은 효덕기의 새성(塞城)278)과 동일 인물로서 무왕의 아들이요 풍장의 동생이다. 그는 풍장이 왜에 인질로 갔을 때 함께 보내진 것으로 여겨진다.

왜에 간 초기에 이들은 본국과 왜의 결호를 위해 여러 방면에서 노력을 하였던 것 같다. 그러나 본국에서 의자왕이 즉위한 뒤 정변을 단행하여 반대 세력들을 대대적으로 제거하는 상황이 전개되자 새상은 차츰 반(反)백제적 활동을 하였다. 백제는 이를 '작악(作惡)'으로 표현하였다. 이에 새상은 당시의 실권자인 소아씨 세력에 접근하였고 또 추방된 교기를 왜로 불러들이도록 하였던 것 같다.279) 이렇게 되자, 의자왕은 그의 귀환을 요청하였다. 실권자인 소아씨 세력은 작악하는 새상의 귀환을 거부하였을 뿐만 아니라280) 새상의 요청대로 추방된 교기마저 왜로 불러들여 대우를 해 주었다. 이는 소아씨 세력이 의자왕 초년의 정변에 대응하여 백제와 일정한 거리를 두려는 정책을 취하였음을 알려 준다.

3) 사택지적의 파견과 대왜 관계의 냉각

왜가 백제에 대해 일정하게 거리를 두고 있을 때 백제는 대좌평 사택지적(沙宅智積)을 왜에 파견하였다. 사택지적은 나지성 출신이다. 그런데 《일본서기》에는 그에 대해 상반된 기사가 나온다. 하나는 왜에 파견된 조사의 겸인(傔人)이 한 말인데, 지난해(서명 13: 641) 11월에 지적이 죽었다는 것이고, 다른 하나는 황극 원년(642)에 지적이 왜에

---

278) 《일본서기》 권25 孝德紀 白雉 원년조.

279) 노중국, 1994, 앞의 글.

280) 《일본서기》 권24 황극기 원년조의 "弔使報言 百濟國主謂臣言 塞上恒作惡之 請付還使 天朝不許" 참조.

사신으로 왔다고 하는 기사이다.281) 그러나 〈사택지적비〉에 따르면,
사택지적은 654년(갑인년)에 세월이 덧없이 감을 강개하면서 불당과
불탑을 세웠다.282) 따라서 사택지적이 641년에 죽었다고 하는 겸인의
말은 잘못이고, 642년에 왜에 파견된 것으로 보는 것이 타당하다. 이
때 그의 관등은 대좌평이었다.

　백제가 대좌평이라고 하는 최고위직의 인물을 사신으로 파견한 것
은 당시의 국제 정세와 연동시켜 보아야 한다. 642년에 의자왕은 신
라의 대야성을 함락하고 미후성 등 40여 성을 함락하는 등 신라에 대
한 공격을 강화하였고, 643년에는 고구려와 화친하여 신라가 당나라
로 가는 길목〔入唐之路〕인 당항성을 공취(攻取)하려고 하였다. 신라는
당에 사신을 급파하여 당의 힘을 빌려 이 위기를 극복하려고 하였
다.283) 이러한 상황에서 왜는 백제에 해악을 끼치고 있는 새상의 환
국을 거부하고 또 추방된 교기 일파를 받아들여 우대하는 등 백제와
어느 정도 거리를 두는 정책을 취하고 있었다. 이는 의자왕으로서는
바람직하지 못한 것이었다. 이에 의자왕은 두 나라 사이에 조성된 껄
끄러운 관계를 청산하고자 대좌평 사택지적을 왜에 파견한 것으로 생
각된다.284) 대좌평은 백제의 최고 관등이다. 사택지적은 왜에 파견된
백제 사신 가운데 태자를 제외하고는 최고위 관료였다. 대좌평 사택
지적을 파견한 것은 왜와 껄끄러운 관계를 해결하려는 의자왕의 적극
적인 의지를 보여준다.

---

281)《일본서기》권24 황극기 원년조의 "乙亥 饗百濟使人大佐平智積等於朝"
　　참조.
282) 홍사준, 1954, 〈사택지적비에 대하여〉,《역사학보》6집, 역사학회.
283)《삼국사기》권제28 백제본기 의자왕 3년조 및 권제5 신라본기 선덕왕
　　11년조.
284) 노중국, 1994, 앞의 글.

왜에 간 사택지적은 왜 조정의 향응을 받았다. 그런데 왜 조정은 이 자리에 교기를 부르고, 그가 보는 앞에서 상박(相撲) 판을 벌이도록 하였다. 사택지적은 연회를 마친 뒤 교기의 문에서 배례를 하였다.285) 이로써 왜 조정은 교기를 우대하는 것을 과시하면서 왜의 대(對)백제 정책이 변화되지 않을 것임을 시사한 것으로 보인다. 사택지적은 기대한 목적을 달성하지 못한 채 642년 8월 귀국하였다.

이후 두 나라 사이의 관계는 차츰 미묘하게 되었다. 백제 사신이 머무는 관당(館堂)이 불에 타버렸다고 한 것이286) 이를 상징적으로 보여준다. 상황이 이렇게 전개되자 의자왕은 두 가지의 조처를 취하였다. 하나는 두 나라 사이의 교역의 양과 질을 줄이는 것이었다. 643년 백제가 왜에 보낸 물품은 이전의 사례보다 간소하였고, 대신(大臣)에게 보내는 물건도 지난해 돌려보낸 것과 다름이 없었으며, 군경(群卿)들에게 보내는 물건도 온전하지 않았다.287) 전례와 다른 이러한 모습은 의자왕이 왜의 대백제 정책에 대한 반발에서 취한 조처로 볼 수 있겠다.

다른 하나는 사택지적에 대한 문책이다. 〈사택지적비〉에 따르면 사택지적은 갑인년(654)에 인생의 무상함을 달래면서 당탑(堂塔)의 건립을 서원하고 있다. 이는 은퇴 이후의 모습을 보여준다. 그의 정계 은퇴는 연로하였기 때문이었을 수도 있지만, 왜에 사신으로 가서 소기

---

285) 《일본서기》 권24 황극기 원년 추7월조의 "饗百濟使人 大佐平智積等於朝 乃命健兒相撲於翹岐前 智積等宴畢而退 拜翹岐門" 참조.

286) 《일본서기》 권24 황극기 2년 3월조의 "災難波百濟客館堂與民家屋" 참조.

287) 《일본서기》 권24 황극기 2년 추7월조의 "秋七月己酉朔辛亥 遺數大夫於難波郡 檢百濟國調與獻物 於是大夫問調使曰 所進國調 欠少前例 送大臣物 不改去年所還之色 送群卿物 亦全不將來 背違前例 其狀何也…" 참조.

의 성과를 거두지 못한 것에 대한 의자왕의 문책도 어느 정도 작용하지 않았을까 한다.

2. 왜의 다이카 개신 단행과 대백제 정책

교기 문제로 양국 사이에 불편한 관계가 조성된 시기에 왜에서는 새로운 정치적 상황이 전개되었다. 당시 실권자인 소아대신하이(蘇我大臣蝦夷)는 병을 핑계로 자기 아들 입록(入鹿)에게 자관(紫冠)을 착용하게 하여 대신의 지위에 준하도록 하였다. 소아입록은 고인대형(古人大兄)을 천황으로 옹립하려고 성덕태자의 아들 산배대형왕(山背大兄王)을 암살해 버렸다.288) 뿐만 아니라 소아입록은 소아대신의 집을 상궁문(上宮門)으로, 자신의 집을 곡궁문(谷宮門)으로, 아들을 왕자라 불렀다. 나아가 그는 또 집 밖에는 성책을 만들고 문 곁에는 병고(兵庫)를 만들어 역사(力士)들로 하여금 병기를 가지고 집을 지키도록 하는 등289) 오만방자하게 굴었다.

소아씨 세력의 발호가 커지자 중신겸자련(中臣鎌子連)이 강력히 반발하였다. 소아씨 세력을 제거하려고 결심을 굳힌290) 그는 경황자(輕皇子) 및 중대형(中大兄)과 결탁하여 세력을 규합하였다. 이때 좌백련자마려(佐伯連子麻呂), 갈성치견양련강전(葛城稚犬養連綱田), 창산전마려신(倉山田麻呂臣) 등이 가담하였다.291) 이 세력들은 645년 삼한의 사신을 영접하고 표를 읽는 의식 행사장에서 소아입록을 죽이고 그의 아버지 하

---

288) 《일본서기》 권24 황극기 2년 동10월, 11월조.

289) 《일본서기》 권24 황극기 3년 동11월조.

290) 《일본서기》 권24 황극기 3년 춘정월조의 "中臣鎌子連 爲人忠正 有匡濟心 乃憤蘇我臣入鹿 失君臣長幼之序 挾闚社稷之權" 참조.

291) 《일본서기》 권24 황극기 3년 정월조 및 4년 6월조.

이를 자살하게 한 뒤 경황자를 옹립하였다. 그가 효덕천황이다.[292]

효덕천황은 즉위 뒤 중대형을 황태자로, 아배내마려신(阿倍內摩呂臣)을 좌대신으로, 소아창산전석천마려신(蘇我倉山田石川麻呂臣)을 우대신으로, 중신겸자련을 내신으로, 사문 민법사(旻法師)와 고향사현리(高向史玄理)를 국박사로 삼았다.[293] 이렇게 새로이 집권 세력을 편제한 효덕은 646년 봄 정월에 이른바 다이카 개신(大化改新)을 단행하여 국정을 쇄신하였다.[294]

다이카 개신 뒤 왜 조정의 대백제 정책과 관련하여 다음의 몇 가지 사실이 눈길을 끈다. 첫째는 645년 가을 7월에 백제에서 조(調)를 궐함이 있자 왜는 백제의 조를 거부하였다고 하는 사실이다.[295] 물론 여기에서 조는 공적인 교역을 말하는데, 이러한 공적 교역을 빠뜨렸다[有闕]는 것과 왜가 백제의 교역품을 거부[却還]하였다는 것은 백제와 왜 사이에 교역상의 마찰이 있었음을 보여준다. 이는 왜가 고구려에 대해 장래의 우호를 다짐한 것과[296] 대조된다.

둘째는 개신의 조(詔)를 발표한 뒤 다이카 연간(646~650)에 백제가 왜에 사신을 파견한 것은 646년 2월조의 기사뿐이다. 그렇지만 신라는 646년 2월과 647년 정월 및 648년에도 왜에 사신을 파견하였고, 649년에는 김다수(金多遂)를 왜에 사신으로 파견하여 인질로 삼기까

---

292) 《일본서기》 권24 황극기 4년 6월조.

293) 《일본서기》 권25 효덕기 즉위전기.

294) 다이카 개신에 대해서는 野村忠夫, 1981, 《研究史 大化改新》 增補版, 吉川弘文館 및 山尾幸久, 1967, 〈大化前後の東アジアの情勢と日本の政局〉, 《日本歷史》 제229호, 吉川弘文館 참조.

295) 《일본서기》 권25 효덕기 대화 원년조.

296) 《일본서기》 권25 효덕기 대화 원년조의 "詔於高麗使曰 明神御字日本天皇詔旨 天皇所遣之使 與高麗神子奉遣之使 旣往短而將來長 是故 可以溫和之心 相繼往來而已" 참조.

지 하였다. 나아가 신라는 647년에 실권자인 김춘추까지 왜에 보내 우호 관계를 도모하였다.[297] 신라의 적극적인 대왜 외교는 왜국 안의 정세 변화를 활용하려는 의도를 보여준다.

셋째는 백치(白雉) 원년(650) 2월 갑신일의 조정대장(朝廷隊丈)에 백제군 풍장과 그 동생인 새성과 충승이 참여하고 있다는 사실이다. 이 가운데 새성은 황극기 원년(642)조에 나오는 새상과 동일인이다. 그는 의자왕의 국내 정치 개혁에 불만을 품고 있던 자로서 본국 백제에 불리한 일들을 하였는데, 왜 조정에서는 이들을 조정대장에 백제의 대표로 참여시켰던 것이다. 이는 의자왕 초년 이후 빚어진 두 나라 사이의 껄끄러운 관계가 아직 완전히 가신 것이 아님을 짐작하게 한다.

3. 부여풍의 파견과 왜와의 화호[298]

앞에서 말한 바와 같이, 다이카 연간까지 백제와 왜의 관계는 원만하지 못하였다. 그 뒤 백제와 왜의 관계를 보여주는 것이 의자왕이 653년에 왜와 우호 관계를 맺었다는 사실이다.[299] 《삼국사기》에 보이는 이 기사는 428년에 왜국에서 사신이 왔다는[300] 기사 뒤 220여

---

297) 《일본서기》 권25 효덕기 대화 3년 是歲條의 "新羅遣上臣大阿湌金春秋 等 送博士小德高向黑麻呂 小山中中臣連押熊 來獻孔雀一隻 鸚鵡一隻 仍以 春秋爲質" 참조. 그러나 김춘추의 渡日을 사실로 보기 어렵다는 견해(三 池賢一, 1974, 〈金春秋小傳〉, 《古代の朝鮮》, 學生社, 1974, 113~117쪽)도 있다.

298) 이 부분은 노중국, 1994, 〈7세기 백제와 왜와의 관계〉, 《국사관논총》 52집, 국사편찬위원회의 내용을 요약·정리한 것이다.

299) 《삼국사기》 권제28 백제본기 의자왕 13년조의 "秋八月 王與倭國通好" 참조.

300) 《삼국사기》 권제25 백제본기 비유왕 2년조의 "春二月 倭國使至 從者五 十人" 참조.

년 만에 나온 것이다. 이는 이 기사의 중요성을 넌지시 알려 준다. 이러한 우호 관계의 성립 배경은 백제의 정치 상황 및 백제의 대왜(對倭) 정책과 관련 속에서 찾아보아야 한다.

이 시기 백제는 고구려와 일정한 연계성을 가지면서 신라에 대한 공격의 고삐를 늦추지 않았다. 의자왕은 645년에 나당연합군이 고구려를 공격하는 틈을 타서 신라의 7성을 공취하였고, 647년에는 감물·동잠 2성을 공격하였다. 648년에는 요거성 등 11성을, 649년에는 석토 등 7성을 공취하였다. 신라는 백제의 군사적 압박에 대응하여 당의 의관제를 받아들이는 등301) 적극적인 친당(親唐) 정책을 추진하여 하정(賀正)의 예를 실시하였고, 집사부를 설치하여 기밀사무를 장악하게 하는 등302) 왕권 강화책도 적극 추진하였다. 그 결과 신라와 당나라의 관계는 당이 백제에 조서를 내려 신라와 화목하게 지낼 것을 강력히 종용하는 상황으로까지 진전되었다.303) 이와 더불어 신라는 왜에도 사신을 빈번히 파견하고 있었다.

신라의 대왜접촉에 대처하기 위해 백제는 왜와 우호 관계를 다시 도모하였다. 때마침 이 시기에 신라와 왜 사이에 갈등이 생겨났다. 이 갈등은 신라 사신이 당나라 옷을 입고 왜로 간 것이 꼬투리가 되었다. 사신이 입은 옷은 신라가 당의 의관제를 받아들인 뒤 변화된 복장이었다. 그렇지만 왜는 이를 책망하고 사신을 돌려보냈다.304) 이로 말미암아 두 나라 사이에 틈이 벌어지게 되었다. 백제는 이 틈을 이용하

---

301) 《삼국사기》 신라본기 진덕왕 2, 3년조 및 잡지 제2 색복조.

302) 《삼국사기》 신라본기 진덕왕 5년조.

303) 《삼국사기》 백제본기 의자왕 11년조.

304) 《일본서기》 권25 효덕기 백치 2년 是歲條의 "是歲 新羅貢調使知萬沙湌 等 著唐國服 泊于筑紫 朝廷惡恣移俗 訶嘖追還 于時 巨勢大臣 奏請之曰 方 今不伐新羅 於後必當有悔…" 참조.

여 대왜 접근을 추진하여 651년 6월, 652년 4월, 653년 6월에 사신을 왜에 보냈다. 이는 다이카 연간에 사신 파견이 한 차례에 그쳤다는 것과 대비되는 것으로서 양국 관계가 회복되어 갔음을 보여준다. 이러한 분위기 속에서 의자왕은 653년에 부여 풍을 보내 왜와 화호 관계를 확립하였던 것이다.

왜와 우호관계 재확립과 관련하여 정리해야 할 것은 의자왕의 아들 부여풍이 왜로 간 시기이다. 부여풍은 백제가 망할 당시인 660년 이전에 이미 왜국에 있었다.305) 따라서 그가 왜국으로 간 시기는 이보다 앞선다. 그런데 《일본서기》에는 653년(백치 4) 6월에 백제가 사신을 왜에 보낸 것으로,《삼국사기》에는 같은 해 8월에 왜와 통호를 이룬 것으로 되어 있다. 이 두 기사를 연결시켜 보면, 의자왕은 653년 6월에 사신을 보내 왜와 관계 정립의 토대를 놓은 뒤 그해 8월에 왕자 부여풍을 보내 통호를 완전히 이룬 것으로 정리해 볼 수 있다.

부여풍의 파견으로 말미암아 왜가 백제에서 추방된 교기를 영입하여 우대함으로써 빚어진 불편한 관계는 일단 정리되었고, 두 나라의 관계는 더욱 돈독하게 되었다. 이러한 우호 관계는 백제 멸망 뒤 일어난 부흥군과 관계에서도 지속되었다.

---

305) 《일본서기》 권26 제명기 6년 동10월조의 "百濟佐平鬼室福信　遣佐平貴
　　智等　來獻唐俘一百餘人…又乞師請救　幷乞王子余豊璋曰…方今謹願迎百濟
　　國遺侍天朝王子豊璋　將爲國主云云" 참조.

제3절 문물 교류

1. 문헌자료에 보이는 교역품과 교류의 성격

《일본서기》에는 백제가 왜에 보낸 물품, 즉 왜의 사신이 왔을 때 백제가 준 물품, 왜의 사신이 백제로 올 때 가지고 온 물품들이 다수 기록되어 있다. 왜국이 백제에 준 물품으로는 흠명기에는 양마 70필, 배 10척, 맥종(麥種) 1천 곡, 화살 30구, 동선(同船) 2척, 활 50장, 화살 50구 등이 나온다.

백제가 왜에 보낸 물건은 크게 두 부류로 나뉜다. 하나는 백제에서 생산한 물품을 보낸 것이다. 그 물품으로는 흠명기에는 석가모니불상 1구, 번개(幡蓋) 약간, 경론 약간, 호금(好錦) 2필, 도끼 300개가 나오며, 추고기에는 당나귀 1필, 백치(白雉) 1쌍, 장륙불상 등이 나온다. 다른 하나는 외국산 물품을 왜에 보낸 경우이다. 흠명기에는 부남의 재물, 탑등(毾㲪) 1령이 나온다. 추고기에는 낙타 1필, 양 두 마리 등이 나온다. 부남은 현재의 베트남이다. 이 부남국에서는 금·은·동·주석·침목향(沈木香)·상아·공취(孔翠)·오색앵무 등이 산출되었고, 동서 교통의 거점이었기 때문에 '진물보화'의 집적도 이루어졌다. '부남 재물'이란 이것들을 일컫는 말이다.

부남 재물이 백제에 들어온 경로에 대해 부남과 직접적인 교류에 따른 것으로 보는 견해도 있지만,306) 양나라를 매개로 하여 백제와 부남 사이에 교류가 이루어졌을 가능성도 배제할 수 없다. 부남국은 503년에 양나라와 처음으로 통교한 뒤 535년에 이르기까지 교섭과 교

---

306) 이도학, 1999, 〈백제의 교역과 그 성격〉, 《STRATEGY 21》 2권 2호, 한국해양전략연구소.

류를 하였다. 이 과정에서 부남은 503년에 '산호불상(珊瑚佛像)'을, 519
년에는 천축전단서상(天竺旃檀瑞像)과 바라쌍수(波羅樹葉), 화척주(火齊
珠) 등을, 539년에는 '생서(生犀)'를 바쳤다.307) 그런데 512년에 백제
사신이 양나라에 갔을 때 부남 사신도 양나라에 왔다.308) 이로 미루
어 볼 때 백제는 양나라를 매개로 부남과도 접촉하고 부남의 재물도
받았을 가능성이 있다. 백제가 부남의 재물을 왜에 보낸 것은 동남아
시아에서 생산된 물품이 백제에서 유통되고 또 왜에까지 교류되었음
보여준다.

백제와 왜가 공식적인 교류로 주고받은 것을 보면, 백제에서 왜로
보낸 것은 유교와 관련된 서적, 불교와 관련된 불경이나 사리, 도가
사상 등 학문이나 종교와 관련된 것을 비롯하여 직조, 제철, 양조 등
등 여러 방면에 걸치고 있다. 왜가 백제에 보낸 물품은 무기, 말, 배,
군량 등 주로 군수물 성격을 띤 것이 대부분이다. 왜는 백제를 문화의
원천으로 보고 종교, 사상, 학문, 기예 등 백제의 수준 높은 문화를 받
아들였다. 이로써 왜는 고대 동아시아 공유(共有)문화권에 참여할 수
있게 되었다.

---

307) 《양서》 권54 열전제40 諸夷 扶南國전.
308) 《양서》 권2 본기제2 무제 중 천감 11년조의 "四月 百濟扶南林邑竝遣使
    獻方物" 참조.

2. 사상과 학문의 전파

1) 불교의 전파와 계율 정비

(1) 불교의 전파

불교가 전파되기 이전의 왜는 토착 신(神)인 국신(國神)을 섬기고 있었다. 일본의 국신 신앙은 물부대련미여(物部大連尾輿)와 중신련겸자(中臣連鎌子)가 "왜는 항상 천지, 사직, 백팔십신에게 춘하추동으로 제사를 드렸다"고 한 말에서 잘 드러난다.[309] 이러한 왜에 백제로부터 불교가 전해졌다. 불교가 전해진 시기에 대해서는 552년설과 538년설이 나왔다.[310] 552년설은《일본서기》흠명기 13년(552) 겨울 10월조에 백제 성왕이 서부(西部) 희씨달솔노리사치계(姬氏達率怒唎斯致契) 등을 왜에 보내 석가불금동상 1구, 번개 약간, 경론 약간 권을 보냈다는 기사에[311] 근거한 것이다. 538년설은《상궁성덕법왕제설(上宮聖德法王帝說)》과《원흥사가람연기병유기자재장(元興寺伽藍緣起幷流記資財帳)》에 백제가 무오년(538)에 태자상 1구, 관불기구 1구,《설불기서권(說佛紀書卷)》한 상자를 보냈다고 한 기사에 근거한 것이다. 두 자료 사이에 14년의 시간 차이가 있지만 성왕이 왜에 불교를 전하였다

---

309)《일본서기》권19 흠명기 13년 동10월조의 "我國家之王天下者 恒以天地 社稷百八十神 春夏秋冬 祭拜爲事 方今改拜蕃神 恐致國神之怒" 참조.

310) 이에 대한 간략한 정리는《이와나미 강좌 일본서기》546~547쪽의 보주 17~21 참조.

311)《일본서기》권19 흠명기 13년 동10월조의 "冬十月 百濟聖明王(更名聖王)遣西部姬氏達率怒唎斯致契等 獻釋迦佛金銅像一軀 幡蓋若干 經論若干卷 別表讚流通禮拜功德云 是法於諸法中最爲殊勝 難解難入 周公孔子尙不能知…祈願依情無所乏 且夫遠自天竺 爰泊三韓 依敎奉持 無不尊敬 由是百濟王臣明謹遣陪臣怒唎斯致契 奉傳帝國 流通畿內 果佛所記我法東流" 참조.

〈도 5-8〉 불교를 전한 백제 사신도

는 것은 공통이다.312)

백제로부터 불교가 공식적으로 전해지자 왜 조정에서는 이 불교를
받아들일 것이냐 아니냐를 둘러싸고 지배 세력 사이에 갈등이 빚어졌
다. 소아대신도목숙녜는 다른 나라들이 모두 불교를 신봉하는데 왜만
이 빠질 수 없다고 하면서 봉불(奉佛)을 주장하였고, 물부대련미여와
중신련겸자는 이제까지 왜는 국신인 천지, 사직, 백팔십신을 섬겨왔
는데 다른 나라의 신인 불교로 바꾸어 섬기면 화를 입을 것이라고 하

---

312) 일본 구마모토 현(熊本縣) 에다후나야마(江田船山) 고분에서 출토된
철검 명문에 '獲加多齒露大王在意斯沙加宮寺'가 나온다. 이 '寺'를 '時'로
해석하여 읽는[釋讀]것이 일반적이다. 그런데 본 명문에는 '時'자는 '時'로
분명히 새겼다. 때문에 '寺'를 '時'로 고쳐 읽는 것은 성립할 수 없다. 이
'寺'를 사찰로 본다면 왜로의 불교 전파는 문헌자료보다 앞선 것이 된다.
이에 대해서는 다음 기회에 자세히 검토하기로 한다.

면서 반대하였다. 이러한 갈등은 소아대신도목숙녜가 시험 삼아 예배하는 것으로 결론지어졌다.313) 이 과정에서 왜 왕실은 불교 수용 여부에 대해 중립적인 입장을 취하였다. 그 결과, 왜가 받아들인 불교는 '사택불교적(私宅佛敎的) 성격'을 띠게 되었다.314)

소아씨 세력이 불교를 받아들였다고 하여 봉불 문제가 완전히 해결된 것은 아니었다. 불교를 받아들인 뒤에 일어난 역기(疫氣)의 유행과 그에 따른 인명의 손상이 일어나자, 반불파는 이 모든 것이 불교를 숭봉하게 되면서 일어난 것이라고 주장하였다. 이러한 주장이 받아들여져 왜는 불상을 난파 굴강(堀江)에 흘려보내고 또 가람을 불태워 버렸다. 그러나 이 일이 있은 뒤 하늘에 풍운이 없는데도 갑자기 대전이 불타는 일이 벌어졌다.315) 이는 봉불파와 반불파의 대립이 여전하였음을 보여준다.

흠명이 죽은 뒤 즉위한 민달은 불교를 숭신하지 않았다.316) 그렇지만 584년에 백제에 파견되었던 왜 사신이 미륵석상 1구와 불상 1구를 가지고 왔다. 소아마자숙녜(蘇我馬子宿禰)는 환속한 고구려 승려 혜편을 모셔 와서 사마달등의 딸 도(嶋)를 제도하게 하고 집의 동쪽에 불전을 만들어 이 미륵석상을 모셨다. 그리고 석천택(石川宅)을 불전으로 수리하였다. 이때 지변빙전(池邊氷田), 사마달등도 깊이 불법을 믿었다.317) 이는 불교를 믿는 귀족들의 수가 늘어난 것을 보여준다.

---

313) 《일본서기》 권19 흠명기 13년 동10월조.

314) 田村圓澄, 1994, 〈백제불교의 일본전파〉, 《백제의 종교와 사상》, 충청남도.

315) 《일본서기》 권19 흠명기 13년 동10월조의 "天皇曰 宜付情願人稻目宿禰 試令禮拜 大臣跪受而忻悅 安置小墾田家 勤修出世業爲因 淨捨向原家爲寺 於後 國行疾氣 民致夭殘 久而愈多 不能治療…天皇曰依奏 有司乃以佛像 流棄難波堀江 復縱火於伽藍 燒燼更無餘 於是 天無風雲 忽災大殿" 참조.

316) 《일본서기》 권20 민달기 즉위년조의 "天皇不信佛法 而愛文史" 참조.

《일본서기》에는 불법의 시초가 이로부터 일어났다고 하였다.[318]

그러나 이듬해에 소아마자가 병에 걸리고 나라에 질역이 유행하여 백성들이 많이 죽자, 물부궁삭수옥대련(物部弓削守屋大連)과 중신승해대부(中臣勝海大夫)는 질병의 유행은 소아신이 불법을 홍행하려고 하였기 때문이라면서 불법의 숭신을 금단할 것을 요청하였다. 이들은 탑을 때려 넘어뜨리고, 불을 놓아 불상과 불전을 태워 버리고, 불상은 다시 난파의 굴강에 버렸다. 그리고 마자숙녜가 공양하고 있던 선신니 등의 옷을 벗기고 감옥에 가두고 매질하였다.[319] 이러한 상황은 흠명조에 불교가 왜에 처음 전해졌을 때의 상황과 매우 비슷했다.

봉불파와 반불파의 대립은 용명(用明) 대에 와서도 이어졌다. 용명은 민달과는 달리 불법을 믿었고, 자신이 병들자 삼보에 귀의하려고 하였다. 조정에서는 물부수옥대련 등이 삼보에 귀의하는 것은 국신을 배반하는 것이라며 반대하였지만, 사마달등의 아들 안부다수나(鞍部多須奈)는 천황을 위해 출가수도하며 장륙불상을 만들고 사찰을 건립하겠다고 하였다. 이러한 대립은 숭준조에서도 이어졌다. 숭준 즉위년(588) 가을 7월에 소아마자숙녜는 여러 황자 및 군신들과 더불어 물부수옥대련을 멸망시키려고 하였다. 이때 구호(廐戶) 황자는 적을 이기면 호세(護世) 4왕을 위해 사탑을 세울 것을 서원하였고, 소아마자도 제천 및 대신왕을 위해 사탑을 세우고 삼보를 유통시킬 것을 서원하였다. 물부수옥은 소아마자에 의해 아들들과 더불어 죽임을 당하고 말았다. 이로써 봉불파와 반불파의 대립은 봉불파의 승리로 막을 내

---

317) 《일본서기》 권20 민달기 13년조.

318) 《일본서기》 권21 민달기 13년 시세조의 "由是 馬子宿禰池邊氷田司馬達 等 深信佛法 修行不懈 馬子宿禰 亦於石川宅 修治佛殿 佛法之初 自玆而作" 참조.

319) 《일본서기》 권20 민달기 14년 3월조.

리게 되었다. 수옥을 제거한 소아마자는 섭진국(攝津國)에 사천왕사를 세웠고, 또 비조지에 법흥사를 세웠다.320)

(2) 계율의 정비와 백제

584년에 고구려 출신 승려로서 환속해 있던 혜편에 의해 도첩(度牒)을 받은 도(嶋)는 자신을 선신니(善信尼)라 불렀다. 이때 나이는 11세였다. 소아마자는 한인 야보(夜菩)의 딸 풍녀와 금직호의 딸 석녀를 도첩하여 각각 선장니(禪藏尼), 혜선니(惠善尼)로 이름하고 선신니의 제자로 삼았다.321) 소아마자가 여성을 먼저 도첩한 것은 일본 불교의 특징이라 할 수 있다. 소아씨 세력은 백제에서 가져온 미륵석상을 안치한 뒤 세 비구니를 청하여 크게 재를 여는 등 불사를 장려하였다.

이처럼 불교 신앙이 확산되자 왜는 사찰과 승려 및 신자들을 제대로 통제하기 위해 계율을 정비할 필요를 느꼈다. 그래서 선신니 등은 587년 6월에 소아마자에게 '출가의 길은 계를 근본으로 해야 한다'면서 백제로 가 계법을 배우기를 청하였다.322) 587년 소아마자는 백제 사신에게 선신니 등을 데리고 가서 계법을 배울 수 있게끔 부탁하였다. 이는 왜가 계율을 배우는 데 백제의 도움이 절실하였음을 보여준다. 그러나 백제 사신은 먼저 귀국하여 국왕에게 아뢴 뒤에 비구니들을 백제에 보내도 늦지 않다고 하면서 이들을 데려가지 않았다.323) 백제 사신이 이렇게 조치를 취한 것은 백제가 왜의 요청을 무조건 받아준 것이 아니라 자체적인 판단에 따라 행한 것을 보여준다. 이러한 모습은 당시 백

---

320) 《일본서기》 권21 숭준기 즉위년 추7월조.
321) 《일본서기》 권21 민달기 13년 시세조.
322) 《일본서기》 권21 숭준기 즉위년 6월조.
323) 《일본서기》 권21 숭준기 즉위년 是月조.

제와 왜 사이의 문물 교류의 실상으로 보아도 좋을 것이다.

588년에 백제는 승려와 불사리 등 불교와 관련된 물건들을 왜에 보냈다. 이때 파견된 인물은 혜총, 영근, 혜식 등 승려와 승영조 등 율사 그리고 사공(寺工), 노반(露盤)박사, 와박사, 화공 등 기술자들이었다.324) 백제가 불교와 관련된 인물과 물건들을 보낸 것은, 왜에서 봉불파인 소아씨 세력이 반불파인 물부씨 세력을 꺾고 불교를 널리 장려하려 들자, 이를 적극 지원하기 위한 것으로 볼 수 있다. 백제 사신이 귀국할 때 소아마자는 선신니 등을 백제 사신에 붙여 백제에 가서 계를 배우도록 하였다.

590년 백제에 와서 계법을 배운 선신니 등은 귀국하여 앵정사에 머물면서 니승과 비구승 여러 명을 도첩하였다. 이때 안부 사마달등의 아들 다수나(多須奈)도 출가하여 법명을 덕제(德齊)법사라 하였다. 선신니의 귀국 뒤 많은 도첩이 이루어짐으로써 불교 신앙은 더욱 활발해지게 되었고, 계율의 정비와 수행도 이루어지게 되었다. 이는 백제 불교의 영향이라고 할 수 있다.

(3) 승관 조직의 정비와 백제

승려를 통제하기 위해서는 승려에 대한 끊임없는 교육과 훈련이 필요하였다. 이를 수행해 나가는 기구가 승관(僧官) 조직이다. 왜에서 승관 조직을 만드는 데 결정적인 공을 세운 사람이 백제 승려 관륵(觀勒)이다. 그는 602년 10월에 왜로 건너갔다.325) 624년 4월에 왜에서는 한 승려가 할아버지를 구타한 사건이 발생하였다. 천황이 이 사건을 듣고 승려는 마땅히 삼보에 귀의하여 계법을 지켜야 하는데 도리어

---

324) 《일본서기》 권21 숭준기 원년 시세조.
325) 《일본서기》 권22 추고기 10년 동10월조.

악역을 범하였다고 하면서 여러 사찰의 승려들을 모아 추문한 뒤 사실로 드러나면 중죄를 주려고 하였다.326) 관륵은 불교가 인도에서 한(漢)으로, 한에서 백제로, 백제에서 왜로 전해진 과정을 설명하고, 불교가 왜에 들어온 지 1백 년이 되지 않아 승니들이 계율에 익숙하지 못해 악역을 범하게 되었다고 하면서 악역을 범한 자 이외의 승려는 용서해 줄 것을 건의하여 허락을 받았다.327)

이 사건을 계기로 왜에서는 승려들이 계율을 지키도록 하기 위해 승정(僧正)과 승도(僧都) 등 승관 제도를 만들었다. 초대 승정은 관륵이 맡았고 왜인 출신의 승려인 안부덕적(鞍部德積)이 승도를, 아담련이 법두(法頭)를 맡았다.328) 백제는 성왕 대에 이미 계율을 강조하였으므로 승관제가 만들어진 것으로 보아도 좋다. 그렇다면 관륵이 왜왕에게 건의하여 만든 승정, 승도, 법두 등은 백제의 승관제라 할 수 있다. 이는 왜의 승관 제도가 백제의 영향에 따라 이루어진 것임을 짐작하게 한다.

승관 제도를 만든 뒤 왜는 624년 9월에 전국의 사찰이 지어진 내력, 승니들이 입도하게 된 내력, 도첩을 받은 연월일을 모두 조사하였다. 그 결과 사찰의 수는 46개소, 비구승의 수는 816명, 니승의 수는

---

326) 이 기사에 근거하여 백제에 불교가 들어온 시기가 384년이 아니라 452년이나 524년으로 고쳐 보아야 한다는 견해도 제기되었다. 이에 대한 여러 견해의 정리는 조경철, 〈백제의 지배세력과 법화사상〉, 《한국사상사학》 12집, 한국사상사학회, 1999 참조.

327) 《일본서기》 권22 추고기 32년조.

328) 《일본서기》 권22 추고기 32년조의 "於是 百濟觀勒僧 表上以言 夫佛法 自西國至于漢 經三百歲 乃傳之至於百濟國 而僅一百年矣…而貢上佛像及內典 未滿百歲…戊午詔曰 夫道人尙犯法 何以誨俗人 故自今已後 任僧正僧都 仍應撿校僧尼 壬戌以觀勒僧爲僧正 以鞍部德積爲僧都 卽日以阿曇連(闕名) 爲法頭" 참조.

569명으로 조사되었다.329)

(4) 사리 신앙

백제는 사비도읍기에 들어 사리 신앙이 발달하였다.330) 이 사리 신앙은 발굴 자료에서 확인된다. 567년(위덕왕 14)에 만들어진 〈창왕명화강석제사리감〉331)에 새겨진 명문에는 매형(妹兄) 공주가 사리를 공양한 것으로 나온다. 이는 위덕왕과 공주가 성왕의 추복을 기리고자 능사를 만들고 목탑에 사리를 봉안하였음을 보여준다.

577년에 만들어진 왕흥사지 오층목탑에서 출토된 청동합에 새겨진 명문에는 백제 창왕(위덕왕)이 죽은 왕자를 위해 사리를 봉안하였는데, 사리는 본래 2매였으나 봉안할 당시에 신묘한 조화로 3매가 되었다는 내용이 기록되어 있다.332) 이 청동합에는 은제병이 들어 있었고 이 은제병 안에는 금제병이 들어 있었다. 그러나 금제병 안에 사리는 없었다. 이 사리용기와 더불어 목탑지 주변에는 매우 다양한 공헌품이 함께 부장되었다.

639년(무왕 40)에 만들어진 미륵사지 서탑 기단 쪽에서 출토된 사리감에는 사리를 넣은 유리병과 이를 담은 금제병과 더불어 〈사리봉안기〉, 청동원형합, 황금편, 은제관장식 등 많은 공헌품이 출토되었다.

---

329)《일본서기》권22 추고기 32년조.

330) 백제의 사리 신앙에 대해서는 김연수, 2000, 〈백제의 사리장엄에 대하여〉,《동원학술논문집》2집, 한국고고미술연구소; 신대현, 2006, 〈백제탑 및 백제계 석탑 사리장엄 고찰〉,《동악미술사학》7집, 동악미술사학회; 주경미, 2008, 〈백제 미륵사지 사리장엄구 시론〉,《역사와 경계》73집, 부산경남사학회 참조.

331) 국립부여문화재연구소, 2008,《능사》부여 능산리사지 10차 발굴조사보고서.

332) 문화재청·국립부여문화재연구소, 2009,《왕흥사지 Ⅲ》목탑지 금당지 발굴조사보고서.

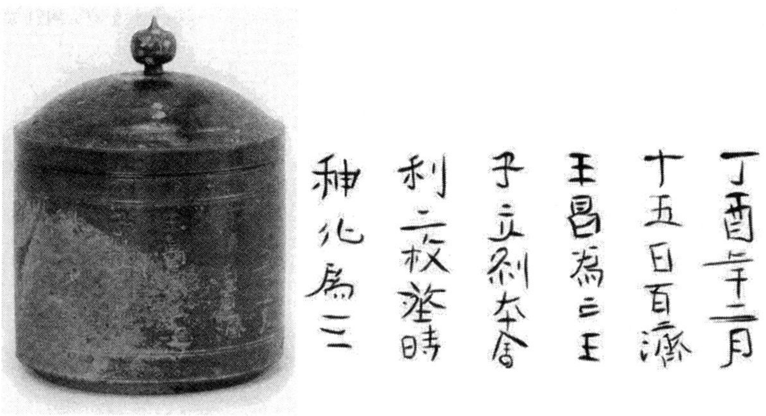

〈도 5-9〉 왕흥사지 출토 사리함과 명문

〈사리봉안기〉에는 639년에 무왕의 왕후인 사탁적덕의 딸이 깨끗한 재물〔淨財〕을 희사하여 절을 지어 사리를 봉안하였다는 것, 무왕을 '대왕폐하(大王陛下)'로 불렀다는 것 등 중요한 내용이 기록되어 있다.333)

한편 문헌 기록과 출토 유물의 일치를 보여주는 사례로는 익산 제석사지 사리를 들 수 있다. 〈관세음응험기〉에는 "639년(정관 13: 무왕 40)에 벼락으로 제석정사의 불당, 칠급부도(七級浮圖) 및 낭방(廊房) 등이 모두 불타 버렸다. 그런데 탑 아래의 초석 속에는 종종칠보(種種七寶)와 불사리를 넣은 수정병, 동판으로 만든 《금강반야경(金剛般若經)》을 목칠함에 넣어 두었는데, 초석을 빼내 보니 모두 소진되고 오직 불사리병과 반야경을 넣어둔 칠함만이 그대로 있었다"334)고 한다. 그런데 익산 왕궁리오층석탑을 해체 복원하는 과정에서 사리장엄구가 출토되었다. 여기에는 순금제 금판 불경, 수정병, 사리 16과가 금제함 속에 들어 있었다. 이는 〈관세음응험기〉의 내용과 거의 일치한

---

333) 문화재청·국립문화재연구소·전라북도, 2009, 《미륵사지석탑 사리장엄》.
334) 《육조고일관세음응험기》.

다. 이러한 사리의 봉안은 백제의 사리 신앙을 잘 보여준다.

　백제의 사리 신앙은 왜에 전해졌다. 588년에 백제 위덕왕은 두 번에 걸쳐 왜에 불사리(佛舍利)를 보냈다. 한번은 승려 혜총 등이 불사리를 가지고 왜로 갔다. 뒤이어 은솔 수신 등이 불사리를 가지고 왜로 갔다. 이때 승려 영조 율사 등과 더불어 사공과 노반박사, 와박사 등도 함께 갔다.335) 왜는 이 불사리를 법흥사(法興寺)의 목탑 심초 사리공에 안치하였다.336) 이 탑은 1196년 소실되었는데 다음 해 심초에서 사리와 금·은기가 발견되었다고 한다. 1956년 비조사 발굴 결과 탑지(塔址)의 지하 3m 지면에서 심초(心礎)가 나왔고, 그 중앙에 사방 30cm 크기의 사리공이 확인되었다. 사리공에서는 창건기의 사리용기는 나오지 않았지만, 심초의 윗면 2m 지점에서 발견된 석제함〔石櫃〕속에는 탑의 재건 때 만든 나무상자와 금동제 사리용기가 들어 있었고, 그 주변에 창건기의 공양물로 보이는 많은 유물이 출토되었다.337)

　이 비조사는 백제의 기술자 집단인 사공과 노반박사와 와박사 등의 지도를 받으면서 건축된 절이다. 이러한 건축 양식과 더불어 사리용기, 사리 장엄구의 안치 형식을 포함한 최신의 불교 의례에 관해서도 백제 승려의 구체적인 가르침이 있었다.338) 이는 백제를 거쳐 사리 신앙이 왜에 전해진 것을 잘 보여준다.

---

335) 《일본서기》 권21 숭준기 원년조의 "是歲 百濟國遣使幷僧惠摠…等 獻佛舍利 百濟國遣恩率首信…等 進調並獻佛舍利 僧聆照律師令威…等 寺工太良未太文買古子 露盤博士將德白昧淳 瓦博士麻奈文奴陽貴文陵貴文昔麻帝彌 畫工白加" 참조.

336) 《일본서기》 권22 추고기 원년조.

337) 奈良國立博物館, 2001, 《佛舍利と寶珠―釋迦を慕う心》.

338) 佐川正民, 2008, 〈고대일본백제목탑기단구축기술사리용기·장엄구안치형식비교검토〉,《부여 왕흥사지 출토 사리기의 의미》 국립부여문화재연구소 국제학술대회, 국립부여문화재연구소, 64쪽.

2) 도가 사상의 전파

백제에서 도가 사상은 황룡(黃龍)의 존재에서 보듯이 고이왕 대에 이미 나타나고 있다. 근초고왕은 중앙집권체제를 갖추면서 오행 사상에 따라 중앙군의 깃발을 모두 황색으로 하였다. 비유왕은 왕도 서쪽에 사대(射臺)를 만들어 활쏘기 연습을 하였다. 서쪽은 오행에서는 무(武)를 뜻한다. 이는 백제가 군사훈련에 오행 사상을 활용한 것을 보여준다. 진사왕은 궁 안에 원지(圓池)를 조성하여 기금(奇禽)을 기르고 이훼(異卉)를 심었다.339) 무왕은 왕도 내의 궁남지에 방장선산(方丈仙山)을 만들었다. 원지의 조성 또한 도가 사상에 따라 이루어진 것이다.

백제에서 유행한 도가 사상은 왜에도 전파되었다. 이를 보여주는 고고유물의 하나가 무령왕릉에서 출토된 거울이다. 이 거울에 새겨진 명문에 나오는 선인, 옥천(玉泉), 대추(棗), 수(壽) 등과 8개의 원좌뉴(圓座鈕)들 사이에 새겨진 사신이나 조수 등은 도가의 신선 사상과 관련된다. 무령왕릉 출토 거울과 같은 거푸집에서 만든 것이 간논야마(觀音山) 고분에서 출토된 명문 거울이다.340) 여기에도 무령왕릉 출토품과 거의 비슷한 내용의 명문이 새겨져 있다. 이는 도가 사상이 백제를 거쳐 왜에 전해진 편린을 보여주는 것이다.

602년 승려 관륵은 왜에 가면서 《역본》, 《천문지리》, 《둔갑방술》의 책을 가지고 갔다. 이 가운데 천문둔갑과 방술은 도가 사상과 관련이 깊다. 둔갑은 육갑을 통해 몸을 감추는 것을 말한다.341) 육갑은 자미원을 구성하는 별자리로 여섯 개의 별로 이루어졌다. 자미원은 하

---

339) 장인성, 2001, 《백제의 종교와 사회》, 서경, 55~80쪽.

340) 명문은 "尙方作竟眞大巧 上有仙人不知老 渴飮玉泉飢食棗 △△△△△△ △△ 壽如金石△△△兮" 판독되었다.

341) 《후한서》 권81 하 방술열전 제72하 注의 "推六甲之陰而隱遁也" 참조.

늘나라 임금이 거처하는 곳인 자미궁의 담을 말한다. 육갑에 의한 둔갑은 일종의 점성술로서 도가 사상과 밀접한 관련을 갖는다. 관륵의 활동으로 말미암아 왜에서도 도가 사상에 대한 공부와 활용이 본격적으로 이루어지게 되었다.

3. 기술과 기예의 전수

1) 채약사, 의박사

백제는 중국으로부터 의약 제도와 기술을 받아들여 자신의 의료 기술을 높인 뒤 이러한 의료 기술을 왜에 전해 주었다. 백제의 의료 기술 전파는 왜에서 질병의 유행과 연관된다. 《일본서기》에 따르면, 552년에 백제 성왕이 불상과 경문을 보내면서 왜에서도 불교를 신봉하게 되었다. 그러나 이듬해에 역질이 많이 돌았다. 이를 꼬투리로 반불파는 불상을 난파의 굴강에 던져 버렸다. 그렇지만 역질 치료는 할 수 없었다. 이에 왜는 553년에 사신을 백제에 파견하여 의박사, 역박사, 복서, 역본과 여러 가지 약물을 보내줄 것을 요청하였다.342) 백제는 역(易)박사 왕도량, 역(曆)박사 고덕 왕보손과 의박사 나솔 왕유릉타와 더불어 채약사 시덕 반풍량과 고덕 정유타를 왜에 보냈다.343) 왕도량 등이 왜에 파견된 뒤 역질에 대한 기사가 보이지 않는 것은 이들에 의해 질역이 치료된 것을 의미한다.344)

---

342) 《일본서기》 권19 흠명기 14년조의 "別勅醫博士易博士曆博士等 宜依番 上下…宜付還使相代 又卜書曆本種種藥物 可付送" 참조.

343) 《일본서기》 권19 흠명기 15년조의 "別奉勅貢易博士施德王道良 曆博士 固德王保孫 醫博士奈率王有凌陀 採藥師施德潘量豊 固德丁有陀…" 참조.

344) 노중국, 2011, 〈삼국유사 혜통항료조의 검토 — 질병 치료의 관점에서

한편, 660년에 백제가 망하고 뒤이어 663년에 부흥백제국이 망하자, 많은 백제 유민들이 왜로 건너갔다. 왜는 망명해 온 백제인에게 관위를 주고 왜의 관료로 등용하였다. 이때 기준이 된 것이 그들이 지닌 학식과 기술이었다. 이 가운데 해약(解藥)에 밝은 자들인 발일비자 찬파라금라금수(炑日比子贊波羅金羅金須)와 귀실집신(鬼室集信)은 대산하(大山下)라는 관위를 받았고, 달솔 덕정상과 길대상은 소산상(小山上)을 받았다.345) 해약이란 약에 대해 해박한 지식을 말한다. 이들은 백제 당시에 약에 밝은 자들이었다. 이러한 사실들은 왜의 의약 기술 발달에 백제의 영향력이 컸음을 보여주는 것이다.

2) 의승

사원에서 의료 활동을 하는 사람이 의승(醫僧)이다. 의승은 크게 둘로 나누어 볼 수 있다. 하나는 주금사(呪噤師)이다. 주금사는 '주금(呪噤)으로서 병든 자의 재앙을 물리치는 것[祓除]을 관장하는 이'를346) 말한다. 주금은 금기, 금주로도 불렸다.347) 백제는 578년에 율사, 선사, 비구니 등과 더불어 주금사를 왜에 파견하였다.348) 왜에서는 이들을 대왕별사에 머물게 하였다. 주금사는 대왕별사에 머물면서 주금으로 치료를 하였을 것이다. 따라서 왜의 주금사 제도는 백제의 영향이라 할 수 있다.

다른 하나는 약재나 침을 사용하여 치료하는 의승이다. 그러한 인

ㅡ〉, 《신라문화제학술논문집》 32집, 신라문화선양회.
345) 《일본서기》 권27 천지기 10년 춘정월 是月條.
346) 《대당육전》 14 太常寺 太醫署.
347) 장인성, 2001, 앞의 책, 120~124쪽.
348) 《일본서기》 권20 민달기 6년(578) 11월조

물의 하나가 관륵이다. 그는 왜에 가서 천문, 역법, 둔갑과 더불어 방
술의 서적들을 전해 주었다. 이 가운데 의·약과 관련되는 것이 방술
이다. 방술서로는 《의경》, 《경방》, 《방중》, 《신선술》의 네 종류가 있
는데349) 뒷날 방술에는 점(占), 후(候), 의(醫), 복(卜)이 포함되었
다.350) 이 가운데 효험이 많은 것을 방술의 최고로 하였는데 이는 방
술이 치료와 관련됨을 보여주는 것이다. 후한의 명의(名醫)로 알려진
화타(華陀)가 방술전에 입전되어 있는 것이351) 이를 말해준다.

관륵이 오자, 왜 조정은 서생 3인을 뽑아 이를 배우도록 하였다. 관
륵은 양호사조 옥진(玉陳)에게는 역법을, 대우촌주 고총(高聰)에게는
천문둔갑을, 산배신(山背臣) 일립(日立)에게는 방술을 각각 가르쳐 모
두 성업하도록 하였다.352) 이 가운데 방술을 배운 산배신 일립은 관
륵처럼 방술로써 질병을 치료하였을 것이다. 이로 미루어 보면, 왜의
방술도 백제의 영향을 받아 이루어졌음을 알 수 있다.

   3) 역법의 전수

천체의 주기적 운행을 시간 단위로 구분하여 정하는 체계를 역(曆)
이라 하고, 이 역을 편찬하는 원리를 역법이라 한다. 제천 행사 등 각

---

349) 《한서》 권30 예문지제10 凡術數 190家.

350) 岩波書店, 1977, 《律令》 日本古典文學大系, 令권제5 考課令 제14 41의
    "占候醫卜 效驗多者 爲方術之最(十得七爲多)" 참조. 이현숙, 2007a, 〈백제
    시대 점복과 정치〉, 《역사민속학》 제25호, 한국역사민속학회, 31쪽.

351) 《후한서》 권81 하 방술열전 제72하 華佗傳 및 陳邦賢, 1974, 《中國醫學
    史》 中國文化史叢書, 臺灣 商務印書館, 67쪽 참조.

352) 《일본서기》 권22 추고기 10년조의 "冬十月 百濟僧觀勒來之 仍貢曆法及
    天文地理書幷遁甲方術之書也 是時 選書生三四人 以俾學習於觀勒矣 陽胡
    史祖玉陳習曆法 大友村主高聰學天文遁甲 山背臣日立學方術 皆學以成業"
    참조.

종의 의례는 역법에 따라 정해진 일시에 행해졌다. 일본에서 사용한 역법을 보여주는 것이 《일본서기》 지통기 4년(690)조의 "칙명을 받들어 원가력과 의봉력을 시행하였다[奉勅施行元嘉曆與儀鳳曆]"353)는 기사이다. 원가력은 남조 송나라 하승천(何承天)이 445년에 만든 역법인데 445년에서 509년까지 사용되었다. 의봉력은 인덕력을 일본과 신라에서 고쳐 부른 것인데, 인덕 2년(665)에 이순풍이 당나라 고종에게 건의하여 새로 만든 역법으로 666년부터 728년까지 사용되었다.

 《일본서기》의 문장대로 하면, 일본은 690년에 원가력과 인덕력을 함께 시행한 것이 된다. 그러나 같은 해에 두 개의 역법을 동시에 시행할 수는 없다. 따라서 690년 당시 왜에서 사용된 역법은 의봉력으로 보아야 한다. 인덕력(의봉력)은 일본이 당과 직접 교섭하여 받아들인 것으로 볼 수 있다.

 한편, 원가력이 일본으로 들어간 시기와 경로는 백제와 연관 지어 살펴볼 수 있다. 백제가 원가력을 받아들인 시기는 450년에 송에 사신을 보내 《역림》, 《식점》 등을 요청한 사실과354) 연계시켜 볼 때 늦어도 450년 무렵으로 볼 수 있다.355) 따라서 이 원가력이 백제에서 왜로 들어간 시기는 둘로 나누어 볼 수 있다. 첫 번째 시기는 554년이다. 이 해에 왜는 백제에 의박사, 역(易)박사, 역(曆)박사와 더불어 복서와 역본도 보내줄 것을 요청하였다.356) 이러한 요청에 응해 백제는 역(易)박사 왕도량과 역(曆)박사 왕보손 등을 왜에 파견하였다. 왕보

---

353) 《일본서기》 권30 지통기 4년조.

354) 《송서》 권97 열전제57 夷蠻 백제전.

355) 이기동, 1991, 〈무령왕릉출토 지석과 백제사연구의 신전개〉, 《무령왕릉의 연구현황과 제문제》, 국립공주박물관.

356) 《일본서기》 권19 흠명기 14년조의 "別勅醫博士易博士曆博士等…又卜書曆本種種藥物 可付送" 참조.

손은 왜로 갈 때 역본도 가지고 갔다. 이 역본이 바로 원가력이다.

두 번째 시기는 602년이다. 이해에 백제 승려 관륵이 왜로 갔는데, 이때 그는 천문, 지리, 둔갑, 방술의 책과 더불어 역법도 가지고 갔다. 이 역법도 원가력이었다. 왜에 간 관륵은 양호사조 옥진에게는 역법을 가르쳐 학업을 이루게 하였다.357) 이는 왜에서도 역법이 본격적으로 교육되고 연구되기 시작하였음을 보여준다. 이로써 왜는 중국 왕조 및 백제와 더불어 동일한 역법 체계를 가지게 되었다.

4) 음악의 전수

백제는 왜에 음악도 전하였다. 위덕왕은 2년(555)에 음악 전문가[樂人]인 시덕 삼근(三斤), 계덕 기마차(己麻次) 등을 왜에 보냈다.358) 이들이 전한 음악이 어떤 성격의 것인지는 분명하지 않다. 그러나 이 시기에 백제가 왜에 불교를 전하고 승려들과 사찰 건축 전문가를 다수 보낸 사실에서 미루어 볼 때 불교와 관련한 음악이었을 가능성이 크다.

다음으로 《일본서기》 추고기에 따르면, 612년 백제인 미마지(味摩之)가 왜에 기악(伎樂)을 전하였다는 기록이 나온다. 기악은 가면극의 일종인데 오악(吳樂)이라고도 불렀다. 이는 이 기악이 중국 남조에서 백제에 전해질 때 생겨난 별칭이다. 미마지는 이 기악을 오나라(실제로는 양나라)에서 배웠다. 그 뒤로 왜에 간 미마지는 기악을 교육하여 진야수제자(眞野首弟子)와 신한제문(新漢濟文)에게 춤을 전수하였다.359)

---

357) 《일본서기》 권22 추고기 10년조.

358) 《일본서기》 권19 흠명기 15년조의 "二月…別奉勅貢易博士施德王道良… 樂人施德三斤 季德己麻次 季德進奴 對德進陁 皆依請代之" 참조.

359) 《일본서기》 권22 推古天皇 20년 是歲조의 "又百濟人味摩之歸化 曰學于 吳 得伎樂儛 則安置櫻井 而集少年 令習伎樂儛 於是 眞野首弟子新漢濟文

기악은 불교 경전에 자주 보이는데, 보살 등이 부처를 공양하기 위해 연주하는 음악이라는 의미를 담고 있다. 이 때문에 일본에서 기악은 주로 사원에서 공연되고 전승되었다.360) 일본에 전해진 기악에서 가면의 종류는 치도(治道), 사자, 오공(吳公), 오녀(吳女), 가루라(迦樓羅), 취호(醉胡) 등이 있었다.361) 따라서 일본의 기악은 백제의 기악이 연희로서 계승되어 전해진 것이다.362)

백제의 악무(樂舞)는 일본에서도 많이 연주되었다. 이 악무는 백제 멸망 후 왜로 망명해 간 유민들에 의해 전래되었을 가능성이 크다. 《속일본기》에 따르면 740년, 744년, 787년, 791년, 833년에 백제 유민과 그 후손들이 백제악과 백제 풍속무(風俗舞)를 연주하였다고 한 것이 이를 보여준다.363)

二人習之傳其儛 此今大市首辟田首等祖也" 참조.

360) 전덕재, 2012, 〈古代의 百戱雜技와 舞樂〉, 《한국고대사연구》 65집, 한국고대사학회.

361) 植木行宣, 1981, 〈東洋的樂舞の展開〉, 《日本藝能史》 제1권 原始·古代, 法政大學出版局, 229~238쪽.

362) 이혜구, 1957, 《한국음악연구》, 국민음악연구회.

363) 전덕재, 2006, 〈고구려의 놀이문화〉, 《고고자료에서 찾은 고구려인의 삶과 문화》, 고구려연구재단, 299~309쪽.

나가며

1. 대왕의식과 조공원리의 활용

1) 대왕의식

《삼국사기》본기에서 삼국의 왕에 대한 칭호를 보면, 고구려와 백제는 처음부터 왕호를 사용한 것으로 나온다. 신라의 경우 처음에는 거서간, 차차웅, 이사금, 마립간 등 고유식 칭호를 사용하다가 지증왕 4년(503)에 와서 '왕(王)'호를 사용하였다.[1] 이는 고유식 칭호에서 중국식 왕호로의 변화를 보여준다.

백제에도 고유식 왕호가 있었다. 이를 보여주는 것이《양서》백제전에 지배층에서는 왕을 '어라하(於羅瑕)'로, 왕비를 '어륙(於陸)'으로 불렀고, 민들은 왕을 '건길지(鞬吉支)'로 불렀다는[2] 사실이다. 이러한

---

1)《삼국사기》권제4 신라본기 지증마립간 4년조의 "又觀自古有國家者 皆
    稱帝稱王 自我始祖立國 至今二十二世 但稱方言 未正尊號 今羣臣一意 謹
    上號新羅國王 王從之" 참조.
2)《주서》권49 열전제41 異域 상 백제전의 "王姓扶餘氏 號於羅瑕 民號爲

칭호들은 고유식 칭호이므로 백제가 '왕'호를 사용하기 이전의 칭호라고 할 수 있다.

《삼국지》 동이전 한전에 따르면, 마한을 구성한 국 가운데 대국의 수장은 신지(臣智)를, 소국의 수장은 읍차(邑借)를 칭하였다. 이러한 칭호는 어라하, 건길지와 음운상 연결되지 않고 시기도 맞지 않다. 그렇다면 어라하는 언제 사용한 것일까. 신라의 경우 사로국 단계에서 수장의 칭호는 거서간이었고, 연맹체 단계에서는 이사금이었으며, 부체제 단계에 와서 마립간을 일컬었다. 마립간의 마립은 궐(橛: 말뚝)을 말하는데 왕의 말뚝을 위주로 하고 신하의 말뚝은 그 아래에 배치하였다.3) 따라서 마립간은 간(干) 중의 간, 즉 대간(大干)이었다.4)

신라의 경우를 원용하면, 백제도 십제국 및 국연맹 단계에서는 신지나 읍차를 일컬었을 것이다. 그렇지만 부체제 단계에 와서 지배자의 권력이 강화되자 그에 걸맞은 칭호를 사용하는 것이 필요하였다. 이러한 필요성에서 일컬어진 것이 어라하와 어륙이 아닐까 한다.

어라하와 어륙이라고 하는 고유식 칭호는 뒤에 왕과 왕비로 개칭되었다. 그 시기를 추론하는 데 실마리가 되는 것이 칠지도의 금상감명문에 나오는 "백제왕세자(百濟王世子)"이다. 이 기사의 왕세자는 백제의 최고지배자가 왕으로 불린 것을 보여준다. 칠지도가 만들어진 시기가 태화 4년(369)이다. 따라서 백제는 늦어도 4세기 중반 무렵에는 왕호를 사용하였음을 알 수 있다.

이 왕을 높여 부른 칭호가 대왕이다. 대왕의 존재는 문헌 사료와 금석문에서 확인된다. 첫째는 아신왕이 죽은 뒤 일어난 왕위 계승전

鞬吉支 夏言竝王也 妻號於陸 夏言妃也" 참조.

3) 《삼국사기》 권제3 신라본기 눌지마립간 즉위년조의 "金大問云 麻立者 方言謂橛也 橛謂諴操 准位而置 則王橛爲主 臣橛列於下 因以名之" 참조.

4) 이병도, 1976, 《한국고대사연구》, 박영사, 626~628쪽.

에서 태자 전지를 지지한 한성인 해충이 아신왕의 죽음을 "대왕기세(大王棄世)"로 표현한 것이다.5) 둘째는 541년과 544년에 신라에게 멸망당한 남가라, 탁순, 탁기탄 등을 부흥시키기 위해 사비에서 열린 이른바 '사비회의'에 모인 가야제국의 수장들이 백제 성왕을 "대왕"으로 부른 것이다.6) 이는 성왕이 가야제국에 대해 대왕의 위상을 누리고 있었음을 보여준다. 셋째는 〈양직공도〉에 백제가 고령의 반파국, 합천의 다라국, 제주도의 하침라, 함안의 전라(前羅: 안라)국, 사라국(신라국) 등을 소국으로 표현 한 것이다. 이 표현에는 백제 자신은 대국이라는 의식이 깔려 있다. 따라서 무령왕은 대왕을 일컬었다고 할 수 있다. 넷째는 부여 구아리에서 출토된 〈일근명(一斤銘) 거푸집)〉 뒤에 새겨진 "대왕천(大王天)"이다.7) 다섯째는 익산 미륵사지 서탑에서 출토된 〈미륵사지 사리봉안기(舍利奉安記)〉에 나오는 "대왕폐하(大王陛下)"8) 명문이다. 이러한 사례들은 백제왕도 자신을 높여 대왕이라 부른 것을 보여준다.

백제에서 대왕의 위상을 보여주는 것이 〈미륵사지 사리봉안기〉에 나오는 "대왕폐하"이다. 폐하는 황제만 사용할 수 있는 칭호이다. 그런데 백제 왕실에서는 무왕을 '대왕폐하'라고 불렀다. 이는 무왕이 외

---

5) 《삼국사기》 권제25 백제본기 전지왕 즉위년조의 "漢城人解忠來告曰 大王棄世 王弟碟禮殺兄自王 願太子無輕入" 참조.

6) 《일본서기》 권19 흠명기 2년조의 "夏四月 安羅次旱岐夷呑奚大不孫 久取柔利 加羅上首位古殿奚 卒麻旱岐 散半奚旱岐兒 多羅下旱岐夷他 斯二岐旱岐兒 子他旱岐等…往赴百濟 俱聽詔書 百濟聖明王謂任那旱岐等言…任那旱岐等對曰…夫建任那者 爰在大王之意 祇承敎旨 誰敢間言…"과 흠명기 5년조의 "於是 任那旱岐等曰…大王爲建任那 觸情曉示 觀此忻喜 難可具申" 참조.

7) 국립부여박물관, 2002, 《백제의 문자》, 22쪽 사진(우) 참조.

8) 국립부여박물관, 2011, 《서동의 꿈, 미륵의 통일 백제 무왕》, 36~37쪽 참조.

〈도 6-1〉 익산 미륵사지 출토 석제사리함과 봉안기의 '대왕폐하' 명문

교적으로는 중국 왕조에 대해 왕 또는 대왕을 표방하였지만, 국내에서는 황제와 같이 군림한 것을 보여준다.

백제왕이 국내에서 황제를 표방하였음은 〈예군(禰軍)묘지명〉에서9) 확인된다. 예군은 660년에 백제가 나당군의 공격을 받고 있을 때 동생 예식진과10) 웅진성을 지키고 있던 방령이었다. 그러나 이들은 나당군의 사비도성 포위 공격을 피해 웅진성으로 온 의자왕을 붙잡아 당군에 항복하였다.11) 이 공로로 예군 등은 당나라에 들어가 벼슬을 하였고 죽어서 묘지명을 남겼다.

〈예군묘지명〉에는 "참제가 일단 신하를 칭하고 곧 대수망 수십 인

---

9) 〈예군(禰軍)묘지명〉에 대한 소개는 김영관, 2012, 〈중국 발견 예씨 가족 묘지명 검토〉, 《신라사학》, 신라사학회; 권덕영, 2012, 〈백제유민 예씨 일족 묘지명에 대한 단상〉, 《사학연구》 105호, 한국사학회 참조.

10) 예식진은 《구당서》에는 禰植으로 표기되고 있다(《구당서》 권83 열전 소정방전의 "其大將禰植 又將義慈來降 太子隆幷與諸城主 皆同送款" 참조).

11) 노중국, 1993, 《백제부흥운동사》, 일조각, 57쪽.

〈도 6-2〉 〈예군묘지명〉의 '참제(僭帝)'

을 거느리고 입조하여 조알하였다[僭帝一旦稱臣 仍領大首望數十人 將入朝
謁]"라는 기사가 나온다. '참제(僭帝)'는 참칭한 황제라는 의미로서 의
자왕을 가리킨다. 그러나 당은 의자왕을 황제로 인정하지 않았기 때
문에 참제로 표현하였다. 이는 남조의 왕조가 북위를 인정하지 않고
'위조(僞朝)' 또는 '위로(魏虜)'로, 북위의 황제를 '위주(僞主)'로 표현한
것과 같은 것이다.12) 그렇다고 하더라도 중국에서 만들어진 금석문에
의자왕을 '제(帝)'라고 표현한 것은 의자왕이 국내에서 황제를 일컬었
음을 보여주는 것으로서 그 의미가 크다.

---

12) 《남제서》 권58 열전제39 동남이 고구려전의 "(建元)三年 遣使貢獻 乘舶
汎海 使驛常通 亦使魏虜…永明七年…虜元會與高麗使相次 幼明謂僞主客郎
裴叔令曰…" 참조.

2) 사이관(四夷觀)과 조공 원리의 활용

왕에서 대왕으로 칭호의 격상은 왕 자신의 칭호 격상만으로 그치는 것이 아니라 대외관의 변화도 수반했다. 이 대외관은 자신을 중심에 두고 주변을 이적시하는 사이관(四夷觀)의 표방으로 나타난다. 백제의 사이관은 369년에 근초고왕이 남방 경략을 단행하여 영산강 유역에 기반을 둔 침미다례 세력을 공격할 때 이미 보인다. 침미다례 세력은 본래 마한연맹체의 일원이었지만, 3세기 중엽에 백제가 마한의 맹주 국인 목지국을 멸망시키고 새로이 맹주가 되자 이에 반발하여 이탈해 나갔다. 근초고왕은 이 침미다례 세력을 '남만(南蠻)'으로 불렀다.13) 남만이란 표현은 중국의 사이관을 차용한 것으로서 백제가 주변 세력 들을 이적시하는 천하관을 가지고 있었음을 보여주는 것이다.

주변국들을 이적(夷狄)으로 보는 천하관을 지니게 되면 주변 제국 (諸國)과의 관계를 설정할 때도 조공·책봉의 원리를 활용하기 마련이 다. 이를 잘 보여주는 것이 고구려의 경우이다. 고구려는 주변의 나라 인 백제, 신라, 동부여를 속민으로 여기고 이 나라들이 고구려와 가진 외교 관계를 조공으로 파악하였다.14) 그리고 주변국이 조공해 오는 것에 대한 반대급부로 고구려는 물품이나 의복을 사여하는 형식을 취 하였다.15) 이는 조공·책봉 체제에서의 하사인 것이다. 고구려의 이러 한 인식은 왜에 대해서도 마찬가지였다. 고구려왕은 왜에 사신을 보 내 왜왕에게 교(敎)하였다.16) 왜는 고구려의 이러한 행동을 무례한

---

13) 《일본서기》 권9 신공기 49년조.

14) 〈광개토대왕비문〉의 "百殘新羅舊是屬民 由來朝貢…"이라 한 표현, "昔新 羅寐錦未有身來論事"란 표현, "東扶餘舊是鄒牟王屬民 中叛不貢 王躬率往 討…"라 한 표현 참조.

15) 〈충주고구려비〉의 "…敎諸位賜上下衣服 敎東夷寐錦…" 참조.

것으로 받아들였지만, 왜왕에게 교하였다는 것은 고구려가 왜를 제후국으로 관념하고 교의 대상으로 생각하였음을 보여준다.[17]

백제왕도 대왕을 일컬으면서 주변국에 대해 조공·책봉의 원리를 활용하여 자신의 천하관을 나타냈다. 이는 다음의 몇 가지 사례에서 확인된다. 첫째, 369년에 가야제국에 대한 군사적 시위를 한 뒤 이들과 부형–자제 관계를 맺었다.[18] 부–자, 형–제의 관계는 대등한 관계가 아니다. 따라서 두 나라 사이의 관계에서 무게의 중심은 당연히 백제에 있었다. 고구려의 경우 〈충주고구려비〉에는 고구려와 신라의 관계를 "여형여제(如兄如弟)"로 표현하였다. 그러면서 고구려는 신라를 조공국으로 관념하였다. 이로 미루어 볼 때 백제와 가야 사이에 맺어진 '형제'·'부자' 관계는 조공 관계를 말해준다고 하겠다.

둘째, 탐라국과의 관계이다. 탐라국의 본래 국명은 주호국(州胡國)으로서 일찍이 중국 대륙 및 한(마한)과 교역을 하였다.[19] 그러나 3세기 이후 어느 시기에 탐라국으로 개칭하였다. 이 탐라국이 476년에 처음으로 백제에 사신을 보내 방물을 바쳤다. 문주왕은 탐라 사신에게 은솔의 관등을 수여하였다.[20] 은솔의 관등을 내려준 것은 중국 왕조가 주변국의 수장뿐만 아니라 그 신하에게도 관호를 내려주는 것과

---

16) 《일본서기》 권10 응신기 28년조의 "秋九月 高麗王遣使朝貢 因以上表 其表曰高麗王教日本國也 時太子菟道稚郞子讀其表 怒之責高麗之使 以表狀無禮 則破其表" 참조.

17) 고구려의 천하관에 대해서는 노태돈, 1999, 《고구려사연구》, 사계절 참조.

18) 《일본서기》 권19 흠명기 2년조의 "聖明王曰 昔我先祖速古王貴須王之世 安羅加羅卓淳旱岐等 遣使相通 厚結親好 以爲子弟…" 참조.

19) 《삼국지》 권30 위서 동이전 한전의 "又有州胡 在馬韓之西海中大島上… 言語不與韓同 皆髠頭如鮮卑 但衣韋 好養牛及豬…乘船往來市買中韓" 참조.

20) 《삼국사기》 권제26 백제본기 문주왕 2년조 "夏四月 耽羅國獻方物 王喜 拜使者爲恩率" 참조.

궤도를 같이 한다. 이후 탐라 국주는 백제에 신속하여 좌평의 관호를 사용하였다.21) 이로써 탐라국은 백제의 조공국이 되었다.

셋째로 생각해 볼 수 있는 것이 '부용(附庸)'이다. 부용이라는 표현은 《수서》 백제전에 '탐모라국이 백제에 부용하였다'는 기사에서22) 확인된다. 〈양직공도〉의 "부지(附之)"도 '부용'을 뜻한다. 부용은 천자를 직접 뵐 수 없는 국이 이웃하는 제후국을 통해 천자를 뵙는 외교 형태를 말한다.23) 〈양직공도〉는 사라(신라)와 가야제국 및 탐라국이 백제를 거쳐 중국 왕조와 교섭한 것을 보여주는 것이다. 이로 미루어 〈양직공도〉의 "방소국(旁小國)"은 백제의 부용국이라고 할 수 있다.

중심국과 주변국 사이에 조공 관계가 형성되면 제후국은 중심국에 대해 일정한 부담을 져야 했다. 이 부담을 《삼국사기》에는 "공헌(貢賦)", "직공(職貢)", "공(貢)" 등으로 적고 있다. 이는 중국 사서에 나오는 "조공(朝貢)", "납공(納貢)" 등과 같은 뜻이다. 조공국은 특별한 사유가 없는 한 해마다 사신을 보내 조헌하고 직공을 바치는 것이 상례였다.24) 온조왕이 나라를 세운 뒤 마한 맹주국인 목지국에게 신록을 보낸 것과 하남위례성으로 천도하면서 먼저 천도 사실을 알린 것, 부여가 자국에 신속한 읍루에게 조부를 많이 부과하였다는 것,25) 고구

---

21) 《삼국사기》 권제6 신라본기 문무왕 상 2년조의 "耽羅國主佐平徒冬音律 (一作津)來降 耽羅自武德以來 臣屬百濟 故以佐平爲官號 至是降爲屬國" 참조.

22) 《수서》 권81 열전제46 동이 백제전의 "其南海行三月 有耽牟羅國 南北千餘里 東西數百里 土多麞鹿 附庸於百濟" 참조.

23) 《맹자》 권10 萬章 章句 하의 "天子之制 地方千里 公侯皆方百里 伯七十里 子男五十里 凡四等 不能五十里 不達於天子 附於諸侯 曰附庸" 참조.

24) 《삼국사기》 권제1 신라본기 혁거세왕 38년조의 "春二月 遣瓠公聘於馬韓 馬韓王讓瓠公曰 辰卞二韓 爲我屬國 比年不輸職貢 事大之禮 其若是乎" 참조.

25) 《삼국지》 권30 위서 동이전 읍루전의 "自漢以來 臣屬扶餘 扶餘責其租賦

려가 자국에 속한 동옥저에 대해 맥포, 어염 등을 공급하도록 한 것, 신라가 우산국에 대해 일정하게 공물을 바치도록 한 것26) 등도 이와 궤도를 같이 한다.

그러나 조공국이 이러한 부담을 수행하지 않는 경우도 있다. 이럴 경우, 중심국은 조공국에 대해 제재를 가하기도 하였다. 이 제재의 강도는 정치적 역학관계나 중심국의 힘의 강약에 따라 결정되었다. 중심국의 힘이 약하면 말로 하는 책망으로 끝나는 수도 있지만, 중심국이 조공국보다 월등한 우위에 있으면 군사적 규제를 가하기도 하였다. 그 사례로는 백제와 탐라국의 관계를 들 수 있다. 동성왕은 탐라국이 공부(貢賦)를 바치지 않자 친히 군대를 이끌고 무진주에 이르렀다. 다급해진 탐라국은 사신을 보내 죄를 청하였다. 여기서 일컬은 죄란 공부 바치기를 중단한 것을 말한다. 탐라가 죄를 빌자 동성왕은 군사행동을 중단하였고, 탐라국은 다시 백제의 조공국이 되었다. 백제와 탐라국의 관계는 백제가 조공·책봉 원리를 주변국들에게 활용한 모습을 잘 보여주는 사례라 하겠다.

2. 백제 대외 교섭과 교류의 특징

1) 대외 교섭의 특징

4세기 초에 백제라는 이름으로 시작된 백제의 대외 관계는 660년

重 以黃初中叛之 扶餘數伐之" 참조.

26) 《삼국사기》 권제4 신라본기 지증마립간 13년조의 "夏六月 于山國歸服 歲以土宜爲貢" 참조.

에 멸망하면서 종말을 고하였다. 약 350여 년에 걸쳐 이루어진 백제의 대외 관계는 한성도읍기, 웅진도읍기, 사비도읍기를 거치면서 다양하게 전개되었다. 대외 관계의 기본 바탕은 자국의 존립과 실리의 추구이다. 각국은 자국의 존립을 위해 국제 관계상에서 세력 균형이 필요하였고, 이를 위해 이웃 나라와 동맹을 맺기도 하고 동맹을 파기하기도 하였다. 또 동맹 관계 속에서도 긴장 관계가 조성되기도 하고 긴장 관계 속에서도 상호 접촉이 이루어지기도 하였다.

대외 교섭과 교류는 국내 정세와 함수관계를 가졌다. 그래서 집권 세력이 자신의 정치적 입지와 관련하여 국제 정세를 어떻게 인식하며, 대외 정책을 어떠한 방향으로 설정하는가에 따라 대외 관계의 전개는 달라졌다. 이는 백제의 경우에도 마찬가지였다. 근초고왕 대 이후 진씨 세력이 실권을 잡고 있을 때 백제는 고구려와 치열한 공방을 되풀이하였지만, 전지왕 대에 실권을 잡은 해씨 세력은 자신들의 정치적 입지를 굳건히 하려고 고구려와 갈등을 자제하는 정책을 추진한 것이 그 사례가 되겠다.

백제의 대외 교섭은 삼국과 관계, 중국 왕조와 관계, 왜와의 관계로 나뉘지만 이 관계는 서로 연동되어 있음은 말할 것도 없다. 여기서는 백제가 행한 대외 교섭이 보여주는 특징을 몇 가지로 정리해 두기로 한다. 먼저 고구려, 신라, 가야와의 관계가 보여주는 특징이다.

만주와 한반도 전체를 볼 때 고구려가 가장 빨리 중앙집권체제를 이루었고 그 뒤를 백제가 이었다. 중앙집권체제를 이룬 두 나라는 영역의 확대와 영향력 강화를 추진하였다. 이로 말미암아 두 나라 사이에 긴장이 조성되면서 군사적 충돌을 피할 수 없게 되었다. 따라서 4세기 이후 삼국의 관계는 백제가 웅진으로 천도하기까지는 고구려와의 대결이 기본 구도였다.

삼국이 중앙집권체제를 갖추어 가던 시기에 백제와 신라의 관계는 화호와 대립이 반복하는 모습을 보였다. 4세기 초 신라는 〈광개토대왕비문〉에서 보듯이 고구려에 대해 왕이 친조(親朝)하고 조공을 바치는 관계였다. 그러나 고구려의 내정 간섭이 커지자 5세기 전반에 와서 신라는 백제와 제라(濟羅)동맹을 맺고 고구려의 공격을 공동으로 방어[共守]하는 정책을 취하였다. 이에 따라 두 나라는 고구려의 공격을 받을 때 서로 군사를 보내 지원해 주었다.

백제는 369년 남방 경략 뒤에 가야의 여러 나라와 우호적인 관계를 맺었다. 이 관계에 따라 가야 세력은 백제의 요청에 따라 군사를 지원하였다. 〈광개토대왕비문〉에 신라 공격에 가담한 임나가라의 활동, 백제의 한강 유역 회복을 위한 북진 공격 때의 가야군의 참전, 백제와 신라 사이에 벌어진 관산성 전투에 투입된 가야군 등이 이를 보여준다.

백제는 475년에 웅진으로 천도하였다. 웅진 천도 뒤 한성에서 남래(南來)해 온 귀족들에게는 자신들의 기반이 있었던 한강 유역의 회복이 주 관심사였다. 그러나 금강 유역권을 기반으로 한 신진 세력의 경우는 그렇지 않았다. 이로 말미암아 한강 유역 회복 문제는 정치적 문제이면서 백제 대외 관계의 중심축의 하나가 되었다. 이 과정에서 무령왕–성왕 대의 대(對)고구려 강경책이 나왔다.

한편, 신라와 맺은 공수동맹 관계는 웅진 천도 뒤에도 지속되었다. 이 동맹을 보다 굳건히 하고자 동성왕은 신라 왕실 여자와 혼인하였다. 반면에 가야와의 관계는 백제가 한강 유역을 고구려에 빼앗기고 축소된 경제 기반을 넓히고자 섬진강 유역으로 진출함에 따라 갈등이 일어났다. 이에 대가야는 신라 왕녀와 결혼하는 등 친(親)신라 정책을 취하면서 백제에 대립각을 세우기도 하였다.

사비 천도 뒤 백제와 신라는 고구려에 대해서는 공동으로 대응하는 제라동맹 관계를 유지하였지만, 가야를 둘러싸고는 대립과 갈등을 일으키기도 하였다. 이 시기 신라가 영역을 확대해 나갈 곳은 가야 지역뿐이었는데 백제가 섬진강 유역으로 진출하고 또 가야 세력을 자기편으로 끌어넣으려 했기 때문이다. 가야를 둘러싼 두 나라 사이의 갈등 관계는 신라가 남가라, 탁순, 탁기탄 등을 멸망시키자 백제가 이 나라들을 재건해야 한다고 하면서 두 차례에 걸쳐 가야제국의 수장들을 사비로 불러 이른바 '사비회의'를 개최한 것이 잘 보여준다.

551년 백제 성왕은 한강 유역 회복을 위해 신라와 가야를 끌어들여 연합군을 형성하였다. 성왕은 연합군으로 하여금 고구려를 공격하게 하여 한강 유역을 되찾는 데 성공하였다. 그러나 신라가 배반하여 한강 하류지역까지 차지해 버리자 그 꿈은 수포로 돌아가고 말았다. 더구나 관산성 전투에서 성왕마저 전사하였다. 이는 백제와 신라의 관계를 파탄으로 몰아넣었다. 무왕과 의자왕이 신라에 대해 강경한 정책을 추진한 것은 여기에서 비롯된 것이다. 그 뒤 백제는 고구려와 연화(連和)하면서 신라에 압박을 가하였다.

다음은 중국 왕조와의 관계이다. 4세기에 들어와 중국 대륙은 5호16국 시대를 거쳐 남북조 시대라고 하는 분열의 시대로 접어들었다. 이 시기에 백제는 북조와 직접 국경을 접하지 않았기 때문에 군사적 충돌 위험은 상대적으로 적었다. 북조와 교섭은 연근해 항로를 이용해야 했다. 그러나 이 항로는 고구려의 방해를 받기 쉬웠기 때문에 교섭 자체도 쉬운 것은 아니었다. 이로 말미암아 한성도읍기의 백제는 남조와 교섭과 교류를 활발히 행하였다. 그렇지만 백제는 5호16국 및 북위와 교섭도 소홀히 한 것은 아니었다. 〈백제왕동호부(百濟王銅虎符)〉가 보여주는 전진과 교섭, 개로왕의 국서에 나오는 비유왕 대의 북위와 교섭 등이 이를 보여준다.

472년 개로왕은 북위에 사신을 보내 고구려를 견제해 줄 것을 요청하였다. 북위가 이 요청을 거부하자 개로왕은 북위와 관계를 단절하였다. 이후 북위와의 관계는 동성왕 대에는 위로(魏虜)의 침입을 물리쳤다는 군사 충돌 기사에서 보듯이 긴장 관계가 이어졌다. 이러한 긴장 관계는 무령왕 대에 와서 교섭과 교류의 관계로 전환되었다. 그 바탕 위에서 성왕은 사비도성을 건설할 때 양나라의 건강성(建康城)과 더불어 북위의 낙양성(洛陽城)을 본보기로 삼기도 하였다.

6세기 전반에 오면 북위는 동위와 서위로 분열되었고, 중반에 들어서면서 동위는 북제로, 서위는 북주로, 남조의 양은 진(陳)으로 바뀌었다. 중국 대륙이 남북조에서 다시 여러 왕조로 거듭 분열되는 상황을 이용하여 백제는 이들 여러 나라와 교섭을 하는 다변 외교를 펼쳤다. 이 과정에서 백제의 문화는 더욱 다양하고 풍부하게 되었다.

6세기 말에 들어와 수나라는 분열되어 있던 중국 대륙을 통일하였다. 통일 제국(帝國)을 이룬 수나라의 힘은 삼국 모두에 큰 압력으로 작용하였다. 이때 수나라에 일차적으로 맞설 수 있는 세력은 고구려였다. 백제는 고구려를 이용하여 세력 균형을 이루려고 하였다. 그래서 백제는 고구려를 지렛대로 수와 고구려 어느 한쪽에도 치우치지 않는 이른바 '실지양단(實持兩端)' 정책을 추진하였다.

수의 뒤를 이어 중국 대륙을 통일한 당나라의 힘은 수나라에 못지않게 삼국에 압박을 주었다. 이 시기에 백제가 취한 대외 정책은 '실지양단' 정책과 '여제연화(麗濟連和)' 정책이었다. 이러한 정책에 따라 백제는 당과 고구려 사이에서 어느 편도 들지 않으면서 신라에 대해서는 고구려와 연병(連兵)하여 군사적 공격을 가하였다. 이러한 정책은 백제가 동아시아 국제 정세 속에서 세력 균형도 이루고 자국의 안전을 꾀하고자 하는 의도에서 나왔던 것이다.

다음은 왜와의 관계이다. 3세기 후반 이후 왜는 중국 왕조와의 교섭과 교류를 중단하였다. 그러나 왜는 4세기에 들어와 새로운 문물이 필요함에 따라 백제와 교섭과 교류를 다시 시작하였다. 백제의 우수한 문물은 왜의 관심을 끌기에 충분하여 그 뒤 왜가 한반도의 여러 나라와 교섭을 할 때 백제와 관계가 중심축을 이루게 되었다.

백제와 왜의 관계는 백제가 선진 문물을 전해 주고, 왜는 백제의 요청에 따라 군사적 지원을 해주는 형태로 전개되었다. 백제가 왜에 전해 준 선진 문물은 유학, 도교 사상 등 학문과 사상을 비롯하여 저수지 축조와 같은 토목기술, 봉제 등 여러 가지 수공업 기술과 양조, 양마, 의학, 역학(易學) 등의 새로운 기술들이었다. 이에 상응하여 왜는 군대를 파견해 주었다. 이러한 사실은 〈광개토대왕비문〉의 경자년조에 백제를 도와 신라를 공격한 왜군의 존재, 554년에 백제와 신라 사이에 벌어진 관산성 전투에 참여한 왜군의 존재에서 확인된다.

2) 대외 교류의 특징

백제는 삼국과 중국 대륙의 여러 왕조 및 일본열도의 여러 세력들과 밀접하게 교섭과 교류를 하였다. 이러한 교류에서 이루어진 성과들을 몇 가지로 정리해 두기로 한다. 먼저 삼국 사이의 교섭과 교류이다.

삼국 시대에 국가 운영과 통치를 뒷받침해 준 이념은 유학 사상과 불교였다. 삼국이 유학 사상을 받아들인 시기는, 고구려의 경우 미천왕 대를 전후한 시기로, 백제의 경우는 비류왕 대를 전후한 시기로 보인다. 신라 또한 유학 사상을 받아들였다. 이는 지증왕 대에 '신라'라는 국호에 '덕업일신 망라사방(德業日新 網羅四方)'이라는 의미를 부여한 것에서 확인된다.

그런데 신라는 4세기 후반 뒤 중국 왕조와 교섭을 중단하였다. 따라서 신라는 중국으로부터 유학 사상을 직접 받아들일 수 없었다. 5세기 전반에 와서 신라는 고구려의 내정 간섭 때문에 고구려와 갈등을 일으키고 있었다. 이로 말미암아 고구려와의 문물 교류도 제한을 받았다. 이와는 달리 백제는 430년에 고구려의 압박에 공동으로 대응하고자 신라와 제라동맹을 맺었고, 6세기 전반에 신라가 양나라에 사신을 보낼 때 도움을 주었다. 뿐만 아니라 이 시기 백제는 오경박사제를 실시하는 등 유학 사상에 대한 이해가 깊었다. 이로 미루어 볼 때 신라의 유학 사상 수용은 백제의 영향으로 볼 수 있다.

불교의 경우 고구려는 전진으로부터, 백제는 동진으로부터 직접 받아들였다. 신라의 경우 초기 불교는 고구려로부터 전해졌다. 그러나 신라가 불교를 공인할 때는 백제 불교의 영향이 컸다. 이는 불교 공인 후 신라가 지은 최초 사찰인 흥륜사가 백제 흥륜사와 명칭이 같고, 다 같이 미륵불을 주불(主佛)로 봉안하였다는 사실에서 확인된다.

가야가 유학 사상과 불교를 어떻게 받아들였는지는 분명하지 않다. 그러나 4세기 중반 이후 가야가 백제와 긴밀한 관련을 가졌다는 사실에서 미루어 볼 때, 가야의 불교는 백제로부터 영향을 받았을 것이다. 이는 고령 고아동 벽화고분의 구조가 백제 무령왕릉의 구조와 비슷하고 연화문도 무령왕릉 전돌에 새겨진 연화문과 연결된다고 하는 사실에서 짐작할 수 있다. 이렇게 볼 때 백제는 유학 사상과 불교를 신라, 가야에 전해 주는 데 중심적인 구실을 했다고 할 수 있다.

정치제도의 교류를 보여주는 사례로는 경제(椋制), 도사제(道使制) 등을 들 수 있다. 창고를 말하는 경제의 시작은 고구려가 앞선다. 백제에는 내관 12부 가운데 하나인 내경부·외경부가 있었고, 상경(上椋)·중경(仲椋)·하경(下椋) 등도 두었다. 신라의 경제는 목간에 보이는 중경, 하경 등에서 확인된다. 그런데 중경, 하경 등은 백제와 신라에만 보인다. 이는 신라의 경제가 백제의 영향을 받았음을 보여준다. 이처럼 경제는 백제를 매개로 하여 삼국이 공유하는 제도가 되었다.

도사는 지방통치조직의 장관 가운데 하나이다. 이 도사라는 직제는 고구려에서 말미암았다. 백제는 고구려에서 도사제를 받아들여 한성도읍기에는 도사를 담로의 장관으로 하였고, 사비도읍기에 와서 방·군—성(현)제를 실시할 때 성(현)의 장관으로 하였다. 신라의 도사는

〈포항중성리비〉에 처음으로 보이는데 지방통치조직인 성(촌)의 장관의 명칭이다. 신라의 도사가 지방통치조직의 최하위 단위인 성에 파견된 지방관이었다는 것은 백제와 동일하다. 이는 신라의 도사제가 백제 도사제의 영향을 받았음을 보여준다. 따라서 도사제는 백제를 매개로 하여 삼국이 공유하게 되었다.

교육과 관련한 제도로서 눈길을 끄는 것은 박사제이다. 박사는 유교 경전을 가르치는 박사와 기술학을 가르치는 박사로 나뉜다. 유교 경전을 가르치는 박사로는 고구려에는 태학(太學)박사, 사문(四門)박사 등이 있었고, 백제에는 박사, 오경박사, 모시박사, 강례박사 등이 있었다. 신라의 최초의 박사는 〈울진봉평리신라비〉에 보인다. 이 박사는 유교경전을 가르치는 박사였다. 봉평비가 만들어진 시기에 백제와 신라는 제라동맹 관계를 맺고 있었다. 따라서 신라의 박사제는 백제 박사제의 영향을 받아 성립한 것으로 볼 수 있다.

기술학 박사의 경우 중국에는 산학(算學)박사, 의학(醫學)박사 등이 있었다. 현재의 자료에는 고구려의 기술학 박사가 보이지 않는다. 백제에는 의박사, 역(易)박사 외에 역(曆)박사, 노반(露盤)박사, 와(瓦)박사 등을 설치하였다. 신라에는 의박사, 산학박사 말고 〈성덕대왕신종명(聖德大王神鍾銘)〉에서 보듯이 주종대박사(鑄鐘大博士), 주종차박사(鑄鐘次博士)가 있었다. 주종대박사 등 기술학 박사는 중국에는 보이지 않는다. 그러나 명칭에서 미루어 볼 때 주종대박사 등은 백제의 노반박사나 와박사와 맥을 같이 한다. 따라서 신라의 기술학 박사제는 백제의 영향을 받은 것으로 보아도 좋을 것이다.

다음은 중국 왕조와 교류가 보여주는 특징이다. 백제는 빈번하게 중국 왕조에 사신을 보냈다. 이 과정에서 중국 왕조의 선진 문물을 직접 받아들였다. 백제가 받아들인 선진 문물 가운데 먼저 들 수 있는 것이 유학 사상과 불교이다. 백제는 이 유학 사상과 불교를 국가 통치의 기본 이념으로 삼았다. 그 뒤 백제는 유교적 예제를 정비하기 위해 중국에서 모시박사, 강례박사 등을 초빙하였고, 불교에 대한 이해를 높이기 위해 중국에 승려를 파견하여 중국 불교의 새로운 경향과 불교 장엄을 받아들였다.

백제는 의약, 역(易), 역(曆) 등 기술학도 중국 왕조로부터 적극 받아들였다. 비유왕이 《역림》, 《식점》 등을 요청하여 받은 것, 성왕이 화사와 공장을 초빙한 것이 이를 보여준다. 이 가운데 송에 요노(腰弩)를 요청하여 받은 것은 특별하다. 고구려는 수나라에서 노수(弩手)를 데려올 때 비정상적으로 뇌물을 주어 빼돌려 왔다.27) 그렇지만 백제는 정상적인 외교 교섭을 거쳐서 목적을 달성하였던 것이다. 이는 백제의 대(對)중국 교섭이 더 세련되었음을 보여준다.

백제가 도가 사상을 받아들인 것은 근초고왕 대의 장군 막고해가 《도덕경》의 구절을 인용한 것에서 확인된다. 백제는 이러한 도가 사상을 바탕으로 하여 궁원(宮苑)을 만들었다. 진사왕이 궁실을 수리한 뒤 못을 파서 산을 만들고 기이한 새와 특이한 화초를 길렀다고 한 것과 무왕이 궁궐 남쪽에 못을 파고 그 안에 신선이 산다는 방장선산(方丈仙山)을 만든 것이 그 예가 된다. 이는 진시황이나 한무제가 상림원(上林苑)이나 태액지(太液池) 등 원지(苑池)에 봉래, 방장, 영주 등의 신산(神山)을 만든 것과28) 궤를 같이 한다.

백제가 받아들인 중국의 정치제도 가운데 특징적인 것이 왕·후제와 장군호제이다. 왕·후제와 장군호제는 중국에서는 전한과 후한을 거쳐 삼국 시대에 정비되었으며, 위진남북조 시대에 크게 발달하였다.

---

27) 《수서》 권81 열전제46 동이 고구려전의 "昔年潛行財貨 利動小人 私將弩手 逃竄下國…" 참조.

28) 장인성, 2001, 《백제의 종교와 사회》, 서경문화사, 65~68쪽.

백제는 이 제도를 받아들여 자신의 신하들에게 왕호나 후호를 주고 장군호를 수여한 뒤 사서제(私署制)의 형식을 빌려 운용하였다. 장군호 실시를 보여주는 증거의 하나가 고창 신매리에서 출토된 〈'복의장군(伏義將軍)' 동인〉이다. 중국의 왕·후호제와 장군호제를 받아들여 운용한 것은 삼국 가운데 백제가 유일하다.[29] 이는 백제 관제 운영의 특징이라 할 수 있다.

백제는 남조의 문물만 받아들인 것이 아니라 5호16국 및 북위의 문물도 받아들였다. 전진 부견이 만든 〈백제왕호부〉, 흉노족 계통에서 주로 사용된 좌현왕·우현왕제, 토목기술의 백미인 '증토축성' 기법 등은 백제가 전진 및 북위와 교류하면서 받아들인 것이다. 이 제도와 기술은 현재 다른 나라에서는 확인되고 있지 않고 백제에만 보이는 것이 특징이라 할 수 있다.

고고학 자료에서 보여주는 백제와 중국 왕조 사이에 이루어진 문물 교류의 특징 가운데 하나가 중국제 도자의 수입이다. 중국제 도자는 왕도인 풍납토성, 몽촌토성을 비롯하여 원주, 홍성, 천안, 공주 등 여러 곳에서 출토되었다. 이 가운데 왕도에서 출토된 도자는 수가 많을 뿐만 아니라 거의가 생활 유적에서 출토되고 있다. 이러한 현상은 백제 귀족들 사이에 중국 도자에 대한 수요가 많았다는 것, 일상생활에서 이 도자를 사용하였다는 것, 또 고급자기를 소유할 정도의 경제력을 갖추고 있었다는 것을 보여준다.

다음은 백제와 왜 사이에 이루어진 교류가 보여주는 특징이다. 4세기 이후에도 일본열도는 아직 통일 왕국을 이루지 못한 채 기나이(畿內)의 야마토(大和) 정권을 주축으로 호족 연합을 이루고 있었다. 이

---

29) 왜의 경우 현재의 자료에는 장군호제만 받아들인 것으로 나온다. 이에 대해서는 《송서》 권97 열전제57 이만 왜국전 참조.

시기에 백제가 왜에 전해 준 문물은 건축, 토목, 제철, 목마, 양조, 양응(養鷹), 직조, 의약, 음악 등 매우 다양하였는데, 생활에 필요한 분야가 대부분이었다. 이는 왜 사회가 일상생활에 필요하면서도 생산력을 높일 수 있는 문물을 백제로부터 받아들인 것을 보여준다. 그 사례의 하나로 저수지 축조를 들 수 있다. 저수지는 수전농업(水田農業)의 생산력을 높이기 위해 필수적인 시설이다. 이 저수지 축조에 부엽공법이 사용되었다. 이 기술은 백제에서 전해졌다. 일본 오사카 부의 사야마이케(狹山池)가 부엽공법으로 만들어진 것이 이를 잘 보여준다.

왜는 국가 운영에 필요한 이념으로 기능하는 유학 사상, 불교, 도가 사상 등을 백제로부터 받아들였다. 백제가 유학 사상을 왜에 전수해 주었다는 것은 근초고왕이 아직기와 박사 왕인을 왜에 파견하고 또 《논어》, 《천자문》을 보내 주었다는 사실에서 확인된다. 그 뒤 백제는 오경박사 등을 왜에 파견하여 유교 경전에 대한 이해를 높였다.

불교는 사비도읍기에 성왕이 왜에 전해 주었다. 그 뒤 백제는 많은 승려와 사찰 건립 기술자들을 파견하여 계율을 가르치고, 사찰 건립을 도왔다. 한편 승려 관륵(觀勒)은 승관 조직을 정비하여 교단의 기율을 잡았을 뿐만 아니라 천문지리, 둔갑, 방술 등 도가 사상도 전해 주었다. 이러한 사실은 왜가 유학 사상, 불교, 도가 사상 등을 이용해 국가 통치이념을 확립하는 데 백제의 영향이 컸음을 보여준다.

백제가 왜에 선진 문물을 전수하는 방법은 기술자들을 왜로 보내는 경우가 대다수였다. 왜로 건너간 사람들을 도왜인(渡倭人)[30]이라 할

---

30) 한반도에서 일본열도로 건너간 사람에 대해 종래의 연구에서는 일본 학계의 용어를 그대로 받아들여 渡來人으로 표현하였다. 일본열도를 중심에 두면 한반도에서 건너온 사람들을 도래인으로 표현하는 것은 타당하다. 그렇지만 한반도를 중심에 두면 일본열도로 건너간 사람들은 渡倭人으로 표기해야 한다. 이 표현은 삼국에서 당으로 유학을 간 학생들이나 승려들

수 있다. 이들은 자신의 학문이나 기술을 바탕으로 왜의 지배층에 편입되어 들어갔고, 그 가운데 일부는 왜 조정에서 중요한 구실을 하게 되면서 백제와 왜의 관계에 영향을 끼치기도 하였다.

　백제와 왜의 문물 교류는 백제의 대외 정책과 밀접한 관련을 가졌다. 한반도에서 백제의 현실적인 과제의 하나는 고구려의 압박에 대응하는 것이었다. 고구려와 힘의 균형을 이루려면 주변의 도움이 필요하였다. 백제는 왜와 우호관계를 통해 왜의 지원을 이끌어 내려고 하였다. 이러한 목적에서 백제는 선진 문물을 왜에 전해 주었다. 한편, 중국 왕조와의 교섭을 중단하고 있던 왜는 선진 문물을 받는 것이 필요하였다. 선진문물을 받는 창구가 바로 백제였다. 백제가 유학, 불교 등 선진 문물과 다양한 기술을 전해 주자, 이에 상응하여 왜는 군수품을 보내고 군사를 파견하였다. 〈광개토대왕비문〉의 경자년(400) 조에 나오는 왜병의 존재는 이러한 관계에서 동원된 군대라고 할 수 있겠다.

3. 고대 동북아 공유(共有)문화권 형성과 백제

1) 신라, 가야, 왜의 중국 왕조와의 교섭과 백제

　고대 동북아의 여러 나라는 자국의 이익과 세력 균형을 유지하기 위해 정치적·외교적·군사적 교섭을 하고 경제적·문화적 교류를 하였다. 이러한 교섭과 교류 과정에서 고대 동북아시아는 공유문화권을

을 渡唐留學生, 渡唐留學僧으로 부르는 것에서 미루어 보면 타당하다고 생각한다. 이에 대해서는 김기섭, 2004, 〈5세기 무렵 백제 도왜인의 활동과 문화전파〉, 《왜 5왕 문제와 한일관계》 한일관계사연구논집, 경인문화사, 222쪽 참조.

형성하였다. 공유문화권 형성은 고대 동아시아가 처해 있던 상황에서 이루어진 것이다. 이 시기는 중국 대륙, 한반도, 일본열도 모두가 분열되어 있던 분열의 시기요 또 이 분열을 통합해 가려는 시기였다. 중국 대륙은 후한이 붕괴되면서 삼국 시대를 지나 진, 5호16국 시대, 남북조 시대를 거쳐 수와 당에 의해 마침내 통일되었다. 만주에는 부여, 고구려가 일어나 성장하고 있었고, 한반도에서는 옥저, 동예, 삼한 등 여러 정치체들이 성립하여 상호 통합의 과정을 거치면서 마침내 삼국의 정립을 가져왔다. 일본열도 안에서는 비록 기나이(畿內)의 야마토(大和) 세력이 정치적 주도권을 잡았다고 하지만, 기비(吉備) 지역과 규슈 지역을 비롯한 각 지역에는 독자적인 세력이 존재하고 있었다. 규슈 지역은 이와이(盤井) 세력이 527년에 멸망함으로써 기나이 세력에 통합되고 말았다.

후한이 무너지기 시작한 2세기 말부터 수가 중국 대륙을 통일한 589년까지 중국 대륙은 400여 년이라는 오랜 기간 동안 분열되어 있었기 때문에, 중국의 여러 왕조는 주변국들과 외교 관계에서 조공·책봉을 개념 그대로 관철할 수 있는 힘이 없었다. 그래서 고구려가 북조는 물론 남조와도 외교 관계를 가졌음에도, 백제가 북위에 대해 사신 파견을 일방적으로 중단해 버렸어도 별다른 제재를 하지 못하였다. 이런 조건이 백제로 하여금 동아시아에서 문화 전파의 거점이 되도록 하였던 것이다.

동북아 각국과 중국의 여러 왕조의 관계는 지정학적인 조건에 따라 그 전개 과정이 달랐다. 고구려는 중국 왕조와 국경을 접하였으므로 일찍부터 직접 교섭과 교류를 가졌다. 백제 또한 상대적으로 유리한 지정학적 조건에 힘입어 일찍부터 바다를 사이에 두고 직접 교섭과 교류를 하였고, 중국 왕조로부터 선진 문화를 받아들였다. 그러나 신라, 가야, 왜는 사정이 달랐다. 이 나라들은 낙랑군과 대방군이 존속하고 있을 때는 이를 통해 중국의 선진 문화를 받아들였지만, 4세기 초에 낙랑군과 대방군이 고구려에 의해 멸망한 뒤에 문물 교류 체계가 격변하면서 중국 왕조와의 직접적인 교섭은 중단되었다.

그 뒤 신라는 377년에 전진(前秦)에 사신을 보냈고, 382년에는 사신 위두(衛頭)를 전진에 보냈다. 종래의 연구에서는 이때 신라는 고구려의 도움을 받아 전진에 간 것으로 파악하였다. 그러나 377년에서 382년 사이 삼국의 정세로 미루어 볼 때, 신라 사신은 백제의 뱃길 안내를 받아 중국에 간 것으로 보는 것이 타당하다. 그렇지만 신라는 382년을 끝으로 중국 왕조와 교섭을 중단하였다. 이렇게 중단된 교섭은 법흥왕이 521년에 양나라에 사신을 보내면서 재개되었다. 무려 140여 년 만이다.

가야의 경우 현재의 자료에 의할 때 479년에 남제에 사신을 보낸 것이 유일한 직접적인 접촉이다. 이 이전에도 없었고 그 이후에도 없었다.

왜의 경우 진(晉)의 태시(265~274) 초까지는 중국 왕조와 직접적인 교섭을 가졌지만 그 뒤 중단하였다. 그러다가 413년에 와서 진과, 421년에는 송과 교섭을 재개하였다. 무려 160여 년 만이다. 그 뒤 왜는 478년에 송에 사신을 보낸 것을 끝으로 중국 왕조와 교섭을 또 중단하였다가, 607년에 와서 수에 사신을 보냈다. 무려 130여 년 만이다.

100년이 넘는 동안 중국과 교섭을 중단하였던 신라가 중국 왕조와 교섭과 교류를 재개하기 위해서는 남조로 가는 뱃길을 알아야 하고 또 언어도 통하여야 했다. 이 문제를 해결해 줄 수 있는 나라는 남조와 빈번한 교섭과 교류를 해오고 있었던 백제였다. 그래서 521년 신라 법흥왕이 양에 보낸 사신은 백제 사신의 안내와 통역의 도움을 받아 남조와 통할 수 있었다.

이러한 상황은 왜의 경우도 마찬가지였다. 왜왕 무(武)가 송에 보낸 상표문에 따르면, 왜 사신이 송으로 갈 때 백제에 정박하여 배를 치장

(治裝)하였다. 이는 왜의 대송 교섭에 백제가 중요한 매개 구실을 하였음을 보여준다. 대가야 사신의 경우 479년에 남제로 갈 때 역시 뱃길과 통역이 필요하였다. 대가야가 이 문제를 어떻게 해결하였는지는 분명하지 않다. 그러나 대가야가 369년 백제 근초고왕의 남방 경략 뒤에 백제와 부형–자제와 같은 관계를 맺고 있었다는 사실에서 미루어 대가야가 남제로 사신을 파견할 때에도 백제의 뱃길 안내와 통역의 도움이 있었다고 할 수 있다.

신라, 가야의 사신들이 중국 남조로 갈 때 그 출항지를 두고, 종래의 연구에서는 가야의 경우 섬진강 하구의 하동을 많이 거론하였고, 신라의 경우 울산에서 출항한 것으로 보아 왔다. 그러나 이들 나라들이 남조와 교섭을 재개할 때 백제의 도움을 받았다고 하면, 그 출항지 또한 백제로 보아야 한다. 이러한 상황은 이들 나라들이 독자적으로 남조에 드나들 수 있게 되기 이전까지는 마찬가지였을 것이다. 왜도 당연히 백제로 와서 정박한 뒤 필요한 물자를 공급받고, 배도 수리한 뒤 날씨를 보아 출항하였다.

출항한 사신들은 항해의 안전을 빌기 위해 제사를 드렸다. 이러한 제사가 치러진 곳의 하나가 부안 죽막동 제사 유적이다. 여기에서 출토된 유물은 백제 유물이 중심을 이루지만 대가야 유물과 왜의 유물도 출토되었다. 이는 백제를 비롯한 가야, 왜의 사신들이 남조로 갈 때 이곳에서 항해의 안전을 기원하는 제사를 드렸음을 보여준다.

백제 사신과 백제를 통해 남조로 파견되는 다른 나라 사신들의 출항지는 수도 웅진과 사비의 관문 구실을 하였던 금강 하구였다. 이제 금강 하구는 각국 사신과 상인단이 몰려오고 각종 외국 물화들이 들고 나는 복잡한 항구로서 기능하였다. 이에 따라 신라, 가야, 왜의 사신들은 백제에 머무르면서 백제의 융성한 문물을 접하게 되었고 이 과정에서 백제의 우수한 문화가 이들 나라에 전해지게 되었다.

2) 백제 문화의 개방성·국제성과 동아시아 공유문화권의 형성

고대 동북아시아는 의사소통 수단으로서의 한문자(漢文字)의 사용과 유교, 도가 사상, 불교라고 하는 정신문화, 그리고 국가 운영을 전반적으로 규제하는 제도로서의 율령을 기본적인 공통 요소로 하는 공유문화권을 형성하였다. 이러한 정신문화와 법률은 중국에서 시작하여 차츰 한반도와 일본열도의 여러 국가들로 널리 전파되어 동아시아 여러 나라가 공유하게 되었다.

동북아 각국이 중국 문화를 받아들이는 것은 나라마다 차이가 있었다. 고구려는 중국 왕조와 국경을 접하였기 때문에, 백제는 바다를 통해 쉽게 중국 왕조에 오갈 수 있었기 때문에 중국 문화를 직접 받아들일 수 있었다. 이와는 달리 신라와 가야 및 왜는 백제로부터 이런 문화를 받아들이든가 아니면 백제를 매개로 하여 받아들였다. 이러한 사실은 이들 나라들이 중국 왕조와 처음으로 교섭할 때 백제를 경유하여 가거나 또는 백제의 도움을 받았다는 사실에서 입증된다.

이렇게 신라와 왜는 백제를 매개로 하여 유학 사상을 받아들이고, 불교를 공인하며, 율령을 수용하였다. 가야도 이러한 범주에서 벗어나는 것은 아니었다. 이로써 신라, 가야 및 왜는 동북아시아 공유문화권에 동참할 수 있게 되었다. 이는 백제가 고대 동아시아의 공유문화권 형성에 주도적인 역할을 한 것을 보여준다.

백제가 이러한 구실을 할 수 있었던 것은 백제의 개방성, 다양성, 국제성 때문이었다. 백제 문화의 다양성은 중국의 우수한 문물을 적극적으로 받아들인 데서 찾아볼 수 있다. 고구려나 신라에 보이지 않는 왕·후호, 장군호제의 실시라든가, 《역림》과 《식점》의 도입, 모시박사와 강례박사의 초빙, 공장과 화사의 초빙, 악삭·저포·투호·박혁와 같은 놀이 문화 등은 백제 문화의 다양성을 잘 보여준다.

백제 문화의 개방성은 외국계 관료의 활용에서도 잘 드러난다. 《수서》백제전에 따르면 백제에는 신라계, 고구려계, 왜계 관료와 중국계 관료들이 있었다.31) 이러한 외국계 관료 가운데 중국계 관료와 왜계 관료가 더 많았다. 중국계 관료들은 박사 등의 직책을 가진 자들도 있어 유학 사상의 확산에 기여하였고, 일부는 대중국 외교에서 사신으로 활동하기도 하였다. 왜계 관료는 대왜 외교에 종사하였지만 일부는 지방관으로 복무하기도 하였다. 백제는 중국계 관료의 등용을 통해 중국의 문화를 적극 받아들였고, 왜계 관료를 통해 백제의 우수한 문화를 왜에 전해 주었다.

백제 문화의 국제성은 겸익의 활동에서도 살펴볼 수 있다. 무령왕대에 중인도로 간 겸익은 계율을 공부한 뒤 범어로 된 율장을 가지고 돌아왔다. 성왕은 겸익으로 하여금 이를 번역하게 하고 주석을 달게 하여 백제 신율(新律)을 만들었다. 삼국 가운데 인도에 직접 승려를 파견하여 범문 불경을 가져와 번역한 것은 백제가 처음이다. 이는 백제의 진취성과 문화의 국제성을 잘 보여준다.

이처럼 백제 문화는 다양성과 개방성을 가졌고, 국제성도 띠었기 때문에 신라, 가야, 왜에 자국의 우수한 문화를 전해 주고, 또 이 나라들이 동아시아 공유문화권에 참여하도록 도왔다. 이것이 바로 백제 대외 교류의 특징이면서 백제가 이룩한 성과라고 할 수 있다.

---

31) 《수서》권81 열전제46 東夷 백제전조의 "其國雜有新羅高句麗倭等 亦有中國人" 참조.

참고문헌

기본 사료

《고려사》, 《삼국사기》, 《삼국유사》, 《신증동국여지승람》, 《제왕운기》.

《구당서》, 《구통분류총찬》, 《남사》, 《남제서》, 《대당육전》, 《문관사림》, 《북사》, 《사기》, 《삼국지》, 《송서》, 《수서》, 《신당서》, 《양서》, 《육조고일관세음응험기》, 《위서》, 《자치통감》, 《주서》, 《진서》, 《책부원구》, 《통전》, 《태평어람》, 《한서》, 《후한서》, 《한원》.

《고사기》, 《부상략기》, 《석일본기》, 《속일본기》, 《속일본후기》, 《신찬성씨록》, 《일본서기》.

도록, 보고서

국립가야문화재연구소, 2004, 《한국의 고대목간》.

국립공주박물관, 1999, 《정지산》.

─────────, 2003, 《백제의 도량형》.

─────────·충청남도역사문화원, 2006, 《한성에서 웅진으로》.

국립부여박물관, 2008, 《백제목간》 소장품조사자료집.

국립부여문화재연구소, 2008, 《능사》 부여 능산리사지 10차 발굴조사보고서.

국립청주박물관·포항산업과학연구소, 2004, 《진천 석장리 철생산유적》 학술조사보고서 제9책.

문화재청·국립부여문화재연구소, 2009, 《왕흥사지 Ⅲ》목탑지 금당지 발굴
　　　조사보고서.

서울대학교박물관, 1989, 《석촌동 1·2호분》.

　　　　　　　　　　, 2000, 《특별전 고구려 한강유역의 고구려 요새》.

충북대학교박물관, 1983, 《청주신봉동 백제고분군 발굴조사보고서》.

충청문화재연구원·대전광역시, 2003, 《대전월평동산성》.

한성백제박물관·한신대학교박물관, 2011, 《풍납토성Ⅻ — 경당지구 196호 유
　　　구에 대한 보고 —》한신대학교박물관총서 제37책.

한신대학교박물관, 2003, 《길성리토성》.

朝鮮總督府, 1935, 《昭和二年 古蹟調査報告》제2책.

　저 서

고명사 저, 오당윤 역, 1995, 《한국 교육사 연구》, 대명출판사.

곽장근, 1999, 《湖南 東部地域 石槨墓 研究》, 서경문화사.

국가계량총국 공편, 김기협 역, 1993, 《중국도량형도집》, 법인문화사.

국립전주박물관, 1998, 《부안 죽막동 제사유적 연구》개관5주년기념 학술심
　　　포지엄논문집.

권덕영, 1997, 《신라 견당사 연구》, 일조각.

권오영, 2005, 《고대 동아시아 문명 교류사의 빛, 무령왕릉》, 돌베개.

권오중, 1997, 《樂浪郡研究》, 일조각.

권태원, 2000, 《고대한민족문화사연구》, 일조각.

김기웅, 1994, 《한국무기발달사》, 국방군사연구소.

김두종, 1981, 《한국의학사》, 탐구당.

김삼룡, 1977, 《익산문화권의 연구》, 원광대학교 마한·백제문화연구소.

김영태, 1985, 《백제불교사상연구》, 동국대학교출판부.

김영하, 2007, 《新羅中代社會硏究》, 일지사.

김원룡, 1973a, 《개정증보 한국미술사》, 범문사.

______, 1973b, 《한국고고학개설》 제3판, 일지사.

김종완, 1995, 《중국남북조사연구》, 일조각.

김태식, 1993, 《가야연맹사》, 일조각.

김태식, 2001, 《풍납토성, 500년 백제를 깨우다》, 김영사.

김한규, 1982, 《고대중국적세계질서연구》, 일조각.

______, 2005, 《天下國家 — 전통 시대 동아시아 세계 질서》, 소나무.

김현구 외, 2002, 《일본서기 한국관계 기사연구(Ⅰ)》, 일지사.

노중국, 1988, 《백제정치사연구》, 일조각.

______·권오영, 2008, 《백제 역사와 문화》, 충청남도역사문화연구원.

______, 2010, 《백제사회사상사》, 지식산업사.

노태돈, 1999, 《고구려사연구》, 사계절.

문안식, 2003, 《한국고대사와 말갈》, 혜안.

박순발, 2001, 《한성백제의 탄생》, 서경문화사.

양기석 외, 2008, 《백제와 섬진강》, 서경문화사.

양현지 지음, 서윤희 옮김, 2001, 《낙양가람기》, 눌와.

역사학회 편, 1985, 《한국고대의 국가와 사회》, 일조각.

연민수, 1990, 《고대한일관계사》, 혜안.

오영찬, 2006, 《낙랑군연구》, 사계절.

윤명철, 2002, 《한민족의 해양활동과 동아지중해》, 학연문화사.

윤선태, 2007, 《목간이 들려주는 백제 이야기》, 주류성.

이공범, 2004, 《위진남북조사》, 지식산업사.

이기동, 1996, 《백제사연구》, 일조각.

이기백, 1987, 《한국상대고문서자료집성》, 일지사.

이능화, 1918, 《조선불교통사》, 보련각.

이병도, 1975, 《한국고대사연구》, 박영사.

이병도, 1977, 《역주 삼국사기》, 을유문화사.

이종봉, 2001, 《한국중세도량형제연구》, 혜안.

이한상, 2009, 《장신구 사여체제로 본 백제의 지방지배》, 서경문화사.

______, 2011, 《동아시아 고대 금속제 장신구문화》, 도서출판 고고.

이혜구, 1957, 《한국음악연구》, 국민음악연구회.

이호영, 1997, 《신라의 삼국통합과 여제패망원인연구》, 서경문화사.

이홍직, 1975, 《한국고대사의 연구》, 신구문화사.

장인성, 2002, 《백제의 종교와 사회》, 서경.

정구복 외, 2012, 《개정증보 역주 삼국사기》 4, 한국학중앙연구원출판부.

주보돈, 2002, 《금석문과 신라사》, 지식산업사.

천관우, 1991, 《가야사연구》, 일조각.

______, 1995, 《고조선사·삼한사 연구》, 일조각.

한국고대사회연구소, 1992, 《역주 한국고대금석문》 제1권(고구려·백제·낙랑편).

한일관계사연구논집 편찬위원회 편, 2005, 《왜5왕 문제와 한일관계》, 경인문화사.

宮崎市政 저, 임대희·신성곤·전영섭 역, 2002, 《구품관인법의 연구》, 소나무.

吉田晶, 2001, 《七支刀の謎を解く ─ 四世紀後半の百濟と倭》, 新日本出版社.

金鉉求, 1985, 《大和政權の對外關係研究》, 吉川弘文館.

唐代史研究會, 1979, 《隋唐帝國と東アジア世界》, 汲古書院.

大谷光男, 1974, 《研究史 金印 ─ 漢委奴國王印 ─》, 吉川弘文館.

藤間生大, 1968, 《倭の五王》, 岩波書店.

末松保和, 1949, 《任那興亡史》 增訂版, 吉川弘文館.

梅原末治, 1972, 《朝鮮古代の墓制》, 國書刊行會.

武光誠·讀賣新聞調査研究本部, 1998, 《魏志倭人傳と邪馬臺國》, 讀賣新聞社.

山尾幸久, 1989, 《古代の日朝關係》, 塙書房.

三木榮, 1962, 《朝鮮醫學史及疾病史》.

杉原莊介, 1974, 《日本史の基礎知識》, 有斐閣.

三品彰英, 2002, 《日本書紀朝鮮關係記事考證》 上, 吉川弘文館.

西島定生, 1983, 《中國古代國家と東アジア世界》, 東京大學出版會.

野村忠夫, 1981, 《硏究史 大化改新》 增補版, 吉川弘文館.

嚴耕望, 1963, 《中國地方行政制度史》, 中央硏究院歷史語言硏究所.

鈴木英夫, 1987, 《古代の倭國と朝鮮諸國》, 靑木書店.

原島礼二, 1970, 《倭の五王とその前後》, 塙書房.

仁井田陞, 1964, 《唐令拾遺》 封爵令 제12, 東京大學出版會.

笠井倭人, 1973, 《硏究史 倭の五王》, 吉川弘文館.

田中俊明, 1990, 《大加耶連盟の興亡と「任那」》, 吉川弘文館.

田村圓澄·小田富士雄·山尾幸久 共著, 1985, 《古代最大の內戰 磐井の亂》, 大和書房.

佐伯有淸, 1982, 《硏究史 邪馬臺國》, 吉川弘文館.

陳邦賢, 1974, 《中國醫學史》 中國文化史叢書, 臺灣商務印書館.

布目順郎, 1992, 《養蠶の起源と古代絹》, 雄山閣.

논 문

강종원, 2008, 〈수촌리 백제고분군 조영세력 검토〉, 《백제연구》 42집, 충남대
　　　백제연구소.

강종훈, 1992, 〈백제 대륙진출설의 제문제〉, 《한국고대사논총》 4집, 한국고대
　　　사회연구소.

______, 2005, 〈삼국사기 백제본기의 사료 계통과 그 성격〉, 《한국고대사연
　　　구》 42집, 한국고대사학회.

강현숙, 2007, 〈고구려와의 문물교류〉, 《백제의 문물교류》 백제문화사대계
　　　연구총서 10, 충청남도역사문화연구원.

고경석, 1995, 〈비담의 난의 성격문제〉, 《한국고대사논총》 7집, 한국고대사회
　　　연구소.

곽동석, 1992, 〈제작기법을 통해 본 삼국시대 소금동불의 유형과 계보〉, 《불

교미술》 11집, 불교미술사학회.

곽동석, 2007, 〈웅진기 중국과의 문물교류〉, 《백제의 문물교류》 백제문화사
　　대계 연구총서 10, 충청남도역사문화연구원.

권덕영, 2012, 〈백제유민 예씨 일족 묘지명에 대한 단상〉, 《사학연구》 105호,
　　한국사학회.

권오영, 1988, 〈4세기 백제의 지방통제방식 일례〉, 《한국사론》 18집, 서울대
　　학교 국사학과.

_____, 2000, 〈풍납토성 출토 외래유물에 대한 검토〉, 《백제연구》 36집, 충
　　남대 백제연구소.

_____, 2002, 〈백제국에서 백제로의 전환〉, 《역사와 현실》 40집, 한국역사연
　　구회.

김기섭, 1997, 〈백제의 요서경략설 재검토〉, 《한국 고대의 고고와 역사》, 학
　　연문화사.

김락기, 2009, 〈5~6세기 물길의 중심지와 도태산〉, 《한국고대사연구》 53집,
　　한국고대사학회.

김무중, 2004, 〈고고자료를 통해 본 백제와 낙랑의 교섭〉, 《백제시대의 대외
　　관계》, 호서고고학회.

김병남, 2002, 〈백제 웅진시대의 북방 영역〉, 《백산학보》 64집, 백산학회.

김병주, 1984, 〈나제동맹에 관한 연구〉, 《한국사연구》 46집, 한국사연구회.

김복순, 1992, 〈삼국의 첩보전과 승려〉, 《가산 이지관스님 화갑기념논총》, 가
　　산 이지관스님 화갑기념논총간행위원회.

_____, 1995, 〈대가야의 불교〉, 《가야사연구: 대가야의 정치와 문화》, 경상북도.

김성구, 1991, 〈백제의 와전〉, 《백제의 조각과 예술》, 공주대학교박물관·충
　　청남도.

김성범, 2009, 〈나주 복암리 유적 출토 백제목간과 기타 문자 관련 유물〉,
　　《백제학보》 창간호, 백제학회.

김수태, 1991, 〈백제의 멸망과 당〉, 《백제연구》 22집, 충남대 백제연구소.

______, 1992a, 〈백제 의자왕대의 정치변동〉, 《한국고대사연구》 5집, 한국고대사학회.

______, 1992b, 〈백제 의자왕대의 태자 책봉〉, 《백제연구》 23집, 충남대 백제연구소.

______, 2000a, 〈백제 개로왕대의 대고구려전〉, 《백제사상의 전쟁》, 충남대 백제연구소.

______, 2000b, 〈백제 법왕대의 불교〉, 《선사와 고대》 15집, 한국고대학회.

김승옥, 1998, 〈한성백제의 형성과정과 대외관계〉, 《백제사상의 전쟁》, 충남대 백제연구소.

김연수, 2000, 〈백제의 사리장엄에 대하여〉, 《동원학술논문집》 2집, 한국고고미술연구소.

김영관, 2000, 〈백제의 웅진천도 배경과 한성경영〉, 《충북사학》 11·12집, 충북사학회.

______, 2012, 〈중국발견 백제유민 예씨가족 묘지명 검토〉, 《신라사학》, 신라사학회.

김영심, 1997, 〈백제의 지방통치체제 연구〉, 서울대 박사학위논문.

김원룡, 1961, 〈둑도출토 금동불좌상〉, 《역사교육》 5집, 역사교육학회.

김일권, 2007, 〈백제의 역법제도와 간지역일 문제 고찰〉, 《백제의 사회경제와 과학기술》 백제문화사대계 연구총서 11, 충청남도역사문화연구원.

김정완, 2002, 〈충청 전라지역 출토 철정에 대하여〉, 《고고학지》 11집, 한국고고미술연구소.

김종만, 2003, 〈부여 능산리사지 출토유물의 국제적 성격〉, 《백제금동대향로와 고대동아시아》, 국립부여박물관.

김주성, 1992, 〈백제 무왕의 사찰건립과 권력강화〉, 《한국고대사연구》 6집, 한국고대사연구회.

김춘실, 2007, 〈불상〉, 《백제의 미술》 백제문화사대계연구총서 14, 충청남도역사문화연구원.

김쾌정, 1984, 〈초두에 관한 일고찰—삼국·통일신라시대의 청동초두를 중심으로—〉, 고려대 석사학위논문.

김한규, 1985, 〈남북조시대의 중국적 세계질서와 고대한국의 막부제〉, 《한국고대의 국가와 사회》, 일조각.

김현숙, 2003, 〈웅진시대 백제와 고구려의 관계〉, 《고대 동아세아와 백제》, 서경.

노중국, 1981, 〈고구려, 백제, 신라 사이의 역관계 변화에 대한 일고찰〉, 《동방학지》 28집, 연세대학교 국학연구원.

______, 1994, 〈7세기 백제와 왜의 관계〉, 《국사관논총》 52집, 국사편찬위원회.

______, 2000, 〈신라와 백제의 교섭과 교류—6~7세기를 중심으로—〉, 《신라문화》 17·18합집, 동국대 신라문화연구소.

______, 2002, 〈마한과 낙랑·대방군과의 군사충돌과 목지국의 쇠퇴—정시연간(240~248)을 중심으로〉, 《대구사학》 71집, 대구사학회.

______, 2005a, 〈5세기 한일관계사의 성격 개관〉, 《왜5왕 문제와 한일관계》, 경인문화사.

______, 2005b, 〈5세기 한일관계사—"송서" 왜국전의 검토—〉, 《한일역사공동연구보고서》 제1권, 한일역사공동연구위원회.

______, 2006, 〈5~6세기 고구려와 백제의 관계—고구려의 한강유역 점령과 상실을 중심으로〉, 《북방사논총》 11집, 고구려연구재단.

______, 2008, 〈신라 중고기의 유교사상의 수용과 확산〉, 《대구사학》 93집, 대구사학회.

______, 2009, 〈백제의 고대동아시아 세계에서의 위상〉, 《백제문화》 40집, 공주대학교 백제문화연구소.

______, 2010a, 〈고대동아시아의 문화교류와 백제의 위치〉, 《충청학과 충청문화》 11집, 충청남도역사문화연구원.

______, 2011a, 〈문헌기록 속의 영산강유역〉, 《백제학보》 6집, 백제학회.

______, 2011b, 〈7세기 신라와 백제의 관계〉, 《2010 신라학국제학술대회 논문집》 7세기 동아시아의 신라 4집, 경주시·신라문화유산연구원.

______, 2012a, 〈무령왕대 백제의 동아시아 상에서의 위상〉, 《백제문화》 46집, 공주대학교 백제문화연구소.

______, 2012b, 〈백제의 문서행정과 관인제〉, 《백제와 주변세계》, 성주탁교수 추모논총, 진인진.

______, 2012c, 〈백제의 왕·후호, 장군호제와 그 운영〉, 《백제연구》 55집, 충남대 백제연구소.

______, 2012d, 〈6세기 전반 대가야의 왕위 교체와 정책의 변화〉, 《한국고대사연구》 66집, 한국고대사학회.

노태돈, 2003, 〈고대 한중관계사 연구의 새로운 모색〉, 《한국고대사연구》 32집, 한국고대사학회.

문동석, 2009, 〈한성백제의 도교문화와 그 성립과정〉, 《백제연구》 50집, 충남대 백제연구소.

문명대, 2007, 〈사비기 중국과의 문물교류〉, 《백제의 문물교류》 백제문화사대계 연구총서 10, 충청남도역사문화연구원.

박상진, 1991, 〈백제 무령왕릉 출토 관재의 수종〉, 《무령왕릉의 연구현황과 제문제》, 국립공주박물관.

박순발, 2001, 〈백제의 국가형성과 백제토기〉, 《제2회 백제사 정립을 위한 학술세미나》, 백제문화개발연구원.

______, 2004, 〈한성기 백제 대중교섭 일례 ― 몽촌토성 출토 금동과 대금구 추고〉, 《호서고고학》 11집, 호서고고학회.

______, 2005, 〈고구려와 백제 ― 사비양식 백제토기의 형성 배경을 중심으로〉, 《고구려와 동아시아 ― 문물교류를 중심으로》, 동북아역사재단.

박윤선, 2006, 〈5세기 중반~7세기 백제의 대외관계〉, 숙명여대 박사학위논문.

박중환, 2002, 〈부여 능산리발굴 목간 예보〉, 《한국고대사연구》 28집, 한국고대사학회.

박진숙, 2000, 〈백제 동성왕대 대외정책의 변화〉, 《백제연구》 22집, 충남대 백제연구소.

박찬규, 1991, 〈백제 웅진초기 북경문제〉, 《사학지》 24집, 단국사학회.

박천수, 1997, 〈정치체의 상호관계로 본 대가야왕권〉, 《가야제국의 왕권》, 신서원.

방선주, 1973, 〈薉, 百濟關係 虎符에 대하여〉, 《사총》 17·18합, 고려대학교 사학회.

백승옥, 1995, 〈탁순의 위치와 성격 ― 일본서기 관계 기사 검토를 중심으로 ―〉, 《부대사학》 19집, 부산대학교 사학회.

백승충, 1995, 〈가야의 지역연맹사 연구〉, 부산대 박사학위논문.

사재동, 1981, 〈무령왕릉문물의 서사적 구조〉, 《백제연구》 12집, 충남대 백제연구소.

서영대, 2000, 〈백제의 오제신앙과 그 의미〉, 《한국고대사연구》 20집, 한국고대사학회.

성정용, 2007, 〈한강·금강유역의 영남지역계통 문물과 그 의미〉, 《백제연구》 40집, 충남대 백제연구소.

송기호, 1992, 〈순장군공덕기〉, 《역주 한국고대금석문》 1(고구려·백제·낙랑편), 한국고대사회연구소.

______, 2002, 〈고대의 문자생활 ― 비교와 시기구분〉, 《강좌 한국고대사 제5권 ― 문자생활과 역사서의 편찬》, 가락국사적개발연구원.

신광섭, 2003, 〈능산리사지 발굴조사와 가람의 특징〉, 《백제금동대향로와 고대동아세아》 백제금동대향로 발굴 10주년 기념 국제학술심포지엄, 국립부여박물관.

신대현, 2006, 〈백제탑 및 백제계 석탑 사리장엄 고찰〉, 《동악미술사학》 7집, 동악미술사학회.

신종원, 1991, 〈백제불교미술의 사상적 배경〉, 《백제의 조각과 미술》, 공주대학교박물관·충청남도.

신종환, 1996, 〈청주 신봉동유적의 외래적 요소에 관한 일고 ― 90B-1호분을 중심으로〉, 《영남고고학》, 영남고고학회.

신희권, 2001, 〈풍납토성의 축조기법과 성격에 대하여〉, 《풍납토성의 발굴과 그 성과》 한밭대학교 개교 제74주년기념 학술발표대회 논문집, 한밭대학교 향토문화연구소.

심광주, 2010, 〈한성 백제의 '증토축성'에 대한 연구〉, 《향토서울》 76집, 서울
특별시사편찬위원회.

안순천, 1996, 〈소형철제모형농공구 부장의 성격〉, 《영남고고학》 18집, 영남
고고학회.

양기석, 1982, 〈백제 의자왕대의 정치적 변혁〉, 《호서사학》 10집, 호서사학회.

______, 1984, 〈5세기 백제의 왕·후·태수제에 대하여〉, 《사학연구》 38집, 사
학연구회.

______, 1990, 〈백제 위덕왕대 왕권의 존재형태와 성격〉, 《백제연구》 21집,
충남대 백제연구소.

______, 2005, 〈5~6세기 백제의 북계 ─ 475~551 백제의 한강유역 영유문제
를 중심으로 ─〉, 《박물관기요》 20집, 단국대학교 석주선기념박물관.

______, 2007, 〈5세기 후반 한반도 정세와 대가야〉, 《5~6세기 동아시아 국제
정세와 대가야》, 고령군 대가야박물관·계명대학교 한국학연구원.

여호규, 2001, 〈백제의 요서진출설 재검토〉, 《진단학보》 91집, 진단학회.

______, 2004, 〈국가제사를 통해 본 백제 도성제의 전개과정〉, 《고대도시와
왕권》 제12회 백제연구 국제학술회의, 충남대 백제연구소.

연민수, 1990, 〈6세기 전반 가야제국을 둘러싼 백제신라의 동향 ─ 소위 임나
일본부의 구명을 위한 서장 ─〉, 《신라문화》 7집, 동국대학교 신라문화
연구소.

유원재, 1979, 〈삼국사기 위말갈고〉, 《사학연구》 29집, 한국사학회.

윤명철, 2007, 〈해양로〉, 《백제의 기원과 건국》 백제문화사대계 연구총서 2,
충청남도역사문화연구원.

윤무병, 1976, 〈김제 벽골제 발굴보고〉, 《백제연구》 7집, 충남대 백제연구소.

윤선태, 2001, 〈마한의 진왕과 신분고국〉, 《백제연구》 34집, 충남대 백제연구소.

______, 2002, 〈한국고대의 척도와 그 변화 ─ 고구려척의 탄생과 관련하여〉,
《국사관논총》 98집, 국사편찬위원회.

윤수희, 2009, 〈백제의 인적 교류 연구 — 5세기를 중심으로 —〉, 한국학중앙
　　연구원 한국학대학원 박사학위논문.

윤용구, 1999, 〈삼한의 대중교섭과 그 성격 — 조위의 동이경략과 관련하여
　　—〉, 《국사관논총》 85집, 국사편찬위원회.

＿＿＿＿, 2003, 〈중국 출토의 한국고대유민자료 몇 가지〉, 《한국고대사연구》
　　32집, 한국고대사연구회.

＿＿＿＿, 2007, 〈중국 군현 및 말갈과의 관계〉, 《백제의 기원과 건국》 백제문
　　화사대계 연구총서 2, 충청남도역사문화연구원.

이강승, 2000, 〈백제시대의 자에 대한 연구 — 부여 쌍북리유적출토 자를 중
　　심으로 —〉, 《한국상고사학보》 43집, 한국상고사학회.

이건무, 1992, 〈다호리 유적 출토 붓(筆)에 대하여〉, 《고고학지》 4집, 한국고
　　고미술연구소.

이근우, 2003, 〈웅진·사비기 백제와 대가라〉, 《고대 동아세아와 백제》, 충남
　　대 백제연구소.

이기동, 1974, 〈중국 사서에 보이는 백제왕 모도에 대하여〉, 《역사학보》 62
　　집, 역사학회.

＿＿＿＿, 1991, 〈무령왕릉출토 지석과 백제사연구의 신전개〉, 《무령왕릉의 연
　　구현황과 제문제》, 국립공주박물관.

이기백, 1978, 〈웅진시대 백제의 귀족세력〉, 《백제연구》 9집, 충남대 백제연
　　구소.

이도학, 1984, 〈한성말 웅진시대 백제왕계의 검토〉, 《한국사연구》 9집, 한국
　　사연구회.

이동희, 2007, 〈백제의 전남 동부 지역 진출의 고고학적 연구〉, 《한국고고학
　　보》 64집, 한국고고학회.

이명규, 1983, 〈백제 대외관계에 관한 일시론 — 대륙진출설 고찰을 위한 하
　　나의 가설로서 —〉, 《사학연구》 37집, 한국사학회.

이문기, 1995, 〈대가야의 대외관계〉, 《가야사연구 — 대가야의 정치와 문화》,

경상북도.

이병호, 2005, 〈부여 정림사지출토 소조상의 제작기법과 봉안장소〉,《미술자료》72·73호, 국립중앙박물관.

______, 2006, 〈부여 정림사지출토 소조상의 제작시기와 계통〉,《미술자료》74호, 국립중앙박물관.

______, 2008, 〈부여 능산리 출토 목간의 성격〉,《한국고대목간과 고대 동아시아세계의 문화교류》, 한국목간학회.

이성규, 2003, 〈한국 고대국가의 형성과 한자 수용〉,《한국고대사연구》, 한국고대사학회.

이성주, 2007, 〈가야와의 문물교류〉,《백제의 문물교류》백제문화사대계 연구총서 10, 충청남도역사문화연구원.

이영식, 1994, 〈가야제국의 외교형식〉,《신라말·고려초의 정치·사회변동》, 신서원.

이용현, 2001, 〈가야의 대외관계〉,《한국 고대사 속의 가야》, 혜안.

______, 2007, 〈목간〉,《백제의 생활과 문화》백제문화사대계 연구총서 12, 충청남도역사문화연구원.

이재석, 2000, 〈소위 왜계백제관료와 야마토 왕권〉,《한국고대사연구》20집, 한국고대사학회.

이종민, 1997, 〈백제시대 수입도자의 영향과 도자사적 의의〉,《백제연구》27집, 충남대 백제연구소.

이종욱, 1977, 〈백제왕국의 성장 — 통치체제의 강화와 전제왕권의 성립 —〉,《대구사학》12·13합집, 대구사학회.

이주현, 1998, 〈군부체제로 본 위진남북조사〉,《중국학보》38집, 한국중국학회.

이준정·김은영, 2011, 〈경당지구 재발굴조사에서 검출된 동물유존체 분석 결과〉, 한신대학교박물관총서 제37책, 한성백제박물관·한신대학교박물관.

이한상, 2005, 〈신라 울두의 부장방식과 용도〉,《동아고고논단》창간호, 충청문화재연구원.

이한상, 2011, 〈허리 띠 분배에 반영된 고대 동북아시아의 교류 양상〉, 《동북
    아역사논총》 33호, 동북아역사재단.

이현숙, 2007a, 〈백제시대 점복과 정치〉, 《역사민속학》 제25호, 한국역사민속
    학회.

______, 2007b, 〈의학과 복서〉, 《백제의 경제와 과학기술》, 백제문화사대계
    연구총서 11, 충청남도역사문화연구원.

임기환, 2000, 〈3~4세기초 위진의 동방정책〉, 《역사와 현실》 36집, 한국역사
    연구회.

______, 2007, 〈웅진시기 백제와 고구려 대외관계 기사의 재검토〉, 《백제문
    화》 37집, 공주대학교 백제문화연구소.

임영진, 1995, 〈백제 한성시대 고분 연구〉, 서울대 박사학위논문.

______, 2007a, 〈백제식 적석총의 발생 배경과 의미〉, 《한국상고사학보》 57
    호, 한국상고사학회.

______, 2007b, 〈한성기 중국과의 문물교류〉, 《백제의 문물 교류》 백제문화
    사대계 연구총서 10, 충청남도역사문화연구원.

전덕재, 2006, 〈고구려의 놀이문화〉, 《고고자료에서 찾은 고구려인의 삶과
    문화》, 고구려연구재단.

______, 2012, 〈고대의 백희잡기와 무악〉, 《한국고대사연구》 65집, 한국고대
    사학회.

전호태, 1992, 〈가야고분벽화에 관한 일고찰〉, 《한국고대사논총》 4집, 한국고
    대사회연구소.

정상기, 2006, 〈4~5세기 백제지역 출토 중국 도자〉, 《한성에서 웅진으로》,
    국립공주박물관·충청남도역사문화원.

정재윤, 2008, 〈백제 왕족의 왜 파견과 그 성격 — 곤지를 중심으로 —〉, 《백
    제연구》 47집, 충남대 백제연구소.

정효운, 1990, 〈7세기대 한일관계의 연구(상)〉, 《고고역사학지》 5·6합집, 동
    아대학교박물관.

조경철, 1999, 〈백제의 지배세력과 법화사상〉, 《한국사상사학》 12집, 한국사
　　상사학회,

＿＿＿, 2000, 〈백제 성왕대의 유불정치이념〉, 《한국사상사학》 15집, 한국사
　　상사학회.

조원창·박연서, 2007, 〈대통사지 출토 백제 와당의 형식과 편년〉, 《백제문
　　화》 36집, 공주대학교 백제문화연구소.

조윤재, 2009, 〈고창출토 동인고〉, 《한국고고학보》 71집, 한국고고학회.

주경미, 2008, 〈백제 미륵사지 사리장엄구 시론〉, 《역사와 경계》 73집, 부산
　　경남사학회.

주보돈, 1994, 〈비담의 난과 선덕왕대 정치운영〉, 《이기백선생 고희기념 한
　　국사학논총(상)》 고대편·고려시대편.

＿＿＿, 1998, 〈박제상과 5세기 초 신라의 정치 동향〉, 《경북사학》 21집, 경
　　북사학회.

진홍섭, 1975, 〈무령왕릉발견 頭枕과 足座〉, 《백제연구》 6집, 충남대 백제연구소.

천관우, 1975a, 〈삼한의 성립과정 ― 삼한고 제일부 ―〉, 《사학연구》 26집, 한
　　국사학회.

＿＿＿, 1976a, 〈삼한의 국가형성(상)〉, 《한국학보》 2집, 일지사.

＿＿＿, 1976b, 〈삼한의 국가형성(하)〉, 《한국학보》 3집, 일지사.

＿＿＿, 1978, 〈복원가야사(하)〉, 《문학과 지성》 9-2, 문학과 지성사.

최종규, 1992, 〈濟羅耶의 文物交流: 百濟金工, 2〉, 《백제연구》 23집, 충남대
　　백제연구소.

최종택, 1998, 〈고고학상으로 본 고구려의 한강유역 진출과 백제〉, 《백제연
　　구》 28집, 충남대 백제연구소.

＿＿＿, 2006, 〈남한지역 고구려 토기의 편년 연구〉, 《선사와 고대》 24집, 한
　　국고대학회.

홍보식, 2007, 〈신라와의 문물교류〉, 《백제의 문물교류》 백제문화사대계 연
　　구총서 10, 충청남도역사문화연구원.

홍사준, 1954, 〈사택지적비에 대하여〉, 《역사학보》 6집, 역사학회.

홍윤식, 1985, 〈삼국시대의 불교수용과 사회발전의 제문제〉, 《마한·백제문화》 8집, 원광대학교 마한백제문화연구소.

近藤浩一, 2004, 〈부여 능산리 나성축조 목간의 연구〉, 《백제연구》 39집, 충남대 백제연구소.

大谷光男, 1973, 〈百濟 武寧王·同王妃의 墓誌에 보이는 曆法에 대하여〉, 《고고미술》 119집, 한국미술사학회.

山本孝文, 2003, 〈백제 사비기의 도연 ― 분류, 편년과 역사적 의의 ―〉, 《백제연구》 38집, 충남대 백제연구소.

小山田宏一, 2005, 〈백제의 토목기술〉, 《고대도시와 왕권》 백제연구총서 제13집, 서경.

小玉大圓, 1987, 〈百濟求法僧謙益とその周邊〉(하), 《마한백제문화》 10집, 원광대학교 마한백제문화연구소.

小田副士雄, 2001, 〈무령왕릉의 발견과 일본고고학계의 연구 경향〉, 《백제 무령왕릉과 동아세아문화》 무령왕릉 발굴 30주년 기념 국제학술대회, 국립공주박물관.

鈴木靖民, 1993, 〈7세기 중엽 백제의 정변과 동아시아〉, 《백제사의 비교연구》, 충남대 백제연구소.

田村圓澄, 1994, 〈백제불교의 일본전파〉, 《백제의 종교와 사상》, 충청남도.

佐川正民, 2008, 〈고대일본백제목탑기단구축기술사리용기·장엄구안치형식비교검토〉, 《부여 왕흥사지 출토 사리기의 의미》 국립부여문화재연구소 국제학술대회, 국립부여문화재연구소.

鈴木一有, 2012, 〈淸州新鳳洞古墳群の鐵器にみる被葬者集團〉, 《청주신봉동백제고분군》 발굴30주년 기념 국제학술회의 발표집, 충북대학교박물관·국립청주박물관·백제학회.

菊池英男, 1979, 〈總說〉, 《隋唐帝國と東アジア世界》, 唐代史研究會 編, 汲古書院.

鬼頭淸明, 1975, 〈日本民族の形成と國際的契機〉, 《大系日本國家史》古代, 東京大學出版會.

吉村武彦, 1990, 〈倭の五王とは誰か〉, 《爭點 日本の歷史》第2卷(古代篇1), 新人物往來社.

內田正男, 1972, 〈元嘉曆法による曆日の推算について〉, 《朝鮮學報》65집, 朝鮮學會.

武田幸男, 1975, 〈平西將軍 倭隋の解釋 ― 五世紀の倭國政權にふれて ―〉, 《朝鮮學報》77집, 朝鮮學會.

山尾幸久, 1967, 〈大化前後の東アジアの情勢と日本の政局〉, 《日本歷史》 제229호, 吉川弘文館.

______, 1978, 〈任那に關する一考察〉, 《古代東アジア史論集》하권, 吉川弘文館.

山上弘, 2004, 〈馬飼里見〉, 《今來才伎 ― 古墳飛鳥渡來人》, 大阪府立近飛鳥博物館.

三池賢一, 1974, 〈金春秋小傳〉, 《古代の朝鮮》, 學生社.

西本昌弘, 1990, 〈豊璋と翹岐 ― 大和改新前夜の倭王と百濟 ―〉, 《ヒストリア》107호, 大阪歷史學會.

小山田宏一, 2006, 〈狹山池の堤の構造〉, 《大阪府立狹山池博物館研究報告》 3, 大阪府立狹山池博物館.

植木行宣, 1981, 〈東洋的樂舞の展開〉, 《日本藝能史》제1권 原始·古代, 法政大學出版局.

鈴木靖民, 〈東アジア諸民族の國家形成と大和王權〉, 《講座日本歷史》Ⅰ, 東京大學出版會.

林宗相, 1974, 〈七世紀中葉における百濟倭關係〉, 《古代日本と朝鮮の基本問題》, 學生社.

笠井倭人, 1974, 〈欽明朝における百濟の對倭外交〉, 《古代の日本と朝鮮》, 學生社.

川口勝康, 1981, 〈五世紀の大王と王統譜を探る〉, 《巨大古墳と倭の五王》, 青木書林.

찾아보기